Mi experiencia con Dios

Editor

Oscar J. Fernández

Arte

Liz Gibson

Equipo editorial

Hermes R. Monzón

Jorge Escobar

José L. Riverón

Griselda Cano

Cristóbal Doña

Mercedes Rodríguez

Irma Aranguren

¿CÓMO CONOCER Y HACER LA VOLUNTAD DE DIOS?

POR HENRY T. BLACKABY Y CLAUDE V.KING

PACTO DEL GRUPO

Yo, _____ *me comprometo a cumplir el pacto del grupo de estudio de Mi Experiencia con Dios, cuyas cláusulas son como sigue:*

1. Asistiré a la sesión semanal habiendo estudiado previamente la unidad correspondiente.

2. Oraré diariamente por los miembros del grupo.

3. Asistiré a todas las sesiones del grupo, a menos que me lo impidan asuntos de fuerza mayor. Siendo así, buscaré los medios de ponerme al día con las asignaciones.

4. Participaré activamente en todas las sesiones.

5. Guardaré estricta prudencia sobre todo asunto personal que sea mencionado.

6. Seré tolerante con mis hermanos y hermanas en Cristo, permitiendo que el Espíritu de Dios sea quien redarguya y haga la obra en los corazones, de acuerdo a su voluntad. Evitaré imponer mis ideas y manipular a los demás para alcanzar mis propósitos. Expresaré mi percepción de lo que Dios quiere comunicarnos y estaré a la expectativa de lo que Él haga en nosotros.

7. Oraré con frecuencia por mi pastor y mi iglesia.

Firma: _____ *Fecha:* _____.

Miembros del grupo de *Mi experiencia con Dios*

_____   _____

_____   _____

_____   _____

_____   _____

_____   _____

Artículo No. 5800-54

Clasificación Decimal Dewey: 231
Subdivisión: DIOS-VOLUNTAD
Impreso en los Estados Unidos de Norteamérica

Producido por la Sección de Desarrollo de Materiales
LifeWay Christian Resources of the Southern Baptist Convention

Reconocimientos

A menos que se indique lo contrario, todas las citas bíblicas son tomadas de la versión Reina Valera de 1960, propiedad de las Sociedades Bíblicas Unidas. Usadas con permiso.

PREFACIO

Al conocer y escuchar por primera vez a Enrique Blackaby en 1986, no tenía ni idea de cómo iba Dios a usarlo para reorientar mi vida y mi ministerio. Sin embargo, en los pasados cuatro años, he experimentado algunos de los cambios más radicales en mi vida. El Hno. Blackaby me guió a las Escrituras. Me señaló ejemplos de personas que tuvieron una experiencia especial con un Dios poderoso y amante. Me mostró cómo llegaron a saber y a hacer la voluntad de Dios. Sentí como si escamas cayeran de mis ojos. El plan de Dios para obrar a través de su pueblo era tan claro y simple. ¿Por qué no lo había visto antes?

Muy a menudo había tratado con métodos y fórmulas para saber la voluntad de Dios. Las pocas veces que logré dar ciertos pasos para descubrirla sabía que algo andaba mal. Yo estaba vacío, confundido, frustrado e insatisfecho en mi ministerio.

Las enseñanzas del hermano Blackaby captaron mi atención. Él decía que no encontramos la voluntad de Dios; nos es revelada. Dios siempre toma la iniciativa. Usaba ilustraciones contemporáneas para mostrar cómo personas e iglesias comunes han tenido una experiencia especial con Dios de manera personal, dramática y milagrosa. Pensé en lo que dijo Pablo: *Ni mi palabra ni mi predicación fue con palabras persuasivas de humana sabiduría, sino con demostración del Espíritu y de poder, para que vuestra fe no esté fundada en la sabiduría de los hombres, sino en el poder de Dios* (1 Co. 2.4-5). Eso fue lo que encontré en las enseñanzas del Hno. Blackaby: un mensaje sencillo y bíblico, unido a una vida a través de la cual Dios demostraba su poder. Blackaby me orientó hacia una relación con Dios. Esa fue la clave de mi experiencia del poder de Dios obrando a través de mí.

Estudié las Escrituras. Le pedí a Dios que me enseñara de sí mismo y sus sendas mediante la experiencia, no tan solo en teoría. Mi vida se convirtió en una aventura emocionante. Mi ministerio nunca ha sido más dinámico.

Al concluir los estudios del seminario en 1984, mi esposa y yo nos mudamos al condado de Gwinnett, Georgia. Estaba convencido que Dios me llamaba a plantar iglesias pero sosteniéndome a mí mismo mediante un empleo secular. Había estudiado los libros "correctos" sobre cómo plantar y hacer crecer iglesias. Tenía grandes sueños de lo que iba a hacer para Dios. Pasé un año y medio preparando mis planes, y empecé a ponerlos en marcha paso a paso.

Seis meses después, nuestros muebles todavía estaban almacenados. En una zona con un desempleo menor del 3% ni mi esposa ni yo encontramos trabajo. Nuestros ahorros se habían agotado y las deudas iban creciendo. No había logrado reunir ni siquiera un pequeño núcleo para empezar una nueva iglesia. Devastados, nos mudamos a la casa de mis padres. No fue sino hasta hace poco que comprendí lo que andaba mal.

Todavía estaba convencido de que debía plantar iglesias. Sin embargo, el único trabajo que me ofrecieron fue en la Junta de Escuelas Dominicales como editor. No podía imaginarme a mí mismo sentado detrás de un escritorio, mientras había tanta necesidad de nuevas iglesias.

Entonces conocí al Hno. Blackaby, quien me guió a entender una nueva manera de conocer y seguir a Dios. La Asociación local empleó a un nuevo director que soñaba con empezar ocho nuevas iglesias para el año 2000. Después de orar, me di cuenta de que allí estaba la oportunidad y me ofrecí como voluntario. La Asociación me llamó para este trabajo, pero sin percibir ningún salario. En esta ocasión, sin embargo, no iba a seguir mis propios planes. Me negué a soñar mis propios sueños de lo que haría para Dios.

Sencillamente decidimos hablar a las iglesias sobre la necesidad de alcanzar con el evangelio a la gente de nuestra área. Les dijimos cómo Dios podía usar nuevas iglesias para llegar hasta grupos y zonas que no estaban siendo alcanzados por las iglesias ya existentes. Les hablamos de la amplia variedad de maneras en que Dios puede obrar para empezar una nueva congregación. Entonces observamos dónde Dios ya estaba obrando para unirnos a Él en acción conjunta.

¡Dios lo hizo!

Después de tres meses, tenía una lista de 14 lugares o grupos que tal vez necesitaban una nueva iglesia. ¿De dónde vino la lista? Una persona al concluir el culto me dijo: "Dios me ha dado una visión de una nueva iglesia en . . .", o: "Algunas personas en nuestro barrio quisieran ver una nueva iglesia en . . .". Después de dos años teníamos seis nuevas iglesias con pastor a tiempo completo y otro grupo celebrando un Estudio Bíblico en el Hogar planeando ya empezar la séptima iglesia. Nuestras iglesias descubrieron que Dios tenía planes mucho más grandes que los que hubiéramos soñado.

Dios llamó a personas para servirle, y llamó a iglesias para auspiciar nuevas misiones. No tuvimos que buscar la manera de motivarlos. Ellos nos llamaban para que les adiestráramos para lo que Dios les había llamado a hacer. La clave no era ningún individuo, ni tampoco ninguna iglesia. ¡Dios lo hizo por medio de su pueblo! En estos dos últimos años hemos llegado a conocer a Dios más íntimamente. ¡Estamos convencidos de que lo mejor todavía está por venir!

Una lección aprendida

Dios me permitió seguir *mis propios* planes y fracasé miserablemente. Él tenía una lección importante que enseñarme, y yo la aprendí por la vía difícil. Hallé que no podía planear y ni siquiera soñar cómo quería Dios hacer su obra. Encontré que mi relación con Dios era de suprema importancia. Aprendí a amarle más intensamente, a orar más fielmente, a confiar más plenamente, y a esperar en Él con expectación. Él me dejaría saber cuándo deseaba usarme. Entonces yo tendría que hacer los ajustes necesarios para obedecerle. Hasta entonces, debía vigilar y orar. Su tiempo y sus sendas SIEMPRE son las mejores y las correctas.

Mi oración es que Dios use este curso para tocar su vida de manera radical en favor de su reino. Su obra en la vida de usted sobrepasará todos sus planes y sueños. Él le dará propósito, satisfacción y gozo a su vida y ministerio. ¡Qué la gracia, el gozo y la paz de Dios sean con usted por Cristo Jesús Señor nuestro! ¡A Él sea la gloria, hoy y siempre!

Claudio V. King

ÍNDICE

ESCRITORES

ENRIQUE T. BLACKABY es Director de la Oficina de Oración y Despertamiento Espiritual de la Junta de Misiones Domésticas. Su herencia espiritual se remonta a cuatro antepasados ministros que asistieron a la Universidad de Spurgeon durante el siglo diecinueve. Su padre fue diácono y ayudó a empezar iglesias en Canadá.

El Hno. Blackaby se graduó de la Universidad de Columbia Británica en Vancouver, Canadá, y del Seminario Teológico de Golden Gate. Después de pastorear una iglesia en la ciudad de Los Ángeles, aceptó el llamamiento de la Iglesia La Fe en Saskatoon, Saskatchewan, Canadá. Es el autor del libro *What the Spirit is Saying to the Churches* (*Lo que el Espíritu Dice a las Iglesias*), donde relata la obra de Dios en esa iglesia. Durante los doce años de su pastorado, la iglesia empezó 38 iglesias y misiones.

Antes de venir a la Junta de Misiones Domésticas fue Director de Misiones en Vancouver. Escribió numerosas obras y dio conferencias en todos los Estados Unidos, Canadá, Zambia y Austria. Está casado y tiene cinco hijos que han respondido al llamamiento al ministerio o a las misiones.

CLAUDIO V. KING es Editor Diseñador de la Sección de Discipulado de Adultos de la Junta de Escuelas Dominicales. Participa activamente en conferencias de discipulado y es reconocido como excelente escritor de las actividades de aprendizaje. Sirvió como iniciador de iglesias en la Asociación Concordia en Tennessee, de donde es oriundo. Se graduó de la Universidad de Belmont y del Seminario Teológico de Nueva Orleans. Está casado y tiene dos hijas.

NOTA DEL EDITOR. Enrique Blackaby es el principal autor de este material. Adoptando la posición de tutor, lo guiará como si estuviera sentado a su lado. Claudio King escribió las actividades de aprendizaje. Las ilustraciones personales reflejan, lógicamente, el punto de vista de los escritores. Otras personas podrían enfocarlas en diferente manera. El punto clave, sin embargo, es la manifestación de Dios en hechos que pueden explicarse únicamente en términos de su presencia y participación directa.

LA VOLUNTAD DE DIOS
Y SU VIDA

EXPO '86

Cuando se aproximaba la Feria Mundial en Vancouver, en 1986, nuestra Asociación tenía la convicción que Dios quería que tratáramos de alcanzar a los 22 millones de personas que asistirían a la feria. Cerca de dos mil miembros entre todas las iglesias de la Asociación. ¿Cómo con sólo unos dos mil miembros de las iglesias de la Asociación pretendíamos hacer algún efecto en semejante masa de turistas procedentes de todo el mundo?

Dos años antes de la feria iniciamos nuestros planes. Las entradas totales de nuestra Asociación eran de $9,000. Al siguiente año, $16,000. Para el año de la feria mundial fijamos un presupuesto de $202,000. Las promesas recibidas probablemente cubrirían la tercera parte del presupuesto. Los otros dos tercios dependían exclusivamente de la oración. ¿Puede usted operar un presupuesto en oración? Sí. Pero al hacerlo, está intentando algo que sólo está en las manos de Dios. ¿Qué es lo que solemos hacer? Preparamos un presupuesto práctico, calculando nuestras posibles entradas. Luego, al tratar de fijar un presupuesto de fe, formulamos el presupuesto que está a nuestro alcance. En realidad no confiamos en Dios para nada.

Como asociación decidimos que Dios nos estaba guiando de forma definida a una obra que costaría $202,000. Ese fue nuestro presupuesto de operación. Toda nuestra gente empezó a orar para que Dios proveyera e hiciera todo lo que creíamos que nos había impulsado a hacer durante la feria. Al final del año le pregunté al tesorero cuánto dinero habíamos recibido. De Canadá, Estados Unidos y de otras partes del mundo, recibimos $246,000. Nos ayudaron gente de todas partes. Fuimos instrumentos para que casi veinte mil personas llegaran a conocer a Cristo Jesús. Esto no puede explicarse sino en términos de la intervención de Dios. Sólo Dios pudo hacer tal cosa. Lo hizo con personas decididas a servir, a dejarse moldear, y a ponerse a la disposición del Maestro.

Yo soy la vid, vosotros los pámpanos; el que permanece en mí, y yo en él, éste lleva mucho fruto; porque separados de mí nada podéis hacer. —Juan 15.5

Versículo para memorizar esta semana

JESÚS ES SU CAMINO

Cuando usted sigue a Jesús, un día a la vez, Él lo mantendrá justo en el centro de la voluntad de Dios.

No es un programa
No es un método

Una relación de amor con Dios

Pero el hombre natural no percibe las cosas que son del Espíritu de Dios, porque para él son locura, y nos las puede entender, porque se han de discernir espiritualmente.
—1 Corintios 2.14

INTRODUCCIÓN

Jesús dijo: Y esta es la vida eterna: que te conozcan a ti, el único Dios verdadero, y a Jesucristo, a quien has enviado (Jn. 17.3). El corazón de la vida eterna y el corazón de este estudio es que usted CONOZCA A DIOS y AL SEÑOR JESUCRISTO, a quien Él ha enviado. Conocer a Dios no es cuestión de un programa o un método. Es una relación con una Persona. Es una relación íntima de amor con Dios. Mediante esa relación, Dios le revela su voluntad y lo invita a unirse a Él en donde Él ya está obrando. Cuando usted obedece, Dios realiza por su intermedio algo que solamente Él puede lograr. Entonces usted llega a CONOCER A DIOS de una manera más íntima al tener LA EXPERIENCIA DE DIOS obrando a través de usted.

Mi deseo es ayudarle a tener esa clase de relación con Dios mediante la cual realmente experimentará vida eterna en el grado más alto posible. Jesús dijo: Yo he venido para que tengan vida, y para que la tengan en abundancia (Jn. 10.10). ¿Le gustaría experimentar la vida en plenitud? Usted puede lograrlo, si está dispuesto a responder a la invitación de Dios para establecer esa relación íntima de amor con Él.

Relación con Cristo Jesús — Requisito previo

Doy por sentado que usted ya ha confiado en Jesucristo como su Salvador y le ha reconocido como el Señor de su vida. Si todavía no ha tomado esta decisión tan importante, el resto del curso tendrá poco significado para usted, por cuanto las cosas espirituales pueden ser entendidas solamente por aquellos en quienes mora el Espíritu de Cristo (1 Co. 2.14).

 Si usted siente que necesita entregarse a Cristo, recibiéndole como Salvador y Señor, éste es el momento para hacerlo. Pídale a Dios que le hable mientras lee los siguientes versículos:
❏ Romanos 3.23 — Todos hemos pecado.
❏ Romanos 6.23 — La vida eterna es un obsequio de Dios.
❏ Romanos 5.8 — Por amor Jesús pagó por nuestros pecados.
❏ Romanos 10.9-10 — Confiese a Jesús como Señor y crea que Dios le levantó de los muertos.
❏ Romanos 10.13 — Pídale a Dios que le salve y Él lo hará.

Para poner su fe en Jesús y recibir de Él la vida eterna, usted debe:
• reconocer que es pecador y que necesita una relación salvadora con Jesucristo,
• confesar (revelar, declarar, reconocer) sus pecados a Dios,
• arrepentirse de (darle la espalda a) sus pecados y volverse de cara a Dios,
• pedirle a Jesús que le salve por su gracia, y
• entregarle toda su vida a Jesús, y dejar que Él sea su Señor.

 Si necesita ayuda llame a su pastor, a un diácono o algún amigo creyente. Si usted acaba de tomar esta decisión tan importante, dígale a alguien lo que Dios ha hecho en su vida. Luego, dígale a su iglesia la decisión que tomó.

¿Busca algo más en su experiencia con Dios?

Tal vez se ha sentido frustrado en su experiencia cristiana porque sabe que Dios tiene para usted una vida más abundante de la que ha tenido hasta aquí. Tal vez usted ha anhelado ardientemente encontrar la dirección de Dios en su vida y ministerio. Tal vez alguna tragedia lo ha azotado. Perplejo en medio de una vida hecha pedazos, no sabe qué hacer. Cualesquiera que sean sus circunstancias presentes, es mi oración fervorosa que de alguna manera en este tiempo que pasaremos juntos usted pueda:

• oír a Dios cuando le habla,
• identificar claramente la obra de Dios en su vida,
• creer en Él y que Él cumple todo lo que promete,
• ajustar sus creencias, su carácter y conducta a Él y sus sendas,
• ver la dirección que Él le está dando a su vida, y lo que Él quiere hacer a través de usted,
• saber claramente lo que necesita hacer en respuesta a su intervención en su vida, y
• ¡experimentar lo que sólo Dios obra por medio de su vida y lo que sólo Él puede realizar!

Ésta es una tarea imposible para el curso. Hay cosas que sólo Dios puede hacer en su vida. Trataré de servirle de guía, estímulo y catalizador (alguien que contribuye a que ocurra una acción o reacción) para que usted ande más cerca de Dios. Compartiré con usted los principios bíblicos por los cuales Dios me ha guiado en mi vida y ministerio. Le contaré algunas de las maravillosas obras que el Señor ha hecho cuando el pueblo de Dios aplica esos principios bíblicos al seguirle. En las actividades le invitaré a que interactúe con Dios, de modo que Él pueda revelarle cómo quiere que usted aplique estos principios a su vida, ministerio e iglesia.

El Espíritu Santo será su Maestro personal (Jn. 14.26). Él es quien le guiará a aplicar estos principios según la voluntad de Dios. Él obrará para revelarle a Dios, sus propósitos y sus sendas. Jesús dijo: El que quiera hacer la voluntad de Dios, conocerá si la doctrina es de Dios, o si yo hablo por mi propia cuenta (Jn. 7.17). Esto es verdad en cuanto a este curso también. El Espíritu Santo obrando en usted confirmará en su propio corazón la verdad de la Escritura. Cuando le presente lo que considero un principio bíblico, usted puede confiar en que el Espíritu Santo le confirmará si la enseñanza procede de Dios. Por consiguiente, su relación íntima con Dios en oración, meditación y estudio bíblico, será una parte indispensable del curso.

La Biblia es la Palabra de Dios para usted. El Espíritu Santo honra y usa la Palabra de Dios para hablarle. Las Escrituras serán su fuente de autoridad para la fe y la práctica. Usted no puede depender de tradiciones, ni de su experiencia, ni de la experiencia de otros, como si fueran autoridad adecuada en cuanto a la voluntad y las sendas de Dios. La experiencia y la tradición siempre deben examinarse a la luz de las enseñanzas de las Escrituras.

Cualquier cosa significativa que ocurra en su vida será el resultado de la intervención de Dios en ella. Él está definitivamente más interesado en su vida que lo que usted mismo jamás pudiera estarlo. Permita que el Espíritu Santo lo lleve a una relación íntima con el Dios del universo, Aquel que es poderoso para hacer todas las cosas mucho más abundantemente de lo que pedimos o entendemos, según el poder que actúa en nosotros (Ef. 3.20).

El curso de discipulado

El curso *Mi experiencia con Dios: ¿Cómo saber y hacer la voluntad de Dios?* es parte del sistema educativo diseñado para proveer educación de calidad a los creyentes, en las esferas de discipulado, liderazgo y ministerio. Todos los cursos tienen algunas características similares.

- Los participantes trabajan todos los días con este libro aproximadamente una hora y realizan las actividades de aprendizaje.
- Los participantes se reúnen en grupo para una sesión semanal que dura entre una hora y media y dos horas.
- El líder del curso guía a los participantes a reflexionar y dialogar sobre lo que han estudiado durante la semana, y a hacer aplicaciones prácticas en la vida diaria. Este grupo pequeño brinda respaldo y estímulo a los participantes, los cuales se ayudan mutuamente a comprender las Escrituras y aplicarlas a la vida.
- Un atractivo diploma se otorga a los que completan el estudio (Véase la información al final de este libro).

Estudiando el curso *Mi experiencia con Dios*

Este libro es diferente a la mayoría de los libros. No ha sido diseñado para que se siente y lo lea de un solo tirón de tapa a tapa. Quiero que estudie los principios bíblicos, los comprenda y los aplique a su vida. Esa tarea toma tiempo. Para aprovechar al máximo este curso debe dedicar tiempo para estudiar una lección a la vez. No trate de estudiar varias lecciones en un solo día. Usted necesita tiempo para que las verdades "penetren" en su entendimiento y práctica. Usted quiere tener una experiencia con una Persona: Jesucristo. Por tanto, necesita tiempo para permitir que el Espíritu Santo haga real la presencia de Cristo en su vida.

No salte ninguna de las actividades de aprendizaje. Han sido diseñadas para ayudarlo a aprender las verdades bíblicas y a aplicarlas a su vida. Le ayudarán a establecer una caminata diaria y personal con Dios mismo. Muchas de las actividades se han diseñado para guiarlo a interactuar con Dios mediante la oración, la meditación y el estudio de la Biblia. Si usted deja a un lado estas actividades tal vez se prive de un encuentro con Dios que podría cambiar radicalmente su vida. Aprenderá que su relación con Dios es la parte más importante para saber y hacer la voluntad de Él. Sin una relación íntima con Dios, usted no sabrá lo que Él quiere hacer en y a través de usted.

Las actividades de aprendizaje empiezan así **como este párrafo, con un símbolo que señala un párrafo en letra negrita. Siga las instrucciones que se dan. Después de haber completado la actividad, regrese a la lección.**

Normalmente las respuestas se dan a continuación de la actividad, para que usted pueda verificar su trabajo. Escriba sus propias respuestas antes de leer las que damos en el libro. Algunas veces sus respuestas reflejarán su propia opinión, y hay casos en que la respuesta es personal. Necesariamente eso no quiere decir que sea correcta o incorrecta. Si tiene dificultad con alguna actividad o pregunta, escriba una nota al margen y luego pregúntele al respecto a su discipulador o al grupo en la sesión semanal.

Una vez a la semana usted debe asistir a una sesión de un grupo pequeño, diseñada para ayudarle a dialogar sobre el material estudiado la semana previa, compartir puntos de vista y testimonios, animarse mutuamente y orar juntos. El grupo no debe tener más de 10 miembros. Grupos más grandes no disfrutan de la intimidad necesaria, hay más ausencias y un mayor número no continúan. Si hay más de 10 personas que quieren estudiar este curso, es conveniente que se dividan en dos o más grupos de 6 a 10 personas.

Si ha empezado el curso *Mi experiencia con Dios* y todavía no pertenece a un grupo de estudio, anime e inscriba a unos pocos amigos para estudiarlo juntos. Descubrirá que otros miembros del cuerpo de Cristo le pueden ayudar a comprender más plenamente la voluntad de Dios. Al no participar en un grupo de estudio usted se privará de una gran parte del aprendizaje que podría lograr.

Los recursos disponibles para este curso son:
- Mi experiencia con Dios: ¿Cómo saber y hacer la voluntad de Dios? Libro del alumno (Artículo 5800-54)
- Mi experiencia con Dios: ¿Cómo saber y hacer la voluntad de Dios? Manual para el discipulador (Artículo 5800-55).

Pida los materiales a Customer Service Center, 127 Ninth Avenue North, Nashville, TN 37234, o llamando gratis al teléfono 1-800-257-7744.

JESÚS ES SU CAMINO

Por doce años fui pastor en Saskatoon, Canadá. Un día un hombre me invitó a que fuera a visitarlo en su granja. Las indicaciones que me dio fueron más o menos así: "Como un kilómetro después que se acaba la ciudad usted verá un granero rojo muy grande a su izquierda. Siga hasta que encuentre la siguiente carretera, y dé vuelta a la izquierda. Siga como un par de kilómetros hasta que vea un árbol. Doble a la derecha y siga como por seis kilómetros, hasta que vea una roca muy grande . . ." Yo escribí sus indicaciones y un buen día ¡llegué a la granja!

La próxima vez el granjero iba conmigo. Me llevó por una ruta que yo jamás había visto. Pero él era mi "mapa". ¿Qué hice yo? Simplemente le escuché y obedecí. Cada vez que me decía: "Voltee a la izquierda" yo hacía exactamente lo que me ordenaba. Jamás podría volver a encontrar esa ruta por mí mismo. El granjero era mi "mapa" porque él sabía el camino.

 Cuando usted se acerca al Señor Jesús buscando su voluntad para su vida, ¿cuál de las siguientes peticiones es la que generalmente hace? Marque su respuesta.
- ❑ 1. Señor, ¿qué quieres que haga? ¿Cuándo quieres que lo haga? ¿Cómo voy a hacerlo? ¿Dónde tengo que hacerlo? ¿A quién debo llevar conmigo? Y, por favor, indícame cuál será el resultado.
- ❑ 2. Señor, indícame sólo el siguiente paso que debo dar y lo daré.

¿No es la primera petición la más típica de todos nosotros? Siempre estamos pidiéndole a Dios un "mapa" detallado. Le decimos: "Señor, si tan sólo supiera a dónde me dirijo, entonces podría fijar mi rumbo y marchar."

Él dice: "No necesitas saberlo. Todo lo que necesitas hacer es seguirme un día a la vez". Tenemos que llegar al punto de responder de la segunda manera.

¿Quién conoce realmente el camino que le conducirá a cumplir el propósito de Dios para su vida? Sólo Dios. Jesús dijo: Yo soy el camino.

Jesús le dijo: Yo soy el camino, y la verdad, y la vida; nadie viene al Padre, sino por mí.
—Juan 14.6

- Él no dijo: "Yo te mostraré el camino".
- Él no dijo: "Te voy a dar un mapa".
- Él no dijo: "Te indicaré en qué dirección debes marchar".
- Él dijo: "Yo soy el camino". Jesús conoce el camino. Él es su camino.

 Si hace exactamente lo que Jesús le indica, un paso a la vez, ¿piensa que siempre estará exactamente donde Dios quiere que usted esté? Marque su respuesta.
- ❏ 1. No; Jesús realmente no sabe lo que es la voluntad de Dios para mi vida.
- ❏ 2. No; Jesús tal vez se equivoca y me indica el camino errado.
- ❏ 3. ¡Quién sabe! A lo mejor Jesús quiere que antes de seguirle yo espere hasta que Él me haya revelado todos los detalles.
- ❏ 4. Sí. Cuando sigo a Jesús un paso a la vez siempre estaré exactamente dentro de la voluntad de Dios para mi vida.

Cuando usted aprenda a confiar en que Jesús lo guiará un paso a la vez, usted experimentará una nueva libertad. Si no confía en que Jesús lo guiará en el camino, ¿qué pasará si no sabe qué camino tomar? Usted se inquietará cada vez que tenga que dar una vuelta. Con frecuencia se quedará perplejo, sin poder tomar una decisión. Esto no es lo que Dios quiere para su vida.

He encontrado que puedo dejar que Él me guíe por el camino. Así puedo hacer todo lo que me pide, un día a la vez. Cada día Él me da suficiente para hacer lo que tiene significado y propósito. Si hago todo lo que me dice, cuando quiere usarme en alguna tarea especial estoy dentro de su voluntad.

Abram siguió a Dios un día a la vez

Abram (más tarde Dios le cambió el nombre) es un buen ejemplo de un personaje bíblico en quien obró este principio. Él anduvo por fe, no por vista.

Abram

Lea cómo Dios llamó a Abram para que hiciera su voluntad. Observe cuántos detalles se le dieron antes de la orden de seguir a Dios. Subraye el lugar adonde debía ir y lo que tenía que hacer.

Pero Jehová había dicho a Abram: Vete de tu tierra y de tu parentela, y de la casa de tu padre, a la tierra que te mostraré.

Y haré de ti una nación grande, y te bendeciré, y engrandeceré tu nombre, y serás bendición.

Bendeciré a los que te bendijeren, y a los que te maldijeren maldeciré; y serán benditas en ti todas las familias de la tierra.

Y se fue Abram, como Jehová le dijo; y Lot fue con él. Y era Abram de edad de setenta y cinco años cuando salió de Harán.

Tomó, pues, Abram a Sarai su mujer, y a Lot hijo de su hermano, y todos sus bienes que habían ganado y las personas que habían adquirido en Harán, y salieron para ir a tierra de Canaán; y a tierra de Canaán llegaron (Génesis 12.1-5).

¿Qué le dijo Dios? ¿Le indicó algún detalle? "Vete" ¿A dónde? "A la tierra que te mostraré".

¿Está usted listo ya para seguir a Dios de esta manera? Marque su respuesta.
- ❏ No; no pienso que Dios me va a pedir que vaya a alguna parte sin mostrarme primero a dónde quiere que vaya.
- ❏ No estoy seguro.
- ❏ Sí; estoy dispuesto a seguirlo por fe y no por vista.
- ❏ Otra: _____

Muchas veces, así como a Abram, Dios llama a las personas a seguirlo. (Mañana usted va a leer acerca de varias de ellas). Es más probable que Él pida que lo siga un día a la vez, en lugar de revelarle todos los detalles antes que comience a obedecerlo. En este estudio verá que esta verdad se cumplió en la vida de muchos personajes bíblicos.

Mas buscad primeramente el reino de Dios y su justicia, y todas estas cosas os serán añadidas. Así que, no os afanéis por el día de mañana, porque el día de mañana traerá su afán. Basta a cada día su propio mal.

—Mateo 6.33-34

 Lea Mateo 6.33-34, en la columna a la izquierda, luego deténgase y ore:

- Dígale a Dios que Él es digno de toda confianza.
- Prométale seguirlo un día a la vez.
- Dígale que lo seguirá aun cuando no le revele todos los detalles.
- Dígale que dejará que Él sea el camino.

Si usted no puede hacer una oración así, confiésele abiertamente su lucha. Pídale que lo ayude a querer hacer su voluntad a la manera de Él. Reclame la promesa: "Porque Dios es el que en vosotros produce así el querer como el hacer, por su buena voluntad" (Fil. 2.13).

Repaso diario

Al final de la lección de cada día voy a pedirle que haga un repaso y ore. Pídale a Dios que le muestre una o más enseñanzas o versículos que Él quiere que usted comprenda, aprenda y practique. Ésta es una aplicación personal, de modo que no hay respuesta incorrecta. Si Dios hace que una enseñanza o Escritura tenga un significado especial para usted, esa es la respuesta correcta. También voy a pedirle que escriba en sus propias palabras esa enseñanza o Escritura en una frase que pueda elevar como una oración. Ore pidiéndole a Dios que le indique lo que Él quiere que usted haga en respuesta a esa verdad. Éste debe ser un tiempo de oración y meditación, al considerar lo que Dios quiere que haga en respuesta a las verdades aprendidas en la lección. Tal vez usted quiera escribir notas al margen. Dios tal vez le revele varias respuestas en alguna lección en particular. No permita que estos pensamientos se le escapen. Anótelos para poder revisarlos luego. Es importante que tome notas cuando Dios le habla. Tal vez quiera llevar un diario para anotar sus experiencias en su peregrinaje espiritual. En una unidad más adelante me referiré nuevamente a este diario.

Después de la lección de hoy alguien podría responder así:

¿Cuál fue la enseñanza o Escritura más significativa que leyó hoy?

Jesús es mi camino. No necesito un mapa completo para estar dentro de la voluntad de Dios.

Ahora escríbala en una frase que pueda usar como oración.

Señor, te seguiré aun cuando no sepa el camino.

¿Qué quiere Dios que usted haga en respuesta al estudio de hoy?

Debo dejar de afanarme por el mañana, y confiar en que Jesús me guiará un día a la vez.

 Repase la lección de hoy. Pida a Dios en oración que le indique una o más enseñanzas o Escrituras que Él quiere que usted comprenda, aprenda y practique. Luego responda a lo siguiente:

¿Cuál fue la enseñanza o Escritura más significativa que leyó hoy?

_____

_____

Ahora escríbala en una frase que pueda usar como oración.

_____

_____

¿Qué quiere Dios que usted haga en respuesta al estudio de hoy?

_____

_____

Escriba de memoria el versículo señalado en la página de la unidad (p. 7) para memorizar en esta semana: Juan 15.5. Repita diariamente sus versículos.

_____

_____

_____

RESUMEN

- Si sigo a Jesús un día a la vez, Él me mantendrá dentro de la voluntad de Dios.
- Jesús es mi camino. No necesito ningún otro mapa.

JESÚS ES SU MODELO

DÍA 2

Interprete su experiencia según las Escrituras

Jesús observaba para ver dónde estaba trabajando su Padre y se le unía.

Durante este curso, y durante toda su vida, siempre habrá veces cuando querrá responder de acuerdo a sus propias experiencias y según su propia sabiduría. Tal sistema le ocacionará problemas. Su pauta debe ser la siguiente: Siempre ir a la Biblia por la verdad (o para que el Espíritu Santo le revele la verdad).

> Observe para ver lo que Dios dice y cómo trabaja en las Escrituras. Tome sus decisiones y evalúe sus respuestas, basándose en principios bíblicos.

Cuando estudie las Escrituras no fundamente sus decisiones en algún caso aislado. Procure ver cómo Dios obra en toda la Biblia. Cuando aprende cómo Dios obró a través de la historia usted puede confiar en que Él va a obrar de una manera similar con usted. Sus experiencias son válidas sólo en la medida que sean confirmadas por las Escrituras. Nunca niego la experiencia de una persona. Sin embargo, siempre me reservo el derecho de interpretarla de acuerdo a lo que entiendo en las Escrituras. Algunas veces un individuo se molesta, y me dice: "No me importa lo que usted diga. Esto me pasó a mí". Trato de responderle con tanta amabilidad como me sea posible y le digo: "No estoy negando su experiencia. Sin embargo, cuestiono su interpretación de lo que ha experimentado, porque es contraria a lo que encuentro en la Palabra de Dios". Nuestras experiencias no pueden ser nuestra guía. Cada experiencia debe ser controlada y comprendida según las Escrituras. El Dios que se revela en las Escrituras no cambia.

Para ver si ha comprendido la idea, indique con una "V" las afirmaciones que son verdad, y con una "F" las que son falsas.

_____ 1. Mi propia interpretación de mis experiencias es una manera eficaz de conocer y seguir a Dios.

_____ 2. Siempre debo evaluar mis experiencias según las verdades que se hallan en la Palabra de Dios.

_____ 3. Si no cotejo mis experiencias con las verdades de la Escritura puedo arribar a un concepto distorsionado de Dios.

_____ 4. Puedo confiar en que Dios obrará en mi vida de manera similar a como lo veo obrando en las Escrituras.

La afirmación 1 es falsa; 2, 3 y 4 son verdaderas. Sus experiencias siempre deben ser interpretadas a la luz de las Escrituras. La experiencia por sí sola no es una guía confiable. Además, usted debe ser cauto para no aislar una experiencia de su contexto en la Biblia. Debe procurar ver cómo obra Dios en las Escrituras como un todo. Nunca se equivocará si, bajo la instrucción del Espíritu Santo, usted deja que la Biblia sea su guía.

La Biblia es su guía

Los creyentes están cada vez más desorientados en cuanto a la Biblia como guía de fe y práctica. Debido a esto, se vuelven a soluciones, programas y métodos mundanos, que parecen ser la respuesta a los problemas espirituales. Yo uso la Palabra de Dios como guía para lo que debo hacer. Algunas personas me dicen: "Hermano, eso no es práctico". Quieren que me aleje de la Biblia y que descanse en los métodos del mundo o en mi propia experiencia personal. Como discípulo de Cristo, no puedo abandonar la dirección que encuentro en la Biblia. La Biblia es mi guía de fe y práctica.

¿Cómo puede usted hacer de la Biblia su guía? Cuando yo busco la dirección de Dios insisto en seguir las pautas que veo en la Palabra de Dios. La lección de ayer es un ejemplo. ¿Llama Dios a las personas a seguirlo sin darles todos los detalles al comienzo? Sabemos que Él llamó a Abram de esa manera. ¿Es éste un modelo consistente en las Escrituras?

 Lea en las siguientes Escrituras cómo Dios (Jesús) llamó a las personas a seguirlo. Anote los nombres de las personas a quienes llamó sin darles muchos detalles de lo que el futuro les reservaba.

1. Mateo 4.18-20 _____

2. Mateo 4.21-22 _____

3. Mateo 9.9 _____

4. Hechos 9.1-20 _____

En algunos casos Dios les dio más detalles que en otros. Más adelante veremos el llamamiento de Moisés y notaremos que Dios le dio un cuadro de la tarea más detallado de lo que por lo general hace. En cada caso, sin embargo, las personas tuvieron que permanecer cerca de Dios para recibir diariamente la dirección. Para Moisés y los hijos de Israel, Dios proveyó la guía mediante la nube durante el día y la columna de fuego por la noche. A Pedro, Andrés, Santiago, Juan, Mateo y Pablo (las respuestas para la actividad que antecede) Dios les dio muy pocos detalles de la tarea. A cada uno fundamentalmente le dijo: "Sígueme, y yo te mostraré".

¿Cuál es la voluntad de Dios para mi vida?

En cuanto a tratar de saber y hacer la voluntad de Dios, muchos se preguntan: ¿Cuál es la voluntad de Dios para mi vida? Uno de mis profesores en el seminario, el Dr. Gaines S. Dobbins, solía decir: "Si la pregunta es incorrecta, la respuesta será incorrecta". Algunas veces damos por sentado que toda pregunta es legítima. Buscamos una respuesta y todo nos sale mal, y no podemos ni siquiera imaginarnos lo que está ocurriendo. Por lo tanto, antes de buscar una respuesta, siempre verifique si la pregunta que hace es la correcta.

La pregunta correcta es: ¿Cuál es la voluntad de Dios?

La pregunta: "¿Cuál es la voluntad de Dios para mi vida?" no es la pregunta correcta. Me parece que la pregunta correcta es: ¿Cuál es la voluntad de Dios? Una vez que sé la voluntad de Dios, puedo ajustar mi vida a ella. En otras palabras, ¿qué es lo que Dios se propone hacer donde yo estoy? Al saber lo que Dios está haciendo, entonces puedo saber lo que necesito hacer. El enfoque tiene que estar en Dios, ¡no en mi vida!

El ejemplo de Jesús

Cuando quiero aprender cómo saber y hacer la voluntad de Dios no encuentro mejor modelo que Jesús. Durante sus 33 años sobre la tierra cumplió perfectamente cada tarea que Dios le asignó. Nunca dejó de hacer la voluntad del Padre. Nunca pecó. ¿Le gustaría comprender cómo pudo Jesús saber y hacer la voluntad de Dios?

Y Jesús les respondió: Mi Padre hasta ahora trabaja, y yo trabajo.

De cierto, de cierto os digo: No puede el Hijo hacer nada por sí mismo, sino lo que ve hacer al Padre; porque todo lo que el Padre hace, también lo hace el Hijo igualmente. Porque el Padre ama al Hijo, y le muestra todas las cosas que él hace; y mayores obras que estas le mostrará, de modo que vosotros os maravilléis.

—Juan 5.17, 19-20

 Lea Juan 5.17, 19-20 (en el margen) y luego responda a lo siguiente:

1. ¿Quién está trabajando siempre? _____

2. ¿Cuánto podía el Hijo hacer por sí mismo? _____

3. ¿Qué es lo que hace el Hijo? _____

_____

4. ¿Por qué el Padre le muestra al Hijo lo que hace? _____

_____

Ésta es una de las más claras afirmaciones de cómo sabía Jesús qué hacer. El siguiente cuadro nos indica la manera en que Jesús sabía y hacía la voluntad de Dios:

El ejemplo de Jesús

- El Padre hasta ahora trabaja.
- Ahora Dios me tiene a mí trabajando.
- Nada hago por mi propia iniciativa.
- Observo para ver lo que el Padre está haciendo.
- Hago lo que veo que el Padre ya está haciendo.
- Como pueden ver, el Padre me ama.
- Él me muestra todo lo que Él mismo está haciendo.

Este modelo sirve para su vida en lo personal y también para su iglesia. No se trata de un simple acercamiento paso a paso para saber y hacer la voluntad de Dios. Describe una relación de amor mediante la cual Dios logra sus propósitos. Lo resumo de la manera siguiente: ¡Observe dónde está obrando Dios, y únase a Él!

¡Observe dónde está obrando Dios, y únase a Él!

Dios siempre está obrando a su alrededor

Ahora mismo Dios está obrando a su alrededor y en su vida. Una de las tragedias más grandes del pueblo de Dios es que, mientras albergan un profundo deseo de tener una experiencia con Él, día tras día la están teniendo, pero no saben cómo reconocerla. Al final de este estudio habrá aprendido algunas maneras sobre cómo reconocer claramente la actividad de Dios en su vida y a su alrededor. El Espíritu Santo y la Palabra de Dios le instruirán y le ayudarán a saber cuándo y dónde está Dios obrando. Una vez que usted sepa dónde Él está obrando, usted ajustará su vida para unírsele allí.

Usted experimentará cómo Él desarrolla su actividad a través de su vida. Cuando usted entre en esta clase de relación íntima de amor con Dios, sabrá y hará la voluntad de Dios, y tendrá una experiencia con Él como nunca antes. Yo no puedo lograr eso en su vida. Sólo Dios puede llevarlo a esa clase de relación.

 Vea el diagrama de la página 19. Lea las siete realidades en cuanto a tener una experiencia con Dios. Haga personal la primera declaración y escríbala a continuación usando "mí" en lugar de "usted".

_____

En el transcurso de esta semana veremos más detenidamente estas siete verdades.

 Repase la lección de hoy. Pida a Dios en oración que le indique una o más enseñanzas o Escrituras, que Él quiere que usted comprenda, aprenda y practique. Subráyela(s). Luego responda a lo siguiente:

¿Cuál fue la enseñanza o Escritura más significativa que leyó hoy?

_____

Ahora escríbala en una frase que pueda usar como una oración.

_____

_____

¿Qué quiere Dios que usted haga en respuesta al estudio de hoy?

_____

_____

RESUMEN

- Observaré las Escrituras para ver lo que Dios dice y cómo obra. Tomaré mis decisiones y evaluaré mis experiencias fundamentándome en principios bíblicos.
- La Biblia es mi guía de fe y práctica.
- La pregunta correcta es: ¿Cuál es la voluntad de Dios?
- Observaré dónde está obrando Dios y me uniré a Él.
- Dios siempre está obrando a mi alrededor.

Para ser un siervo de Dios usted debe ser moldeable y permanecer en las manos del Maestro.

Muchos pasajes de las Escrituras describen a Jesús como el Siervo de Dios. Él vino como siervo a cumplir la voluntad de Dios para la redención de la humanidad. Esto es lo que Pablo dijo:

> Haya, pues, en vosotros este sentir que hubo también en Cristo Jesús, el cual, siendo en forma de Dios, no estimó el ser igual a Dios como cosa a que aferrarse, sino que se despojó a sí mismo, tomando forma de siervo, hecho semejante a los hombres; y estando en la condición de hombre, se humilló a sí mismo, haciéndose obediente hasta la muerte, y muerte de cruz (Fil. 2.5-8).

Al instruir a sus discípulos en cuanto a ser siervos, Jesús describió su propio papel de Siervo:

> El que quiera hacerse grande entre vosotros será vuestro servidor, y el que quiera ser el primero entre vosotros será vuestro siervo; como el Hijo del Hombre no vino para ser servido, sino para servir, y para dar su vida en rescate por muchos (Mt. 20.26-28).

Jesús también nos habló en cuanto a nuestra relación con Él: Como me envió el Padre, así también yo os envío (Jn. 20.21).

 Basándose en estos pasajes bíblicos y otros que le sean familiares, ¿cree que debe ser un siervo de Dios? ❑ Sí   ❑ No

¿Alguna vez ha hecho lo mejor que podía al tratar de servir a Dios, tan sólo para sentirse frustrado porque su trabajo no tuvo ningún resultado duradero? ❑ Sí ❑ No

¿Qué es un siervo?

¿Qué es un siervo? En sus propias palabras escriba una definición.

_____

_____

Como el alfarero y el barro

¿Es su definición parecida a ésta: Un siervo es alguien que sabe lo que su Maestro quiere que haga, y lo hace? El concepto común es alguien que va a su patrón y le pregunta: "Maestro, ¿qué quieres que haga?" El maestro se lo dice y el siervo lo hace por su propia cuenta. Ese no es el concepto bíblico de un siervo. Usted no puede obtener del mundo una definición de una verdad bíblica. Debe obtenerla en términos de la Escritura.

Palabra de Jehová que vino a Jeremías, diciendo: Levántate y vete a casa del alfarero, y allí te haré oír mis palabras.

Y descendí a casa del alfarero, y he aquí que él trabajaba sobre la rueda.

Y la vasija de barro que él hacía se echó a perder en su mano; y volvió y la hizo otra vasija, según le pareció mejor hacerla.

Entonces vino a mí palabra de Jehová, diciendo: ¿No podré yo hacer de vosotros como este alfarero, oh casa de Israel? dice Jehová. He aquí que como el barro en la mano del alfarero, así sois vosotros en mi mano, oh casa de Israel.

—Jeremías 18.1-6

Mi concepto de siervo es más como el del alfarero y el barro (véase Jer. 18.1-6). Con el barro tienen que ocurrir dos cosas. Primero, tiene que ser moldeado. El barro tiene que responder al alfarero para que éste haga el objeto que desea. Luego el barro tiene que hacer algo más: tiene que permanecer en las manos del alfarero. Cuando el alfarero ha terminado de moldearlo, el objeto por sí sólo no puede hacer absolutamente nada. Tiene que permanecer en las manos del alfarero. Supóngase que el alfarero hizo una taza. La taza tiene que estar en manos del alfarero, para que la use como desea.

Ésta es una perspectiva muy diferente a la del mundo. Cuando usted se acerca a Dios como siervo, Él primero quiere que le permita moldearlo y hacerlo un instrumento según su deseo. Luego Él toma su vida y la pone donde Él quiere, y obra mediante ella para lograr sus propósitos. Así como la taza no puede hacer nada por sí misma, así usted no tiene ninguna capacidad de cumplir los mandamientos de Dios, excepto estando donde Él quiere que esté.

 Responda a lo siguiente en cuanto a ser un siervo:

1. ¿Cuánto puede hacer el siervo por sí mismo? _____

_____

2. Cuando Dios obra a través del siervo, ¿cuánto puede hacer ese siervo?

_____

3. ¿Cuáles dos cosas tiene que hacer el siervo para ser usado por Dios?

El siervo tiene que hacer dos cosas: (1) ser moldeable, y (2) estar en las manos del Maestro (el alfarero). Entonces el Maestro puede usar ese instrumento según Él desea. El siervo, por sí mismo, no puede hacer nada que sea valioso para el reino. Así lo dijo Jesús: "No puede el Hijo hacer nada por sí mismo" (Jn. 5.19), y "Separados de mí nada podéis hacer" (Jn. 15.5). Con Dios obrando a través de ese siervo, éste puede hacer cualquier cosa que Dios quiera hacer. ¡Vaya potencialidad ilimitada! La servidumbre exige obediencia. El siervo debe actuar según las instrucciones, pero debe recordar quien hace el trabajo: Dios lo hace.

Si usted ha funcionado según la definición mundana de siervo, este concepto cambia su manera de servir a Dios. Usted no recibe órdenes y luego sale a cumplirlas. Usted se relaciona con Dios, le responde a Él, y ajusta su vida de modo que Él pueda hacer lo que Él quiera a través de usted.

Elías

Cuando Elías desafió a los profetas de Baal (el dios cananeo de la fertilidad) para probar de una vez por todas cuál era el verdadero Dios. Elías corría un gran riesgo al ser un siervo de Dios.

 Lea 1 Reyes 18.16-39 y luego responda a las preguntas que siguen:

1. Elías era un siervo de Dios. ¿Cuántos profetas de otros dioses enfrentó en el Monte Carmelo?

   _____

2. ¿Cuál fue la prueba que propuso Elías para demostrar quién era el verdadero Dios?

   _____

3. ¿Qué hizo Elías con el altar de Dios? _____

   _____

4. ¿Por iniciativa de quién lanzó Elías el desafío?

   _____

5. ¿Qué planeaba demostrar mediante esta experiencia?

   _____

6. ¿Cómo respondió el pueblo? _____

   _____

7. ¿Estaba Dios obrando en este acontecimiento? _____

   _____

8. ¿Cuál fue la tarea de Elías en este acontecimiento? _____

   _____

Elías era uno contra 450. Si Dios no hubiera demostrado su obra mediante el fuego que consumió el holocausto (y el altar) conforme Elías había dicho, el profeta hubiera fracasado rotundamente. De seguro, le hubiera costado la vida. Elías arregló el altar del Señor. Tenía que estar con Dios y hacer todo lo que Él ordenaba. Estaba actuando por mandato de Dios y no por iniciativa propia. Fue donde Dios le dijo, cuando Dios le dijo, e hizo lo que Dios le dijo que hiciera. Entonces Dios realizó sus propósitos mediante el profeta. Elías quería que la gente identificara al Señor como el verdadero Dios. Ésa fue exactamente la respuesta del pueblo.

¿Fue Elías o Dios quien hizo descender fuego del cielo? Fue Dios. ¿Qué hizo Elías? Obedeció. Elías no tenía ningún poder para hacer lo que Dios iba a hacer. Cuando Dios hizo algo que solamente Él podía hacer, toda la gente reconoció que Él era el verdadero Dios. Dios lo hizo a través de su siervo que lo obedeció.

Tiempo para reflexionar

 Según lo permita su tiempo de estudio, reflexione sobre las preguntas que aparecen en el margen. Trate de responder a la primera antes de avanzar a la siguiente. Si lo desea, anote su respuesta en las líneas.

Elías

1. ¿Habrá alguna diferencia en la calidad de servicio y la cantidad de resultados duraderos cuando Dios obra y cuando usted obra?

_____

2. ¿Qué hace usted, en su vida personal y en su iglesia, que sabe que no se logra a menos que Dios intervenga? ¿Se pudiera hacer una gran porción de lo que hacemos en nuestra vida y en nuestras iglesias sin contar con Dios para nada?

_____

3. Cuando concluimos una tarea y quedamos frustrados porque no se ve ningún fruto espiritual duradero, ¿no será que estamos tratando de hacer lo que sólo Dios puede hacer?

_____

¡No se trata sólo de hacer algo!

Somos gente de acción. Siempre queremos hacer algo. De vez en cuando alguien dice: "¡No se quede quieto! ¡Haga algo!"

A mí me parece que Dios se desgañita gritándonos: "¡No se trata sólo de hacer algo! ¡Quédate quieto! Entra en una relación de amor conmigo. Aprende a conocerme. Ajusta tu vida a mi voluntad. Déjame amarte y revelarme a ti mientras obro a través de ti". Llegará el tiempo de obrar, pero no podemos saltar la relación. La relación con Dios debe venir primero.

Jesús dijo: Yo soy la vid, vosotros los pámpanos; el que permanece en mí, y yo en él, éste lleva mucho fruto; porque separados de mí nada podéis hacer (Jn. 15.5). ¿Cree usted esto? Usted no puede hacer nada sin Dios. Él lo dice en serio.

 Vea el diagrama de la página 19. Lea de nuevo las siete realidades que se indican. Haga personal la última realidad y escríbala a continuación usando "yo" y "mí" en lugar de "usted".

_____

_____

Dios quiere que le conozca mejor por experiencia. Quiere establecer una relación de amor con usted. Quiere relacionarlo con los propósitos de su reino. Quiere realizar su obra a través de usted.

Descubra dónde está el Maestro, pues allí es donde usted tiene que estar.

¿Quiere ser un siervo de Dios? Busque dónde está el Maestro; allí es donde usted debe estar. Descubra qué es lo que el Maestro está haciendo; eso es lo que usted debe hacer. Jesús dijo: Si alguno me sirve, sígame; y donde yo estuviere, allí también estará mi servidor. Si alguno me sirviere, mi Padre le honrará (Jn. 12.26).

Repase la lección de hoy. Pida a Dios en oración que le indique una o más enseñanzas o Escrituras, que Él quiere que usted comprenda, aprenda y practique. Subráyela(s). Luego responda a lo siguiente:

¿Cuál fue la enseñanza o pasaje Bíblico más importante que leyó hoy?

_____

_____

Ahora escríbalo en una frase que pueda usar como una oración.

_____

_____

¿Qué quiere Dios que haga en respuesta al estudio de hoy?

_____

_____

Repase en voz alta el versículo asignado para memorizar o escríbalo en una hoja de papel aparte.

DIOS OBRA A TRAVÉS DE SUS SIERVOS. PARTE 1

A menudo actuamos como si Dios nos dijera lo que quiere que hagamos y luego nos enviara a que veamos cómo nos las arreglamos para hacerlo. Después, si lo necesitamos, acudimos a Él para que nos ayude. Eso nunca ha sido el cuadro bíblico. Cuando Dios va a hacer algo, Él se lo revela a su pueblo. Él lo quiere hacer mediante su pueblo o por medio de su siervo.

Cuando Dios quiere hacer algo a través de usted, Él tiene que llevarlo desde donde usted se encuentra hasta donde Él quiere que esté. Él viene y le dice lo que está haciendo (más adelante trataré de ayudarlo a comprender cómo puede saber que Dios le está hablando). Cuando usted conoce lo que Dios está haciendo, entonces sabe lo que debe hacer: unirse a Dios. Desde el momento en que sabe que Dios está haciendo algo donde usted está, verá el contraste. Usted no puede continuar donde está y seguir a Dios.

Siete realidades de una experiencia con Dios

El dibujo que sigue lo ayudará a resumir la manera en que puede responder a la iniciativa de Dios en su vida.

DÍA 4

Usted no puede quedarse donde está y seguir a Dios.

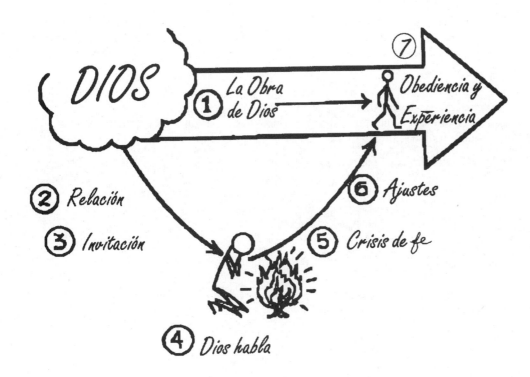

Lea las siete realidades en la página 20

1. Dios siempre está trabajando alrededor de usted.
2. Dios busca una relación continua de amor con usted que sea real y personal.
3. Dios lo invita a unírsele en su obra.
4. Dios le habla por medio del Espíritu Santo, la Biblia, la oración, las circunstancias y la iglesia. Para revelarse a sí mismo, sus propósitos y sus caminos.
5. La invitación de Dios para que se una a Él en su trabajo siempre lo conduce a una crisis de fe que requiere confianza y acción.
6. Usted tiene que hacer ajustes en su vida para unirse a Dios en lo que Él ya está haciendo.
7. Usted llega a conocer a Dios por medio de la experiencia que tiene cuando lo obedece y Él realiza su obra por medio de usted.

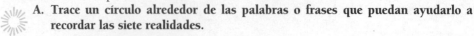

A. Trace un círculo alrededor de las palabras o frases que puedan ayudarlo a recordar las siete realidades.

B. Escriba esas palabras o frases a continuación:

_____

_____

_____

_____

C. Lea de nuevo lentamente cada realidad. Anote cualquier pregunta que tenga sobre alguna cosa que no entienda bien acerca de esas realidades.

_____

_____

_____

D. Usando solamente las palabras o frases que escribió, vea si puede resumir mentalmente las siete realidades. Verifique sus respuestas antes de avanzar a la siguiente pregunta.

E. Ahora, en una hoja de papel aparte, trate de escribir de memoria las siete realidades. No tiene que ser palabra por palabra, pero debe cubrir la información más importante de cada una. Puede escribir las palabras o frases clave si eso lo ayuda.

La mayor parte de este curso se concentrará en estudiar estas realidades, a fin de ayudarlo a comprenderlas a cabalidad. Probablemente notará que con frecuencia repito diferentes aspectos de este ciclo. Uso la repetición en diferentes situaciones para ayudarlo a aprender cómo puede responder a la actividad de Dios en su vida.

En la tarea anterior usted pudo haber seleccionado muchas palabras o frases diferentes. Yo seleccioné las que siguen: Dios está obrando relación de amor / participar con Él / Dios habla / crisis de fe / ajustes / obedece. Tal vez usted anotó preguntas tales como:
• ¿Qué quiere decir una "relación de amor con Dios"?
• ¿Cómo sé cuándo Dios me está hablando?
• ¿Cómo sé dónde está obrando Dios?
• ¿Qué ajustes me exige Dios que haga?
• ¿Cuál es la diferencia entre ajuste y obediencia?

Me han hecho estas preguntas al trabajar con grupos e individuos en diferentes lugares. En las unidades que siguen trataré de dar las respuestas.

Hay tres cosas similares en la vida de los personajes bíblicos mediante los cuales Dios obró:
• Cuando Dios habló, ellos sabían que era Dios.
• Ellos supieron lo que Dios les estaba diciendo.
• Ellos supieron lo que debían hacer en respuesta a lo que Dios les decía.

¿Le gustaría que su relación con Dios fuera tal que Él obrara por medio de usted? Él quiere llevarlo a esa clase de relación. Confío que este curso lo ayudará a lograr esa relación con Él.

El ejemplo de Moisés

El llamamiento y ministerio de Moisés son buenos ejemplos de cómo Dios obró. La primera parte de su vida y su llamamiento al ministerio están descritos en los capítulos 2, 3 y 4 de Éxodo. Otros pasajes de las Escrituras también nos ayudan a ver cómo Moisés llegó a conocer y a seguir la voluntad de Dios. Usando la secuencia de siete puntos de la página 19 de este libro, examinemos el llamamiento de Moisés y su respuesta. Sería excelente que usted leyera también Éxodo 2—4.

> Los hijos de Israel gemían a causa de la servidumbre, y clamaron; y subió a Dios el clamor de ellos con motivo de su servidumbre. Y oyó Dios el gemido de ellos, y se acordó de su pacto con Abraham, Isaac y Jacob. Y miró Dios a los hijos de Israel, y los reconoció Dios (Éx. 2.23-25).

1. Dios ya estaba obrando alrededor de Moisés.

Dios tomó la iniciativa para acercarse a Moisés e iniciar con él una relación de amor, y lo hizo por medio de la zarza ardiente. Dios le dijo que iría con él a Egipto. Muchos pasajes en Éxodo, Levítico, Números y Deuteronomio muestran cómo Dios buscó una relación continua de amor con Moisés. Este es un ejemplo:

2. Dios estableció una relación continua de amor con Moisés que fue real y personal.

> Entonces Jehová dijo a Moisés: Sube a mí al monte, y espera allá, y te daré tablas de piedra, y la ley, y mandamientos que he escrito para enseñarles . . . Entonces Moisés subió al monte, y una nube cubrió el monte. Y la gloria de Jehová reposó sobre el monte Sinaí, y la nube lo cubrió por seis días; y al séptimo día llamó a Moisés de en medio de la nube . . . Y entró Moisés en medio de la nube, y subió al monte; y estuvo Moisés en el monte cuarenta días y cuarenta noches (Éx. 24.12, 15-16, 18).

> Y he descendido para librarlos de mano de los egipcios, y sacarlos de aquella tierra a una tierra buena y ancha . . . Ven, por tanto, ahora, y te enviaré a Faraón, para que saques de Egipto a mi pueblo, los hijos de Israel (Éx. 3.8, 10).

3. Dios invitó a Moisés a participar con Él en su trabajo.

Responda a las preguntas que siguen en relación a las tres afirmaciones anteriores:

1. ¿Qué es lo que Dios ya estaba haciendo con relación a Israel?

_____

_____

2. ¿Qué evidencia prueba que Dios quería tener una relación personal y real con Moisés?

_____

_____

3. ¿Cómo quería Dios que Moisés participara en la obra que Él ya estaba haciendo?

_____

_____

(1) Dios tenía un propósito que ya estaba realizando en el mundo de Moisés. Aun cuando Moisés estaba exiliado en el desierto, se hallaba en el programa de Dios, en el cumplimiento del tiempo de Dios, justo en el centro de la voluntad de Dios. Para cuando Dios estaba a punto de librar a los hijos de Israel, el factor más importante no era cuál era la voluntad de Dios para Moisés. El factor más importante era cuál era la voluntad de Dios para Israel. (2) El propósito de Dios era librar a los hijos de Israel. Moisés iba a ser la persona mediante la cual Dios obraría para lograrlo. (3) Varias veces Dios invitó a Moisés a hablar con Él y a estar con Él. Dios inició y mantuvo una relación permanente con Moisés. Esta relación se basaba en el amor, y diariamente Dios cumplía sus propósitos a través de su 'amigo' Moisés. (Véanse otros ejemplos en Éx. 33.7—34.10 y Nm. 12.6-8).

Cuando Dios está listo para hacer algo, siempre le revela a una persona o a su pueblo lo que va a hacer (Véase Am. 3.7). Dios realiza su obra por medio de su pueblo. Ésta es la manera en que Dios obra con usted. La Biblia está diseñada para ayudarle a entender las sendas de Dios. Luego, cuando Dios comience a actuar en su vida, usted reconocerá que es Dios.

Porque no hará nada Jehová el Señor, sin que revele su secreto a sus siervos los profetas.
—Amós 3.7

Repase la lección de hoy. Pida a Dios en oración que le indique una o más enseñanzas o Escrituras que Él quiere que comprenda, aprenda y practique. Subráyela(s). Luego responda a lo siguiente:

¿Cuál fue la enseñanza o Escritura más significativa que leyó hoy?

_____

_____

Ahora escríbala en una frase que pueda usar como una oración.

_____

_____

¿Qué quiere Dios que usted haga en respuesta al estudio de hoy?

_____

_____

Esta lección de dos partes será resumida al finalizar el día 5.

DÍA 5   DIOS OBRA A TRAVÉS DE SUS SIERVOS. PARTE 2

Dios revela lo que va a hacer. Esa revelación viene a ser una invitación para que se le una.

Ayer estudió las primeras tres realidades de la obra de Dios con Moisés. Miremos ahora a las cuatro restantes.

4. Dios habló para revelarse a sí mismo, sus propósitos y sus caminos.

> Y se le apareció el Ángel de Jehová en una llama de fuego en medio de una zarza; y . . . lo llamó Dios de en medio de la zarza, y dijo: ¡Moisés, Moisés! Y él respondió: Heme aquí.
> Y dijo: No te acerques; quita tu calzado de tus pies, porque el lugar en que tú estás, tierra santa es. Y dijo: Yo soy el Dios de tu padre, Dios de Abraham, Dios de Isaac, y Dios de Jacob. . . Dijo luego Jehová: Bien he visto la aflicción de mi pueblo que está en Egipto, y he oído su clamor a causa de sus exactores; pues he conocido sus angustias, y he descendido para librarlos de mano de los egipcios, y sacarlos de aquella tierra a una tierra buena y ancha (Éx. 3.2-8).

> Cuando haya entre vosotros profeta de Jehová, le apareceré en visión, en sueños hablaré con él. No así a mi siervo Moisés, que es fiel en toda mi casa. Cara a cara hablaré con él (Nm. 12.6-8).

5. La invitación de Dios a Moisés para que se le uniera en su trabajo condujo a Moisés a una crisis de fe que requirió confianza y acción.

Moisés expresó su crisis de fe cuando le dijo a Dios lo siguiente:

> ¿Quién soy yo para que vaya a Faraón, y saque de Egipto a los hijos de Israel?
> Dijo Moisés a Dios: He aquí que llego yo a los hijos de Israel, y les digo: El Dios de vuestros padres me ha enviado a vosotros. Si ellos me preguntaren: ¿Cuál es su nombre?, ¿qué les responderé?
> He aquí que ellos no me creerán, ni oirán mi voz; porque dirán: No te ha aparecido Jehová.
> ¡Ay, Señor! nunca he sido hombre de fácil palabra, ni antes, ni desde que hablas a tu siervo; porque soy tardo en el habla y torpe de lengua.
> ¡Ay, Señor! envía, te ruego, por medio del que debes enviar (Éx. 3.11, 13; 4.1, 10, 13).

La crisis de Moisés exigía fe y acción.

> Por la fe Moisés, hecho ya grande, rehusó llamarse hijo de la hija de Faraón, escogiendo antes ser maltratado con el pueblo de Dios, que gozar de los deleites temporales del pecado . . . Por la fe dejó a Egipto, no temiendo la ira del rey; porque se sostuvo como viendo al Invisible. Por la fe celebró la pascua y la aspersión de la sangre, para que el que destruía a los primogénitos no los tocase a ellos. Por la fe pasaron el Mar Rojo como por tierra seca; e intentando los egipcios hacer lo mismo, fueron ahogados (He. 11.24-29).

6. Moisés tuvo que hacer grandes ajustes en su vida para poder unirse a Dios en lo que Él estaba haciendo.

> Dijo también Jehová a Moisés en Madián: Vé y vuélvete a Egipto, porque han muerto todos los que procuraban tu muerte. Entonces Moisés tomó su mujer y sus hijos, y los puso sobre un asno, y volvió a tierra de Egipto (Éx. 4.19-20).

Muchos pasajes de Éxodo, Levítico, Números y Deuteronomio ilustran cómo se reveló Dios a Moisés. A medida que Moisés obedecía a Dios, Dios realizaba a través de él lo que Moisés no podía hacer. El siguiente es un ejemplo en el cual Moisés y el pueblo llegaron a conocer a Dios como su Libertador.

7. Moisés llegó a conocer a Dios por experiencia cuando obedeció y Dios realizó su obra por medio de él.

> Entonces Jehová dijo a Moisés: ¿Por qué clamas a mí? Dí a los hijos de Israel que marchen. Y tú alza tu vara, y extiende tu mano sobre el mar, y divídelo, y entren los hijos de Israel por en medio del mar, en seco. Y he aquí yo endureceré el corazón de los egipcios para que los sigan; y yo me glorificaré en Faraón y en todo su ejército.
>
> Y extendió Moisés su mano sobre el mar, e hizo Jehová que el mar se retirase por recio viento oriental toda aquella noche; y volvió el mar en seco, y las aguas quedaron divididas. Entonces los hijos de Israel entraron por en medio del mar, en seco, teniendo las aguas como muro a su derecha y a su izquierda. Y siguiéndolos los egipcios, entraron tras ellos.
>
> Y Jehová dijo a Moisés: Extiende tu mano sobre el mar, para que las aguas vuelvan sobre los egipcios, sobre sus carros y sobre su caballería. Entonces Moisés extendió su mano sobre el mar, y cuando amanecía, el mar se volvió en toda su fuerza.
>
> Y los hijos de Israel fueron por en medio del mar, en seco, teniendo las aguas por muro a su derecha y a su izquierda. Así salvó Jehová aquel día a Israel de mano de los egipcios; e Israel vio a los egipcios muertos a la orilla del mar. Y vio Israel aquel grande hecho que Jehová ejecutó contra los egipcios; y el pueblo temió a Jehová, y creyeron a Jehová y a Moisés su siervo (Éx. 14.15-17, 21-23, 26-27, 29-31).

Responda las preguntas que siguen acerca de las cuatro afirmaciones que anteceden:

4. ¿Qué reveló Dios de sí mismo, sus propósitos y sus caminos?

_____

_____

5a. ¿Qué le fue difícil a Moisés creer en cuanto a Dios?

_____

5b. ¿Cómo resumiría la fe de Moisés, según se describe en Hebreos 11?

_____

_____

6. ¿Qué ajustes tuvo que hacer Moisés?

_____

_____

7. ¿Cómo piensa que se habrá sentido Moisés al darse cuenta de que Dios lo usó como intermediario para librar a los israelitas?

_____

_____

(4) Dios vino y le habló a Moisés de su voluntad. Él quería que Moisés fuera a Egipto para usarlo de intermediario en la liberación de los israelitas. Dios le reveló su santidad, su misericordia, su poder, su nombre, su propósito de guardar su promesa a Abraham y darle a Israel la tierra prometida, y muchas otras cosas que no se describen en las Escrituras indicadas. (5a) Moisés presentó muchas objeciones. Cuestionó si Dios podia hacerlo a través de él (Éx. 3.11), si los israelitas creerían que Dios le había aparecido (4.1); y si sería capaz de hablar con suficiente elocuencia como para poder realizar la tarea (4.10). En cada caso Moisés realmente dudaba de Dios más que de sí mismo. Moisés enfrentó su crisis de fe: ¿Es realmente Dios capaz de hacer lo que dice? (5b) Sin embargo, su fe queda descrita en Hebreos como un modelo de sacrificio propio y confianza en el Todopoderoso Dios. Una vez que Dios permitió que Moisés supiera lo que Él iba a hacer, esa revelación se convirtió en la invitación de Dios para que se le uniera.

Dios revela lo que va a hacer.
Esa revelación se convierte en una invitación para unirse a Él.

(6) Moisés hizo los ajustes necesarios para orientar su vida hacia Dios. Moisés tenía que llegar al punto de creer que Dios podía hacer todo lo que había dicho que haría. Luego tuvo que dejar su empleo con su suegro, y mudarse a Egipto. Después de hacer estos ajustes estaba en posición de poder obedecer a Dios. Significaba que iba a estar donde Dios estaba obrando, de modo que Él pudiera hacer lo que se había propuesto hacer desde el mismo comienzo. Moisés era un siervo moldeable, y permaneció a disposición de Dios para que lo usara como quisiera. Dios realizó sus propósitos a través de él. (7) Moisés debe haberse sentido humilde e indigno al ser usado de manera tan importante. Moisés obedeció e hizo todo lo que Dios le dijo. Entonces Dios realizó por medio de Moisés lo que quería hacer. Cada paso de obediencia dio a Moisés (y a Israel) un conocimiento más amplio de Dios (Éx. 6.1-8).

¿Qué puede hacer una persona "común"?

"Elías era un hombre como nosotros".

Uno de los pasajes maravillosos que me han ayudado en este punto es el siguiente: Elías era hombre sujeto a pasiones semejantes a las nuestras, y oró fervientemente para que no lloviese, y no llovió sobre la tierra por tres años y seis meses. Y otra vez oró, y el cielo dio lluvia, y la tierra produjo su fruto (Stg. 5.17-18). Elías era una persona "común", así como nosotros. Él oró y Dios respondió.

Pedro y Juan

Sin educación, pero poderosos

Cuando Dios curó al cojo mediante Pedro, éste y Juan fueron llevados ante el sanedrín para responder por sus acciones. Lleno del Espíritu Santo Pedro habló con intrepidez ante los líderes religiosos. Note la respuesta de éstos: Entonces viendo el denuedo de Pedro y de Juan, y sabiendo que eran hombres sin letras y del vulgo, se maravillaban; y les reconocían que habían estado con Jesús (Hch. 4.13).

Todas las personas que aparecen en las Escrituras eran personas comunes. Su relación con Dios y la actividad de Dios las convirtió en extraordinarias. ¿Notó usted la declaración? Los líderes religiosos reconocieron que Pedro y Juan "habían estado con Jesús". A cualquier persona que dedica tiempo para desarrollar una relación íntima con Dios se le ve haciendo cosas extraordinarias a través de su vida.

D. L. Moody

De zapatero a evangelista ardiente

Dwight L. Moody fue un zapatero con muy poca instrucción y sin credenciales eclesiásticas. Él sintió el llamado de Dios a predicar el evangelio. Una mañana muy temprano él y varios amigos se reunieron en un potrero para orar, confesarse y consagrarse a Dios. Enrique Varley dijo: "El mundo todavía no ha visto lo que Dios puede hacer con, por, en y a través de un hombre total y completamente consagrado a Él".

Moody quedó profundamente conmovido por esas palabras. Después, al escuchar al gran predicador Spurgeon, pensó:

> El mundo todavía no ha visto lo que Dios puede hacer con, por, en y a través de ¡un hombre! Varley quería decir cualquier hombre. No dijo que debía tener mucha educación, ser brillante o algo por el estilo, sino sencillamente ¡un hombre! Bien, pues, por el Espíritu Santo en él, que Moody sea uno de esos hombres. Entonces, de súbito, en la galería, vio algo que nunca había visto antes: No era Spurgeon, después de todo, quien estaba realizando la obra; era Dios. Y si Dios podía usar a Spurgeon, ¿por qué no puede usarnos a nosotros? ¿Y por qué simplemente no nos ponemos a los pies del Maestro y le decimos: ¡Envíame a mí! ¡Úsame a mí!

Moody era un hombre común que se esforzó por consagrarse completa y totalmente a Cristo. A través de este hombre común Dios comenzó a hacer lo extraordinario. Moody llegó a ser uno de los más grandes evangelistas del tiempo moderno. Predicó en todos los Estados Unidos y Gran Bretaña, y miles llegaron a conocer a Cristo.

¿Pudiera Dios obrar de manera extraordinaria a través de su vida para realizar cosas importantes para su reino? ❏ Sí ❏ No

Tal vez diga: "Yo no soy ningún Moody". No tiene que serlo. Dios no quiere que sea Moody. Dios quiere que usted sea usted, y le permita hacer a través de usted lo que Él quiere hacer. Cuando cree que nada significativo puede ocurrir por medio de usted, está diciendo más sobre lo que cree acerca de Dios que sobre lo que cree en cuanto a usted mismo. Usted está diciendo que Dios no es capaz de hacer nada importante a través de usted. La verdad es que Él es capaz de hacer cualquier cosa que le plazca con una persona común consagrada totalmente a Él.

Cuando cree que nada significativo puede ocurrir por medio de usted, está diciendo más sobre lo que cree acerca de Dios que en cuanto a usted mismo.

Las normas de Dios son diferentes a las humanas

No se asombre al darse cuenta de que las normas de Dios para la excelencia son distintas a las humanas. ¿Cuánto duró el ministerio público de Juan el Bautista? Tal vez seis meses. ¿Cuál fue la opinión de Jesús en cuanto a la vida de Juan? Os digo que entre los nacidos de mujeres, no hay mayor profeta que Juan el Bautista (Lc. 7.28). ¡No hay mayor profeta! Seis meses totalmente consagrados a Dios y el Hijo de Dios puso su sello de aprobación sobre su vida.

Juan el Bautista

"No hay mayor profeta"

No mida su vida con las normas del mundo. No lo haga. Muchas denominaciones lo hacen. Muchos pastores y líderes lo hacen. Muchas iglesias lo hacen. Piénselo. Por las normas del mundo una persona o iglesia puede parecer bien y sin embargo, a los ojos de Dios ser completamente detestable. En forma similar, una persona o una iglesia puede estar completamente consagrada a Dios y agradarle totalmente, y sin embargo, ser insignificante a los ojos del mundo. ¿Puede un pastor que sirve fielmente en la pequeña comunidad rural en que Dios lo ha puesto agradar al Señor? Por supuesto, si allí es donde Dios quiere tenerlo. Dios lo verá y recompensará su fidelidad, sea que se le haya dado mucho o poco.

No mida su vida con las normas del mundo.

Es más probable que Dios use a una persona común. Pablo dijo que Dios a propósito busca lo débil y despreciado, por cuanto de esa manera Él puede recibir mayor gloria (1 Co. 1.26-31). Entonces todo el mundo sabrá que sólo Dios pudo haberlo hecho. Si se siente débil, limitado, común, usted es el mejor material por medio del cual Dios puede obrar.

Si se siente débil, limitado y ordinario, usted es el mejor material por medio del cual Dios puede obrar.

 Repase la lección de hoy. Pida a Dios en oración que le indique una o más enseñanzas o Escrituras que Él quiere que comprenda, aprenda y practique. Subráyela(s). Luego responda a lo siguiente:

¿Cuál fue la enseñanza o Escritura más importante que leyó hoy?

_____

_____

_____

Ahora escríbala en una frase que pueda usar como oración.

_____

_____

_____

¿Qué quiere Dios que haga en respuesta al estudio de hoy?

_____

_____

_____

Repase el versículo designado para memorizar y prepárese para repetirlo frente a otra persona en la sesión semanal del grupo.

RESUMEN

- Dios revela lo que va a hacer.
- La revelación es una invitación para unirse a Él.
- No puedo quedarme como estoy y seguir a Dios.
- Él es capaz de hacer cualquier cosa con una persona común plenamente consagrada a Él.
- Las normas de Dios para la excelencia son diferentes a las humanas.

MIRAR A DIOS

UNIDAD

2

La Iglesia La Fe empezó a considerar que Dios nos estaba guiando a un ministerio de alcance en la universidad. Yo nunca había hecho obra estudiantil, ni nuestra iglesia tampoco. El Departamento de Obra Estudiantil de la denominación nos recomendó que empezáramos estudios bíblicos en los dormitorios de la universidad. Por más de un año tratamos de empezar un estudio bíblico y no dió resultado.

Un domingo por la mañana reuní a nuestros estudiantes y les dije: "Quiero que esta semana vayan a la universidad y observen para ver dónde Dios está trabajando, y se unan a Él". Me pidieron que les explicara; así que les dije que Dios guió mi atención a los siguientes dos pasajes de la Biblia.
- Romanos 3.10-11: No hay justo, ni aun uno; no hay quien entienda, no hay quien busque a Dios.
- Juan 6.44: Ninguno puede venir a mí, si el Padre que me envió no le trajere.

"De acuerdo con estos pasajes, nadie va a buscar a Dios por iniciativa propia. Nadie hará preguntas acerca de asuntos espirituales a menos que Dios esté obrando en su vida. Cuando vean a alguien buscando a Dios o haciendo preguntas sobre asuntos espirituales, allí verán a Dios obrando".

"Si alguien empieza a hacerles preguntas sobre asuntos espirituales", les dije, "dejen cualquier cosa que estén haciendo, y vayan con ese individuo y observen para ver lo que Dios está haciendo allí". Esa semana los estudiantes lo hicieron así.

El miércoles una muchacha informó: "Pastor, una compañera que ha estado en las mismas clases que yo por dos años, se me acercó hoy y me dijo: 'Me parece que tú eres cristiana. Necesito hablar contigo. Recordé lo que usted nos dijo. Tenía que ir a una clase, pero falté.' Nos fuimos a la cafetería y hablamos. Esta compañera me dijo: 'Hay once compañeras que hemos estado estudiando la Biblia, pero ninguna es cristiana. ¿Conoces a alguien que nos pudiera ayudar en un estudio bíblico?' "

Como resultado de ese contacto empezamos tres grupos de estudio bíblico en los dormitorios de mujeres y dos en los de varones. Por dos años habíamos tratado de hacer algo para Dios y habíamos fracasado. Por tres días observamos para ver dónde Dios estaba trabajando y nos unimos a Él. ¡Qué diferencia!

Versículo para memorizar esta semana

Estos confían en carros, y aquéllos en caballos; Mas nosotros del nombre de Jehová nuestro Dios tendremos memoria.
—Salmo 20.7

La vida centrada en Dios

Parte del libro de Génesis es el registro de cómo Dios cumplió sus propósitos a través de Abraham. No es el registro de cómo Abraham caminó con Dios. ¿Nota la diferencia? El enfoque de la Biblia es Dios. La esencia del pecado es dejar la vida centrada en Dios y tener una vida centrada en uno mismo. La esencia de la salvación es la negación de uno mismo y el retorno a tener a Dios como centro de la vida. Entonces Dios nos tiene donde puede realizar, a través de nosotros, los propósitos que tenía desde antes de crear el mundo. Las siguientes descripciones le darán una idea de las diferentes orientaciones de la vida:

Vida centrada en uno mismo
- vida enfocada en uno mismo
- orgulloso de uno mismo y de sus logros
- arrogante
- dependiendo de uno mismo y de sus capacidades
- afirmándose en su propio ego
- procurando agradar al mundo y sus caminos
- mirando las circunstancias desde una perspectiva humana
- vida egoísta y ordinaria

Vida centrada en Dios
- confianza en Dios
- dependencia de Dios y de su poder y provisión
- vida enfocada en Dios y en su actividad
- humilde ante Dios
- negándose uno mismo
- buscando primero el reino de Dios y su justicia
- buscando la perspectiva de Dios en toda circunstancia
- vida santa y piadosa

 En sus propias palabras escriba las siguientes definiciones:

Vida centrada en uno mismo: _____

_____

_____

_____

Vida centrada en Dios: _____

_____

_____

_____

En cada uno de los siguientes ejemplos bíblicos, escriba una D en los que ilustran una vida centrada en Dios, y una E junto a los que ilustran una vida egocéntrica.

_____ 1a. Dios colocó a Adán y a Eva en un huerto hermoso y exuberante. Les dijo que no comieran del árbol del conocimiento del bien y del mal. Eva vio que el fruto era agradable a los ojos, y deseable para adquirir sabiduría, de modo que tomó y comió (Gn. 2.16-17; 3.1-7).

_____ b. La mujer de Potifar rogaba a José que se acostara con ella. José le dijo que no haría semejante maldad pecando contra Dios. Cuando ella trató de obligarlo, él salió corriendo y prefirió ir a la cárcel antes que sucumbir a la tentación (Gn. 39).

Dios había prometido darle la tierra de Canaán a Israel. Moisés envió a doce hombres para que exploraran la tierra y trajeran un informe. La tierra era fructífera, pero la gente que vivía allí parecían gigantes (Nm. 13—14).

_____ 2a. Diez de los espías dijeron: No podremos subir contra aquel pueblo, porque es más fuerte que nosotros (13.31).

_____ b. Josué y Caleb dijeron: Si Jehová se agradare de nosotros, él nos llevará a esta tierra . . . no los temáis (14.8, 9).

_____ 3a. El rey Asa enfrentaba a Zera y al ejército etíope. Dijo: ¡Oh Jehová, para ti no hay diferencia alguna en dar ayuda al poderoso o al que no tiene fuerzas! Ayúdanos, oh Jehová Dios nuestro, porque en ti nos apoyamos, y en tu nombre venimos contra este ejército. Oh Jehová, tú eres nuestro Dios; no prevalezca contra ti el hombre (2 Cr. 14.9-11).

_____ b. El rey Asa y Judá enfrentaban la amenaza de Baasa, rey de Israel. Asa envió plata y oro del templo y de su propio palacio a Ben-adad rey de Siria pidiéndole ayuda en el conflicto (2 Cr. 16.1-3).

Jesús respondió diciendo: Ha llegado la hora para que el Hijo del Hombre sea glorificado. De cierto, de cierto os digo, que si el grano de trigo no cae en la tierra y muere, queda solo; pero si muere, lleva mucho fruto. El que ama su vida, la perderá; y el que aborrece su vida en este mundo, para vida eterna la guardará.
—Juan 12.23-25

La vida egocéntrica es una trampa sutil. Humanamente hablando, tiene mucho sentido. Como el rey Asa, usted puede evadir la trampa en una ocasión, y caer en ella en la siguiente. La vida centrada en Dios exige la muerte diaria del yo y la sumisión a Dios (Jn. 12.23-25). Las afirmaciones 1b, 2b y 3a son ejemplos de esto. Las otras ilustran una vida egocéntrica.

Los propósitos de Dios y no nuestros planes

Para tener una vida centrada en Dios, usted debe enfocar su vida en los propósitos de Dios y no en sus propios planes. Debe procurar ver las cosas desde la perspectiva de Dios, antes que desde su propia distorsionada perspectiva humana. Cuando Dios decide que es tiempo de hacer algo en el mundo, toma la iniciativa y se acerca a algún ser humano para hablarle. Por alguna razón divina Él ha escogido relacionar a su pueblo en la realización de sus propósitos.

 Responda a las preguntas que siguen. Busque y lea las Escrituras indicadas si no sabe la respuesta.

1. ¿Qué se proponía hacer DIOS cuando vino a Noé y le pidió que construyera un arca? (Gn. 6.5-14)

_____

2. ¿Qué iba a hacer DIOS con Sodoma y Gomorra cuando vino a Abraham? (Gn. 18.16-21; 19.13)

_____

3. ¿Qué iba a hacer DIOS cuando vino a Gedeón? (Jue. 6.11-16)

_____

4. ¿Qué iba a hacer DIOS cuando vino a Saulo en el camino a Damasco? (Hch. 9.1-16)

_____

5. En cada una de estas ocasiones, ¿cuál fue el factor más importante? Marque su respuesta.
   ❏ Lo que la persona quería hacer para Dios.
   ❏ Lo que DIOS iba a hacer.

Dios había decidido destruir al mundo cuando vino a Noé. Cuando Dios iba a destruir a Sodoma y Gomorra vino a Abraham y se lo dijo. Dios vino a Gedeón cuando iba a libertar a los israelitas de la opresión de Madián. Cuando Dios estaba listo para esparcir el evangelio a los gentiles y a todo el mundo conocido, vino a Saulo. Sin ninguna duda, el factor más importante en cada situación fue lo que Dios iba a hacer.

Usemos el ejemplo de Noé. ¿Qué planes tenía Noé para servir a Dios? Ningún plan tenía sentido frente a la destrucción que se avecinaba. Noé no estaba pidiendo ayuda a Dios para poder realizar lo que soñaba hacer para Él. En la Biblia jamás halla a Dios pidiendo que las personas sueñen lo que pudieran hacer para Él.

Nunca encontrará a Dios pidiéndole a las personas que sueñen lo que quieren hacer para Él.

No se trata de sentarnos y soñar en lo que quisiéramos hacer para Dios, y luego pedirle que nos ayude a realizarlo. El modelo que vemos en la Escritura es que nos sometemos a Dios y:
• esperamos hasta que Dios nos muestre lo que Él va a hacer,
• observamos para ver lo que Dios ya está haciendo a nuestro alrededor, y nos unimos a Él.

someterse

esperar

observar

unirse a Él

 Repase la lección de hoy. Pida a Dios en oración que le indique una o más enseñanzas o Escrituras que Él quiere que comprenda, aprenda y practique. Subráyela(s). Luego responda a lo siguiente:

¿Cuál fue la enseñanza o Escritura más significativa que leyó hoy?

Ahora escríbala en una frase que pueda usar como oración.

¿Qué quiere Dios que haga en respuesta al estudio de hoy?

Escriba el versículo para memorizar esta semana.

Repase el versículo para memorizar de la semana pasada.

RESUMEN

- Para saber y hacer la voluntad de Dios debo negarme a mí mismo y volver a una vida centrada en Dios.
- Debo reorientar mi vida hacia Dios.
- Debo enfocar mi vida en los propósitos de Dios y no en mis propios planes.
- Debo procurar ver las cosas desde la perspectiva de Dios y no desde mi propia y distorsionada perspectiva humana.
- Debo esperar hasta que Dios me muestre lo que Él va a hacer a través de mí.
- Observaré para ver lo que Dios está haciendo a mi alrededor y me uniré a Él.

LOS PLANES DE DIOS Y LOS NUESTROS

¿Quién libró a los hijos de Israel de Egipto: Moisés o Dios? Dios lo hizo. Dios escogió poner a Moisés en una relación consigo mismo de modo que Él pudiera libertar a Israel. ¿Trató Moisés alguna vez de tomar en sus propias manos el asunto de los hijos de Israel? Sí.

En Éxodo 2.11-15, Moisés empezó a actuar por sí mismo en favor de su pueblo. ¿Qué hubiera pasado si Moisés hubiera tratado de libertar a los hijos de Israel mediante el poder humano? Miles y miles hubieran sido masacrados. Tratar de tomar el asunto en sus manos le costó a Moisés cuarenta años de exilio en Madián, pastoreando ovejas (y aprendiendo a reorientar su vida hacia Dios).

Cuando Dios libertó al pueblo, ¿cuántos de los hijos de Israel murieron? Ninguno. En el proceso Dios incluso hizo que los egipcios les dieran oro, plata y ropas. Egipto fue saqueado, su ejército quedó destruido, pero de Israel no murió ni una sola persona.

¿Por qué no nos damos cuenta de que siempre es mejor hacer las cosas a la manera de Dios? Somos los causantes de muchos desastres y ruina en nuestras iglesias porque tenemos nuestro plan. Ponemos en práctica ese plan y obtenemos tan sólo lo que podemos hacer. Dios (Jesús) es la cabeza del cuerpo: la iglesia. ¡Ah! ¡Si pudiéramos descubrir la diferencia cuando le permitimos a Dios ser la cabeza del cuerpo! Él conseguiría en seis meses, a través de un pueblo rendido a Él, más que lo que nosotros pudiéramos hacer en sesenta años sin Él.

Los caminos de Dios

 Lea la siguiente porción bíblica y busque la respuesta de Dios a los que no siguen sus caminos. Luego responda a las preguntas que siguen:

> Yo soy Jehová tu Dios, Que te hice subir de la tierra de Egipto; Abre tu boca, y yo la llenaré. Pero mi pueblo no oyó mi voz, E Israel no me quiso a mí. Los dejé, por tanto, a la dureza de su corazón (Sal. 81.10-12).

Comprender lo que Dios está a punto de hacer allí donde me encuentro es más importante que decirle lo que quiero hacer por Él.

En aquellos días sucedió que crecido ya Moisés, salió a sus hermanos, y los vio en sus duras tareas, y observó a un egipcio que golpeaba a uno de los hebreos, sus hermanos. Entonces miró a todas partes, y viendo que no parecía nadie, mató al egipcio y lo escondió en la arena. Al día siguiente salió y vio a dos hebreos que reñían; entonces dijo al que maltrataba al otro: ¿Por qué golpeas a tu prójimo?

Y él respondió: ¿Quién te ha puesto a ti por príncipe y juez sobre nosotros? ¿Piensas matarme como mataste al egipcio? Entonces Moisés tuvo miedo, y dijo: Ciertamente esto ha sido descubierto.

Oyendo Faraón acerca de este hecho, procuró matar a Moisés; pero Moisés huyó de delante de Faraón, y habitó en la tierra de Madián. —Éxodo 2.11-15

1. ¿Qué había hecho Dios ya por Israel? _____

_____

2. ¿Qué prometió Dios para su pueblo? _____

_____

3. ¿Cómo respondió el pueblo? _____

_____

4. ¿Qué hizo Dios? _____

_____

Ahora lea los siguientes versículos para ver lo que pudo ser realidad para Israel. Luego conteste la pregunta que sigue:

> ¡Oh, si me hubiera oído mi pueblo, Si en mis caminos hubiera andado Israel! En un momento habría yo derribado a sus enemigos, Y vuelto mi mano contra sus adversarios! (Sal. 81.13-14).

5. ¿Qué podía haber sido realidad para Israel si hubiera escuchado y obedecido a Dios?

_____

Lea en su Biblia Hebreos 3.7-19. Luego responda a lo siguiente:

6. ¿Por qué los hijos de Israel no pudieron entrar en la tierra prometida?

_____

Nosotros somos sirvientes de Dios, y debemos ajustar nuestra vida a lo que Él va a hacer.

Tenemos que ajustar nuestra vida a Dios, de modo que Él pueda hacer mediante nosotros lo que Él quiere hacer. Dios no es nuestro sirviente para que se acomode a nuestros planes. Nosotros somos sus sirvientes, y debemos ajustar nuestra vida a lo que Él va a hacer. Si no nos sometemos, nos dejará seguir nuestros propios designios. Al seguirlos nunca experimentaremos lo que Dios está anhelando y queriendo hacer por nosotros y por otros a través de nosotros.

Israel salió de Egipto mediante muchas señales y prodigios milagrosos. ¿Piensa que ellos confiaban en que Dios podía hacer cualquier cosa? Cuando llegaron a la tierra prometida no pudieron confiar en que Él se la entregaría. Por esa razón pasaron vagando por el desierto 40 años. En el Salmo 81 Dios le recuerda a Israel que Él habría conquistado rápidamente a los enemigos si tan sólo Israel hubiera seguido los planes de Dios antes que sus propios designios.

 Medite en lo siguiente y luego responda:

1. ¿Ha cambiado Dios la manera en que obra con su pueblo para realizar sus planes y propósitos?

_____

2. ¿Prefiere usted seguir sus propios planes y vagar por un desierto espiritual, o seguir los planes de Dios y entrar rápidamente en la tierra espiritual prometida?

_____

Usted tiene que saber lo que Dios hará

Cierto año los líderes denominacionales llegaron a Vancouver para elaborar planes de largo alcance con respecto al énfasis que habíamos planeado para el área metropolitana. Personajes destacados de varias agencias iban a ayudarnos a realizar grandes cosas. Sin embargo, en mi mente me preguntaba: "¿Qué si Dios llama a nuestra nación a juicio antes de esa fecha?" Me di cuenta de lo mucho que necesitaba saber lo que Dios tenía en mente para nuestra ciudad. Planear lo que yo quería hacer en el futuro pudiera ser algo totalmente irrelevante.

Cuando Dios llamó a los profetas, a menudo les daba un mensaje doble. El primer deseo de Dios era: "Llamen al pueblo para que se vuelva a mí". Si el pueblo no respondía, tenía que oír el segundo mensaje: "Háganles saber que el tiempo del juicio está más cerca que nunca". La palabra de Dios al profeta era: "Dile a la gente: Esto es lo que he estado haciendo. Esto es lo que estoy haciendo. Esto es lo que voy a hacer. Luego, pídeles que respondan".

¿Piensa que era importante que los profetas entendieran lo que Dios iba a hacer? Cuando Dios estaba listo para traer un terrible juicio sobre Jerusalén y destruir la ciudad, ¿era importante saber lo que Dios iba a hacer? ¡Por supuesto!

 ¿Cuán cercano piensa que está el juicio de Dios sobre su nación? Marque su respuesta:

❑ 1. No creo que Dios traerá juicio sobre mi nación.

❑ 2. Pienso que el juicio de Dios está todavía muy distante.

❑ 3. No puedo entender por qué Dios ha esperado tanto tiempo. Pienso que estamos a las puertas de un gran juicio divino.

❑ 4. Pienso que ya hemos experimentado un juicio disciplinario como el que se describe en Isaías 5.1-7.

❑ 5. Pienso que ya hemos atravesado un juicio de Dios.

¿Qué evidencia tiene para respaldar su respuesta? _____
_____

¿Qué efecto tiene esa convicción en su estilo de vida? _____
_____

En la sesión semanal del grupo habrá oportunidad para dialogar sobre sus respuestas.

> Comprender lo que Dios está a punto de hacer donde usted está es más importante que decirle usted lo que quiere hacer por Él.

¿Qué habría conseguido Abraham si le hubiera dicho a Dios que pensaba realizar un censo religioso en Sodoma y Gomorra y testificar de puerta en puerta al día anterior a aquel en que Dios iba a destruirlas ¿De qué servirán los planes de largo alcance que haga su iglesia si, antes de que pueda realizarlos, Dios trae juicio sobre nuestra nación?

Lo que necesita saber es lo que Dios tiene en su agenda para su iglesia, su comunidad y su nación en este momento de la historia. Entonces su iglesia y usted pueden ajustar sus vidas a Dios, de modo que Él pueda colocarlos en medio del ímpetu de su actividad, antes de que sea demasiado tarde. Aun cuando lo más seguro es que Dios no le dará un itinerario detallado, sí le permitirá saber, un paso a la vez, cómo usted y su iglesia deben responder a lo que Él está haciendo.

En oración pídale a Dios, en este mismo momento, que le guíe para saber cómo debe responderle:

- en su vida personal
- en su vida familiar
- en su iglesia
- en su trabajo
- en su comunidad
- en su nación

Si lo desea, puede escribir sus notas al margen o en un papel aparte.

¿Qué es lo que Dios iba a hacer cuando empezó a decirle a Martín Lutero que el justo por la fe vivirá? Dios iba a hacer que la gente de toda Europa comprendiera que la salvación era un obsequio, y que cada persona tenía acceso directo a Él. Dios iba a traer la gran reforma. Al estudiar los grandes movimientos de Dios en la historia del cristianismo, notará que en cada caso Él vino a una persona y ella puso su vida en sus manos. Entonces Dios empezó a realizar sus propósitos a través de aquel individuo.

Martín Lutero

Cuando Dios empezó a hablarles a Juan y Carlos Wesley, estaba preparando a Inglaterra para un despertamiento arrollador que la salvaría de una revolución sangrienta como la que Francia tuvo. Por medio de aquellos dos hombres, además de Jorge Whitfield y otros, Dios pudo realizar una obra poderosa y transformar completamente a Inglaterra.

Juan y Carlos Wesley

Jorge Whitfield

En su comunidad hay algunas cosas que están por ocurrir en la vida de otras personas. Dios quiere intervenir en esas vidas. Usted entiende que lo quiere hacer a través de usted. Se acerca y le habla. Pero usted está centrado en usted mismo, y responde: "No creo que estoy capacitado. No creo que seré capaz. Yo . . ."

¿Nota lo que ocurre? El enfoque está en usted mismo. En el momento en que nota que Dios se está moviendo en su vida, usted le presenta una lista completa de razones por las cuales Él escogió la persona equivocada, y por qué el tiempo no es propicio (Éx. 3.11; 4.1). ¡Ojalá que pudiera verlo todo desde la perspectiva de Dios! ¡Dios sabe que usted no puede hacerlo! Pero Él mismo quiere hacerlo a través de usted.

☀ **Repase la lección de hoy. Pida a Dios en oración que le indique una o más enseñanzas o Escrituras que Él quiere que comprenda, aprenda y practique. Subráyela(s). Luego responda a lo siguiente:**

¿Cuál fue la enseñanza o Escritura más significativa que leyó hoy?

_____

Ahora escríbala en una frase que pueda usar como oración.

_____

_____

¿Qué quiere Dios que haga en respuesta al estudio de hoy?

_____

_____

R E S U M E N

- Haga las cosas a la manera de Dios
- Dios logrará más en seis meses mediante una persona sumisa a Él, que lo que nosotros pudiéramos lograr en 60 años sin Él.
- Soy un sirviente de Dios. Por lo tanto, ajusto mi vida a lo que Él va a hacer.
- Comprender lo que Dios va a hacer allí donde me encuentro es más importante que decirle lo que yo quiero hacer por Él.

DÍA 3 | # DIOS TOMA LA INICIATIVA

Cuando Dios le revela su actividad lo está invitando a que se una a Él.

La iniciativa es de Dios y no suya

En toda la Biblia Dios es quien toma la iniciativa. Cuando viene a una persona siempre se revela a sí mismo y su actividad. Esa revelación es siempre una invitación para que el individuo ajuste su vida a Dios. Ninguna de las personas a quienes Dios encontró pudieron seguir siendo lo mismo después del encuentro. Todas tuvieron que hacer grandes ajustes en sus vidas para andar obedientes a Dios.

Dios es el soberano Señor. Yo trato de mantener mi vida centrada en Dios porque Él es quien marca el paso. Siempre es Él quien toma la iniciativa para realizar lo que quiere hacer. Cuando usted tiene su vida centrada en Dios, incluso los deseos de hacer las cosas que agradan a Dios proceden de la iniciativa de Dios en su vida (Fil. 2.13).

Porque Dios es el que en vosotros produce así el querer como el hacer, por su buena voluntad.
—*Filipenses 2.13*

¿Qué ocurre a menudo cuando vemos a Dios obrando? De inmediato nos volvemos egocéntricos en lugar de centrarnos en Dios. De alguna manera debemos reorientar nuestra vida hacia Dios. Debemos aprender a ver las cosas desde su perspectiva. Debemos permitir que Él desarrolle su carácter en nosotros, y que nos revele sus pensamientos. Sólo entonces podemos tener la perspectiva correcta.

Si tiene su vida centrada en Dios, inmediatamente la pondrá junto a su actividad. Cuando observe a Dios obrando a su alrededor, su corazón brincará y usted dirá: "Gracias, Padre, por permitirme participar allí donde tú estás". Cuando estoy en medio de la actividad de Dios, y Dios me abre los ojos para permitirme ver dónde está Él obrando, siempre doy por sentado que Dios quiere que me una a Él.

☀ **Marque su respuesta a las preguntas que siguen:**

1. ¿Quién toma la iniciativa para que usted sepa y haga la voluntad de Dios?
❑ a. Yo. Dios espera hasta que yo decida lo que quiero hacer por Él.
❑ b. Dios. Él me invita a que me una a Él en lo que está haciendo.

2. ¿En cuáles de las siguientes maneras pudiera Dios revelarle su plan y propósito? Marque todas las que se apliquen.
❑ a. Me deja ver dónde Él ya está trabajando a mi alrededor.
❑ b. Me habla a través de la Escritura e imprime en mi mente una aplicación práctica de la verdad.
❑ c. Me da un ardiente deseo que crece a medida que oro.
❑ d. Crea circunstancias alrededor de mí que me abren la puerta de la oportunidad.

Dios siempre toma la iniciativa (1b). Él no espera hasta ver lo que queremos hacer por Él. Después de haber tomado la iniciativa de venir a nosotros, espera hasta que le respondamos haciendo los ajustes necesarios y poniéndonos a su disposición. En la pregunta 2 todas son maneras en las que Dios pudiera revelarnos su plan y propósito. Hay otras más también. Las últimas dos (c y d), sin embargo, deben vigilarse con cuidado. Una vida egocéntrica tendrá la tendencia de confundir su deseo egoísta con la voluntad de Dios. Las circunstancias no siempre pueden ser una clara dirección del liderazgo de Dios. Puertas "abiertas" o "cerradas" no siempre son indicación de la dirección de Dios. Al buscar la dirección de Dios, verifique siempre si la oración, la Escritura y las circunstancias concuerdan en apuntar hacia la dirección que piensa que Dios le está guiando.

Ahora bien, usted tal vez todavía se diga: "Todo eso suena bien, pero necesito alguna ayuda práctica para aprender cómo aplicar estos conceptos". En toda situación Dios exige que usted dependa de Él, no de un método. La clave no es un método sino una relación con Dios. Permítame ayudarlo contándole de un hombre que aprendió a andar con Dios en oración y fe.

Jorge Mueller caminó por fe

Jorge Mueller fue pastor en Inglaterra en el siglo diecinueve. Le preocupaba que el pueblo de Dios estuviera muy desalentado. Ya no esperaban que Dios hiciera cosas fuera de lo común; ni confiaban que respondiera a la oración. Tenían muy poca fe.

Jorge Mueller

Dios empezó a guiar a Jorge Mueller a orar. Mueller oraba para que Él lo guiara a una obra que la gente sólo pudiera explicar como un acto de Dios. Quería que el pueblo aprendiera que su Dios era un Dios fiel que contesta la oración. Se encontró con el Salmo 81.10: Abre tu boca, y yo la llenaré. Dios empezó a guiarlo en un camino de fe que llegó a convertirse en un testimonio extraordinario.

Cuando Mueller sentía que Dios le guiaba a alguna tarea, oraba por los recursos que se necesitaban, pero no le decía a nadie sobre la necesidad. Quería que todos supieran que Dios había provisto lo necesario solamente en respuesta a la oración y a la fe. En Bristol, Mueller fundó el Instituto de Conocimiento Espiritual para distribuir las Escrituras y para la educación religiosa. Dios lo usó también para construir cuatro orfanatos donde cabían más de dos mil niños a la vez. Más de diez mil niños recibieron cuidado a través de esos orfanatos. También distribuyó más de ocho millones de dólares que le habían sido dados en respuesta a la oración. Cuando murió, a los 93 años, sus posesiones materiales equivalían a 800 dólares.

¿Cómo sabía y hacía él la voluntad de Dios?

 Lea el siguiente párrafo y haga una lista de las actitudes que ayudaron a Mueller a saber qué hacer. Luego, haga otra lista de las actitudes que le hicieron equivocarse en cuanto a la voluntad de Dios.

No recuerdo ningún período en que no haya procurado sincera y pacientemente saber la voluntad de Dios mediante la enseñanza del Espíritu Santo, a través de la Palabra de Dios, y siempre fui guiado correctamente. Pero si faltaban la sinceridad de corazón y la corrección ante Dios, o si no esperaba pacientemente la instrucción de Dios, o prefería el consejo de mis compañeros antes que las declaraciones de la Palabra del Dios viviente, cometía grandes errores.

¿Qué ayudó a Mueller a saber la voluntad de Dios?

_____

¿Qué lo llevó a cometer errores?

Jorge Mueller mencionó las siguientes actitudes que le ayudaron:
• Sinceramente buscaba la dirección de Dios.
• Esperaba pacientemente en Dios hasta que recibía palabra de Él.
• Esperaba que el Espíritu Santo le enseñara mediante la Palabra.

Sabía que las siguientes actitudes lo llevarían a cometer errores:
• Falta de sinceridad de corazón.
• Falta de corrección ante Dios.
• Impaciencia para esperar en Dios.
• Preferir el consejo de los hombres por sobre las declaraciones de las Escrituras.

Lo siguiente es un resumen de la manera en que él entraba en una relación "de corazón" con Dios, y así aprendió a discernir la voz de Dios:

1.Busco al principio poner mi corazón en tal estado que no tenga voluntad propia respecto de un asunto dado. Nueve veces de cada diez los problemas empiezan allí. Nueve veces de cada diez las dificultades son vencidas cuando nuestro corazón está listo para conocer su voluntad.

2.Habiendo hecho esto, no dejo el resultado a las emociones o a la simple impresión. De hacerlo, me expongo a grandes engaños.

3.Busco la voluntad del Espíritu de Dios a través de la Palabra de Dios y en conexión con ésta. El Espíritu y la Palabra deben combinarse. Si miro solamente al Espíritu, sin la Palabra, también me expongo a engañarme. Si el Espíritu de verdad nos guía, lo hará de acuerdo con las Escrituras y nunca al contrario de ellas.

4.Después tomo en cuenta las circunstancias providenciales. A menudo éstas claramente indican la voluntad de Dios en conexión con su Palabra y su Espíritu.

5.Le pido a Dios en oración que me revele su voluntad directamente.

6.De este modo (1) mediante la oración a Dios, (2) el estudio de la Palabra y (3) la reflexión, llego a un juicio deliberado de acuerdo con lo mejor de mi capacidad y conocimiento, y si mi mente está de esta manera en paz, y continúa así después de dos o tres peticiones más, procedo a obedecer.

 Marque la respuesta correcta en las preguntas que siguen:

1. ¿Cómo empezaba Mueller su búsqueda de la voluntad de Dios?
   ❏ a. Trataba de decidir lo que quería hacer por Dios.
   ❏ b. Trataba de asegurarse de que no tenía voluntad propia.
   ❏ c. Trataba de colocarse en el lugar en donde quería sólo la voluntad de Dios.
   ❏ d. b y c.

2. ¿Qué cosas dijo Mueller que podían guiarlo a engañarse o llevarlo a direcciones falsas?
   ❏ a. Fundamentar sus decisiones sólo en sus sentimientos.
   ❏ b. Seguir sus propias impresiones.
   ❏ c. Mirar sólo al Espíritu en busca de dirección.
   ❏ d. Todas las anteriores.

3. ¿En cuál de las siguientes relaciones buscaba Mueller concordancia?
   ❏ a. Sus deseos y las circunstancias.
   ❏ b. El Espíritu y la Palabra.
   ❏ c. El consejo de otros y sus propios deseos.
   ❏ d. La circunstancias y un sentido de paz.

4. ¿Cuál era la prueba final por la cual Mueller decidía en cuanto a la voluntad de Dios?
    ❏ a. Identificaba si la puerta estaba "abierta".
    ❏ b. Le preguntaba a un pastor lo que pensaba sobre el asunto.
    ❏ c. Avanzaba de acuerdo a su intuición para ver si resultaba.
    ❏ d. Usaba la oración, el estudio bíblico y la reflexión para encontrar paz duradera en cuanto a la dirección propuesta.

Las respuestas son 1-d, 2-d, 3b, 4-d. Espero que esto le haya sido de ayuda. No se desanime si todavía el asunto parece vago. Tenemos mucho tiempo para trabajar juntos. Mañana empezaré a darle un ejemplo de la vida real sobre cómo Dios trabaja.

 Repase la lección de hoy. Pida a Dios en oración que le indique una o más enseñanzas o Escrituras que Él quiere que comprenda, aprenda y practique. Subráyela(s). Luego responda a lo siguiente:

¿Cuál fue la enseñanza o Escritura más significativa que leyó hoy?

_____

Ahora escríbala en una frase que pueda usar como oración.

_____

_____

¿Qué quiere Dios que haga en respuesta al estudio de hoy?

_____

Repita en voz alta los versículos que ha memorizado o escríbalos aparte en una hoja de papel.

RESUMEN

- Cuando Dios me revela su actividad, está invitándome para que ajuste mi vida a Él y me una a Él en su obra.
- "Al principio procuro poner mi corazón en un estado tal que no tenga voluntad propia en relación con un asunto dado".
- "No dejo el resultado a mis sentimientos o impresiones".
- "Busco la voluntad del Espíritu de Dios a través de la Palabra de Dios o en conexión con ella".

DIOS HABLA A SU PUEBLO

DÍA 4

Dios no ha cambiado. Todavía le habla a su pueblo.

Hace años hablé ante un grupo de pastores jóvenes. Cuando concluí mi primera conferencia, un pastor me llamó aparte y me dijo: "Le he prometido a Dios que jamás volveré a escuchar a hombres como usted. Usted habla como si Dios fuera real, personal y le hablara. Detesto eso".

Le pregunté: "¿Tiene usted dificultades con la idea de que Dios le hable?" Nos pusimos a conversar. Al poco rato ambos estábamos de rodillas. Él lloraba y agradecía a Dios porque le había hablado. ¡Nunca permita que alguien lo intimide en cuanto a oír hablar a Dios!

 Lea estas Escrituras y luego conteste las preguntas que siguen:

Hebreos 1.1-2a—Dios, habiendo hablado muchas veces y de muchas maneras en otro tiempo a los padres por los profetas, en estos postreros días nos ha hablado por el Hijo.

Juan 14.26—Mas el Consolador, el Espíritu Santo, a quien el Padre enviará en mi nombre, él os enseñará todas las cosas, y os recordará todo lo que yo os he dicho.

Juan 16.13-14—Pero cuando venga el Espíritu de verdad, él os guiará a toda la verdad; porque no hablará por su propia cuenta, sino que hablará todo lo que oyere, y os hará saber las cosas que habrán de venir. Él me glorificará; porque tomará de lo mío, y os lo hará saber.

Juan 8.47—El que es de Dios, las palabras de Dios oye; por esto no las oís vosotros, porque no sois de Dios.

1. ¿Cómo habló Dios y por medio de quién, en el Antiguo Testamento (en otro tiempo)?

_____

2. ¿Cómo habló Dios en tiempos del Nuevo Testamento (en estos postreros días)?

_____

3. Según Juan 14.26, ¿a quién prometió Jesús que el Padre enviaría en su nombre?

_____

4. ¿Cuál es la obra del Espíritu Santo descrita en Juan 14.26 y 16.13-14?

_____

5. ¿Quién oye lo que Dios dice?

_____

6. ¿Qué dice Juan 8.47 en cuanto a la persona que no oye lo que Dios dice?

_____

Escriba un resumen de lo que estas Escrituras dicen en cuanto a que Dios habla.

_____

_____

En el Antiguo Testamento Dios habló muchas veces y de muchas maneras. Por Jesús, Dios mismo habló a su pueblo mientras Él vivía en la tierra. Ahora Dios habla por medio de su Santo Espíritu. El Espíritu Santo le enseñará todas las cosas, le hará recordar lo que Jesús dijo, le guiará a la verdad, le hablará lo que Él oye del Padre, le dirá las cosas que han de venir, y glorificará a Cristo al revelárselo a usted.

¿Habla, en realidad, Dios a su pueblo hoy? ¿Le revelará dónde está Él obrando cuando Él quiere usarlo a usted? ¡Sí! Dios no ha cambiado. Él todavía le habla a su pueblo.

Si tiene problemas para oír hablar a Dios, el problema está en la raíz de su experiencia cristiana.

¿Cómo sé cuándo Dios habla?

El pecado nos ha afectado tanto (Ro. 3.10-11), que ni usted ni yo podemos entender la verdad de Dios, a menos que el Espíritu de Dios nos la revele. Él es el Maestro. Cuando Él le enseña la Palabra de Dios, siéntese a sus pies y respóndale. Al orar, observe cómo Él usa su Palabra para confirmar en su corazón lo que Él le está hablando. Observe en las circunstancias lo que Él está haciendo a su alrededor. El Dios que le habla cuando usted ora, y el Dios que le habla desde las Escrituras, es el Dios que está trabajando a su alrededor.

 Observe en la página 19 la cuarta declaración. Luego, responda las preguntas siguientes:

1. Cuando Jesús volvió al cielo, ¿qué Persona de la Trinidad envió para que le hablara al pueblo de Dios? Marque su respuesta.
   ❑ a. Dios el Padre
   ❑ b. Jesús
   ❑ c. El Espíritu Santo

2. ¿Cuáles son cuatro maneras por medio de las cuales Él habla?

_____

3. Cuando Él habla, ¿qué revela?_____

_____

Dios habla por el Espíritu Santo, por la Biblia, la oración, las circunstancias y la iglesia, para revelarse a sí mismo, sus propósitos y sus caminos. Más adelante en este curso pasaremos varias unidades estudiando estas maneras en las cuales Dios habla. Sin embargo, no puedo darle ninguna fórmula para decirle que así es cómo puede saber cuándo Dios le está hablando. Lo que haré es indicarle lo que dicen las Escrituras. La evidencia que ellas dan le puede animar en este punto. En la Biblia, cuando Dios le habló a alguien, la persona supo que era Dios y supo qué le decía.

En Juan 10.2-4 y 14 Jesús dijo:
• El que entra por la puerta es el pastor de las ovejas.
• Las ovejas oyen su voz.
• Las ovejas lo siguen, porque conocen su voz.
• Yo soy el buen pastor; y conozco mis ovejas, y las mías me conocen.

La clave para conocer la voz de Dios no es una fórmula. No es un método a seguirse sino el resultado de una relación íntima de amor con Él. Por eso los que no tienen esa relación ("que no son de Dios") no oyen lo que Él dice (Jn. 8.47). Usted tendrá que observar para ver cómo Dios se comunica con usted en una forma única. Usted no necesita muletas ajenas. Tiene que depender solamente en Dios. Su relación con Él es de suprema importancia.

¿Cuál de las siguientes afirmaciones describe mejor la manera en que usted conocerá la voz de Dios cuando Él le habla? Marque su respuesta:

❑ a. Dios me dará una señal milagrosa. Entonces sabré que me ha hablado.
❑ b. Como resultado de mi relación íntima con Dios podré reconocer su voz.
❑ c. Oiré a Dios hablándome cuando yo haya aprendido la fórmula correcta y la ponga en práctica.
❑ d. Puedo abrir la Biblia, escoger un versículo y decir que ya tengo una palabra de Dios para mis circunstancias.

¿Cuál es la clave para conocer la voz de Dios ? _____

_____

La *relación* es la clave para reconocer la voz de Dios y oír cuando Él habla. La respuesta correcta a la pregunta que antecede es b. Algunas veces en las Escrituras Dios dio una señal milagrosa para asegurarle a la persona que la palabra procedía de Él. Gedeón es un ejemplo (Jue. 6). Pedirle señal a Dios indica por lo general incredulidad. Cuando los escribas y fariseos le pidieron a Jesús una señal milagrosa, Él los condenó como generación mala y adúltera (Mt. 12.38-39). Ellos eran tan egocéntricos y pecadores que ni siquiera reconocieron que Dios estaba en medio de ellos (Véase Lc. 19.41-44).

Tampoco hay una "fórmula correcta". ¿Cuántas experiencias semejantes a la de Moisés con la zarza ardiendo ha habido? Ninguna. Dios no quiere que usted se convierta en experto en el uso de alguna fórmula. Lo que quiere es una relación íntima de amor. Él quiere que dependa solamente en Él. Oír a Dios no depende de un método o una fórmula, sino de una relación.

Algunos tal vez se pregunten por qué el punto d no es aceptable. Tal vez pregunten: "¿Acaso no puedo obtener en la Biblia una palabra de Dios?" ¡Por supuesto que puede! Pero únicamente el Espíritu Santo puede revelarle cuál verdad de la Escritura es una palabra de Dios para una circunstancia en particular. Nótese que la declaración d es totalmente egocéntrica: "*yo* puedo . . . *yo* escojo . . . *yo* digo . . . *yo* tengo". Incluso en el caso de que las circunstancias fueran iguales a las suyas, solamente Dios puede revelarle su palabra para sus circunstancias.

También debe tener mucho cuidado en cuanto a decir que ya tiene una palabra de Dios. Eso es asunto serio. Si Dios le ha dado una palabra, usted debe continuar en esa dirección hasta que se cumpla (incluso hasta por 25 años, como Abraham). Si no ha recibido una palabra de Dios y dice que la ha recibido, usted queda bajo juicio como un falso profeta (Vea la Escritura al margen).

En la ley del Antiguo Testamento el castigo para el falso profeta era la muerte (Dt. 18.20). Eso era un asunto muy serio. No hay que tomar a la ligera la Palabra de Dios.

Dios le ama y quiere tener una relación íntima con usted. Quiere que usted dependa únicamente en Él si está buscando su palabra. Quiere que usted aprenda a oír su voz, para conocer su voluntad. Su relación con Él es la clave para oír cuando le habla.

 Considere la siguiente oración: "Dios, te pido que yo pueda entrar en tal relación contigo que cuando tú hables, yo oiga y responda".

Repase la lección de hoy. Pida a Dios en oración que le indique una o más enseñanzas o Escrituras que Él quiere que comprenda, aprenda y practique. Subráyela(s). Luego responda a lo siguiente:

¿Cuál fue la enseñanza o Escritura más significativa que leyó hoy?

_____

Ahora escríbala en una frase que puede usar como oración.

_____

_____

¿Qué quiere Dios que usted haga en respuesta al estudio de hoy?

_____

_____

RESUMEN

- Dios no ha cambiado. Él todavía le habla a su pueblo.
- Si tengo problemas en cuanto a oír a Dios cuando habla, el problema está en la raíz de mi experiencia cristiana.
- Dios habla por el Espíritu Santo y a través de la Biblia, de la oración, de las circunstancias y de la iglesia, para revelarse a sí mismo, sus propósitos y sus caminos.
- Se conoce la voz de Dios como resultado de una relación íntima de amor con Él

DÍA 5   DIOS HABLA CON PROPÓSITO

Dios desarrolla el carácter para que sea apropiado para la tarea.

Por lo general queremos que Dios nos hable para darnos un pensamiento devocional que nos haga sentir bien todo el día. Si usted quiere que el Dios del universo le hable, debe estar listo para que Él le revele lo que está haciendo allí donde usted está. En las Escrituras Dios no aparece con frecuencia viniendo a las personas para conversar con ellas sólo por el gusto de la conversación. Siempre tiene un propósito. Cuando Dios le habla por medio de la Biblia, de la oración, de las circunstancias y de la iglesia, o de alguna otra manera, Él tiene en mente un propósito para su vida.

Abram

¿Qué iba a hacer Dios cuando le habló a Abram (Gn. 12)? Iba a empezar a levantar una nación. Note el tiempo seleccionado por Dios. ¿Por qué le habló a Abram en ese momento? Porque fue allí que empezó a edificar una nación. En el momento en que Abram supo lo que Dios iba a hacer, tuvo que hacer muchos ajustes en su vida. Tuvo que obedecer de inmediato lo que Dios le había dicho.

En el mismo momento en que Dios le habla es el momento en que Él quiere que usted responda.

Dios le habla en el momento en que Él quiere que usted responda. Algunos de nosotros damos por sentado que tendremos tres o cuatro meses para pensar sobre el asunto, y decidir si se trata o no en realidad del tiempo apropiado según Dios. El momento en que Dios le habla es el tiempo apropiado. Por eso decide hablarle. Le habla a su siervo cuando Él está listo para dar el paso siguiente. En caso contrario no le hubiera hablado. Cuando Dios entra en la actividad de su vida, el tiempo de su respuesta es crucial. Cuando le habla, usted tiene que creer y confiar en Él.

¿Cuánto tiempo pasó desde que Dios le habló a Abram respecto al hijo de la promesa, Isaac, hasta su nacimiento? ¡Veinticinco años! (Gn. 12.4; 21.5). ¿Por qué esperó Dios veinticinco años? Porque Dios tuvo que usar veinticinco años para producir un padre apropiado para Isaac. El interés de Dios no era tanto Abram, sino una nación. La calidad del padre afectaría la calidad de todas las generaciones posteriores; de tal padre, tales las próximas generaciones. Dios se tomó su tiempo para desarrollar en Abram un hombre de carácter. Sin embargo, Abram tuvo que empezar de inmediato a ajustar su vida a los caminos de Dios. No podía esperar hasta que naciera Isaac y después tratar de convertirse en el padre que Dios quería que fuera.

En el momento en que Dios le habla es el tiempo apropiado según Él.

 Escriba una V (verdadero) o una F (falso) según corresponda en las siguientes declaraciones:

_____ 1. Dios me habla sólo para darme un pensamiento devocional que me hará sentir bien todo el día.

_____ 2. Dios me habla cuando tiene un propósito para mi vida.

_____ 3. Cuando Dios me habla tengo tiempo de sobra para meditar y decidir cómo y cuándo debo responder.

_____ 4. Cuando Dios me habla, de inmediato debo responder haciendo en mi vida los ajustes a Él, a sus propósitos y caminos.

_____ 5. El momento en que Dios habla, es su tiempo apropiado.

Estamos tan inclinados a dar respuestas rápidas, que abandonamos la Palabra de Dios antes de que Él haya tenido siquiera una oportunidad de desarrollar nuestro carácter. Cuando Dios le habla tiene en mente un propósito para su vida. El tiempo en que Él le habla es el tiempo en que usted debe empezar a darle una respuesta. Falso son 1 y 3; Verdad son 2, 4 y 5.

Dios desarrolla el carácter para que encaje en la tarea

Cuando Dios llamó a Abram le dijo: Haré de ti una nación grande (Gn. 12.2). Eso significaba: "Desarrollaré tu carácter según esa tarea". Nada es más patético que un carácter pobre en una tarea enorme. Muchos de nosotros no queremos prestar atención a nuestro carácter; simplemente queremos que Dios nos dé una tarea bien grande.

Supongamos que un pastor está esperando que una iglesia grande lo llame como pastor. Mientras tanto, una iglesia chica, en un pueblo pequeño, le llama y le dice: "¿Vendría usted a ayudarnos, ganándose su sustento en un trabajo secular?"

"No", contesta el candidato, mientras piensa: "Estoy esperando que Dios me asigne una tarea. He gastado muchos años preparándome, y no puedo desperdiciar mi vida en un empleo secular, cuando puedo servir a tiempo completo en una iglesia. Merezco algo mejor que eso".

 ¿Cómo clasificaría a esa respuesta? Marque su respuesta.
❑ Que está centrada en Dios.
❑ Que es egocéntrica.

¿Notó cuán egocéntrica es esa perspectiva? El razonamiento humano no le da la perspectiva de Dios. Si no puede ser fiel en lo poco, Dios no le dará una tarea más grande. Él quiere que usted ajuste su vida y su carácter en las tareas pequeñas, y así prepararlo para tareas más grandes. Así es como Dios empieza su obra. Cuando usted hace los ajustes necesarios y empieza a obedecerlo, llega a conocerlo por experiencia. Ésta es la meta de la actividad de Dios en su vida: que usted llegue a CONOCERLO. ¿Quiere experimentar la obra poderosa de Dios en su vida y a través de ella? Entonces haga los ajustes apropiados para desarrollar una relación de modo que lo siga a dondequiera que Él lo dirija; incluso cuando sea una tarea pequeña e insignificante. ¿No le agradaría escuchar: Bien, buen siervo y fiel (Mt. 25.21)?

Y su señor le dijo: Bien, buen siervo y fiel; sobre poco has sido fiel, sobre mucho te pondré; entra en el gozo de tu señor.
—Mateo 25.21

Ahora bien, tal vez se pregunte: "¿Debo dar por sentado automáticamente que una petición como la del pueblo pequeño procede de Dios debido a que es una tarea pequeña?" No. Sea la tarea grande o pequeña a sus ojos, usted todavía tiene que hallar si procede de Dios o no. Pero siempre tiene que permitir que Dios se lo diga. No deseche la tarea, grande o pequeña, en base a sus ideas preconcebidas. Recuerde: usted lo sabrá mediante su relación con Dios. No trate de dejar a un lado esa relación.

Usted lo sabrá por medio de la relación con Dios.

Antes de avanzar al siguiente tema, responda a lo siguiente: Suponga que tenía planeado ir de pesca, o ver el partido de fútbol en televisión, o ir de compras. Entonces Dios le presenta una oportunidad de unirse a Él en algo que Él quiere llevar acabo. ¿Qué haría usted? Marque su respuesta:

❏ 1. Seguiría con mis planes y luego colocaría los planes de Dios en el próximo tiempo disponible en mi horario.
❏ 2. Daría por sentado que, puesto que Dios sabía ya de mis planes, esta nueva tarea procede de Él.
❏ 3. Trataría de buscar la manera de hacer las dos cosas, lo que yo quiero y lo que Dios quiere.
❏ 4. Ajustaría mis planes para unirme a Dios en lo que Él va a hacer.

Señorío

He conocido a algunas personas que por nada del mundo cancelarían sus planes de ir a pescar o de ver el partido de fútbol. En la mente dicen que quieren servir a Dios, pero van eliminado de su vida todo lo que interfiere con sus propios planes. Son tan egocéntricos que no reconocen cuando Dios viene a ellos. Si está centrado en Dios, usted ajustará sus circunstancias a lo que Él quiere hacer.

> Él tiene el derecho de interrumpir su vida. Él es Señor. Cuando usted lo recibió como Señor, le entregó el derecho de usar su vida cuando Él quiera.

Suponga que cinco veces de cada diez que el Maestro tiene algo para que el sirviente haga, éste dice: "Lo siento, eso no está en mi programa". ¿Qué supone que hará el Maestro? Disciplinará al sirviente. Si éste no responde a la disciplina, tarde o temprano va a descubrir que el Maestro no le asigna ninguna tarea.

Tal vez usted diga: "¡Oh, cómo quisiera poder experimentar la obra de Dios como Juan (o Susana) la ha experimentado!" Pero cada vez que Dios viene a Juan, él ajusta su vida a Dios y obedece. Cuando Juan ha sido fiel en sus tareas pequeñas, Dios le asigna otras más importantes.

Si no está dispuesto a ser fiel en lo poco, Dios no puede asignarle una tarea más grande.

Si no está dispuesto a ser fiel en lo poco, Dios no le asignará tareas más importantes. Dios siempre usa las tareas pequeñas para desarrollar el carácter; y siempre desarrolla el carácter para que encaje en la tarea. Si Dios tiene para usted una gran tarea, antes de asignársela tiene que desarrollar en usted un gran carácter apropiado para esa tarea.

 Reflexione sobre este asunto del señorío de Dios y de la forma en que Él desarrolla el carácter de acuerdo a la tarea. Luego responda a las preguntas siguientes:

1. ¿Qué clase de tareas ha querido que Dios le asigne? ¿Se ha sentido frustrado o desilusionado en este aspecto de su vida?

_____

_____

2. ¿Puede pensar en alguna ocasión en que Dios probablemente quería usarlo para alguna tarea y usted escogió no seguirle? Describa brevemente la situación.

_____

_____

3. ¿Le está diciendo algo el Espíritu Santo ahora mismo sobre su carácter? Si es así, ¿qué le está diciendo?

_____

_____

4. ¿Muestran sus acciones que Cristo es el Señor de su vida? Si no, ¿qué respuesta quisiera usted darle a su pedido?

_____

Cuando Dios le indica una dirección, usted la acepta y la comprende claramente. Después le da todo el tiempo que Él necesita para hacer de usted la clase de persona en cuyas manos Él puede confiar tal tarea. No dé por sentado que desde el momento en que Él lo llama usted ya está listo para la tarea.

Dios necesita tiempo para prepararlo para una tarea.

¿Cuánto tiempo pasó después que Dios (por medio de Samuel) ungió a David como rey hasta que éste subió al trono? Tal vez diez o doce años. ¿Qué hizo Dios entretanto? Estaba edificando su relación con David. Según es el rey, así es la nación. No se puede pasar por alto el carácter.

David

¿Cuánto tiempo pasó desde que Dios llamó a Saulo hasta que Pablo empezó su primer viaje misionero? Tal vez diez u once años. El enfoque no es Pablo; sino Dios. Dios quería redimir un mundo perdido, y quería empezar por medio de Pablo a redimir a los gentiles. Dios necesitó todo ese tiempo para preparar a Pablo para la tarea.

Pablo

¿Es sólo por causa de usted que Dios se toma tiempo para prepararlo? No, no es sólo por usted mismo, sino también por causa de todos a quienes Él quiere alcanzar a través de usted. Por causa de ellos, entréguese a la clase de relación con Dios que estamos considerando. Entonces, cuando Él le asigne una tarea, Él conseguirá todo lo que quiere en las vidas de quienes usted toque.

Repase la lección de hoy. Pida a Dios en oración que le indique una o más enseñanzas o Escrituras que Él quiere que comprenda, aprenda y practique. Subráyela(s). Luego responda a lo siguiente:

¿Cuál fue la enseñanza o Escritura más significativa que leyó hoy?

_____

_____

_____

Ahora escríbala en una frase que pueda usar como oración.

_____

_____

¿Qué quiere Dios que haga en respuesta al estudio de hoy?

_____

_____

Escriba a continuación el versículo que memorizó esta semana (Salmo 20.7)

_____

_____

Repase los demás versículos asignados para memorizar y prepárese para repetirlos en la sesión semanal del grupo.

RESUMEN

- El momento en que Dios me habla es el momento en que Dios quiere que le responda.
- Cuando Dios me habla es porque es el tiempo apropiado según Dios.
- Dios desarrolla mi carácter para que encaje en la tarea que Él quiere asignarme.
- Él tiene el derecho de interrumpir mi vida. Él es Señor. Cuando lo recibí como Señor, le di el derecho de usar mi vida cuando Él quiera.

Para mayor información acerca de George Muller puede consulatar *Answer to Prayer* compilado por A. E. C. Brooks; Moody Press.

DIOS BUSCA UNA RELACIÓN DE AMOR

UNIDAD

3

Cuando alguno de mis hijos no podía salirse con la suya, solía decir: "Tu no me quiere". ¿Era cierto? Por supuesto que no. Mi amor no había cambiado. Sin embargo, en ese momento en particular, mi amor se expresaba de una manera diferente a lo que el muchacho quería.

Cuando nuestra hija Sarita tenía dieciséis años, el médico nos dijo que tenía cáncer. Tuvimos que someterla a tratamientos de quimioterapia y radiación. Sufrimos junto a ella al contemplar como padecía los efectos del tratamiento. Algunas personas que enfrentan tal experiencia le echan la culpa a Dios y se preguntan si Él todavía les ama. Los tratamientos para el cáncer fueron una experiencia devastadora para nosotros. ¿Nos amaba todavía el Señor? Sí. ¿Había cambiado su amor? No. Su amor no había cambiado.

Cuando usted se enfrenta a circunstancias como éstas, puede pedirle a Dios que le muestre qué está ocurriendo. Eso fue lo que hicimos. Tuvimos que preguntarle qué debíamos hacer. Le hicimos muchas preguntas; pero nunca le dije: "Señor, me parece que ya no nos quieres".

En ocasiones me acercaba al Padre celestial, y detrás de mi hija veía la cruz de Cristo. Le decía a Dios: "Padre, nunca permitas que yo vea las circunstancias y cuestione tu amor por mí. Ese amor quedó demostrado en la cruz, y no ha cambiado y nunca cambiará". Fue nuestra relación de amor con el Padre celestial lo que nos sostuvo en ese tiempo tan difícil.

Cualesquiera que sean las circunstancias, su amor jamás cambia. Mucho antes de la experiencia del cáncer en nuestra hija yo había tomado la determinación: cualesquiera que fueran las circunstancias, siempre las miraría a la luz de la cruz de Cristo. En la muerte y resurrección de Jesucristo, Dios me convenció de que me amaba. La cruz, la muerte de Jesucristo y su resurrección son la expresión completa de que Él nos ama. Jamás permita que su corazón cuestione el amor de Dios. Dios lo creó para esa relación de amor. Él lo ha estado buscando para establecer esa relación de amor. Cada relación que Él ha tenido con usted es una expresión de ese amor. Dios dejaría de ser Dios si se expresara de otra manera que no fuera por medio de su amor perfecto.

Versículo para memorizar esta semana

Jesús le dijo: Amarás al Señor tu Dios con todo tu corazón, y con toda tu alma, y con toda tu mente. Éste es el primero y grande mandamiento.   —Mateo 22.37-38

---

* Sarita está bien y ha terminado sus estudios en la Universidad. Dios es muy bueno con nosotros. Abril de 1992

En las primeras dos unidades le he presentado algunos principios fundamentales para conocer y hacer la voluntad de Dios. Las siete realidades que hemos examinado resumen la clase de relación mediante la cual Dios opera para lograr sus propósitos. Como he dicho antes, este curso no fue escrito para enseñarle un programa o un método o una fórmula sobre cómo saber y hacer la voluntad de Dios. Se escribió para darle indicaciones hacia una relación con Dios. Él obrará mediante esa relación para lograr, a través de usted, lo que a Él le plazca.

A manera de repaso, vea si puede llenar los espacios en blanco con las palabras correctas. Si necesita ayuda, observe el dibujo en la página 19.

1. _____ siempre está trabajando alrededor de usted.

2. Dios busca con usted una _____ continua de amor que sea real y _____.

3. Dios lo invita a _____ en su _____

4. Dios le habla por medio del _____ _____ la Biblia, la _____ , las _____ y la _____ , para revelarse a sí mismo, sus _____ y sus caminos.

5. La invitación de Dios para que se una a Él en su trabajo siempre lo conduce a una crisis de _____ que requiere _____ y acción.

6. Usted tiene que hacer _____ en su vida para unirse a Dios en lo que Él está haciendo.

7. Usted llega a conocer a Dios por _____ cuando lo _____ y Él realiza su obra por medio de usted.

Esta unidad enfocará la segunda realidad. Escríbala en las líneas a continuación, pero reemplace el pronombre usted por mí o yo.

_____

_____

_____

Compruebe su trabajo usando la página 19

Una relación de amor

Durante esta unidad quiero ayudarle a ver que Dios mismo busca una relación de amor con usted. Él es quien toma la iniciativa para traerlo a una relación de esa clase. Él le creó para que usted tenga con Él una relación de amor. Ése es el propósito final de su vida. Esta relación de amor puede y debe ser real y personal.

Si usted estuviera delante del mismo Dios, ¿podría describir la relación que le une a Él diciéndole: "Te amo con todo mi corazón, con toda mi alma, con toda mi mente y con todas mis fuerzas"? Sí ❑   No ❑   ¿Por qué?

_____

_____

Uno de los miembros de nuestra iglesia siempre tenía dificultades en su vida personal, en su familia, en el trabajo y hasta en la iglesia. Un día fui a visitarle y le pregunté: ¿Podría usted describir su relación con Dios diciéndole: "Te amo, Señor, con todo mi corazón"?

La expresión más extraña apareció en su cara. Él dijo: "Nunca nadie me había preguntado eso. No; no creo que pudiera describir de esa manera mi relación con Dios. Pudiera decir que le obedezco, que le sirvo, que le adoro, que le temo. Pero no pudiera decir que le amo".

Una relación de amor con Dios es el factor individual más importante de su vida.

¿Puede describir su relación con Dios diciéndole sinceramente: "Te amo Señor con todo mi corazón"?

Todo en su vida andaba mal porque él andaba mal en cuanto al propósito fundamental de Dios para su vida. Dios nos creó para que tengamos una relación de amor con Él. Si usted no puede describir su relación con Dios diciendo que lo ama con todo su ser, entonces tiene que pedirle al Espíritu Santo que lo lleve a esa clase de relación.

 Si necesita esto, y está dispuesto a hacerlo, deténgase por un instante y pídale al Espíritu Santo que lo lleve a tener con Dios una relación de amor de todo corazón.

Invierta un tiempo en oración expresando su amor a Dios. Agradézcale por las maneras en que Él ha demostrado su amor por usted. Sea específico. Haga una lista, si lo desea, y anótela en el margen izquierdo. Alábelo por su misericordia y amor.

Si se tratara de resumir todo el Antiguo Testamento, tal vez se expresaría en el siguiente versículo: Oye, Israel: Jehová nuestro Dios, Jehová uno es. Y amarás a Jehová tu Dios de todo tu corazón, y de toda tu alma, y con todas tus fuerzas (Dt. 6.4-5).

El más grande mandamiento

Todo en su vida cristiana, todo en cuanto a conocerlo y tener una experiencia con Él, todo en cuanto a saber su voluntad, depende de la calidad de su relación de amor con Dios.

Este clamor del corazón de Dios se oye a través de todo el Antiguo Testamento. La esencia del Nuevo Testamento es la misma. Citando del libro de Deuteronomio Jesús dijo que el más grande mandamiento de la ley era: Y amarás al Señor tu Dios con todo tu corazón, y con toda tu alma, y con toda tu mente y con todas tus fuerzas (Mr. 12.30). ¡Todo depende de esto! Todo en su vida cristiana, todo en cuanto a conocerle y tener una experiencia con Él, todo en cuanto a conocer su voluntad, todo depende de la calidad de su relación de amor con Dios. Si esa relación no es la correcta, nada en su vida estará bien.

 Lea los pasajes bíblicos que hablan de una relación de amor. Al leerlos, subraye o trace un círculo alrededor de la palabra amor o sus derivados, cada vez que aparezcan.

Deuteronomio 30.19-20a —A los cielos y a la tierra llamo por testigos hoy contra vosotros, que os he puesto delante la vida y la muerte, la bendición y la maldición; escoge, pues, la vida, para que vivas tú y tu descendencia; amando a Jehová tu Dios, atendiendo a su voz, y siguiéndole a él; porque él es vida para ti.

Juan 3.16 —Porque de tal manera amó Dios al mundo, que ha dado a su Hijo unigénito, para que todo aquel que en él cree, no se pierda, mas tenga vida eterna.

Juan 14.21—El que tiene mis mandamientos, y los guarda, ése es el que me ama; y el que me ama, será amado por mi Padre.

Romanos 8.35, 37, 39 —¿Quién nos separará del amor de Cristo? ¿Tribulación, o angustia, o persecución, o hambre, o desnudez, o peligro, o espada? . . . Antes, en todas estas cosas somos más que vencedores por medio de aquel que nos amó. . . . Ni lo alto, ni lo profundo, ni ninguna otra cosa creada nos podrá separar del amor de Dios, que es en Cristo Jesús Señor nuestro.

1 Juan 3.16 —En esto hemos conocido el amor, en que él puso su vida por nosotros; también nosotros debemos poner nuestras vidas por los hermanos.

1 Juan 4.9-10, 19 —En esto se mostró el amor de Dios para con nosotros, en que Dios envió a su Hijo unigénito al mundo, para que vivamos por él. En esto consiste el amor: no en que nosotros hayamos amado a Dios, sino en que él nos amó a nosotros, y envió a su Hijo en propiciación por nuestros pecados. . . . Nosotros le amamos a él, porque él nos amó primero.

 Usando estos pasajes de las Escrituras conteste las preguntas que siguen:

1. ¿Quién es vida para usted? _____

2. ¿De qué manera ha demostrado Dios su amor para con nosotros?
_____

3. ¿Cómo podemos mostrar nuestro amor por Él?_____
_____

4. ¿Qué promete hacer Dios en respuesta a nuestro amor por Él?

_____

_____

5. ¿Quién amó primero, nosotros o Dios? _____

Respuestas: (1) El Señor es su vida. (2) Él se acercó a nosotros; envió a su Hijo para darnos vida eterna. Jesús puso su vida por nosotros. (3) Escoger la vida; escuchar su voz; permanecer en Él; creer en su Hijo; obedecer sus mandamientos y enseñanzas; estar dispuestos a poner nuestra vida por nuestros hermanos. (4) Nosotros y nuestros hijos viviremos bajo sus bendiciones. Al creer en Jesús tenemos vida eterna. El Padre nos amará. Dios vendrá y morará con nosotros. Nos hará más que vencedores sobre todas las dificultades. Nunca seremos separados de su amor. (5) Dios nos amó primero. "Dios es amor" (1 Jn. 4.16). Su naturaleza misma es amor.

¿Qué es lo único que Dios quiere de usted? Él quiere que usted lo ame con todo su ser. El que tenga una experiencia con Dios depende de esta relación de amor. Una relación de amor con Dios es más importante que cualquier otro factor en su vida.

Una relación de amor con Dios es más importante que cualquier otro factor individual en su vida.

☼ **Repase la lección de hoy. Pida a Dios en oración que le indique una o más enseñanzas o Escrituras que Él quiere que comprenda, aprenda y practique. Subráyela(s). Luego responda a lo siguiente:**

¿Cuál fue la enseñanza o Escritura más significativa que leyó hoy?

_____

_____

Ahora escríbala en una frase que pueda usar como oración.

_____

_____

¿Qué quiere Dios que haga en respuesta al estudio de hoy?

_____

_____

Escriba de memoria el versículo designado para memorizar en esta unidad. Repase los anteriores. Recuerde que si lo desea puede seleccionar un pasaje distinto.

_____

El día 3 se le asignará una tarea que tal vez requiera ser planeada con anticipación. Busque en la página 49 y lea la sección "Tarea para el día 3" de modo que pueda prepararla.

RESUMEN

- Mi vida cristiana depende de la calidad de mi relación con Dios.
- Dios me creó para tener una relación de amor con Él.
- Todo lo que Dios dice y hace es una expresión de amor.
- Una relación de amor con Dios es más importante que cualquier otro factor en mi vida.

UNA RELACIÓN DE AMOR CON DIOS

DÍA 2

Ser amado por Dios es la relación suprema, el éxito supremo, y la posición más elevada de toda la vida.

Imagínese una escalera muy larga junto a una pared. Ahora piense en su vida como el proceso de subir por esa escalera. ¿No sería una tragedia si al llegar al tope encuentra que se halla en la pared equivocada? ¡Sólo una vida para vivir, y usted se equivocó!

Anteriormente habíamos indicado que su vida tiene que estar centrada en Dios. Eso quiere decir que su vida debe relacionarse con Dios apropiadamente. Ésta es la relación de amor para la cual usted fue creado: una relación de amor centrada en Dios. Su relación con Dios (Padre, Hijo y Espíritu Santo) es el aspecto individual más importante de toda su vida. Si este no es correcto, nada más importa.

Si todo lo que usted tuviera fuera una relación con Él, ¿estaría total y completamente satisfecho? Muchas personas dirían: "A decir verdad, me agradaría tener tal relación; pero también me gustaría hacer algo" o "Me agradaría que me diera un ministerio o algo para hacer". Somos personas de "acción". Nos sentimos inútiles y sin valor a menos que estemos ocupados haciendo algo. Las Escrituras nos guían a entender que Dios dice: "Quiero que me ames por sobre todas las cosas. Cuando estás en una relación de amor conmigo, lo tienes todo". Ser amado por Dios es la relación suprema, el éxito supremo, y la posición más elevada de la vida.

Eso no significa que nunca hará nada como expresión de su amor por Él. Dios lo llama a que lo obedezca y haga lo que le pida. Sin embargo, no tiene que estar haciendo algo para sentirse satisfecho. Usted se realiza completamente en una relación con Dios. Cuando está lleno de Él, ¿qué más necesita?

 Reflexione en el significado de las palabras siguientes. Si pudiera tener sólo una de las opciones en las parejas que siguen, ¿cuál sinceramente escogería?

1. Prefiero tener ❑ a Cristo
❑ los bienes del mundo

2. Prefiero tener ❑ a Cristo
❑ el aplauso del mundo

3. Prefiero tener ❑ a Cristo
❑ un reino de mar a mar

¿Realmente quiere amar a Dios el Señor con todo su corazón? Él no admite competidores. Él dice:

"No se puede servir a Dios y a las riquezas".

"Luego que comas y te sacies, cuídate de no olvidarte de Jehová . . . porque el Dios celoso, Jehová tu Dios, en medio de ti está".

> Ninguno puede servir a dos señores; porque o aborrecerá al uno y amará al otro, o estimará al uno y menospreciará al otro. No podéis servir a Dios y a las riquezas (Mt. 6.24).

> Cuando Jehová tu Dios te haya introducido en la tierra que juró a tus padres Abraham, Isaac y Jacob, que te daría, en ciudades grandes y buenas que tú no edificaste, y casas llenas de todo bien, que tú no llenaste, y cisternas cavadas que tú no cavaste, viñas y olivares que no plantaste, y luego que comas y te sacies, cuídate de no olvidarte de Jehová que te sacó de la tierra de Egipto, de casa de servidumbre. A Jehová tu Dios temerás, y a él solo servirás, y por su nombre jurarás. No andaréis en pos de dioses ajenos, de los dioses de los pueblos que están en vuestros contornos; porque el Dios celoso, Jehová tu Dios, en medio de ti está (Dt. 6.10-15).

De su amor por usted Él proveerá todo lo que necesita cuando lo ame sólo a Él (Lea Mt. 6.31-33).

Creado no para el tiempo, sino para la eternidad

Dios no lo creó para el tiempo, sino para la eternidad. El tiempo (su vida sobre la tierra) provee la oportunidad para que usted lo conozca, y para que Él desarrolle el carácter de usted a su semejanza. Entonces la eternidad tendrá para usted sus más amplias dimensiones.

No os afanéis, pues, diciendo: ¿Qué comeremos, o qué beberemos, o qué vestiremos? Porque los gentiles buscan todas estas cosas; pero vuestro Padre celestial sabe que tenéis necesidad de todas estas cosas. Mas buscad primeramente el reino de Dios y su justicia, y todas estas cosas os serán añadidas.
—Mateo 6.31-33

Si vive sólo para el tiempo (el aquí y ahora), usted está soslayando el propósito último de la creación. Si vive para el tiempo, usted permitirá que el pasado moldee y dé forma a su vida. Pero como hijo de Dios, su vida debe estar moldeada por el futuro (lo que usted será un día). Dios usa su tiempo presente para moldearlo y darle forma para usarlo en el futuro aquí en la tierra y en la eternidad.

¿Cuáles son algunas de las cosas de su pasado que tienen una fuerte influencia en su vida actual? Pudiera ser alguna desventaja una familia en problemas, fracasos, vergüenza por algún "secreto" familiar o personal, o cosas tales como orgullo, éxito, fama, prestigio, riqueza excesiva, y cosas por el estilo.

_____

_____

¿Piensa que está siendo moldeado principalmente por su pasado o por su futuro? ¿Por qué?

_____

_____

Pablo batalló con este problema. La siguiente es la manera en que trataba con su pasado y su presente.

Pablo

Filipenses. 3.4-14

Aunque yo tengo también de qué confiar en la carne. Si alguno piensa que tiene de qué confiar en la carne, yo más: circuncidado al octavo día, del linaje de Israel, de la tribu de Benjamín, hebreo de hebreos; en cuanto a la ley, fariseo; en cuanto a celo, perseguidor de la iglesia; en cuanto a la justicia que es en la ley, irreprensible.

Pero cuantas cosas eran para mí ganancia, las he estimado como pérdida por amor de Cristo. Y ciertamente, aun estimo todas las cosas como pérdida por la excelencia del conocimiento de Cristo Jesús, mi Señor, por amor del cual lo he perdido todo, y lo tengo por basura, para ganar a Cristo, y ser hallado en él, no teniendo mi propia justicia, que es por la ley, sino la que es por la fe de Cristo, la justicia que es de Dios por la fe; a fin de conocerle, y el poder de su resurrección, y la participación de sus padecimientos, llegando a ser semejante a él en su muerte, si en alguna manera llegase a la resurrección de entre los muertos.

No que lo haya alcanzado ya, ni que ya sea perfecto; sino que prosigo, por ver si logro asir aquello para lo cual fui también asido por Cristo Jesús.

Hermanos, yo mismo no pretendo haberlo ya alcanzado; pero una cosa hago: olvidando ciertamente lo que queda atrás, y extendiéndome a lo que está delante, prosigo a la meta, al premio del supremo llamamiento de Dios en Cristo Jesús.

 Responda a las preguntas que siguen tomando como base lo que Pablo dice en Filipenses 3.4-14:

1. ¿Cuáles son algunas de las características del pasado de Pablo que influían en su presente?

_____

_____

2. ¿Cómo valoraba Pablo estas cosas? (v. 8)

_____

3. ¿Por qué Pablo desacreditaba su pasado de semejante manera? (vv. 8-11)

_____

4. ¿Qué hacía Pablo para prepararse para el premio futuro? (vv. 13-14)

Olvidaba _____

Se extendía hacia _____

Proseguía a la _____

Respuestas: (1) Era un judío de verdad y fiel, de la tribu real de Benjamín. Era irreprochable en cuanto a guardar la ley de los fariseos. Era un fanático por Dios. (2) Las consideraba basura y pérdida. (3) Pablo quería reconocer a Cristo, ser hallado en Él, y llegar a ser como Él, alcanzando una bendición futura (la resurrección de entre los muertos). (4) Olvidaba su pasado. Se extendía hacia lo que estaba delante. Proseguía hacia la meta del premio celestial.

El verdadero deseo de Pablo era conocer a Cristo y llegar a ser como Él. Usted también puede ordenar su vida de esa manera, bajo la dirección de Dios, de modo que llegue a conocerlo, amarlo sólo a Él, y a ser como Él. Permita que su presente sea moldeado y formado por lo que debe llegar a ser en Cristo. ¡Usted fue creado para la eternidad!

Invirtiendo en el futuro

Usted necesita reorientar su vida hacia los propósitos de Dios. Sus propósitos van mucho más allá del tiempo, a la eternidad. Asegúrese de invertir su vida, tiempo y recursos en cosas que son permanentes, y no en cosas que pasarán. Si no reconoce que Dios le ha creado para la eternidad, invertirá en las cosas equivocadas. Usted necesita acumular tesoros en el cielo (Véase Mt. 6.19-21, 33).

Es por esto que una relación de amor con Dios es tan importante. Él lo ama. Él sabe qué es lo mejor para usted. Sólo Él puede guiarlo a que invierta su vida en algo que vale la pena. Esta dirección vendrá según usted "ande" con Él y lo escuche.

 ¿En qué está invirtiendo su vida, su tiempo y sus recursos? Haga dos listas a continuación. A la izquierda escriba las cosas que pasarán. A la derecha, las cosas que tienen valor eterno.

Medite y ore con respecto a cualquier ajuste que tal vez tenga que hacer en la manera en que invierte su vida. Pídale a Dios su perspectiva para su vida. Escriba a continuación cualquier ajuste que Dios le esté indicando que debe hacer.

_____
_____
_____

Repase la lección de hoy. Pida a Dios en oración que le indique una o más enseñanzas o Escrituras que Él quiere que comprenda, aprenda y practique. Subráyela(s). Luego responda a lo siguiente:

¿Cuál fue la enseñanza o Escritura más significativa que leyó hoy? _____
_____
_____
_____

Ahora escríbala en una frase que pueda usar como oración. _____
_____
_____
_____

¿Qué quiere Dios que haga en respuesta al estudio de hoy? _____
_____
_____

RESUMEN

- Ser amado por Dios es la relación suprema, el éxito supremo, y la posición más elevada en la vida.
- Dios no me creó para el tiempo sino para la eternidad.
- Dejaré que mi presente sea moldeado por lo que debo llegar a ser en Cristo.
- Buscaré primero el reino de Dios y su justicia.
- Me aseguraré de que estoy invirtiendo en cosas duraderas.
- Sólo Él me puede guiar para que invierta mi vida en algo que valga la pena.

Dios creó al primer hombre y a la primera mujer, Adán y Eva, para que tuvieran una relación de amor con Él. Después de que ellos pecaron oyeron a Dios que se paseaba por el huerto, al aire del día. Entonces se escondieron por su vergüenza y temor. Trate de imaginarse el corazón del Padre amante cuando les hizo la maravillosa y amorosa pregunta: ¿Dónde estás tú? (Gn. 3.9). Dios sabía que algo había ocurrido en la relación de amor.

Cuando su relación es como debe ser, siempre estará en comunión con el Padre. Usted estará en su presencia esperando con expectación esa relación de amor. Cuando Adán y Eva no estuvieron allí, algo andaba mal.

Tiempo a solas con Dios

Temprano cada día tengo una cita con Dios. A menudo me pregunto qué ocurre cuando el Dios que me ama viene a encontrarse conmigo. ¿Cómo se sentirá cuando pregunta: "Enrique, ¿dónde estás?" y yo no estoy allí? En mi caminar con el Señor he descubierto que lo siguiente es verdad: Observo ese tiempo a solas con Dios, no para tener una relación con Él, sino debido a que ya la tengo. Ya que tengo con el Señor una relación de amor, quiero encontrarme con Él en mi tiempo de quietud. Quiero pasar tiempo con Él. El tiempo que paso con Él enriquece y profundiza mi relación con Él.

He oído decir a muchas personas: "Realmente es una lucha separar tiempo para estar a solas con Dios". Si ese es el problema que usted tiene, permítame sugerirle algo. Establezca como primera prioridad en su vida llegar a amarle con todo su corazón. Eso resolverá la mayoría de sus problemas en este sentido. Usted observa su tiempo de quietud porque lo conoce, y por consiguiente, lo ama; no para aprender acerca de Él. El apóstol Pablo dijo que era el "amor de Cristo" lo que lo impulsaba (2 Co. 5.14).

 Suponga que está saliendo con una persona a quien quiere y con quien desea casarse. ¿Cuál es la razón principal por la que usted sale (invierte tiempo para estar) con esa persona? Marque sólo UNA respuesta:
❑ 1. Porque quiero saber más de lo que le gusta o no le gusta.
❑ 2. Porque quiero saber más acerca de sus parientes y familiares.
❑ 3. Porque quiero saber más acerca de su educación y cultura.
❑ 4. Porque la quiero y me encanta estar con esa persona.

Cuando dos personas se quieren y planean casarse se preocupan por descubrir información el uno del otro. Sin embargo, esa no es la razón principal por la cual salen juntos. Pasan tiempo juntos porque se quieren y disfrutan al estar juntos.

En forma similar, al pasar tiempo con Dios usted aprenderá mucho con respecto a Él, su Palabra, sus propósitos, y sus caminos. Usted llegará a conocerle al experimentar cómo Él obra a través de su vida. Sin embargo, aprender más acerca de Dios no debe ser la razón para tener tiempo de quietud con Él. Mientras más le conozca y experimente su amor, más le amará. Entonces usted querrá pasar tiempo a solas con Él porque le ama y disfruta de su compañerismo.

La lección de hoy es más corta que lo usual con el fin de darle tiempo para la siguiente tarea. Tal vez pueda hacerla hoy mismo o quizás prefiera reservar un tiempo más adelante en la semana. Haga planes para cumplir esta tarea antes de la próxima sesión semanal del grupo. Esta tarea requiere algo de planeamiento y adaptación. Haga los ajustes necesarios según sus propias necesidades y circunstancias personales.

Adán y Eva andaban con Dios al aire del día. Quiero que usted separe por lo menos media hora para "andar con Dios". Si su vecindario, condición física y el tiempo lo permite, busque un lugar para caminar al aire libre. Use este tiempo para salir de la rutina. Tal vez querrá planear una salida especial tan sólo para estar a solas con Dios. El lugar puede ser:

—el parque de su barrio
—las calles de su barrio
—un jardín
—la orilla de un lago

—un bosque cercano
—una playa
—un camino en una colina
—cualquier sitio

Cuando su relación con Dios es como debe ser, siempre estará en comunión con el Padre.

Adán y Eva

Tarea para el Día 3

Pase el tiempo caminando y hablando con Dios. Si el lugar lo permite, tal vez quiera hablarle en voz alta. Enfoque sus pensamientos en el amor de su Padre celestial. Alábele por su amor y misericordia. Agradézcale por las expresiones de su amor. Sea específico. Exprésele a Dios que lo ama. Pase un tiempo adorándolo y alabándolo.

Después de su caminata, escriba en las líneas a continuación lo que sintió. Si se aplica, responda a algunas de estas preguntas:
* ¿Cómo se sintió al andar y hablar con Dios?
* ¿Qué aspecto de su relación de amor con Dios le llamó la atención?
* Si fue un tiempo difícil o de inquietud emocional, ¿por qué lo fue?
* ¿Qué situación fue especialmente significativa o gozosa?

_____

_____

_____

_____

Repita de memoria los versículos asignados o escríbalos aparte.

RESUMEN

* Cuando mi relación es como debe ser, siempre estaré en comunión con el Padre.
* Haré la primera prioridad de mi vida el llegar a amarlo con todo mi corazón.
* Tendré mi tiempo de quietud ya que lo conozco y lo amo, no para aprender acerca de Él.

DÍA 4 — DIOS BUSCA UNA RELACIÓN DE AMOR

Dios toma la iniciativa. Nos escoge, nos ama y nos revela sus propósitos eternos para nuestra vida.

Como está escrito: No hay justo, ni aun uno; No hay quien entienda, No hay quien busque a Dios. Todos se desviaron, a una se hicieron inútiles; No hay quien haga lo bueno, no hay ni siquiera uno. —Romanos 3.10-12

Ninguno puede venir a mí, si el Padre que me envió no le trajere; y yo le resucitaré en el día postrero.
Escrito está en los profetas: Y serán todos enseñados por Dios. Así que, todo aquel que oyó al Padre, y aprendió de él, viene a mí.
Por eso os he dicho que ninguno puede venir a mí, si no le fuere dado del Padre.
—Juan 6.44,45,65

Dios siempre toma la iniciativa en esta relación de amor. Para que tengamos una experiencia con Él, Dios toma la iniciativa y se acerca a nosotros. Este es el testimonio de toda la Biblia. Vino a Adán y Eva en el huerto. En amor tenía compañerismo con ellos, y ellos con Él. Vino a Noé, Abraham, Moisés y a los profetas. En el Antiguo Testamento Dios tomó la iniciativa en cada caso cuando una persona experimentó una comunión personal de amor con Él. Esto es también cierto en el Nuevo Testamento. Jesús vino a los discípulos, y los escogió para que estuvieran con Él y experimentaran su amor. Vino a Pablo en el camino a Damasco. En nuestra condición humana y natural nosotros no buscamos a Dios por iniciativa propia.

Nadie busca a Dios por iniciativa propia

 Lea Romanos 3.10-12 (al margen) y luego responda a lo siguiente:

1. ¿Cuántos hay realmente justos? _____

2. ¿Cuántos entienden las cosas espirituales por sí mismos? _____

3. ¿Cuántos buscan a Dios por sí mismos? _____

4. ¿Cuántos hacen el bien por sí mismos? _____

¡Nadie! ¡Ni siquiera uno! El pecado nos ha afectado tan profundamente que nadie busca a Dios por iniciativa propia. Por consiguiente, para que tengamos una relación con Él o su Hijo, Dios tiene que tomar la iniciativa. Esto es exactamente lo que hace.

Dios nos acerca a Él

 Lea la porción bíblica al margen, y luego responda a lo siguiente:

1. ¿Quién puede venir a Jesús si el Padre no lo trae? _____

2. ¿Qué hace el que oye y aprende del Padre? _____

_____

3. ¿Cuál es la única manera para venir a Cristo? _____

_____

> Jeremías 31.3—Jehová se manifestó a mí hace ya mucho tiempo, diciendo: Con amor eterno te he amado; por tanto, te prolongué mi misericordia.
>
> Oseas 11.4—Con cuerdas humanas los atraje, con cuerdas de amor; y fui para ellos como los que alzan el yugo de sobre su cerviz, y puse delante de ellos la comida.

El amor que Dios derrama sobre usted es un amor eterno (Jer. 31.3). Debido a ese amor Él lo ha atraído hacia sí. Lo atrajo con cuerdas de amor (Os. 11.4), incluso cuando usted no era amigo suyo, sino su enemigo. Dios dio a su propio Hijo para que muriera por usted. Para anclar firmemente la experiencia con Dios y para conocer su voluntad debe estar absolutamente convencido del amor de Dios por usted.

 ¿Cómo sabe que Dios lo ama? ¿Cuáles son algunas de las razones que lo convencieron de que Dios lo amaba?

_____

_____

_____

Pablo

Dios vino a Saulo (Hch. 9.1-19). En realidad Saulo se oponía a Dios y sus actividades, y batallaba en contra de Jesús el Hijo de Dios. Jesús vino a Pablo y le reveló los propósitos del amor del Padre para él. Esto es verdad también en nuestra vida. Nosotros no escogemos a Dios. Él nos escoge, nos ama y nos revela sus propósitos eternos para nuestra vida.

Discípulos

Jesús les dijo a sus discípulos: No me elegisteis vosotros a mí, sino que yo os elegí a vosotros . . . Yo os elegí del mundo (Jn. 15.16, 19). ¿Escogió Pedro seguir a Jesús? No, Jesús escogió a Pedro. Éste respondió a la invitación. Dios tomó la iniciativa.

Jesús y Pedro

Jesús dijo que Pedro respondía a la iniciativa de Dios en su vida (Mt. 16.13-17). Jesús les había preguntado a sus discípulos quién decían los hombres que era Él. Luego, les preguntó quién decían ellos que era Él. Pedro contestó correctamente: Tú eres el Cristo. Entonces Jesús declaró algo muy importante en cuanto a Pedro: No te lo reveló carne ni sangre, sino mi Padre que está en los cielos.

 ¿Quién le había revelado a Pedro que Jesús era el Cristo, el Mesías prometido?

_____

En esencia Jesús estaba diciendo: "Pedro, nunca habrías confesado que yo soy el Cristo si el Padre no estuviera obrando en ti. Él te hizo conocer quién soy yo. Tú estás respondiendo a la actividad de Dios en tu vida. ¡Excelente!"

¿Se da cuenta de que Dios decidió amarlo? Si no fuera así usted nunca hubiera llegado a ser creyente. Él tenía algo en mente cuando lo llamó. Tomó la iniciativa y empezó a obrar en usted. Él lo atrajo hacia sí mismo. Le abrió el entendimiento, y así usted empezó a experimentar una relación de amor con Él.

¿Qué hizo usted? Marque su respuesta:
❑ 1. Respondí a su invitación estableciendo una relación de amor.
❑ 2. Rechacé su oferta de una relación de amor.

Cuando usted respondió a su invitación, Él lo trajo a una relación de amor con Él mismo. Pero nunca hubiera conocido ese amor, ni lo hubiera experimentado, ni se hubiera dado cuenta de ese amor, si Dios no hubiera tomado la iniciativa.

Viniendo Jesús a la región de Cesarea de Filipo, preguntó a sus discípulos, diciendo: ¿Quién dicen los hombres que es el Hijo del Hombre?

Ellos dijeron: Unos, Juan el Bautista; otros, Elías; y otros, Jeremías, o alguno de los profetas.

Él les dijo: Y vosotros, ¿quién decís que soy yo?

Respondiendo Simón Pedro, dijo: Tú eres el Cristo, el Hijo del Dios viviente.

Entonces le respondió Jesús: Bienaventurado eres, Simón, hijo de Jonás, porque no te lo reveló carne ni sangre, sino mi Padre que está en los cielos.

—Mateo 16.13-17

Usted no puede darse cuenta de la actividad de Dios a menos que Él tome la iniciativa para revelársela.

Enumere las siguiente afirmaciones del 1 al 4, según el orden en que ocurren en el desarrollo de una relación de amor con Dios.

_____ a. Dios viene a mi vida y tiene comunión conmigo.

_____ b. Respondo a la actividad de Dios en mi vida y le invito a que haga en mi vida lo que Él quiera.

_____ c. Dios me muestra su amor y se revela a mí.

_____ d. Dios me escoge porque me ama.

Algunas de estas acciones parecen ocurrir al mismo tiempo. Sin embargo, podemos estar seguros de esto: Dios toma la iniciativa; luego nosotros respondemos. La numeración correcta es: a-4, b-3, c-2, d-1. Dios siempre toma la iniciativa para amarnos.

Las siguientes porciones bíblicas hablan de la iniciativa que Dios toma para establecer una relación de amor. Lea cada pasaje. Luego, escriba un breve resumen de la manera en que Dios actúa o lo que hace al tomar la iniciativa.

Deuteronomio 30.6 –Y circuncidará Jehová tu Dios tu corazón, y el corazón de tu descendencia, para que ames a Jehová tu Dios con todo tu corazón y con toda tu alma, a fin de que vivas.

_____

Lucas 10.22–Todas las cosas me fueron entregadas por mi Padre; y nadie conoce quién es el Hijo sino el Padre; ni quién es el Padre, sino el Hijo, y aquel a quien el Hijo lo quiera revelar.

_____

Juan 15.16 –No me elegisteis vosotros a mí, sino que yo os elegí a vosotros, y os he puesto para que vayáis y llevéis fruto, y vuestro fruto permanezca; para que todo lo que pidiereis al Padre en mi nombre, él os lo dé.

_____

Filipenses 2.13 –Porque Dios es el que en vosotros produce así el querer como el hacer, por su buena voluntad.

_____

1 Juan 3.16 –En esto hemos conocido el amor, en que él puso su vida por nosotros; también nosotros debemos poner nuestras vidas por los hermanos.

_____

Apocalipsis 3.20– He aquí, yo estoy a la puerta y llamo; si alguno oye mi voz y abre la puerta, entraré a él, y cenaré con él, y él conmigo.

_____

Escriba en el espacio en blanco la palabra que complete la frase.

nunca   algunas   veces   frecuentemente   siempre

Dios _____ toma la iniciativa para establecer conmigo una relación de amor.

Repase la lección de hoy. Pida a Dios en oración que le indique una o más enseñanzas o Escrituras que Él quiere que comprenda, aprenda y practique. Subráyela(s). Luego responda a lo siguiente:

¿Cuál fue la enseñanza o Escritura más significativa que leyó hoy?

_____

_____

Ahora escríbala en una frase que pueda usar como oración.

_____

_____

¿Qué quiere Dios que haga en respuesta al estudio de hoy?

_____

_____

RESUMEN

- En esta relación de amor Dios siempre toma la iniciativa.
- Yo no escojo a Dios; Él me escoge, me ama y me revela Sus propósitos eternos para mi vida.
- No puedo darme cuenta de la actividad de Dios si el no toma la iniciativa para dármela a conocer.

UNA RELACIÓN REAL, PERSONAL Y PRÁCTICA

DÍA 5

La relación que Dios quiere tener con usted es real y personal. Algunas personas preguntan: "¿Puede alguien realmente tener una relación real, personal y práctica con Dios?" Quizás piensan que Dios está muy distante y no se interesa en nuestra vida cotidiana. Esto no es lo que vemos en las Escrituras.

El plan de Dios para el avance de su reino depende de su relación con su pueblo.

 Lea cada pasaje de las Escrituras que se indica, uno a la vez. Luego describa por lo menos un hecho que indica que la relación que la(s) persona(s) tenía(n) con Dios era real, personal y práctica. Para muestra le incluyo la primera respuesta:

Adán y Eva después que pecaron—Gn. 3.20-21 *Estaban desnudos.*
Dios les hizo túnicas de pieles. _____

Agar cuando huyó de Sarai—Gn. 16.1-13 _____

_____

Salomón cuando pidió entendimiento—1 R. 3.5-13; 4.29-30 _____

_____

Los doce a quienes Jesús envió a predicar—Mr. 6.7-13 _____

_____

Pedro preso y esperando el juicio—Hch. 12.1-17 _____

_____

Juan en la isla de Patmos—Ap. 1.9-20 _____

_____

Desde Génesis hasta Apocalipsis vemos a Dios relacionándose con las personas de una manera real, personal, íntima y práctica. Dios tenía compañerismo íntimo con Adán y Eva, caminaba con ellos por el huerto al aire del día. Cuando pecaron, Dios los buscó para restaurar la relación de amor. Él satisfizo una necesidad muy práctica al proveerles ropa para cubrir su desnudez.

Adán y Eva

Agar había sufrido el maltrato de Sarai, y huyó. Cuando sus recursos se agotaron, y no tenía adonde ir, cuando toda esperanza se había desvanecido, Dios vino a ella. En su relación con Dios ella aprendió que Él la veía, que sabía sus necesidades y que hacía provisión amorosa para satisfacerlas. Dios es muy personal.

Agar

David, el padre de Salomón, buscó a Dios con todo su corazón. Salomón recibió una herencia de fe y obediencia. Tuvo la oportunidad de pedir y recibir de Dios cualquier cosa que quisiera. Salomón demostró su amor por el pueblo de Dios pidiendo un corazón entendido. Dios le concedió lo que pidió, y también le dio fama y riqueza. Salomón descubrió que su relación con Dios era muy práctica.

Salomón

Los discípulos también tuvieron una relación real, personal y práctica con Jesús el Hijo de Dios. Jesús los había escogido para que estuvieran con Él. ¡Qué placer debe haber sido tener una relación tan íntima con Jesús! Cuando Jesús les asignó una tarea difícil no los envió des-

Los doce

validos. Les dio autoridad sobre los demonios como nunca antes habían conocido.

| Pedro | En algunos lugares la obediencia a Dios trae como consecuencia el encarcelamiento. Esa fue la experiencia de Pedro. En respuesta a la oración Dios lo libró milagrosamente. Esto fue tan dramático y práctico que al principio Pedro pensó que estaba soñando. Los creyentes que estaban orando pensaron que era un ángel. Sin embargo, pronto descubrieron que la liberación era real. Dios había librado a Pedro. |

| Juan | En el exilio en la isla de Patmos, Juan tenía compañerismo con Dios. Durante este tiempo de comunión en el Espíritu, Juan recibió la revelación de Jesucristo para manifestar a sus siervos las cosas que deben suceder pronto (Ap. 1.1). Ese mensaje ha sido un genuino estímulo para las iglesias cristianas desde el tiempo de Juan hasta nuestros días. |

¿Nota al leer las Escrituras que Dios llega a ser real y personal? ¿Percibe que la relación de las personas con Dios era práctica? ¿Fue Dios personal para Noé?, ¿para Abraham?, ¿para Moisés?, ¿para Isaías? ¡Sí! ¡Sí! ¡Sí! ¿Ha cambiado Dios? ¡No! Fue real en el Antiguo Testamento. Fue real durante el tiempo de la vida y ministerio terrenal de Jesús. Fue verdad después de la venida del Espíritu Santo en Pentecostés. Su vida también reflejará esa clase de relación real, personal y práctica cuando usted responda a la obra de Dios en su vida.

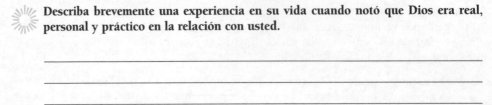 **Describa brevemente una experiencia en su vida cuando notó que Dios era real, personal y práctico en la relación con usted.**

_____

_____

_____

El amor debe ser real y personal. Una persona no puede amar si no hay "alguien" a quien amar. Una relación de amor con Dios tiene lugar entre dos seres reales. Una relación con Dios es real y personal. Esto ha sido siempre el deseo de Dios. Todos los esfuerzos de Él están dedicados a tornar este deseo en realidad. Dios es una persona que vierte su vida en la de usted.

Si por alguna razón, usted no puede pensar en alguna ocasión cuando su relación con Dios fue real, personal y práctica, entonces necesita evaluar su relación con Él. Acérquese al Señor en oración y pídale que le revele la verdadera naturaleza de su relación con Él. Pídale que le traiga a una relación así. Si llega a darse cuenta que nunca ha entrado en una relación así con Dios, regrese a la actividad de la página 8 y resuelva este asunto de una vez por todas.

La presencia y la obra de Dios en su vida es práctica

| _Dios es práctico_ | Dios es un Dios muy práctico. Así lo fue en las Escrituras y lo es hoy. Cuando proveyó maná, codornices y agua para los hijos de Israel fue práctico. Cuando Jesús alimentó a los cinco mil también fue práctico. El Dios revelado en las Escrituras es real, personal y práctico. Sencillamente confío en que Dios será real y práctico para mí también. |

| _La presencia constante de Dios es la parte más práctica de su vida y ministerio._ | La constante presencia de Dios es la parte más práctica en su vida y ministerio. Desafortunadamente con frecuencia le asignamos a Dios un espacio limitado en nuestra vida. Solemos acudir a Él sólo cuando necesitamos ayuda. Esto es exactamente opuesto a lo que vemos en la Palabra de Dios. Él está obrando en nuestro mundo. Él le invita a que usted se le una, para poder realizar su obra por medio de usted. Todo su plan para el avance del reino depende de su obra real y práctica a través de su relación con su pueblo. |

Conocer y tener una experiencia con Dios a través de una relación personal fue algo práctico en las Escrituras. Tenga paciencia mientras trabajamos juntos. Creo que hallará que esta clase de caminar con Dios será extremadamente práctica. Dios puede transformar de manera práctica sus relaciones con su familia, con su iglesia y con otras personas. Usted puede encontrar a Dios de una manera tal que sabrá con seguridad que es una experiencia con Él.

 ¿Puede describir su relación con Dios como real, personal y práctica? ¿Por qué?

_____

_____

Complete la segunda realidad de tener una experiencia con Dios. Hágala personal.

1. Dios siempre está trabajando alrededor de mi.

2. Dios _____ tener _____ una _____ ___

continua _____ .

Repase la lección de hoy. Pida a Dios en oración que le indique una o más enseñanzas o Escrituras que Él quiere que usted comprenda, aprenda y practique. Subráyela(s). Luego responda a lo siguiente:

¿Cuál fue la enseñanza o Escritura más significativa que leyó hoy?

_____

_____

_____

Ahora escríbala en una frase que pueda usar como oración.

_____

_____

_____

_____

¿Qué quiere Dios que haga en respuesta al estudio de hoy?

_____

_____

_____

Repase los versículos que ha memorizado y prepárese para repetirlos a otra persona en la sesión semanal del grupo.

Si todavía no ha realizado la tarea asignada en el día 3, procure hacerla antes de la sesión semanal del grupo.

RESUMEN

- La relación que Dios quiere tener conmigo será real y personal.
- El plan total de Dios para el avance de su reino depende de su obra real y práctica a través de su relación con su pueblo.

LA INVITACIÓN DE DIOS Y EL AMOR

JUAN CONNER: PASTOR DE LA MISIÓN

UNIDAD

4

Cuando la Iglesia La Fe empezó su primera misión, llamamos a Juan Conner como pastor de ella; pero no teníamos dinero ni para su mudanza ni para su salario. Él tenía tres hijos en edad escolar, de modo que pensamos que debíamos pagarle por lo menos $850 mensuales. Empezamos a orar para que Dios proveyera los fondos para su mudanza y sus necesidades. Nunca antes había guiado a una iglesia a hacer algo semejante. Ahora dábamos un paso por fe, convencidos de que Dios quería que Juan sirviera como pastor en nuestra misión en la población de Príncipe Alberto. Aparte de unas pocas personas en California, no conocía a nadie que pudiera ayudarnos financieramente. Empecé a preguntarme: "¿De qué manera va Dios a proveer para esto?" Entonces caí en cuenta que mientras Dios supiera en donde estoy, Él podría guiar a cualquier persona en el mundo a saberlo también. Si Él sabe mi necesidad, entonces Él puede colocar esa necesidad en el corazón de cualquier persona que Él escoja.

Juan arregló sus papeles de inmigración y emprendió su mudanza por fe, convencido de que Dios lo había llamado. Poco después recibí una carta de una iglesia en Fayeteville, Arkansas. Ellos decían: "Dios nos ha puesto en el corazón que debemos enviar un porcentaje de nuestras ofrendas misioneras para las misiones en su provincia. Adjunto le enviamos un cheque para que lo use donde crea más conveniente". No tenía ni la menor idea de cómo habían decidido unirse a nuestro trabajo, pero lo cierto fue que nos enviaron un cheque por la suma de $1,100.

Un día recibí una llamada telefónica en casa. La persona que llamaba prometió completar los $850 mensuales que necesitábamos para cubrir el salario de Juan por un año. Cuando colgué el teléfono, Juan estacionaba su auto frente a mi casa.

Le pregunté: "Juan, ¿cuánto le costó la mudanza?"

Él contestó: "Sumando todos los gastos, he gastado $1,100".

Habíamos dado el primer paso por fe, creyendo que el Dios que sabía dónde estábamos es el Dios que puede tocar el corazón de cualquier persona, en cualquier lugar, y hacerle saber dónde estábamos. Hicimos los ajustes necesarios y obedecimos. Creíamos que el Dios que había llamado a Juan también había dicho: "YO SOY el Proveedor". Cuando obedecimos, Dios demostró ser Él mismo nuestro Proveedor. Esa experiencia nos llevó a una relación de amor más profunda con el Dios todo suficiente.

Versículo para memorizar esta semana

El que tiene mis mandamientos, y los guarda, ése es el que me ama; y el que me ama, será amado por mi Padre, y yo le amaré, y me manifestaré a él. —Juan 14.21

Conozca a Dios

En esta unidad continuamos nuestro enfoque sobre la relación de amor con Dios. Usted encontrará que el llamamiento a esa relación es también un llamamiento a estar en misión con Él. Si quiere saber la voluntad de Dios, usted debe responder a su invitación a amarlo de todo corazón. Dios obra a través de quienes ama, a fin de realizar sus propósitos para su reino en este mundo. En esta unidad comenzaremos a considerar cómo Dios le invita a que se le una en su obra.

Conozca a Dios por experiencia

Nunca estará satisfecho con simplemente saber acerca de Dios. Se conoce a Dios sólo a través de la experiencia, a medida que Él se le revela. Cuando Moisés estaba frente a la zarza ardiente, le dijo a Dios: He aquí que llego yo a los hijos de Israel, y les digo: El Dios de vuestros padres me ha enviado a vosotros. Si ellos me preguntaren: ¿Cuál es su nombre?, ¿qué les responderé? (Éx. 3.13).

Dios respondió: YO SOY EL QUE SOY. Y dijo: Así dirás a los hijos de Israel: YO SOY me envió a vosotros (Éx. 3.14). Cuando Dios dijo: "YO SOY EL QUE SOY" estaba diciendo: "Yo soy el Eterno". Estaba diciendo: "Yo soy todo lo que necesitas". Durante los siguientes cuarenta años Moisés llegó a conocer a Dios por experiencia como Jehová, el Gran YO SOY.

YO SOY EL QUE SOY

Nombres de Dios

En la Biblia Dios tomó la iniciativa para revelarse en la experiencia de la gente. Cuando Dios se revelaba a una persona, ésta le daba a Dios un nuevo nombre o lo describía en una nueva manera. Para el hebreo el nombre de la persona representaba su carácter o describía su naturaleza. Por esta razón con frecuencia leemos nuevos nombres o títulos para Dios, en relación con un acontecimiento donde un personaje tuvo una experiencia con Él. Conocer a Dios por nombre requería haber experimentado personalmente su presencia.

Los nombres, títulos y descripciones bíblicas de Dios identifican cómo los personajes lo llegaron a conocer personalmente. Las Escrituras son el registro de la revelación de Dios al ser humano. Cada nombre dado a Dios es una parte de esa revelación.

Por ejemplo: Josué y los israelitas estaban luchando contra los amalecitas. Moisés supervisaba la batalla desde una montaña cercana. Cuando tenía sus manos levantadas a Dios, los israelitas ganaban; cuando las bajaba, empezaban a perder. Por medio de Israel Dios derrotó a los amalecitas ese día. Moisés construyó un altar, y le puso por nombre: "Jehová es mi estandarte". El estandarte es la insignia que flamea al frente del ejército para indicar a quién representa. "El Señor es mi estandarte" significa que somos el pueblo de Dios; Él es nuestro Dios. Las manos levantadas de Moisés daban gloria constante a Dios, indicando que la batalla era de Él e Israel le pertenecía. Los israelitas llegaron a conocer mejor a Dios al darse cuenta de que eran el pueblo de Dios; y que Dios era su estandarte (Véase Éx. 17.8-15).

El Señor es mi estandarte

 Busque otro ejemplo en Génesis 22.1-18 y luego responda a lo siguiente:

1. ¿Qué le pidió Dios a Abraham que hiciera? (v. 2) _____
_____

2. ¿Qué indica el versículo 8 acerca de Abraham? _____
_____

3. ¿Qué hizo Dios por Abraham? (v. 13) _____
_____

4. ¿Qué nombre le puso Abraham al lugar? (v. 14) _____
_____

5. ¿Por qué prometió Dios bendecir a Abraham? (vv. 15-18) _____
_____

Dios estaba en el proceso de desarrollar el carácter de Abraham para que fuera el padre de una nación. Puso a prueba la fe y la obediencia de Abraham. Esto puso al patriarca en una crisis de fe. Abraham tenía fe en que Dios iba a proveer (v. 8). Hizo en su vida los ajustes necesarios para actuar según su fe de que Dios era el Proveedor. Le obedeció. Dios proveyó

El Señor proveerá

un carnero, y Abraham llegó a conocerle íntimamente al tener una experiencia con Dios como Proveedor.

 Observe las siete realidades en la página 19 de este libro. ¿Cómo encaja la experiencia de Abraham en esa secuencia?

_____

_____

_____

_____

Al principio de esta unidad usted leyó cómo la Iglesia La Fe y Juan Conner llegaron a conocer a Dios como Proveedor. Dios se nos reveló mediante nuestra experiencia de su obra en nuestra vida.

Dios provee cónyuges

En nuestra iglesia había muchos estudiantes universitarios. Yo acostumbraba visitarlos con frecuencia. Sabía que atravesaban un período de cambios rápidos. Quería ayudarlos en las decisiones vitales que tenían que tomar. Una preciosa estudiante de enfermería vino un día a mi oficina. Yo había estado orando por ella, y por lo que Dios podía hacer en su vida. Hablamos acerca de su padre alcohólico y de la decisión que ella enfrentaba en cuanto a seguir o no estudiando enfermería. Entonces la miré y le dije: "Charo, quiero que sepas que Dios me ha puesto en el corazón que debo orar por un esposo para ti".

Ella dijo: "¿Lo dice en serio?"

Le dije: "Quiero que sepas que lo digo muy en serio. Has tenido un padre alcohólico y has atravesado mucho sufrimiento; pero creo firmemente que Dios quiere darte un hombre maravilloso que te querrá por lo que tú eres. Quiero que sepas que, empezando hoy mismo, estaré orando para que Dios te dé un esposo maravilloso y amante".

Ella rompió a llorar. Empezamos a orar para que Dios le proveyera el compañero adecuado. Como tres meses más tarde Dios trajo a nuestra iglesia a un joven que estudiaba ingeniería. Al poco rato se enamoraron, y más tarde me tocó celebrar el matrimonio. Ahora tienen dos hijos y están sirviendo fielmente al Señor. Lo último que oí fue que son felices como pocos.

¿Cómo supo Charo que Dios era el Dios que podía proveerla de un marido adecuado? Ella creyó en quién era Dios, y luego procedió a esperar y observar. Tenía su corazón abierto para recibir al que Dios quisiera enviar. Ella tenía que obedecer y recibirlo cuando Dios le revelara a quien Él había escogido. Entonces ella llegó a conocer a Dios como el que provee cónyuges.

Describa un suceso mediante el cual usted tuvo una experiencia de la obra de Dios en su vida.

_____

_____

_____

¿Qué nombre usaría para describir a Dios en esa experiencia?

_____

Lea la siguiente lista de nombres, títulos y descripciones de Dios. Encierre en un círculo los que describan a Dios según su experiencia personal.

Admirable (Is. 9.6)	Buen pastor (Jn. 10.11)
Cabeza de la iglesia (Ef. 5.23)	Castillo mío (Sal. 18.2)
Consejero (Is. 9.6)	Defensor de viudas (Sal. 68.5)
Dios celoso (Éx. 34.14)	Dios de mi salvación (Sal. 51.14)
Dios de toda consolación (2 Co. 1.3)	El Dios que venga mis agravios (Sal. 18.47)
El Dios que nos guía (Sal. 48.14)	Dios todopoderoso (Gn. 17.1)
Fiel y verdadero (Ap. 19.11)	Fuego consumidor (Dt. 4.24)
Fundamento (Is. 28.16)	Juez justo (2 Ti. 4.8)
La luz de la vida (Jn. 8.12)	Maestro bueno (Mr. 10.17)
Mediador (1 Ti. 2.5)	Mi apoyo (2 S. 22.19)
Mi cántico (Éx. 15.2)	Mi esperanza (Sal. 71.5)

Mi fortaleza (Éx. 15.2)	Mi libertador (Sal. 18.2)
Mi refugio (Sal. 32.7)	Mi salvación (Éx. 15.2)
Mi testigo (Job 16.19)	Nuestra ayuda (Sal. 33.20)
Nuestro escudo (Sal. 33.20)	Nuestro amparo y fortaleza (Sal. 46.1
Nuestro Jefe (2 Cr. 13.12)	Nuestro Padre (Is. 64.8)
Nuestra paz (Ef. 2.14)	Nuestra vida (Col. 3.4)
Padre de huérfanos (Sal. 68.5)	Padre de misericordias (2 Co. 1.3)
Pan de vida (Jn. 6.35)	Potente Salvador mío (Sal. 140.7)
Príncipe de paz (Is. 9.6)	Redentor mío (Sal. 19.14)
Rey de reyes (1 Ti. 6.15)	Salvación mía (Sal. 42.5)
Santo de los santos (Dn. 9.24)	El Santo en medio de ti (Os. 11.9)
Señor de señores (1 Ti. 6.15)	Señor de la mies (Mt. 9.38)
Soberano Señor (Hch. 4.24)	Sumo sacerdote (He. 4.14)

Según el tiempo lo permita, anote brevemente algunas experiencias a través de las cuales llegó a conocer a Dios de esta forma.

¿Notó que llegó a conocer a Dios a través de su experiencia? ¿Podría subrayar o encerrar en un círculo algún nombre y no pensar en alguna experiencia en donde Dios se manifestó de esa manera? Por ejemplo: Usted no hubiera conocido a Dios como "Dios de toda consolación" a menos que haya experimentado su consuelo en tiempos de aflicción. Llega a conocer a Dios cuando Él se revela a usted. Lo llega a conocer según tiene una experiencia con Él. Por eso hemos titulado este curso "Mi experiencia con Dios".

 ¿Cómo llega a conocer a Dios íntima y personalmente?

_____

_____

Llega a conocer a Dios más íntimamente según Él se revela a través de las experiencias que usted tiene con Él.

 Repase la lección de hoy. Pida a Dios en oración que le indique una o más enseñanzas o Escrituras que Él quiere que comprenda, aprenda y practique. Subráyela(s). Luego responda a lo siguiente:

¿Cuál fue la enseñanza o Escritura más significativa que leyó hoy?

_____

_____

_____

Ahora escríbala en una frase que pueda usar como oración

_____

_____

_____

¿Qué quiere Dios que haga en respuesta al estudio de hoy?

_____

_____

Escriba de memoria el versículo asignado y repase los versículos que aprendió en las unidades anteriores.

_____

_____

_____

Nombres, títulos y descripciones de Dios

Admirable
Buen pastor
Cabeza de la iglesia
Castillo mío
Consejero
Defensor de viudas
Dios celoso
Dios de mi salvación
Dios de toda consolación
El Dios que venga mis agravios
El Dios que nos guía
Dios todopoderoso
Fiel y verdadero
Fuego consumidor
Fundamento
Juez justo
La luz de la vida
Maestro bueno
Mediador Mi apoyo
Mi cántico Mi esperanza
Mi fortaleza
Mi libertador
Mi refugio Mi salvación
Mi testigo Nuestra ayuda
Nuestro escudo
Nuestro amparo y fortaleza
Nuestro Jefe
Nuestro Padre
Nuestra paz
Nuestra vida
Padre de huérfanos
Padre de misericordias
Pan de vida
Potente Salvador mío
Príncipe de paz
Redentor mío
Rey de reyes
Salvación mía
Santo de los santos
El Santo en medio de ti
Señor de señores
Señor de la mies
Soberano Señor
Sumo sacerdote

"¡Oh Jehová, Señor nuestro, Cuán glorioso es tu nombre en toda la tierra!" (Sal. 8.1)

Ayer aprendió que se llega a conocer a Dios por iniciativa de Él y a través de sus experiencias personales. Aprendió que los nombres hebreos describían el carácter o naturaleza de la persona. El nombre estaba asociado íntimamente con la persona y su presencia. Por tanto, invocar el nombre de alguien era buscar su presencia. El nombre de Dios es majestuoso y digno de nuestra alabanza. Reconocer el nombre de Dios significa reconocer a Dios por lo que Él es. Invocar su nombre indica que está buscando su presencia. Alabar su nombre es alabarle a Él. Los nombres de Dios en las Escrituras pueden ser para usted un llamamiento a la adoración.

Invierta el día de hoy adorando a Dios mediante sus nombres. Enfocar su atención a su nombre es enfocarla en el Dios del nombre. Su nombre representa su presencia. Adorar es reverenciar y dar honor a Dios, reconocerle como digno de alabanza. Los salmos son ricos en instrucciones que nos dirigen en la adoración a Dios mediante su nombre.

 Lea las siguientes Escrituras y encierre en un círculo o subraye la palabra o frase que describe las maneras en que puede dirigir su adoración a Dios mediante sus nombres.

Cantad a Jehová, bendecid su nombre (Sal. 96.2).

Vida nos darás, e invocaremos tu nombre (Sal. 80.18).

Anunciaré tu nombre a mis hermanos (Sal. 22.22).

Afirma mi corazón para que tema tu nombre (Sal. 86:11).

Alabaré a Jehová conforme a su justicia, Y cantaré al nombre de Jehová el Altísimo (Sal. 7.17).

Todas las naciones que hiciste vendrán y adorarán delante de ti, Señor, y glorificarán tu nombre (Sal. 86.9).

Gloriaos en su santo nombre; Alégrese el corazón de los que buscan a Jehová (Sal. 105.3).

Te alabaré para siempre, porque lo has hecho así; Y esperaré en tu nombre, porque es bueno, delante de tus santos (Sal. 52.9).

Bienaventurado el pueblo que sabe aclamarte; Andará, oh Jehová, a la luz de tu rostro. En tu nombre se alegrará todo el día, Y en tu justicia será enaltecido (Sal. 89.15-16).

En ti confiarán los que conocen tu nombre, Por cuanto tú, oh Jehová, no desamparaste a los que te buscaron (Sal. 9.10).

Toda la tierra te adorará, Y cantará a ti; Cantarán a tu nombre (Sal. 66.4).

Así te bendeciré en mi vida; En tu nombre alzaré mis manos (Sal. 63.4).

Pero alégrense todos los que en ti confían; Den voces de júbilo para siempre, porque tú los defiendes; En ti se regocijen los que aman tu nombre (Sal. 5.11).

En Dios nos gloriaremos todo el tiempo, Y para siempre alabaremos tu nombre (Sal. 44.8).

Me acordé en la noche de tu nombre, oh Jehová, Y guardé tu ley (Sal. 119.55).

Llena sus rostros de vergüenza, Y busquen tu nombre, oh Jehová (Sal. 83.16).

Sálvanos, Jehová Dios nuestro, y recógenos de entre las naciones, para que alabemos tu santo nombre, para que nos gloriemos en tus alabanzas (Sal. 106.47).

Por tanto, en él se alegrará nuestro corazón, Porque en su santo nombre hemos confiado (Sal. 33.21).

MANERAS DE ADORAR A DIOS

Acordarse de su nombre	Alabar su nombre	Alegrarse en su nombre
Temer su nombre	Amar su nombre	Anunciar su nombre
Bendecir su nombre	Buscar su nombre	Cantar a su nombre
Confiar en su nombre	Conocer su nombre	Esperar en su nombre
Gloriarse en su nombre	Glorificar su nombre	Invocar su nombre
Alzar las manos en su nombre	Dar gracias a su nombre	Adorar su nombre

Use estas maneras para adorar a Dios ahora mismo. Busque luego los nombres, títulos y descripciones de Dios, en la columna al margen de la página 59. Pase el resto de su tiempo de estudio en adoración. Los nombres dirigen su atención hacia Dios, hacia quien es Él y lo que hace. Adórelo por lo que Él es. Agradézcale por lo que Él hace. Glorifíquelo. Ámelo y ríndale adoración. Búsquelo. Confíe en Él. Cántele. Use todo el tiempo que desee en este período de adoración. Aproveche este tiempo para tener una experiencia significativa en su relación de amor con el Señor.

Escriba un breve resumen de lo que sintió, pensó o experimentó durante este tiempo de adoración. ¿Qué fue lo más significativo de este tiempo de adoración?

_____

_____

_____

_____

AME A DIOS

DÍA 3

Dios toma la iniciativa para buscar una relación de amor con usted. Esta relación de amor, sin embargo, no es unilateral. Él quiere que usted lo conozca y lo adore. Pero, más que eso, Él quiere que lo ame.

**¡Si lo amo,
lo obedeceré!**

 Lea el versículo sugerido para memorizar en esta unidad (al margen) y luego conteste las preguntas que siguen:

1. ¿Quién es el que ama a Jesús? ¿Qué tiene y hace?

_____

2. ¿Cómo responde el Padre al que ama a Jesús?

_____

3. ¿Qué dos manifestaciones tendrá Jesús por el que lo ama?

_____

_____

El que tiene mis mandamientos, y los guarda, ése es el que me ama; y el que me ama, será amado por mi Padre, y yo le amaré, y me manifestaré a él.
—Juan 14.21

Jesús dijo: Si me amáis, guardad mis mandamientos (Jn. 14.15). Cuando usted obedece a Jesús demuestra que lo ama y confía en Él. El Padre ama a los que aman al Hijo. Jesús dijo que al que lo ama Él le amará y se manifestará a Él. La obediencia es la expresión externa de su amor a Dios.

¿Lo ama?

¡Obedezca!

La recompensa de la obediencia y del amor es que Él se manifestará a usted. Jesús le dio el ejemplo en su vida. Él dijo: Mas para que el mundo conozca que amo al Padre, y como el Padre me mandó, así hago (Jn. 14.31). Jesús fue obediente a cada mandato de su Padre. Él demostró su amor al Padre mediante la obediencia.

 ¿Cómo puede usted demostrar su amor por Dios?

_____

Una relación de amor con Dios requiere que demuestre su amor por medio de la obediencia. Esto no es simplemente seguir la "letra" de la ley, sino más bien seguir el "espíritu" del mandamiento. Si tiene problemas para obedecer, su problema es de amor. Fije su atención en el amor a Dios.

La naturaleza de Dios

La naturaleza de Dios es amor. Dios no puede funcionar en forma contraria a su propia naturaleza. Dios nunca expresará en su vida algo que no sea una expresión de su perfecto amor. Él jamás le dará algo de segunda calidad. Su propia naturaleza no le permite hacerlo. Él enviará disciplina, juicio e ira, a los que continúan en pecado y rebelión. Su disciplina, sin embargo, siempre se basa en el amor (He. 12.6). Debido a que su naturaleza es amor, siempre puedo confiar que me envía siempre lo mejor. Dos versículos describen su amor.

Dios es amor

Su voluntad es siempre lo mejor

- Juan 3.16 —De tal manera amó Dios al mundo, que ha dado a su Hijo unigénito.
- 1 Juan 3.16 —En esto hemos conocido el amor, en que él puso su vida por nosotros.

Dios es amor (1 Jn. 4.16). Su confianza en el amor de Dios es crucial. Ésta ha sido una poderosa influencia en mi vida. Nunca miro a las circunstancias sin verlas a la luz de la cruz. Mi relación con Dios determina todo lo que hago.

 Llene los espacios en blanco:

Dios es _____ . Su voluntad siempre es _____ .

Su relación con Dios revela lo que usted cree en cuanto a Él. Es imposible creer de una manera y practicar otra. Si realmente cree que Dios es amor, también aceptará el hecho de que su voluntad siempre es lo mejor.

Por naturaleza Dios es omnisciente; es decir, lo sabe todo: pasado, presente y futuro. Nada queda fuera de su conocimiento. Por consiguiente, cuando quiera que Dios le manifieste, su dirección siempre es la correcta.

¿Alguna vez le ha pedido a Dios que le dé varias alternativas, de modo que usted pueda escoger la que le parezca mejor? ¿Cuántas opciones tiene que darle Dios para que tenga la correcta? ¡Dios siempre lo hace bien la primera vez!

 Llene los espacios en blanco:

Dios lo sabe _____ . Sus direcciones siempre son _____ .

Cuando Dios le indica una dirección, siempre es la correcta. La voluntad de Dios siempre es la mejor. Nunca tendrá que cuestionar si la voluntad de Dios es la mejor o la más correcta. Siempre es la mejor y la correcta. Esto es cierto por cuanto Él le ama y lo sabe todo. Ya que Dios lo ama, usted puede confiar en Él y obedecerle por completo.

Dios es omnipotente; es decir, tiene todo poder. Pudo crear al mundo de la nada. Puede lograr cualquier cosa que se proponga hacer. Si alguna vez le pide que haga algo, Él mismo le capacitará para hacerlo. Veremos un poco más acerca de esto en el día 5.

 Llene los espacios en blanco:

Dios es _____ . Él puede _____ para que yo pueda hacer su voluntad.

En la línea en blanco a la izquierda escriba la letra que corresponda.

____ 1. Dios es amor.   A. La dirección de Dios es la correcta

____ 2. Dios lo sabe todo.   B. Dios puede capacitarme.

____ 3. Dios es todopoderoso.   C. La voluntad de Dios es lo mejor.

Cuando su vida se halla en medio de la actividad de Dios, Él empieza a cambiar la manera en que usted piensa. Los caminos y pensamientos de Dios son muy diferentes de los suyos y de los míos, y a menudo nos suenan a locura. Usted necesita estar dispuesto a creer y a confiar en Dios completamente. Tiene que creer que Él hará lo mejor para usted. Las respuestas son: 1-C, 2-A, 3-B.

Dios se le dará a conocer de una manera muy simple. Cuando usted responde con la sencillez de un niño, encontrará que una nueva manera de mirar la vida aparece ante sus ojos. Su vida será más plena. Nunca tendrá un sentido de vacío o falta de propósito. Él siempre llena su vida. Cuando usted tiene a Dios, lo tiene todo.

 Cuando oye las palabras mandamientos, juicios, estatutos o leyes, ¿cuál es su primera impresión: negativa o positiva?   Negativa ❑   Positiva ❑

Los mandamientos de Dios

Los mandamientos de Dios son expresiones de su naturaleza de amor. En Deuteronomio 10.12-13, Él dice que los mandamientos son para su propio bien:

Lea Deuteronomio 32.46-47 (en el margen). ¿Cuán importantes son para usted las palabras de Dios?

_____

Dios lo sabe todo.

Sus direcciones siempre son las correctas.

Dios tiene todo poder.

Él puede capacitarlo para que haga su voluntad.

Y les dijo: Aplicad vuestro corazón a todas las palabras que yo os testifico hoy, para que las mandéis a vuestros hijos, a fin de que cuiden de cumplir todas las palabras de esta ley. Porque no os es cosa vana; es vuestra vida, y por medio de esta ley haréis prolongar vuestros días sobre la tierra adonde vais, pasando el Jordán, para tomar posesión de ella. —Deuteronomio 32.46-47

El fundamento para estos pasajes es la relación de amor. Cuando llega a conocer a Dios por experiencia, quedará convencido de su amor. Cuando se convence de su amor puede creer y confiar en Él. Cuando confía en Él puede obedecerle. Cuando lo ama no tendrá problemas para obedecerle. Éste es el amor a Dios, que guardemos sus mandamientos; y sus mandamientos no son gravosos (1 Jn. 5.3).

Dios lo ama a usted profundamente. Debido a que lo ama, le ha dado pautas para vivir de modo que pueda disfrutar las plenas dimensiones de la relación de amor. La vida también tiene su campo minado que puede destruir y arruinar su vida. Dios no quiere que usted se equivoque en lo mejor, y tampoco quiere ver su vida arruinada.

Suponga que tiene que cruzar un campo minado. Alguien que sabe exactamente dónde se hallan sepultadas las minas se ofrece para guiarlo. ¿Le diría usted: "No quiero que me diga lo que tengo que hacer. No quiero que me imponga sus criterios"?

No sé lo que usted haría, pero yo me quedaría tan cerca de esa persona como pudiera. Ciertamente no me despegaría de ella en ningún instante. Sus direcciones me preservarán la vida. De seguro que él diría: "No vayas por allí, porque puedes morir. Avanza por aquí y vivirás".

Ése es el propósito de los mandamientos de Dios. Él quiere que usted tenga vida, y que la tenga en abundancia. Cuando el Señor le da un mandamiento, está tratando de protegerlo y preservar lo mejor que tiene para usted. Cuando Dios le da un mandamiento no lo está restringiendo, le está dando libertad.

 Lea Deuteronomio 6.20-25 (al margen) y luego describa el propósito de los mandamientos, decretos, estatutos y leyes de Dios.

_____

_____

Él ha dado mandamientos para que usted pueda prosperar y llevar una vida plena. Permítame darle un ejemplo. Suponga que el Señor le dice: "Déjame decirte donde hay una bella y hermosa expresión de amor. Te voy a proveer de un cónyuge. Tu relación con esa persona hará aflorar lo mejor que hay en ti. Te dará la oportunidad de experimentar algunas de las expresiones más profundas y significativas del amor humano. Esa persona despertará en ti muchas cosas maravillosas, afirmará algunas cosas, y estará a tu lado para alentarte cuando desfallezcas. Esa persona te amará, creerá y confiará en ti. De esa relación te daré algunos hijos, y esos niños se sentarán en tus rodillas y te dirán: 'Papito, te quiero mucho' ".

Pero Él dice: No cometerás adulterio (Mt. 5.27). ¿Es ese un mandamiento para limitarlo o restringirlo? ¡No! Es para protegerlo y liberarlo de modo que pueda experimentar el amor humano en su mejor expresión. ¿Qué ocurre si usted rompe el mandamiento y comete adulterio? La relación de amor se rompe entre los esposos. La confianza desaparece. El sentimiento de culpa y de amargura invade el ser. Incluso los hijos empiezan a reaccionar en forma diferente. Las cicatrices pueden limitar de forma severa las dimensiones futuras que pudieran haber experimentado juntos.

Los mandamientos de Dios están diseñados para guiarlo a lo mejor de la vida. Sin embargo, no obedecerá, si no cree y confía en Él. No puede creer en Él si no lo ama. No puede amarlo si no lo conoce.

No obstante, si realmente llega a conocerlo según se le revela, lo amará. Si lo ama, creerá y confiará en Él. Si cree y confía en Él, lo obedecerá.

Dios es amor. Debido a su amor su voluntad siempre es lo mejor. Él lo sabe todo, de modo que sus direcciones siempre son las correctas. Él ha dado mandamientos para que usted pueda prosperar y vivir a plenitud. Si usted lo ama, lo obedecerá. Si usted no lo obedece, en realidad no lo ama (Jn. 14.24).

 Repase la lección de hoy. Pida a Dios en oración que le indique una o más enseñanzas o Escrituras que Él quiere que comprenda, aprenda y practique. Subráyela(s). Luego responda a lo siguiente:

¿Cuál fue la enseñanza o Escritura más significativa que leyó hoy?

_____

Mañana cuando te preguntare tu hijo, diciendo: ¿Qué significan los testimonios y estatutos y decretos que Jehová nuestro Dios os mandó? entonces dirás a tu hijo: Nosotros éramos siervos de Faraón en Egipto, y Jehová nos sacó de Egipto con mano poderosa.

Jehová hizo señales y milagros grandes y terribles en Egipto, sobre Faraón y sobre toda su casa, delante de nuestros ojos; y nos sacó de allá, para traernos y darnos la tierra que juró a nuestros padres.

Y nos mandó Jehová que cumplamos todos estos estatutos, y que temamos a Jehová nuestro Dios, para que nos vaya bien todos los días, y para que nos conserve la vida, como hasta hoy.

Y tendremos justicia cuando cuidemos de poner por obra todos estos mandamientos delante de Jehová nuestro Dios, como él nos ha mandado.
—Deuteronomio 6.20-25

Para que usted pueda prosperar y vivir a plenitud.

Conocerlo

Amarlo

Creer en Él

Confiar en Él

Obedecerlo

Ahora escríbala en una frase que pueda usar como oración.

¿Qué quiere Dios que haga en respuesta al estudio de hoy?

Repita en voz alta o escriba aparte el versículo señalado para memorizar.

RESUMEN

- La obediencia es la expresión externa de mi amor a Dios.
- Si tengo problemas para obedecer, el problema está en el amor.
- Dios es amor. Su voluntad siempre es lo mejor.
- Dios lo sabe todo. Sus direcciones siempre son correctas.
- Dios es todopoderoso. Puede capacitarme para hacer su voluntad.
- Todos los mandamientos de Dios son expresiones de su amor.
- Cuando Dios da un mandamiento, no me está restringiendo, sino liberándome.
- Si lo amo, lo obedeceré.

DÍA 4

DIOS LO INVITA A QUE SE UNA A ÉL

Cuando ve al Padre trabajando a su alrededor, esa es la invitación que le extiende para que ajuste su vida a Él y se le una en ese trabajo.

La Biblia es el registro escrito de la actividad de Dios en el mundo. En ella Él revela su naturaleza, sus propósitos, sus planes y sus caminos. La Biblia no es un libro sobre individuos (Abraham, Moisés, Pablo) y la relación de ellos con Dios, sino que es un libro acerca de la actividad de Dios y sus relaciones con esos individuos. El enfoque está en Dios y su actividad.

 Repase las primeras cuatro realidades que hemos visto en este curso. Llene los espacios en blanco. Si necesita ayuda vaya a la página 19.

1. _____ siempre está obrando a mi alrededor.

2. Dios busca tener con usted una _____ continua de amor, que es real y _____ .

3. Dios le invita a _____ a Él en su _____ .

4. Dios habla por el _____ _____ , a través de la Biblia, la _____ , las circunstancias y la _____ , para revelarse a sí mismo, sus _____ y sus caminos.

Dios obra por medio de las personas

Dios está obrando en el mundo

La Biblia revela que Dios siempre ha estado obrando en este mundo. Nunca ha estado ausente ni ajeno a la historia. Cuando leemos la Biblia estamos leyendo la actividad redentora de Dios en nuestro mundo. Vemos que Él eligió tomar la iniciativa e incluir a las personas en su obra. Él escoge obrar por medio de ellas para realizar sus propósitos.

- Cuando Dios estaba listo para juzgar al mundo vino a Noé. Iba a hacer algo y lo iba a hacer por medio de Noé.
- Cuando Dios estaba listo para formar una nación, vino a Abraham. Dios iba a cumplir su voluntad a través de Abraham.
- Cuando Dios oyó los gemidos de los hijos de Israel y decidió que era tiempo de librarlos, se le apareció a Moisés. Se le apareció a causa de los propósitos que Dios tenía. Planeaba librar a Israel por medio de Moisés.

Esto es verdad tanto en el Antiguo como en el Nuevo Testamento. Cuando llegó el cumplimiento del tiempo de Dios para redimir al mundo perdido a través de su Hijo, le dio doce hombres para que los preparara para realizar sus propósitos.

Cuando Dios va a hacer algo, toma la iniciativa y viene a uno o más de sus siervos. Les deja saber lo que va a hacer y los invita a que hagan los ajustes necesarios de modo que Él pueda realizar su obra por medio de ellos. El profeta Amós afirmó: No hará nada Jehová el Señor, sin que revele su secreto a sus siervos los profetas (Am. 3.7).

Dios toma la iniciativa para involucrar a la gente en su obra.

 Escriba una V (verdadero) o una F (falso) según corresponda en las afirmaciones que siguen:

_____ 1. Dios creó el mundo y luego lo dejó andar por sí mismo.

_____ 2. Dios no está ausente, está obrando activamente en el mundo.

_____ 3. Las personas realizan la obra de Dios seleccionando por sí mismas lo que les parece bueno, y haciéndolo.

_____ 4. Dios involucra a las personas en su obra.

_____ 5. Dios siempre toma la iniciativa para incluir a las personas en su obra.

Las afirmaciones 2, 4 y 5 son verdaderas. Las otras son falsas.

La revelación de Dios es su invitación

Tal vez se pregunte: "¿Cómo me invita Dios para que me involucre en su obra?" Veamos un ejemplo de la vida terrenal de Jesús, según leemos en Juan 5.17, 19-20 (Véase la Unidad 1, p. 14).

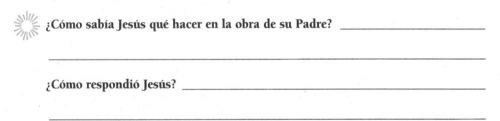

El ejemplo de Jesús

1. El Padre hasta ahora trabaja.
2. Ahora Dios me tiene a mí trabajando.
3. Nada hago por mi propia iniciativa.
4. Observo para ver lo que el Padre está haciendo.
5. Hago lo que veo que el Padre ya está haciendo.
6. Como pueden ver, el Padre me ama.
7. Él me muestra todo lo que Él mismo está haciendo.

Y Jesús les respondió: Mi Padre hasta ahora trabaja, y yo trabajo.

Respondió entonces Jesús, y les dijo: De cierto, de cierto os digo: No puede el Hijo hacer nada por sí mismo, sino lo que ve hacer al Padre; porque todo lo que el Padre hace, también lo hace el Hijo igualmente.

Porque el Padre ama al Hijo, y le muestra todas las cosas que él hace; y mayores obras que estas le mostrará, de modo que vosotros os maravilléis.

—Juan 5.17, 19-20

 ¿Cómo sabía Jesús qué hacer en la obra de su Padre? _____

_____

¿Cómo respondió Jesús? _____

_____

Para tener una experiencia personal con Dios, recuerde que Él ha estado obrando en nuestro mundo desde el principio y todavía sigue obrando. Jesús indicó esto en su vida terrenal. Anunció que había venido, no para hacer su voluntad, sino la voluntad del Padre que le envió (Jn. 4.34; 5.30; 6.38; 8.29; 17.4). Jesús dijo que para conocer la voluntad del Padre observaba lo que el Padre estaba haciendo. Luego, se le unía en esa obra.

El Padre amó al Hijo, y tomó la iniciativa de venir a Él y revelarle lo que estaba (el Padre) haciendo o iba a hacer. El Hijo persistía en observar la actividad del Padre a su alrededor, para unir su vida en esa actividad del Padre.

En el ejemplo de Jesús, anotado en el recuadro, encierre en un círculo la palabra clave de la declaración número 4 que indica lo que Jesús hacía para conocer la invitación del Padre para unírsele en la obra.

Como hijo obediente de Dios, usted se halla en una relación de amor con Él. Debido a que Él le ama y quiere que usted intervenga en su obra, le mostrará dónde Él está trabajando de modo que pueda unírsele. La palabra clave en la declaración número 4 es observó. Jesús observaba dónde el Padre estaba obrando. Cuando lo vio, hizo lo que vio hacer al Padre. Para

Jesús la revelación de lo que el Padre estaba haciendo era su invitación para que se le uniera en la obra. Cuando usted ve al Padre obrando a su alrededor, esa es la invitación para que haga en su vida los ajustes necesarios y se le una en esa obra.

La revelación de Dios es la invitación que le extiende para que se una a Él.

El criado de Eliseo

¿Es posible que Dios esté obrando a su alrededor y que usted no lo vea? Sí. Eliseo y su criado estaban en Dotán, sitiados por un ejército. El criado estaba aterrorizado, pero Eliseo estaba en calma. Y oró Eliseo: Te ruego, oh Jehová, que abras sus ojos para que vea. Entonces Jehová abrió los ojos del criado, y miró; y he aquí que el monte estaba lleno de gente de a caballo, y de carros de fuego alrededor de Eliseo (2 R. 6.17). Solamente cuando el Señor le abrió los ojos, el criado pudo ver la actividad de Dios a su alrededor.

Los líderes de Jerusalén

Jesús lloró sobre Jerusalén y sus líderes, y profetizó la destrucción que tendría lugar en el año 70 D.C. Jesús dijo: ¡Oh, si también tú conocieses, a lo menos en este tu día, lo que es para tu paz! Mas ahora está encubierto de tus ojos (Lc. 19.42). Allí estaba Dios obrando señales maravillosas y milagros, y ellos no lo veían.

Dos factores

Dos factores son importantes para que usted pueda reconocer la actividad de Dios a su alrededor.
1. Usted debe vivir en una relación íntima de amor con Dios.
2. Dios debe tomar la iniciativa para abrir sus ojos espirituales, de modo que usted pueda ver lo que Él está haciendo.

 Llene el espacio en blanco:
La revelación de la actividad de Dios es la _____ que me extiende para que me una a Él.

¿Cuáles son los dos importantes factores para ver la actividad de Dios a su alrededor?

1. _____

2. _____

A menos que Dios le permita ver dónde está Él obrando, usted no lo verá. La revelación por parte de Dios de lo que está haciendo alrededor de usted es la invitación que Él le extiende para que se le una. Reconocer la actividad de Dios depende de su relación de amor con Él, y de la iniciativa de Él para abrirle sus ojos espirituales para que la vea.

Trabajando donde Dios está obrando

Empezar iglesias

Nuestra iglesia percibió que Dios quería que ayudáramos a empezar nuevas iglesias por toda la región central y occidental del Canadá. Había cientos de pueblos y aldeas que no tenían ninguna iglesia evangélica.

 Si usted estuviera en esa situación, ¿cómo decidiría a cuáles pueblos ir?

_____

Algunas iglesias empiezan haciendo una encuesta de la población. Luego aplican la lógica humana para decidir cuáles pudieran ser los lugares más productivos y prometedores. A estas alturas usted ya sabe que nosotros enfrentaríamos el asunto de una manera diferente. Tratamos de encontrar lo que Dios ya estaba haciendo alrededor nuestro. Creíamos que Él nos mostraría dónde estaba obrando ya, y que esa revelación sería la invitación que nos extendía para que nos uniéramos a Él. Empezamos a orar y a observar para ver lo siguiente que Dios haría en respuesta a nuestras oraciones.

Allan

Allan era un pueblito como a 65 kilómetros de Saskatoon. Nunca había tenido una iglesia evangélica. Uno de nuestros miembros se sintió impulsado a realizar una Escuela Bíblica de Vacaciones. Nos dijimos: "Veamos si Dios está obrando allí".

Así que realizamos la Escuela Bíblica de Vacaciones. En la noche de los padres, al finalizar la semana, les dijimos a los asistentes: "Creemos que Dios tal vez quiera que empecemos una nueva iglesia en esta ciudad. Si a alguno de ustedes le gustaría empezar un estudio bíblico regular, o tal vez ser parte de una nueva iglesia, favor de pasar al frente".

Una señora pasó adelante. Estaba llorando y dijo: "Por 30 años he estado orando por una iglesia en este lugar, y ustedes son las primeras personas que han respondido".

"Por 30 años he estado orando"

Tras ella pasó un anciano, también conmovido y llorando. Él dijo: "Por años fui activo en una iglesia. Luego me entregué al alcohol. Hace cuatro años y medio volví al Señor, y le prometí que iba a orar cuatro o cinco horas cada día hasta que Dios nos diera una iglesia en este pueblo. Ustedes son las primeras personas que responden".

"Le prometí que iba a orar cuatro o cinco horas cada día hasta que Dios nos diera una iglesia en este pueblo".

No tuvimos que hacer ninguna encuesta. Dios nos había mostrado donde estaba ya obrando. Ésa fue la invitación que nos extendía para que nos uniéramos a Él. Con Gozo regresamos para informarle a nuestra iglesia lo que Dios estaba haciendo. La congregación de inmediato aprobó empezar una nueva iglesia en Allan. Esa nueva iglesia ha empezado a su vez otra iglesia y dos misiones.

Dios no nos ha dicho que vayamos y trabajemos para Él. Nos ha dicho que Él ya está obrando para traer consigo al mundo perdido. Si hacemos en nuestra vida los ajustes necesarios en una relación de amor, Él nos mostrará dónde está ya obrando. Esa revelación es la invitación que nos extiende para incluirnos en su obra. Entonces, cuando nos unimos a Él, Él completa su obra a través de nosotros.

Trabaje donde Dios está trabajando.

Repase la lección de hoy. Pida a Dios en oración que le indique una o más enseñanzas o Escrituras que Él quiere que comprenda, aprenda y practique. Subráyela(s). Luego responda a lo siguiente:

¿Cuál fue la enseñanza o Escritura más significativa que leyó hoy?

_____

_____

_____

Ahora escríbala en una frase que pueda usar como oración

_____

_____

_____

¿Qué quiere Dios que haga en respuesta al estudio de hoy?

_____

_____

RESUMEN

- Dios siempre está obrando en el mundo.
- Dios toma la iniciativa para incluirme en su obra.
- Para que pueda ver lo que Dios está haciendo, Él debe tomar la iniciativa para abrirme los ojos espirituales.
- Cuando veo al Padre obrando alrededor, esa es la invitación que me extiende para que haga en mi vida los ajustes necesarios y me una a Él en su obra.
- La revelación de Dios es la invitación que me extiende para que me una a Él.

CONOCER DÓNDE DIOS ESTÁ OBRANDO

DÍA 5

Hay cosas que sólo Dios puede hacer.

Dios ha tratado, a veces, de llamarnos la atención revelándonos dónde está obrando. Lo vemos, pero no identificamos de inmediato que es Dios obrando. Decimos: "No sé si Dios realmente quiere que me una aquí. Mejor oraré sobre el asunto". Pero cuando acabamos la oración, la oportunidad de unirnos a Dios se ha desvanecido. Un corazón sensible y tierno estará listo para responder a Dios a la más leve insinuación. Dios enternece y sensibiliza su corazón por medio de la relación de amor de la cual hemos hablado.

Si usted se va a unir a Dios en su obra, tiene que saber dónde está Él obrando. Las Escrituras nos dicen algunas cosas que Dios puede hacer. Usted tiene que aprender a identificarlas. Entonces, cuando algo ocurre a su alrededor que solamente Dios puede hacer, puede saber que es la actividad de Dios. A menos que Dios le abra los ojos espirituales, usted no sabrá que es Él obrando.

Cosas que sólo Dios puede hacer

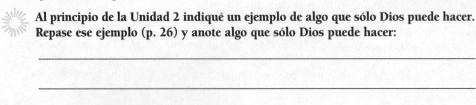 **Al principio de la Unidad 2 indiqué un ejemplo de algo que sólo Dios puede hacer. Repase ese ejemplo (p. 26) y anote algo que sólo Dios puede hacer:**

_____

_____

_____

Las Escrituras nos dicen que nadie puede venir a Cristo si el Padre no lo trae (Jn. 6.44). Nadie busca a Dios o busca las cosas espirituales a menos que el Espíritu de Dios esté obrando en su vida. Suponga que un vecino, un amigo o uno de sus hijos, empieza a hacerle preguntas sobre las cosas espirituales. Usted no tiene que dudar si Dios está en esto. Él es el único que puede hacerlo. Nadie jamás busca a Dios a menos que Dios esté obrando en su vida.

Zaqueo

Por ejemplo, al pasar Jesús en medio de la multitud, siempre trataba de ver dónde el Padre estaba obrando. La multitud no era la cosecha. La cosecha estaba entre la multitud. Jesús vio a Zaqueo en un árbol. Tal vez Jesús se dijo a sí mismo: "Nadie me buscaría con tanto interés a menos que mi Padre esté obrando en su corazón". De modo que Jesús se apartó de la multitud y le dijo: Zaqueo, date prisa, desciende, porque hoy es necesario que pose yo en tu casa (Lc. 19.5). ¿Qué ocurrió? La salvación llegó a ese hogar ese día. Jesús siempre procuraba ver la actividad del Padre, y se le unía. Hubo salvación como resultado de que Jesús se unió al Padre en su actividad.

Lea las Escrituras en el margen y responda a las preguntas que siguen:

Juan 14.15-17—Si me amáis, guardad mis mandamientos. Y yo rogaré al Padre, y os dará otro Consolador, para que esté con vosotros para siempre; el Espíritu de verdad, al cual el mundo no puede recibir, porque no le ve, ni le conoce; pero vosotros le conocéis, porque mora con vosotros, y estará en vosotros.
Juan 14.26—Mas el Consolador, el Espíritu Santo, a quien el Padre enviará en mi nombre, él os enseñará todas las cosas, y os recordará todo lo que yo os he dicho.
Juan 16.8—Y cuando él venga, convencerá al mundo de pecado, de justicia y de juicio.

1. **Juan 14.15-17—** Si ama y obedece a Cristo, ¿a quién recibirá del Padre? Indique dos de sus nombres.

_____

2. ¿Dónde vivirá esta Persona? _____

3. **Juan 14.26—** ¿Cuáles dos cosas hará el Espíritu Santo por los discípulos de Jesús? _____

_____

4. **Juan 16.8—** ¿Qué otras tres cosas hace el Espíritu Santo? _____

_____

Cuando Cristo lo salva, usted entra en una relación de amor con Jesucristo que es Dios mismo. En ese instante el Consolador, el Espíritu de Verdad, viene a morar en su vida. Siempre está presente para enseñarle. También el Espíritu Santo convence a la gente en cuanto a su culpa por el pecado, y al mundo en cuanto a justicia y juicio. Un resumen de las cosas que sólo Dios puede hacer se halla a continuasción:

Cosas que sólo Dios puede hacer

1. Dios atrae a la persona hacia Él
2. Dios hace que la gente lo busque.
3. Dios revela la verdad espiritual.
4. Dios convence al mundo de culpa respecto al pecado.
5. Dios convence al mundo de justicia.
6. Dios convence al mundo de juicio.

Cuando usted ve ocurrir alguna de estas cosas, puede saber que Dios está obrando. Cuando ve que alguien viene a Cristo, o que pregunta sobre asuntos espirituales, o que llega a comprender alguna verdad espiritual, o que experimenta convicción de pecado, o que se convence de la justicia de Cristo y queda convicto de juicio, Dios está obrando.

Cuando estaba predicando en una campaña, Guillermo, un gerente de una fábrica, me dijo: "¿Sabe una cosa? Yo no he estado procurando ver la actividad de Dios en mi sitio de trabajo". Mencionó que había creyentes en posiciones clave en la empresa. Se preguntaba si Dios no los habría colocado en esas posiciones con algún propósito. Decidió reunir a estos colegas y decirles: "Veamos si Dios quiere que tomemos toda la planta para Cristo". ¿Suena como algo que Dios quisiera hacer? Sí.

¿Qué está haciendo Dios . . .

. . . en su trabajo?
. . . en su hogar?
. . . en su iglesia?

 Suponga que usted estuviera en el lugar de Guillermo. Usted reúne a los creyentes. ¿Cómo sabría qué es lo siguiente que hay que hacer?

_____

Usted empieza orando. Sólo el Padre sabe lo que se ha propuesto hacer. Él sabe la mejor manera de realizarlo. Él incluso sabe por qué puso a esos individuos en aquella planta, y por qué puso en el corazón de Guillermo el deseo de reunirlos. Después de orar, usted se levanta de sus rodillas y observa para ver qué es lo siguiente que Dios hace. Ponga atención a lo que las personas le dicen. Suponga que alguien se le acerca y le dice: "Mi familia atraviesa tiempos muy duros económicamente. Tengo problemas bastante difíciles con mi hijo adolescente".

Ore y observe para ver lo siguiente que Dios hace.

Guillermo acababa de orar, ¡pidiendo que Dios le muestre en dónde estaba obrando! Ahora tiene que conectar la oración con lo que ocurre enseguida. Si no conecta lo que ocurre, usted puede errar la respuesta de Dios a su oración. Siempre conecte con lo siguiente que ocurre. ¿Qué debe hacer entonces Guillermo?

Haga la conexión.

Busque lo que Dios ya está haciendo.

Haga la clase de preguntas que revelarán lo que realmente está ocurriendo en la vida de la persona. Aprenda a hacer preguntas a las personas que se cruzan en su camino para saber lo que Dios está haciendo en ellas. Por ejemplo:
• ¿Cómo puedo orar por usted?
• ¿Qué petición puedo hacer por usted en mi oración?
• ¿Le gustaría hablar al respecto?
• ¿Cuál piensa que es el más grande desafío en su vida?
• ¿Qué es lo más significativo que está ocurriendo en su vida ahora mismo?
• ¿Quisiera decirme lo que Dios está haciendo en su vida?
• ¿Qué cosa particular ha puesto Dios como un anhelo en su corazón?

Haga preguntas fundamentales.

La persona responde: "En realidad no tengo ninguna relación con Dios. Pero últimamente este problema con mi hijo adolescente me ha puesto a pensar seriamente". O tal vez: "Cuando era muchacho solía asistir a la Escuela Dominical. Papá y mamá me obligaban a ir. Después dejé de asistir; pero los problemas económicos que nos agobian me han hecho pensar de nuevo en las cosas espirituales". Declaraciones como éstas suenan como que Dios está obrando en la vida de la persona. Tal vez Él está atrayendo a la persona hacia sí, haciendo que busque a Dios y convenciéndola de pecado.

Escuche

 Responda a las preguntas que siguen:

A. ¿Qué acciones descritas en los párrafos anteriores lo pueden ayudar a ver si Dios está obrando en una situación dada?

_____
_____
_____
_____

B. Vuelva a leer la lista de "Cosas que sólo Dios puede hacer". ¿Qué cosas debiera observar al tratar de ver la actividad de Dios en la vida de los que lo rodean? Mencione por lo menos tres.

1. _____
2. _____
3. _____

C. Escriba al margen los nombres de algunas personas a su alrededor que están experimentando alguna de estas actividades de Dios.

Cuando usted quiera saber lo que Dios está haciendo alrededor suyo, ore. Observe qué es lo siguiente que ocurre. Haga la conexión entre su oración y lo que ocurre. Haga preguntas de sondeo para averiguar lo que Dios está haciendo. Luego escuche. Esté listo para hacer cualquier ajuste que se requiera para unirse a Dios en lo que Él está haciendo.

Un visitante que llegó por "accidente"

Un día nos visitó un hombre por accidente. En nuestros boletines leyó la petición "Ore por nuestra misión en Kyle; ore por nuestra misión en Príncipe Alberto; ore por nuestra misión en Love; ore por nuestra misión en Regina", y otras. Preguntó qué quería decir eso.

"Si Dios alguna vez nos mostraba dónde había alguien interesado en un estudio bíblico o una iglesia, nosotros responderíamos".

Le expliqué que nuestra iglesia había hecho un compromiso. Si Dios alguna vez nos mostraba dónde había alguien interesado en un estudio bíblico o una iglesia, nosotros responderíamos. Él preguntó: "¿Quiere decir que si yo les pidiera que vengan a ayudarnos a empezar una iglesia en nuestra ciudad, ustedes vendrían?" Le dije que lo haríamos, y él rompió a llorar. Era un albañil en Leroy, como a cien kilómetros hacia el este. Me dijo que por 24 años había estado rogando a mucha gente que lo ayudaran a empezar una iglesia en su ciudad. Nadie había querido hacerlo. Preguntó si lo haríamos nosotros.

Así empezamos la iglesia en Leroy. Compramos dos lotes en la calle principal. Aquel hombre estaba tan emocionado que compró un edificio de una escuela y lo mudó hasta el lugar. Ahora sirve como pastor laico en una obra más al este de Leroy. Sus dos hijos han respondido al llamamiento al ministerio.

Como iglesia ya estábamos condicionados para ver las cosas que sólo Dios puede hacer. Cuando Él nos dejaba ver dónde estaba obrando, inmediatamente veíamos eso como su invitación a que nos uniéramos a Él. Con frecuencia la razón por la cual no nos unimos a Él es porque no estamos comprometidos a hacerlo. Queremos que Dios nos bendiga, no que trabaje a través de nosotros. Como iglesia, no traten de buscar cómo Dios los va a bendecir. Procuren ver cómo Dios va a revelarse a sí mismo obrando a través de ustedes y más allá, para realizar sus propósitos. La obra de Dios en ustedes les traerá bendición. La bendición es un resultado secundario de su obediencia y de tener una experiencia con Dios obrando en medio de ustedes.

¿Quién puede decir lo que una sola visita de un extraño pudiera significar para su iglesia? Haga preguntas acerca de lo que Dios está haciendo allí donde está esa persona. Entonces sabrá cómo ajustar su vida para ser un instrumento de Dios, de modo que Él pueda hacer lo que quiere. Cuando usted empieza a ver a Dios moviéndose, ajuste su vida y responda.

 ¿Le ha dado esta ilustración algunas ideas de cómo puede empezar a observar la actividad de Dios a su alrededor? ¿en su familia? ¿en su trabajo? ¿en su iglesia? Escriba sus ideas:

_____

_____

_____

Las impresiones que anotó pueden proceder del mismo Dios. Tal vez Él está invitándolo a ver su actividad. No pierda esta oportunidad. Ore y observe lo siguiente que ocurre.

Dos puntos más

Hemos pasado dos días mirando el hecho de que Dios lo invita a incluirse en su obra. Usted necesita también los siguientes dos puntos:

1. Dios habla cuando está a punto de realizar sus propósitos.

1. Dios habla cuando está a punto de realizar sus propósitos. Cuando Dios le revela lo que está haciendo es cuando usted necesita responder. Él habla cuando está a punto de realizar sus propósitos. Esto es verdad en todas las Escrituras. Ahora bien, tenga presente que el cumplimiento final puede estar muy distante. El hijo de Abram nació 25 años después de la promesa de Dios. Sin embargo, el momento en que Dios viene a usted es el momento en que debe responder. Usted necesita empezar ajustando su vida a Él. Tal vez tenga que hacer algunos preparativos para lo que Él va a hacer a través de usted.

2. Lo que Dios empieza, lo completa. Isaías confirmó esto cuando Dios dijo por medio de él: Yo hablé, y lo haré venir; lo he pensado, y también lo haré (Is. 46.11). Anteriormente Él previno al pueblo: Jehová de los ejércitos juró diciendo: Ciertamente se hará de la manera que lo he pensado, y será confirmado como lo he determinado . . . Porque Jehová de los ejércitos lo ha determinado, ¿y quién lo impedirá? Y su mano extendida, ¿quién la hará retroceder? (Is. 14.24, 27). Dios dice que si Él hace saber a su pueblo lo que va a hacer, es lo mismo que si ya estuviera hecho; Él mismo lo hará suceder (véanse también 1 R. 8.56 y Fil. 1.6).

2. Lo que Dios empieza, lo completa.

Cuando Dios habla, Él garantiza que así sucederá. Esto tiene enormes implicaciones para los creyentes como individuos, para las iglesias y para las denominaciones. Cuando nos acercamos a Dios para saber lo que va a hacer donde estamos, también venimos con la seguridad de que ocurrirá así como Dios indica.

※ **¿Está de acuerdo con la afirmación: "Lo que Dios empieza, lo completa"? Sí ❑ No ❑ ¿Por qué? ¿Cuál es la razón para su respuesta?**

_____

_____

_____

Algunas personas no están de acuerdo con tal afirmación. Asegúrese de que lo que comprende de Dios se basa en las Escrituras, y no únicamente en su opinión o experiencia personal. A través de toda la historia ha habido gente que ha pretendido tener una palabra de parte de Dios, pero nada se ha cumplido. Usted no puede depender de esta clase de experiencias para determinar su comprensión de Dios.

Una palabra de fuerte advertencia para los líderes espirituales. Si alguna vez usted le dice a su gente que tiene una palabra de parte del Señor, usted está obligado a apegarse a ella hasta que Dios haga que ocurra. Porque Dios dice que si alguien dice que tiene palabra del Señor, pero la palabra no se cumple, tal persona es un profeta falso (Dt. 18.18-22; Jer. 28.9; Ez. 12.24, 25). El verdadero profeta de Dios es aquel que tiene palabra del Señor, y ésta se cumple. La naturaleza de Dios lo exige así. Lo que Dios dice, se cumple.

Advertencia para los líderes espirituales

※ **Repase la lección de hoy. Pida a Dios en oración que le indique una o más enseñanzas o Escrituras que Él quiere que comprenda, aprenda y practique. Subráyela(s). Luego responda a lo siguiente:**

¿Cuál fue la enseñanza o Escritura más significativa que leyó hoy?

_____

_____

Ahora escríbala en una frase que pueda usar como oración.

_____

_____

_____

¿Qué quiere Dios que haga en respuesta al estudio de hoy?

_____

_____

Repase los versículos señalados para memorizar y esté listo para repetirlos a otra persona en la sesión semanal del grupo.

RESUMEN

- Un corazón sensible y tierno estará listo para responder a la más leve insinuación de Dios.
- Ore y observe lo siguiente que Dios hace.
- Haga la conexión. Haga preguntas de sondeo. Escuche.
- Dios habla cuando está a punto de realizar sus propósitos.
- Lo que Dios inicia, lo completa.

DIOS HABLA. PARTE 1

EMPEZANDO UNA IGLESIA EN LA CIUDAD DE PRÍNCIPE ALBERTO

UNIDAD

5

Cuando acepté el llamamiento para ir a la Iglesia La Fe en Saskatoon, Canadá, en esa congregación quedaban muy pocas personas: más o menos diez. Hacía poco habían tenido una reunión para decidir si debían cerrar la iglesia. ¿Qué podía Dios hacer allí? ¿Qué quería Él hacer? Teníamos un corazón dispuesto a esperar en Él mirar a su alrededor y ver lo que Él estaba haciendo.

Cuando llegué, un frío sábado por la mañana de 1970, cinco hombres llegaron a la hora del almuerzo. Habían venido desde Príncipe Alberto, una ciudad de 30,000 personas, a unos 150 kilómetros al norte. Habían oído que yo venía a Saskatoon. Empezaron a orar y llegaron a convencerse de que también yo debía ser pastor de ellos. Habían venido para informarme de la "palabra que habían recibido de Dios".

Lo que ellos ni siquiera sospechaban era que casi 20 años antes, siendo aún muchacho, le había dicho al Señor: "Señor, si alguna vez me llamas al ministerio, y algunas personas en cualquier lugar a una distancia que se pueda alcanzar en auto desean un estudio bíblico o una iglesia, yo iré". Cuando estas personas me pidieron que fuera, no podía negarme.

La Iglesia La Fe nunca había auspiciado una misión. Yo nunca había pastoreado una iglesia que hubiera auspiciado una misión. No podíamos avanzar basándonos en nuestra propia "habilidad" o experiencia. Teníamos que depender por completo de la dirección del Señor. Nos convencimos de que el anhelo de las personas de Príncipe Alberto era la actividad de Dios. Puesto que fueron guiados a venir a nosotros, nos dimos cuenta de que ésa era la manera de Dios para indicarnos dónde debíamos servirle.

Dios empezó a revelar sus propósitos más amplios para Príncipe Alberto. Dios desarrolló esa iglesia. Llamaron un pastor, compraron una propiedad y construyeron su templo. Entonces empezaron a multiplicarse. Comenzaron iglesias en Love, Smeaton, Melfort, Tisdale y Leoville. También iniciaron misiones para los nativos en Príncipe Alberto y en algunas poblaciones de nativos. Otros ministerios se empezaron en Nipiwan, LaRonge, Deschambault, Cumberland y otros pueblos aledaños. Comenzaron una Conferencia Anual para Líderes. En verdad Dios hizo mucho más de lo que jamás hubiéramos pedido o imaginado (Ef. 3.20-21).

Versículo para memorizar esta semana

El que es de Dios, las palabras de Dios oye; por esto no las oís vosotros, porque no sois de Dios. — Juan 8.47

Un punto fundamental para entender y tener una experiencia con Dios es saber claramente cuándo Dios está hablando. Si el creyente no sabe cuándo está hablando Dios, el problema reside en el mismo corazón de su vida cristiana. Dirigiremos nuestra atención a la manera en que Dios habla por el Espíritu Santo para revelarse Él mismo, sus propósitos y sus caminos. Examinaremos las maneras en que Dios habla a través de la Biblia, la oración, las circunstancias, la iglesia y otros creyentes.

Muchas maneras diferentes

Dios, habiendo hablado muchas veces y de muchas maneras en otro tiempo a los padres por los profetas (He. 1.1). Una verdad evidente en toda la Biblia es que Dios le habla a su pueblo. En el Antiguo Testamento Dios habló mediante:

- ángeles (Gn. 16)
- visiones (Gn. 15)
- sueños (Gn. 28.10-19)
- el uso del urim y tumim (Éx. 28.30)
- acciones simbólicas (Jer. 18.1-10)
- un silbo apacible y delicado (1 R. 19.12)
- señales milagrosas (Éx. 8.20-25)
- otras

La manera cómo habló Dios en el Antiguo Testamento no es el factor más importante. El hecho es que Él habló y a los que habló, supieron que era Dios, y supieron lo que les decía.

 ¿Qué es lo más importante: cómo habló Dios o el hecho de que haya hablado?

_____

En el Antiguo Testamento, cuando Dios le habló a alguien, ¿cuáles dos certezas tuvo esa persona?

Supo _____

_____

Cuatro factores importantes

El hecho de que Dios habló es mucho más importante que la manera cómo habló. Cuando Dios habló, la persona supo que Dios le estaba hablando, y supo lo que Dios le decía. En cada ocasión que Dios habló en el Antiguo Testamento, veo cuatro factores importantes. La experiencia de Moisés en la zarza ardiendo, en Éxodo 3, es un buen ejemplo.

1. Cuándo Dios habló, generalmente fue algo único para ese individuo. Por ejemplo, Moisés no tenía ningún precedente de alguna zarza ardiendo. Para Moisés lo importante no fue que la zarza ardía, sino que no se consumía. No hubo ninguna otra ocasión en que Dios hablara de esa manera. Fue única, porque Dios quiere que nuestra experiencia con Él sea algo personal. Él quiere que lo veamos en una relación y no que dependamos de un método o una técnica. Si Moisés estuviera aquí hoy, a lo mejor se sentiría tentado a escribir un libro sobre Mi experiencia con la zarza que ardía. Luego toda la gente en nuestra nación trataría de hallar su propia zarza ardiendo. La clave no es cómo habló Dios, sino el hecho de que habló. Esto no ha cambiado. Él todavía le habla a su pueblo hoy.

 ¿Cuál es el primer factor importante en cuanto a la manera en que Dios habló a individuos en el Antiguo Testamento?

1. _____

2. Cuando Dios habló, la persona estaba segura que era Dios quien le hablaba. Debido a que Dios le habló en una manera única, Moisés tuvo la certeza de que era Dios. La Biblia testifica que Moisés no tuvo duda alguna que su encuentro fue con Dios: el YO SOY EL QUE SOY (Éx. 3.14). Moisés confió en Dios, lo obedeció, y tuvo una experiencia con Dios. ¿Podía Moisés probarle lógicamente a otra persona que él había oído a Dios? No. Todo lo que Moisés podía hacer era testificar de su encuentro con Dios. Sólo Dios podía hacer que su pueblo supiera que la palabra que le dio a Moisés era la palabra del Dios de sus padres.

¡Si el creyente no sabe cuándo Dios le está hablando, el problema está en el mismo corazón de su vida cristiana!

En el Antiguo Testamento Dios habló de muchas maneras diferentes.

El hecho que Dios habló es el factor más importante y no la manera cómo Él habló.

Única para cada individuo

Segura de que Dios hablaba

Cuando a alguien como Gedeón le faltó seguridad, Dios con toda gracia se reveló aún más claramente (Jue. 6.21-22). Gedeón estaba seguro que Dios le había hablado.

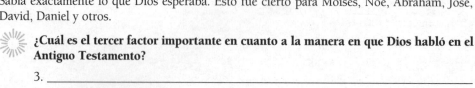 **¿Cuál es el segundo factor importante en la manera en que Dios habló en el Antiguo Testamento?**

2. _____

Supo lo que Dios le dijo.

3. Cuando Dios habló, la persona supo lo que Dios le dijo. Moisés supo lo que Dios le dijo que hiciera. Supo cómo Dios quería obrar a través de él. Por eso presentó tantas objeciones. Sabía exactamente lo que Dios esperaba. Esto fue cierto para Moisés, Noé, Abraham, José, David, Daniel y otros.

¿Cuál es el tercer factor importante en cuanto a la manera en que Dios habló en el Antiguo Testamento?

3. _____

El encuentro con Dios.

4. Cuando Dios habló, sucedió un encuentro con Dios. Moisés habría sido necio si hubiera dicho: "Esta experiencia con la zarza ardiendo ha sido maravillosa. Espero que me ayude a tener un encuentro con Dios". Ese fue un encuentro con Dios. Cuando Él le revela la verdad, por el medio que sea, ése es un encuentro con Dios. Ésa es una experiencia de su presencia en su vida. Dios es el único que puede hacer que usted experimente su presencia.

¿Cuál es el cuarto factor importante en la manera en que Dios habló en el Antiguo Testamento?

4. _____

Usando la palabra clave dada, trate de escribir los cuatro factores:

1. Única _____

2. Segura _____

3. Lo que dijo _____

4. Encuentro _____

Verifique sus respuestas.

Este modelo se halla en todo el Antiguo Testamento. El método que usó para hablar fue diferente de persona a persona. Lo importante es:
• Dios le habló a su gente en forma particular.
• Ellos supieron que era Dios.
• Supieron lo que Él les dijo.

Cuando Dios hablaba, ocurría un encuentro con Él. Cuando Dios le habla por el Espíritu Santo a través de la Biblia, la oración, las circunstancias y la iglesia, usted sabrá que es Dios; y sabrá lo que le está diciendo. Cuando Dios le habla, ese es un encuentro con Dios.

Un modelo equivocado

Oigo que muchos dicen: "Señor, realmente quiero saber tu voluntad. Deténme si estoy errado, y bendíceme si estoy en lo correcto". Otra versión es: "Señor, voy a avanzar en esta dirección. Cierra la puerta si no es tu voluntad". Yo no veo esto como modelo en ninguna parte de las Escrituras.

Usted no puede permitir que lo guíe su experiencia solamente. No puede permitir que lo guíe la tradición, un método o una fórmula. A menudo la gente confía en ellas porque son fáciles. Hacen lo que les place, y echan sobre Dios la responsabilidad total. Si se equivocan, esperan que Él intervenga para detenerlos. Si cometen errores, le echan la culpa a Él.

Si quiere conocer la voluntad y escuchar la voz de Dios, debe invertir el tiempo y el esfuerzo necesario para cultivar una relación de amor con Él. ¡Eso es lo que Él quiere!

¿Cuál es el modelo Bíblico para conocer la voluntad de Dios? Marque uno.
❑ Mirar si las puertas se abren o se cierran.
❑ Pedir que Dios lo detenga si está equivocado.
❑ Esperar hasta oír claramente palabra de Dios.

La Palabra de Dios es nuestra guía. El modelo Bíblico es que Dios siempre da dirección al comienzo. Tal vez no le diga todo lo que quisiera saber al principio, pero le dirá todo lo que necesita saber para hacer los ajustes necesarios y dar el primer paso de obediencia. Su tarea es esperar hasta que el Maestro le dé las instrucciones. Si empieza a "hacer" antes de tener dirección de Dios, lo más probable es que estará equivocado.

Direcciones específicas

Se aduce que Dios sólo pone la vida en movimiento, y luego usted trata de encontrar su rumbo usando la mente que Dios le ha dado. Esto implica que el creyente siempre piensa correctamente y de acuerdo a la voluntad de Dios. Pero no se toma en cuenta que la vieja naturaleza siempre está batallando con la naturaleza espiritual (Ro. 7). Nuestros caminos no son los caminos de Dios (Is. 55.8). Sólo Dios puede darle la clase de direcciones específicas para realizar sus propósitos a su manera.

Cuando Dios le habló a Noé para que construyera el arca, Noé supo las dimensiones, el tipo de materiales y cómo construirla. Cuando Dios le habló a Moisés para que construyera el tabernáculo, le dio detalles muy específicos. Cuando Dios se hizo carne en la persona de Jesucristo, dio direcciones específicas a sus discípulos: dónde ir, qué hacer, cómo responder.

Pero ¿qué tal el caso de Abraham, cuando Dios le dijo: Vete a la tierra que te mostraré (Gn. 12.1)? La instrucción parece no ser específica. Exigía fe. Pero Dios dijo: "te mostraré". Dios siempre le dará direcciones suficientemente específicas para que haga ahora lo que Él quiere que usted haga. Cuando necesite más direcciones Él se las dará. En el caso de Abraham, Dios más tarde le dijo que tendría un hijo, el número de sus descendientes, el territorio en donde vivirían, que serían sujetos a esclavitud y luego libertados.

El Espíritu Santo da direcciones claras hoy. Dios es personal. Él quiere intervenir íntimamente en su vida. Él le dará dirección clara para vivir. Tal vez usted diga: "Esa no ha sido mi experiencia". Usted tiene que:

> Fundamentarse para su comprensión de Dios en las Escrituras, no en su experiencia.

 En el siguiente párrafo, subraye las sugerencias que lo ayudarían a buscar la dirección de Dios para su vida.

Si no tiene instrucciones claras de Dios en algún asunto, ore y espere. Aprenda a ser paciente. Dependa de Dios para la selección del tiempo. Su selección siempre es la correcta y la mejor. No se apresure. Él puede dilatar las instrucciones para que usted lo busque con mayor fervor. No trate de brincarse la relación para hacer algo. Dios está más interesado en una relación de amor con usted que en lo que puede hacer por Él.

 Repase la lección de hoy. Pida a Dios en oración que le indique una o más enseñanzas o Escrituras que Él quiere que comprenda, aprenda y practique. Subráyela(s). Luego responda a lo siguiente:

¿Cuál fue la enseñanza o Escritura más significativa que leyó hoy?

_____

_____

Ahora escríbala en una frase que pueda usar como oración.

_____

_____

¿Qué quiere Dios que haga en respuesta al estudio de hoy?

_____

_____

Escriba a continuación el versículo señalado para memorizar en esta unidad. Repase los que aprendió anteriormente. Recuerde: usted puede seleccionar algún versículo diferente, si lo desea.

RESUMEN

- Si no sabe cuándo habla Dios, el problema está en su vida cristiana.
- Dios le habla a su pueblo.
- El hecho de que Dios habla es más importante que cómo lo hace.
- Cuando Dios habló, por lo general fue algo único para aquel individuo.
- Cuando Dios habló, la persona estaba segura de que era Dios.
- Cuando Dios habló, la persona supo lo que Dios dijo.
- Cuando Dios habló, eso fue un encuentro con Dios.
- Si no tiene instrucciones claras de Dios en cuanto a algún asunto, ore y espere. No trataré de saltarme la relación de amor.

DÍA 2   DIOS HABLA POR MEDIO DEL ESPÍRITU SANTO

Cuando comprendo la verdad espiritual es porque el Espíritu Santo está obrando en mi vida.

Hebreos 1.1-2 dice: Dios, habiendo hablado muchas veces y de muchas maneras en otro tiempo a los padres por los profetas, en estos postreros días nos ha hablado por el Hijo.

En los Evangelios . . .

Dios habló por su Hijo

En los evangelios Dios habló por el Hijo Jesucristo. El Evangelio de Juan comienza: En el principio era el Verbo, y el Verbo era con Dios, y el Verbo era Dios. . . Y aquel Verbo fue hecho carne, y habitó entre nosotros (Jn. 1.1, 14). Dios se hizo carne en la persona de Jesucristo (Véase 1 Jn. 1.1-4).

Felipe dijo: Señor, muéstranos el Padre, y nos basta (Jn. 14.8). Jesús le dijo: ¿Tanto tiempo hace que estoy con vosotros, y no me has conocido, Felipe? El que me ha visto a mí, ha visto al Padre; ¿cómo, pues, dices tú: Muéstranos el Padre? ¿No crees que yo soy en el Padre, y el Padre en mí? Las palabras que yo os hablo, no las hablo por mi propia cuenta, sino que el Padre que mora en mí, él hace las obras (Jn. 14.9-10). Cuando Jesús hablaba, era el Padre hablando por medio de Él. Cuando Jesús hacía un milagro, era el Padre que obraba a través de Jesús.

Así como Moisés estuvo cara a cara con Dios en la experiencia de la zarza ardiendo, así los discípulos estuvieron cara a cara con Dios a través de una relación personal con Jesús. Su encuentro con Jesús fue un encuentro con Dios. Oír a Jesús, era oír a Dios.

 Escriba un breve resumen de cómo habló Dios durante la vida de Jesús.

En el relato de los evangelios Dios estaba en Cristo Jesús. Dios habló por medio de Jesús. Cuando los discípulos oyeron a Jesús, oían a Dios. Cuando Jesús hablaba, eso era un encuentro con Dios.

En el libro de Hechos y hasta el presente . . .

Dios habla por el Espíritu Santo.

Cuando pasamos de los Evangelios al libro de Hechos y hasta el presente, con frecuencia cambiamos nuestra manera de pensar. Vivimos como si Dios hubiera dejado de hablar personalmente a su pueblo. Erramos por no darnos cuenta de que un encuentro con el Espíritu Santo es un encuentro con Dios. Él habló claramente a su pueblo en Hechos. Todavía nos habla claramente hoy. Desde los Hechos y hasta el presente Dios ha estado hablando a su pueblo por el Espíritu Santo.

El Espíritu Santo viene a morar en la vida del creyente. ¿No sabéis que sois templo de Dios, y que el Espíritu de Dios mora en vosotros? (1 Co. 3.16). ¿O ignoráis que vuestro cuerpo es templo del Espíritu Santo, el cual está en vosotros, el cual tenéis de Dios, y que no sois vuestros? (1 Co. 6.19). Debido a que Él está siempre presente en el creyente, Él puede hablarle claramente y en cualquier tiempo.

Ya hemos estudiado que Dios le habla a su pueblo. Las siguientes son algunas de las ideas clave examinadas.

Repase "Dios habla".

- En el Antiguo Testamento Dios habló de muchas maneras diferentes.
- En los Evangelios, Dios habló a través de Su Hijo.
- Desde Hechos y hasta el presente, Dios habla por el Espíritu Santo.
- Dios habla por el Espíritu Santo a través de la Biblia, la oración, las circunstancias y la iglesia para revelarse a sí mismo, sus propósitos y sus caminos.
- Conocer la voz de Dios es el resultado de una relación íntima de amor con Él.
- Dios le habla cuando tiene algún propósito en mente para la vida de usted.
- El momento en que Dios le habla es el momento en que quiere que usted responda.
- El momento cuando Dios le habla, es el tiempo apropiado según Dios.

 Responda a las preguntas que siguen:

1. ¿Cómo habló Dios en el Antiguo Testamento? _____
_____

2. ¿Cómo habló Dios en los Evangelios? _____
_____

3. ¿Cómo habla Dios en Hechos y hasta el presente? _____
_____

4. ¿Cómo llega usted a conocer la voz de Dios? _____
_____

5. ¿Cómo sabe cuándo es el tiempo apropiado según Dios? _____
_____

Verifique sus respuestas en la lista anterior.

Hagamos un resumen de varias otras cosas que hemos estudiado anteriormente:
- Debido al pecado No hay quien entienda, no hay quien busque a Dios. Todos se desviaron, a una se hicieron inútiles; No hay quien haga lo bueno, no hay ni siquiera uno (Ro. 3.11-12).
- Al Espíritu Santo se le llama el Espíritu de verdad (Jn. 14.17; 15.26; 16.13).
- Sólo Dios puede revelar las verdades espirituales: Cosas que ojo no vio, ni oído oyó, ni han subido en corazón de hombre, son las que Dios ha preparado para los que le aman. Pero Dios nos las reveló a nosotros por el Espíritu; porque el Espíritu todo lo escudriña, aun lo profundo de Dios. . . Así tampoco nadie conoció las cosas de Dios, sino el Espíritu de Dios. Y nosotros no hemos recibido el espíritu del mundo, sino el Espíritu que proviene de Dios, para que sepamos lo que Dios nos ha concedido (1 Co. 2.9-12).
- Jesús dijo que el Espíritu Santo: os enseñará todas las cosas, y os recordará todo lo que yo os he dicho (Jn. 14.26).
- El Espíritu Santo dará testimonio acerca de Jesús (Jn. 15.26).
- El Espíritu Santo os guiará a toda la verdad; porque no hablará por su propia cuenta, sino que hablará todo lo que oyere, y os hará saber las cosas que habrán de venir. Él me glorificará; porque tomará de lo mío, y os lo hará saber (Jn. 16.13-14).

Encuentro con Dios

Cuando Dios le habló a Moisés y a otros en el Antiguo Testamento, aquellos eventos fueron encuentros con Dios. Un encuentro con Jesús fue para los discípulos un encuentro con Dios. De la misma manera, un encuentro de usted con el Espíritu Santo es un encuentro con Dios.

Un encuentro con el Espíritu Santo es un encuentro con Dios.

Puesto que el Espíritu Santo ya ha sido dado, Él es quien le guía a toda la verdad y le enseña todas las cosas. Usted comprende la verdad espiritual porque el Espíritu Santo está obrando en su vida. No puede comprender la Palabra de Dios a menos que el Espíritu de Dios lo enseñe. Cuando se acerca a la Palabra de Dios, el Autor mismo se presenta para instruirlo.

Usted jamás descubrirá la verdad; la verdad es revelada. Cuando el Espíritu Santo le revela la verdad no lo está guiando a un encuentro con Dios sino que eso es un encuentro con Dios.

 ¿Le ha hablado Dios durante este curso? Sí ❑ No ❑ Como repaso, revise las actividades al final de cada día en las unidades 1-4.
- **Lea las afirmaciones o Escrituras a las que Dios ha llamado su atención.**
- **Lea y ore de nuevo sus oraciones de respuesta.**
- **Lea las cosas que ha percibido que Dios ha querido que haga en respuesta a las lecciones.**

Haga un breve resumen de lo que ha percibido que Dios le ha dicho hasta aquí en este curso. Enfoque temas o direcciones amplias antes que detalles específicos.

_____

_____

_____

_____

¿Ha respondido a lo que Dios le ha llamado la atención? ¿Cómo describiría su respuesta a las direcciones de Dios?

_____

_____

¿Qué percibe que es su más grande meta espiritual hoy mismo?

_____

_____

Sin mirarlas, trate de decir las cuatro primeras realidades al tener una experiencia con Dios. Use las siguientes señas: obra, relación, invitación, hablar. Verifique sus respuestas usando el material de la página 19, o repítalos a otra persona y pídale que compruebe sus respuestas.

Respuesta inmediata

Cuando Dios le habló a Moisés, lo que éste hizo enseguida fue crucial. Después que Jesús les habló a los discípulos, lo que ellos hicieron fue crucial. Lo que usted hace en seguida cuando el Espíritu de Dios le habla por medio de su Palabra es crucial. Nuestro problema es que cuando el Espíritu de Dios nos habla, entablamos una larga discusión. Moisés lo hizo así (Éx. 3.11—4.13), y eso lo limitó por el resto de su vida: tuvo que hablarle al pueblo por medio de su hermano Aarón (Éx. 4.14-16).

Le invito a revisar lo que percibe que Dios le ha estado diciendo regularmente. Si Dios le habla y usted lo oye, pero no responde, llegará el tiempo en que ya no oirá su voz. La desobediencia puede conducirle a tener hambre de oír la Palabra de Jehová (Am. 8.11-12).

Cuando Samuel era niño, Dios empezó a hablarle. Las Escrituras dicen que Samuel creció, y Jehová estaba con él, y no dejó caer a tierra ninguna de sus palabras (1 S. 3.19). Sea usted como Samuel. No permita que ninguna de las palabras de Dios quede sin afectar su vida. Entonces Dios hará en usted y a través de usted todo lo que Él le ha dicho.

En Lucas 8.5-15 Jesús relató la parábola del sembrador. La semilla que cayó en buen terreno representa a la persona que oyó la Palabra de Dios, la retuvo y produjo fruto. Jesús dijo: Mirad, pues, cómo oís; porque a todo el que tiene, se le dará; y a todo el que no tiene, aun lo que piensa tener se le quitará (Lc. 8.18). Si usted oyó la Palabra de Dios pero no la aplica para que produzca fruto en su vida, incluso lo que piensa tener se le quitará. Resuelva ahora mismo que cuando el Espíritu Santo le hable, usted hará lo que le diga.

 Repase la lección de hoy. Pida a Dios en oración que le indique una o más enseñanzas o Escrituras que Él quiere que comprenda, aprenda y practique. Subráyela(s). Luego responda a lo siguiente:

¿Cuál fue la enseñanza o Escritura más significativa que leyó hoy?

Ahora escríbala en una frase que pueda usar como oración.

¿Qué quiere Dios que haga en respuesta al estudio de hoy?

DIOS SE REVELA

DÍA 3

Dios le habla a su pueblo. Cuando Él habla, ¿qué revela? A través de la Biblia, cuando Dios habla es para revelar algo acerca de sí mismo, sus propósitos o sus caminos. Las revelaciones de Dios tienen el propósito de traerlo a una relación de amor con Él.

Las revelaciones de Dios tienen el propósito de traerlo a una relación de amor con Él.

Dios se revela a sí mismo

Cuando Dios le habla por el Espíritu Santo, a menudo le revela algo acerca de sí mismo. Le revela su nombre, su naturaleza y su carácter.

 Lea las siguientes porciones bíblicas y escriba lo que Dios reveló de Él mismo en cada una:

> Era Abram de edad de noventa y nueve años, cuando le apareció Jehová y le dijo: Yo soy el Dios Todopoderoso; anda delante de mí y sé perfecto (Génesis 17.1).

> Habló Jehová a Moisés, diciendo: Habla a toda la congregación de los hijos de Israel, y diles: Santos seréis, porque santo soy yo Jehová vuestro Dios (Levítico 19.1-2).

> Porque yo Jehová no cambio; por esto, hijos de Jacob, no habéis sido consumidos. Desde los días de vuestros padres os habéis apartado de mis leyes, y no las guardasteis. Volveos a mí, y yo me volveré a vosotros, ha dicho Jehová de los ejércitos. Mas dijisteis: ¿En qué hemos de volvernos? (Malaquías 3.6-7).

> Yo soy el pan vivo que descendió del cielo; si alguno comiere de este pan, vivirá para siempre; y el pan que yo daré es mi carne, la cual yo daré por la vida del mundo (Juan 6.51).

Dios se reveló a Abram por su nombre: Dios Todopoderoso. A Moisés le reveló su naturaleza santa. Habló a Israel por medio de Malaquías y le reveló que Él no cambia y que perdona. Jesús se reveló como el Pan de vida y la Fuente de la vida eterna.

Dios se revela para aumentar mi fe.

Dios habla cuando quiere incluir a una persona en su obra. Se revela para ayudar a la persona a responder en fe. La persona puede responder mejor a las instrucciones de Dios cuando cree que Dios es lo que dice ser, y cuando cree que Dios puede hacer lo que dice que hará.

 Deténgase por un minuto y medite por qué Dios se reveló como lo hizo a cada una de las personas mencionadas. Luego prosiga.

- Abram, con 99 años de edad, necesitaba saber que Dios era todopoderoso (que podía hacer cualquier cosa) para creer que Dios le daría un hijo a su edad.
- Por medio de Moisés, Dios dijo que era santo. Su pueblo tenía que creer en su santidad para poder responder de la misma manera.
- A través de Malaquías Dios reveló su naturaleza perdonadora para que el pueblo creyera que podía ser perdonado si se volvía a Él.
- Jesús reveló que Él era la Fuente de vida eterna para que los judíos pudieran creer en Él, responder y recibir la vida.

 ¿Para qué se revela Dios?

_____

Dios se revela para aumentar la fe que conduce a la acción. Usted tiene que escuchar con atención lo que Dios le revela de Él mismo. Esto será crucial cuando llegue a su crisis de fe.
- Usted tendrá que creer que Dios es quien dice ser.
- Tendrá que creer que Dios puede hacer lo que dice que hará.
- Tendrá que ajustar su manera de pensar a la luz de esta creencia.
- Confiando en que Dios demostrará ser quien dice ser, usted lo obedecerá.
- Cuando obedece, Dios obra a través de usted y demuestra que es quien dice ser.
- Entonces usted conocerá a Dios por experiencia.
- Usted sabrá que Él es quien dice ser.

Por ejemplo, ¿cuándo supo Abram que Dios era todopoderoso? Lo supo mentalmente tan pronto como Dios se lo dijo; pero llegó a conocerlo por experiencia como Dios Todopoderoso cuando el Señor hizo algo que solamente Él podía hacer. Cuando le dio a Abraham (con cien años) y a Sara (con noventa) un hijo, él supo que Dios era Todopoderoso.

 Cuando Dios habla por medio del Espíritu Santo, ¿qué revela?

Dios habla por el Espíritu Santo para revelarse _____ , sus propósitos y sus caminos.

Dios revela sus propósitos

Dios revela sus propósitos para que yo haga su obra.

Dios revela sus propósitos de modo que sepa lo que Él planea hacer. Para poder unírsele, usted necesita saber lo que Él va a hacer. Lo que usted planea hacer para Dios no es tan importante como lo que Él planea hacer donde usted está. Dios habla con un propósito en mente. Esto debe ser un repaso para usted (véanse las pp. 38 - 41).

Noé

Cuando Dios vino a Noé, no le preguntó: "¿Qué harías por mí?" Vino para revelarle lo que Él haría. Era mucho más importante saber lo que Dios haría. En realidad, no importaba lo que Noé hubiera planeado hacer para Dios. Dios iba a destruir al mundo. Quería obrar a través de Noé para realizar sus propósitos de salvar unas cuantas personas y animales, a fin de volver a poblar la tierra.

Abram

También, Dios vino a Abram y le habló porque tenía un propósito. Estaba a punto de edificar una nación para sí. Dios realizaría sus propósitos a través de Abram.

Cuando Dios se preparaba para destruir a Sodoma y Gomorra no le preguntó a Abraham lo que éste quería o planeaba hacer por Él. Sin embargo, fue crucial que Abraham supiera lo que Dios haría. Dios le reveló sus propósitos.

Porque no hará nada Jehová el Señor, sin que revele su secreto a sus siervos los profetas.
—Amós 3.7

Esta secuencia se ve en toda la Biblia: los jueces, David, los profetas, los discípulos y Pablo. Cuando Dios iba a hacer algo, tomaba la iniciativa de venir a sus siervos (Am. 3.7). Les hablaba para revelarles sus propósitos y planes, y los incluía para que fueran realizados a través de ellos.

En contraste, nos ponemos a soñar lo que NOSOTROS queremos hacer por Dios. Luego, tenemos la tendencia de hacer planes de largo alcance basados en las prioridades que hemos escogido. Pero lo que importa es lo que Dios planea hacer allí donde estamos, y cómo Él quiere realizarlo a través de nosotros. Miremos lo que el salmista dice en cuanto a nuestros planes y propósitos .

> Jehová hace nulo el consejo de las naciones,
> Y frustra las maquinaciones de los pueblos.
> El consejo de Jehová permanecerá para siempre;
> Los pensamientos de su corazón por todas las generaciones.
> —Salmo 33.10-11

 Lea Proverbios 19.21 y Salmo 33.10-11, . ¿Por qué revela Dios sus propósitos?

_____

_____

Muchos pensamientos hay en el corazón del hombre; Mas el consejo de Jehová permanecerá.
—Proverbios 19.21

Según Salmo 33.10-11 responda a las preguntas que siguen:

1. ¿Qué hace el Señor con los planes de las naciones?

_____

2. ¿Qué hace el Señor con los proyectos de la gente?

_____

3. ¿Qué ocurre con los planes y propósitos del Señor?

_____

¿Puede ver por qué necesita saber los planes y propósitos de Dios? Porque éstos deben ser los suyos. De lo contrario, no tendrá una experiencia con Dios obrando a través de usted. Dios le revela sus propósitos de modo que usted sepa lo que Él planea hacer. Entonces, puede unírsele. Sus planes y propósitos permanecerán. Se realizarán. El Señor hace nulo y frustra los planes de las naciones y los propósitos de la gente.

El planeamiento es una herramienta que Dios puede usar, pero nunca debe convertirse en sustituto de Él. Su relación con Dios es mucho más importante que cualquier plan que usted puede hacer. Nuestro problema mayor es que planeamos y actuamos según nuestra propia sabiduría que solamente Dios tiene derecho a determinar. No podemos saber el cuándo, el dónde, el cómo de la voluntad de Dios, a menos que Él nos lo diga.

Los propósitos de Dios y nuestros planes.

Dios quiere que le sigamos día tras día, no que sigamos simplemente un plan. Si tratamos de esbozar todos los detalles de su voluntad en una sesión de planeamiento, tenemos la tendencia a pensar: "Ahora que sabemos adonde vamos y cómo llegar allá, nosotros podemos hacerlo". Luego, nos olvidamos que diariamente necesitamos una relación íntima con Dios. Tal vez nos dediquemos a realizar nuestros planes y olvidamos la relación. Dios nos creó para tener una relación de amor eterno. La vida es nuestra oportunidad para tener una experiencia con Él obrando.

Como repaso vea la unidad 2, pp. 29-32.

El planear no está mal. Pero hay que tener mucho cuidado de no planear más de lo que Dios quiere. Deje que Él le interrumpa o dirija sus planes cuando quiera. Permanezca en una relación íntima con Él de modo que siempre pueda oír su voz cuando le hable.

 Cuando Dios le habla por el Espíritu Santo, ¿qué es lo que le revela?

Dios habla por el Espíritu Santo para revelarse _____ , sus
_____ y sus caminos.

Dios revela sus caminos

Incluso la persona que lee la Biblia de vez en cuando, puede ver que los planes y caminos de Dios son muy diferentes a los del ser humano. Dios usa principios del reino para realizar los propósitos del reino. Él nos revela sus caminos porque son la única manera de realizar sus propósitos.

Dios revela sus caminos para que usted pueda realizar sus propósitos.

Su meta siempre es revelarse a sí mismo a las personas para atraerlas a una relación de amor. Sus caminos son redentores. Él actúa para revelarse a sí mismo y para revelar su amor. No espera simplemente para ayudarnos a lograr nuestros propósitos, sino que viene para realizar sus metas por medio de nosotros y a su manera.

Porque mis pensamientos no son vuestros pensamientos, ni vuestros caminos mis caminos, dijo Jehová. —Isaías 55.8

Dios dijo: Mis pensamientos no son vuestros pensamientos, ni vuestros caminos mis caminos (Is. 55.8). Dios no trabaja a la manera del ser humano. Nosotros no podemos realizar la obra de Dios a nuestra manera. Éste es uno de los problemas básicos del pecado de la gente: Todos nosotros nos descarriamos como ovejas, cada cual se apartó por su camino (Is. 53.6).

 ¿Por qué revela Dios sus caminos?_____

_____

Nuestros caminos nos parecen buenos. Hasta podemos lograr algo de éxito. Sin embargo, cuando tratamos de hacer la obra de Dios a nuestra manera, nunca veremos el poder inmenso de Dios en lo que hacemos. Dios nos revela sus caminos por cuanto es la única manera de lograr sus propósitos. Cuando Él realiza sus propósitos por medio de nosotros y según sus caminos, la gente llegará a conocerlo. Reconocerán que lo que ha ocurrido puede explicarse solamente como obra de Dios y Él será glorificado.

Usando los caminos del reino, Jesús alimentó a los 5,000. (Mt. 14.13-21).

El uso de los caminos del reino se ve en la vida de los discípulos. Jesús les pidió que alimentaran la multitud. Ellos respondieron: Envíalos a casa. Jesús, usando los principios del reino los alimentó y hasta sobraron doce canastas llenas. Ellos vieron al Padre obrar un milagro. ¡Qué contraste! Los discípulos hubieran enviado a la gente vacía y con hambre. A un mundo que observaba, Dios mostró su amor, su naturaleza y su poder. Ésta es la clase de demostración poderosa que atrae a la gente a Dios a través de su Hijo, y ocurrió muchas veces en las vidas de los discípulos. Ellos tenían que aprender a funcionar de acuerdo a los principios del reino para poder realizar la obra del reino.

Dios recibe la gloria.

Los propósitos de Dios realizados según sus caminos le dieron gloria. Usted tiene que aprender a hacer la obra del reino en los caminos del reino. Venid, y subamos al monte de Jehová . . . y nos enseñará en sus caminos, y andaremos por sus veredas (Mi. 4.2).

 Cuando Dios habla por el Espíritu Santo, ¿qué revela?

Dios habla por el Espíritu Santo para revelarse _____ , sus

_____ y sus _____ .

En la línea en blanco escriba la letra de la respuesta correcta:

Dios revela . . .

_____ 1. A sí mismo

_____ 2. Sus propósitos

_____ 3. Sus caminos

porque. . .

A. quiere que yo sepa cómo realizar cosas que sólo Él puede hacer.

B. quiere que yo sepa lo que va a hacer de modo que pueda unírmele.

C. quiere que tenga fe para creer que Él puede hacer lo que ha dicho.

Las respuestas correctas son: 1-C, 2-B, 3-A.

Cuando estaba aprendiendo a andar con Dios, dependía demasiado de otras personas. Con frecuencia corría a alguien y le preguntaba: "¿Piensa que esto es de Dios? Esto es lo que yo pienso. ¿Qué piensa usted?" Inconsciente o conscientemente, dependía de la gente antes que de la relación que tenía con Dios.

Por último, tuve que decir: "Voy a acudir al Señor para que Él me confirme lo que estoy absolutamente convencido que me está diciendo. Luego, voy a avanzar y observar cómo Dios lo confirma". Empecé este proceso en muchos aspectos de mi vida. Mi relación de amor con Dios se convirtió en lo más importante. Descubrí una manera personal y clara en la cual Dios me hacía conocer sus caminos. Él me los revelaba a través de su Palabra. Mañana veremos cómo Dios nos habla por medio de ella. En lecciones futuras veremos cómo nos habla por medio de la oración, de las circunstancias y de la iglesia para confirmarnos su voluntad.

 Repase la lección de hoy. Pida a Dios en oración que le indique una o más enseñanzas o Escrituras que Él quiere que comprenda, aprenda y practique. Subráyela(s). Luego responda a lo siguiente:

¿Cuál fue la enseñanza o Escritura más significativa que leyó hoy?

_____

Ahora escríbala en una frase que pueda usar como oración.

_____

_____

¿Qué quiere Dios que haga en respuesta al estudio de hoy?

_____

Practique el versículo para memorizar repitiéndolo en voz alta.

RESUMEN

- Las revelaciones de Dios son para traerme a una relación de amor con Él.
- Dios se revela a sí mismo para aumentar mi fe.
- Dios me revela sus propósitos para que yo haga su obra.
- Dios me revela sus caminos para que yo pueda realizar sus propósitos.

DIOS HABLA POR MEDIO DE LA BIBLIA

Dios habla por el Espíritu Santo para revelarse a sí mismo, sus propósitos y sus caminos. Tal vez las preguntas que con más frecuencia se hacen acerca de este asunto son:
- ¿Cómo me habla Dios?
- ¿Cómo sé cuándo Dios me está hablando?
- ¿Cómo puede Dios ser más real y personal para mí?

Dios habla a cada individuo en forma única, y puede hacerlo de la manera que le plazca. Al caminar en una relación íntima de amor con Él, aprenderá a reconocer su voz y sabrá cuándo Dios le está hablando.

Jesús comparó la relación que Él tiene con sus seguidores a la relación entre un pastor y sus ovejas. Él dijo: El que entra por la puerta, el pastor de las ovejas es. . . las ovejas oyen su voz; . . . y las ovejas le siguen, porque conocen su voz (Jn. 10.2-4). De la misma manera, cuando Dios le habla, usted reconocerá su voz y le seguirá.

Dios le habla a través de una variedad de medios. Hoy día Dios habla principalmente por el Espíritu Santo por medio de la Biblia, la oración, las circunstancias y la iglesia. Es difícil separar estos cuatro medios. Él usa la oración y la Biblia juntas. A menudo las circunstancias y la iglesia u otros creyentes lo ayudarán a confirmar lo que Dios le está diciendo. Con frecuencia, Dios usará las circunstancias y la iglesia para ayudarle a conocer el tiempo apropiado que Él ha seleccionado. Hablaremos más de esto en la próxima unidad. Hoy queremos ver cómo Dios habla por medio de la Biblia. Mañana veremos más acerca de la oración.

Indique si cada declaración que sigue es verdadera (V) o falsa (F):

_____ 1. Dios puede hablar en forma única a los individuos, según le plazca.

_____ 2. Hoy día Dios habla principalmente por medio de sueños y visiones.

_____ 3. Cuando las personas están en la relación correcta con Dios, oyen y reconocen su voz.

_____ 4. Dios habla frecuentemente por el Espíritu Santo a través de la Biblia y la oración.

Sólo la afirmación 2 es falsa. Las demás son verdaderas.

El Espíritu de Verdad

La Biblia es la Palabra de Dios. Describe la revelación completa de Dios mismo a la humanidad. Dios le habla por medio de la Biblia. Sin embargo, como ya ha aprendido, una persona no puede entender la verdad espiritual a menos que el Espíritu de Dios se la revele. El Espíritu Santo es el Espíritu de verdad (Jn. 14.17).

Cuando el Espíritu dirige mi atención a una verdad, la escribo, medito en ella, y ajusto mi vida a ella. Estoy alerta para observar las maneras en que Dios puede usarla en mi vida durante el día.

Sus ovejas ... conocen su voz.

El siguiente dibujo lo ayudará a visualizar cómo el Espíritu Santo le habla a través de la Palabra de Dios.

Éste es el diagrama de un encuentro con Dios. Cuando el Espíritu Santo revela una verdad espiritual de la Palabra de Dios, la está relacionando personalmente con su vida. Éste es un encuentro con Dios. La secuencia es así:

1. Usted lee la Palabra de Dios: la Biblia.
2. El Espíritu de verdad toma la Palabra de Dios y le revela la verdad.
3. Usted ajusta su vida a la verdad de Dios.
4. Usted obedece a Dios.
5. Dios obra en y a través de usted para realizar sus propósitos.

Usando la descripción y el diagrama, escriba un resumen de cómo Dios habla a través de la Biblia.

_____

_____

Escriba las palabras que siguen en el orden correcto: ajusto, revela, obedezco, leo.

1. Yo _____ la Palabra de Dios: la Biblia.
2. El Espíritu de Verdad toma la Palabra de Dios y me _____ una verdad.
3. Yo _____ mi vida a la verdad de Dios.
4. Yo le _____ .

Verifique sus respuestas.

El Espíritu usa la Palabra de Dios (la espada del Espíritu, Ef. 6.17) para revelarle a Dios y sus propósitos, y para instruirle en sus caminos. Por nosotros mismos nunca podremos entender las verdades de Dios. Sin la ayuda del Espíritu Santo nos parecerían locura (1 Co. 2.14). Con la ayuda del Espíritu Santo, podemos entender todas las cosas (v. 15).

Responda a lo siguiente:

Dios probablemente ha usado algún pasaje de la Biblia en particular en algún momento durante este curso. Revise las unidades 1-5 y busque un pasaje de las Escrituras donde le parezca que Dios ha llamado su atención.

Escriba aquí la cita bíblica: _____

Pero el hombre natural no percibe las cosas que son del Espíritu de Dios, porque para él son locura, y no las puede entender, porque se han de discernir espiritualmente. En cambio el espiritual juzga todas las cosas; pero él no es juzgado de nadie.
—1 Corintios 2.14-15

1. ¿Qué le revela ese versículo en cuanto a Dios, sus propósitos y sus caminos?

_____

_____

2. Medite en ese versículo, y ore. Pídale a Dios que continúe hablándole sobre la verdad de ese pasaje. Tenga en mente que Él está más interesado en lo que usted puede llegar a ser que en lo que usted puede hacer.

3. ¿Qué es lo que Dios quiere hacer en o a través de su vida?

_____

_____

_____

4. ¿Qué ajustes tendría que hacer para poner su vida de acuerdo con esta verdad

　　　en lo personal? _____

　　　en su vida familiar? _____

　　　en su iglesia? _____

　　　en su empleo? _____

5. Escriba una oración que pueda elevar a Dios con respecto a esta verdad y su aplicación a su vida.

_____

_____

6. Desde que llegó a comprender esta verdad, ¿ha hecho Dios algo en su vida que le llevó a aplicarla o a compartirla con otra persona?　Sí ❑　No ❑　¿Qué hizo Dios?

_____

_____

Comprender la verdad espiritual no le conduce a un encuentro con Dios: es un encuentro con Dios. Usted no puede comprender los propósitos y caminos de Dios a menos que el Espíritu de Dios se los enseñe. Si Él le ha revelado alguna verdad espiritual mediante este pasaje de la Escritura, entonces se ha encontrado con Dios mismo obrando en usted.

Comprender la verdad espiritual no le conduce a un encuentro con Dios: es un encuentro con Dios.

Respondiendo a la verdad

Para mí, leer las Escrituras es un tiempo de expectativa emocionante. El Espíritu de Dios conoce la mente de Dios. Él sabe lo que Dios está listo para hacer en mi vida. El Espíritu de Dios entonces empieza a abrir mi entendimiento en cuanto a Dios, sus propósitos y caminos. Yo tomo esto muy en serio. La siguiente es la manera en que respondo cuando Dios me revela alguna verdad en su Palabra.

Escribo el pasaje de las Escrituras. Luego medito en él. Trato de sumergirme en el significado del versículo o pasaje. Entonces ajusto mi vida a esa verdad y por consiguiente, a Dios. Concuerdo con Dios, y hago cualquier acción necesaria para permitir que Dios obre en la manera que Él me ha revelado. Entonces observo para ver las maneras en que Dios usará esa verdad en mi vida en ese día. Tal vez usted quiera seguir este mismo procedimiento en cuanto a la verdad que Dios le revela.

Cuando Dios lo guíe a un fresco entendimiento de Él mismo o de sus caminos mediante la Escritura:

- Escriba el versículo o pasaje en un diario o cuaderno.
- Medite sobre el pasaje.
- Estúdielo para empaparse del significado del pasaje. ¿Qué es lo que Dios le revela de sí mismo, de sus propósitos o sus caminos?
- Identifique los ajustes que tiene que hacer en su vida personal, su familia, su iglesia y su empleo, de modo que Dios pueda obrar con usted.

- Escriba una oración en respuesta a Dios.
- Haga en su vida los ajustes necesarios.
- Observe cómo Dios puede usar la verdad en su vida durante ese día.

La siguiente es una ilustración de la manera en que Dios pudiera usar su Palabra para hablarle. Supongo que está leyendo su lectura bíblica devocional en el Salmo 37. Ha leído este salmo muchas veces antes. Llega al versículo 21 y lee: El impío toma prestado, y no paga. Siente que este versículo le llama la atención. Lo lee de nuevo. Entonces se acuerda que usted no ha pagado cierta deuda, y se da cuenta de que la Escritura se aplica a su vida.

El Espíritu Santo acaba de hablarle mediante ese versículo. Usted encontró la verdad. Ahora comprende que los que toman prestado y no pagan son impíos a los ojos de Dios. El Espíritu Santo le recuerda la ocasión específica en que este versículo se aplica a su situación. Le convence de su pecado. Él es el único que puede hacerlo, y le ha hablado por obra del Espíritu Santo y por medio de su Palabra. Dios quiere que no tenga nada que obstaculice su relación con Él.

 Si usted estuviera en esa situación, ¿qué haría a continuación? De acuerdo a la secuencia del diagrama de la página 84, ¿qué haría después de que el Espíritu Santo le hace comprender la verdad?

_____

Ajuste

Una vez que Dios le ha hablado por medio de su Palabra, la respuesta suya es crucial. Usted debe ajustar su vida a esta verdad. En este caso, el ajuste sería:
- Concordar con la verdad: quienes toman prestado y no pagan son impíos a los ojos de Dios.
- Concordar en que la verdad se aplica a usted en un caso particular que le vino a la memoria. Eso es confesión de pecado. Usted concuerda con Dios en cuanto a este pecado.

Obedezca

De esta manera usted ha ajustado su entendimiento en cuanto a prestar y pagar, y concuerda con Dios al respecto. Para concordar con Dios debe cambiar su manera de comprender la cuestión. Esto exige ajustes. ¿Es esto todo lo que tiene que hacer? ¡No! Concordar con Dios no es suficiente. Mientras no pague su deuda, continuará siendo impío a la vista de Dios. Aquí entra la obediencia. Usted le obedece y paga su deuda.

Ahora usted está libre para experimentar una relación más completa con Dios. Siempre ligue una verdad revelada a lo que comprende de Dios y a su relación con Él.

 Repase la lección de hoy. Pida a Dios en oración que le indique una o más enseñanzas o Escrituras que Él quiere que comprenda, aprenda y practique. Subráyela(s). Luego responda a lo siguiente:

¿Cuál fue la enseñanza o Escritura más significativa que leyó hoy?

_____

_____

Ahora escríbala en una frase que pueda usar como oración.

_____

_____

¿Qué quiere Dios que haga en respuesta al estudio de hoy?

_____

_____

RESUMEN

- Dios habla a los individuos en forma única y puede hacerlo como le plazca.
- Cuando Dios me habla, reconozco su voz y lo sigo.
- No puedo comprender la verdad espiritual a menos que el Espíritu de Dios me la revele.
- Dios está más interesado en lo que puedo llegar a ser que en lo que puedo hacer.

DIOS HABLA A TRAVÉS DE LA ORACIÓN

Si no está llevando un diario espiritual, empiécelo. Si el Dios del universo le dice algo, escríbalo. Cuando le habla en su tiempo devocional, escríbalo de inmediato, antes de que lo olvide. Luego, anote lo que respondió en oración. Yo anoto el pasaje de la Biblia que Él usó y lo que me dijo acerca de sí mismo en ese versículo. Escribo también la respuesta que le doy en oración; a fin de tener constancia escrita del encuentro con Dios, lo que Él dijo y cómo le respondí. También escribo lo que necesito hacer para ajustar mi vida a Dios, para empezar a tener una experiencia de su relación conmigo en esa manera.

La verdad es una persona

 Lea con cuidado los dos párrafos siguientes y luego llene los espacios en blanco en las declaraciones que siguen:

El Espíritu Santo revela la verdad. La verdad no es simplemente algún concepto a estudiarse. La verdad es una Persona. Jesús no dijo: "Yo les enseñaré la verdad". Él dijo: Yo soy . . . la verdad (Jn. 14.6).

Cuando Dios le da vida eterna, se da a sí mismo (Jn. 17.3). Cuando el Espíritu Santo le revela la verdad, no le está enseñando un concepto para pensar. Lo está guiando a una relación con una Persona. Él es su vida. Cuando Dios le da vida eterna, le da a usted una Persona. Jesús no le dio algo; se dio a sí mismo.

Yo soy la verdad.
—Jesús

 Llene los espacios en blanco con las palabras adecuadas:(Estas aparecen en los párrafos anteriores).

1. El Espíritu Santo revela la _____ .

2. La verdad no es simplemente un _____ a estudiarse.

3. La verdad es una _____ .

4. El Espíritu Santo le está guiando a una _____ con una Persona.

Lo que sigue es un resumen de cómo he tratado de vivir mi relación con Dios:
- Dios crea en mí el deseo de participar en su misión de reconciliar consigo mismo al mundo perdido.
- Respondo y vengo a Dios procurando conocer su voluntad.
- Cuando Dios me revela una verdad, sé que está tratando de alertarme a lo que Él está haciendo en mi vida.

Mi relación con Dios

La revelación de la verdad que Dios me da por medio de su Palabra no me guía a un encuentro con Dios: es un encuentro con Dios. Cuando Él me revela alguna verdad, estoy en la presencia de una Persona viva. Él es el Autor de las Sagradas Escrituras y por medio de ellas me dice lo que Él está haciendo en mi vida.

El Espíritu Santo conoce la mente de Dios. Él me hará conocer la voluntad de Dios por medio de su Palabra. Entonces debo tomar esa verdad y ajustar inmediatamente mi vida a Él. No puedo ajustar mi vida a un concepto o a una filosofía, sino a una Persona.

El Autor me dice lo que Él está haciendo en mi vida.

¿Ha leído algún pasaje bíblico muchas veces antes, pero súbitamente ve en él algo por primera vez? Esa verdad no es un concepto que debe investigar cómo se acopla a su vida. Dios está presentándose a sí mismo y alertándolo de que Él quiere aplicar esta verdad en la vida de usted ahora mismo. Cuando Dios está listo para hacer algo en su vida, el Espíritu de Dios usa la Palabra para dárselo a conocer. Entonces puede ajustar su vida a Dios y a lo que Él acaba de revelarle de sí mismo, sus propósitos y sus caminos.

La oración es una relación

La oración es un compañerismo y comunicación de doble vía con Dios. Usted le habla a Dios, y Él a usted. No es un monólogo. Su vida personal de oración hoy tal vez sea un monólogo en un solo sentido: usted le habla a Dios. La oración es mucho más que eso. La oración incluye escuchar. Lo que Dios le dice en la oración es mucho más importante que lo que usted le dice a Él.

La oración es una relación, no simplemente una actividad religiosa. La oración está diseñada más para que usted ajuste su vida a Dios, que para que Dios se ajuste a sus deseos. Dios no necesita de sus oraciones, pero Él quiere que usted ore. Usted necesita orar debido a lo que Dios quiere hacer en y a través de su vida durante su oración. Dios le habla a su pueblo por el Espíritu Santo y por medio de la oración. El siguiente diagrama ilustra cómo Dios habla mediante la oración.

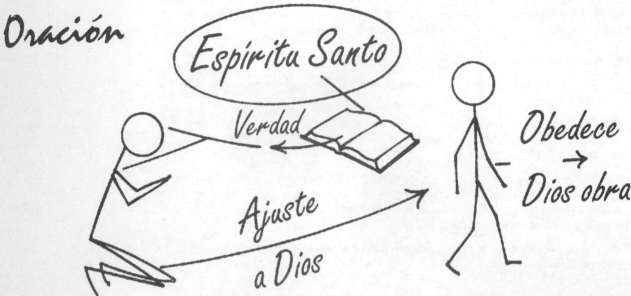

Este diagrama ilustra un encuentro con Dios. Cuando el Espíritu Santo le revela una verdad espiritual en oración, Él está presente y obrando activamente en su vida. La oración genuina no le conduce a un encuentro con Dios; es un encuentro con Dios. ¿Qué ocurre cuando busca en oración la voluntad de Dios? El orden es el siguiente:

1. Dios toma la iniciativa al hacer que usted quiera orar.
2. El Espíritu Santo toma la Palabra de Dios y le revela su voluntad.
3. En el Espíritu usted concuerda en oración con la voluntad de Dios.
4. Usted ajusta su vida a la verdad (de Dios).
5. Usted busca y observa por confirmación o dirección adicional en la Biblia, las circunstancias y la iglesia (otros creyentes).
6. Usted obedece.
7. Dios obra en y a través de usted para realizar sus propósitos.
8. Usted tiene una experiencia con Él según el Espíritu le reveló mientras oraba.

 Lea de nuevo la lista previa y encierre en un círculo una palabra o frase clave en cada declaración.

Creo que el Espíritu de Dios usa su Palabra cuando usted ora. He encontrado que cuando oro con respecto a algo, a menudo alguna porción bíblica me viene a la mente. No veo esto como una distracción. Creo que Dios está tratando de guiarme mediante la Escritura. He hallado que al orar con respecto a algún asunto en particular, el Espíritu de Dios toma la Palabra de Dios y la aplica a mi corazón y a mi mente para revelarme la verdad. Inmediatamente me detengo en mi oración y abro la Palabra de Dios en el pasaje que creo que el Espíritu Santo me ha traído a la mente.

Orar en el Espíritu

El Espíritu de Dios tomará la Palabra de Dios para guiarlo en el aspecto en que usted está orando.

 Lea el pasaje en el margen y luego conteste las preguntas que siguen:

1. ¿Por qué necesitamos la ayuda del Espíritu Santo cuando oramos? (v. 26)

_____

2. ¿Qué ventaja tiene el Espíritu Santo que nosotros no tenemos? (v. 27)

_____

3. ¿Qué hace el Espíritu Santo por nosotros? _____

Nosotros somos débiles y no sabemos cómo debemos orar. El Espíritu Santo tiene una gran ventaja sobre nosotros: Él ya sabe la voluntad de Dios. Cuando Él ora por nosotros, ora en total concordancia con la voluntad de Dios. Él entonces nos ayuda mientras oramos para saber la voluntad de Dios.

Cuando Ricardo, mi hijo mayor, cumplió seis años, pensamos que ya tenía edad suficiente como para tener su bicicleta. Buscando encontré una azul, que compré y escondí en el garaje. Luego tenía que hacer algo: convencer a Ricardo que necesitaba una bicicleta azul de cierta marca. Durante los días siguientes trabajamos con Ricardo. Finalmente el niño decidió que lo que quería como regalo de cumpleaños era una bicicleta azul de cierta marca. ¿Saben lo que recibió? La bicicleta estaba ya en el garaje. Todo lo que tuve que hacer fue convencerlo de que la pidiera. Él la pidió y la recibió.

Una bicicleta para el cumpleaños de Ricardo.

¿Qué ocurre cuando usted ora? El Espíritu Santo ya sabe lo que Dios tiene "en el garaje". Ya está allí. La tarea del Espíritu Santo es convencerle que lo quiere, y que lo pida. ¿Qué ocurre cuando pide algo que Dios quiere darle o hacer? Usted siempre lo recibe. ¿Por qué? Porque ha pedido según la voluntad de Dios. Cuando Dios responde a su oración, Él recibe la gloria y su fe crece.

¿Es importante saber cuándo le habla el Espíritu Santo? ¡Sí! ¿Cómo sabe lo que le está diciendo el Espíritu Santo? No podría darle una fórmula. Le diría que usted conocerá su voz cuando le hable (Jn. 10.4). Usted debe decidir, sin embargo, que todo lo que desea es su voluntad, desechando todo deseo egoísta. Entonces, al empezar a orar, el Espíritu de Dios toca su corazón y lo guía a orar de acuerdo a su voluntad (Fil. 2.13).

Porque Dios es el que en vosotros produce así el querer como el hacer, por su buena voluntad.
—Filipenses 2.13

Al orar piense que el Espíritu Santo ya sabe lo que Dios tiene para su vida. Él no le guía por su propia iniciativa; sino que le dice solamente lo que Él oye del Padre. Él le guía cuando usted ora.

Siempre anoto lo que Dios me dice cuando oro y cuando leo su Palabra, y también lo que siento que me guía a pedir en oración. Al empezar a ver lo que Dios me está diciendo respecto de sí mismo, sus propósitos y sus caminos, a menudo veo un modelo que se desarrolla. Al observar la dirección en la que el Espíritu me guía a orar, empiezo a recibir una clara indicación de lo que Dios me está diciendo. Este proceso exige concentración espiritual.

Pero cuando venga el Espíritu de verdad, él os guiará a toda la verdad; porque no hablará por su propia cuenta, sino que hablará todo lo que oyere, y os hará saber las cosas que habrán de venir. —Juan 16.13

Tal vez se esté preguntando: ¿Pero cómo sé que las direcciones en que estoy orando son del Espíritu Santo y no mis propios deseos egoístas? ¿Recuerda lo que decía Jorge Müeller cuando buscaba la dirección de Dios?

Anote lo que Dios le está diciendo.

 Repase este punto en la página 34. ¿Qué es lo primero que él hacía?

_____

Negarse a sí mismo. Con toda sinceridad con usted mismo y con Dios, colóquese en el punto en que está seguro de que su deseo es conocer únicamente la voluntad de Dios. Luego compruebe para ver lo que el Espíritu Santo le está diciendo en otras maneras. Pregúntese:
• ¿Qué me está diciendo en su Palabra?
• ¿Qué me está diciendo en la oración?
• ¿Está Él confirmándolo por medio de las circunstancias?
• ¿Está Él confirmándolo por medio del consejo de otros creyentes?

Negarse a sí mismo

Dios nunca lo guiará en oposición a su Palabra escrita. Si lo que siente en oración va en contra de las Escrituras, es erróneo. Por ejemplo, Dios jamás lo guiará a cometer adulterio. Él está totalmente opuesto a tal cosa. Observe para ver cómo Dios usa su Palabra escrita para confirmar lo que usted siente en la oración. No se ponga a jugar con Dios. No busque en las Escrituras algo que parezca decir lo que egoístamente quiere hacer, ni diga que eso es la voluntad de Dios. Eso es muy peligroso.

 Vea de nuevo el diagrama en la página 88, y trate de resumir lo que ilustra. Escriba un resumen de cómo Dios le habla mediante la oración.

_____

_____

_____

Escriba las siguientes palabras en la secuencia apropiada: **ajusto, confirmación, Palabra, iniciativa, acuerdo, obedecer.** Si necesita ayuda vea la lista que sigue al diagrama.

1. Dios toma la _____ al hacerme querer orar.

2. El Espíritu Santo toma la _____ de Dios y me revela la voluntad de Dios.

3. Oro en el Espíritu de _____ con la voluntad de Dios.

4. Yo _____ mi vida a la verdad.

5. Busco y escucho _____ o dirección adicional en la Biblia, las circunstancias y la iglesia (otros creyentes).

6. Yo _____ .

7. Dios obra en mí y a través de mí para lograr sus propósitos.

¿Le ha hablado Dios por el Espíritu Santo a través de la oración durante este curso? Sí ❑ No ❑ Si lo ha hecho, describa a continuación lo que piensa que le dijo una de las veces cuando le habló. Si piensa que no lo ha hecho, pídale que le revele la razón.

_____

_____

¿Recibió confirmación de Dios mediante la Biblia, las circunstancias y la iglesia? Sí ❑ No ❑. Si la ha recibido, ¿qué piensa que le estaba diciendo?

_____

_____

Repase la lección de hoy. Pida a Dios en oración que le indique una o más enseñanzas o Escrituras que Él quiere que usted comprenda, aprenda y practique. Subráyela(s). Luego responda a lo siguiente:

¿Cuál fue la enseñanza o Escritura más significativa que leyó hoy?

_____

Ahora escríbala en una frase que pueda usar como oración.

_____

_____

¿Qué quiere Dios que haga en respuesta al estudio de hoy?

_____

_____

Repase los versículos designados para memorizar y prepárese para repetirlos a otra persona en la sesión semanal del grupo.

RESUMEN

- La verdad es una persona.
- La oración es una comunicación de doble vía con Dios.
- La oración es una relación y no simplemente una actividad religiosa.
- Necesito asegurarme de que mi único deseo es conocer la voluntad de Dios.
- Cuando Dios me dice algo debo escribirlo.

Podrá encontrar ayudas adicionales en español para desarrollar su vida de oración en el libro *En la presencia de Dios* de T. W. Hunt y Claude V. King puede ordenarlo a Customer Service Center, 127 Ninth Avenue, North, Nashville, TN 37234 o puede llamar gratis al teléfono 1-800-257-7744

DIOS HABLA. PARTE 2

ORAR POR UNA COSA . . . Y RECIBIR OTRA

¿Alguna vez ha orado por una cosa y ha recibido otra? Yo sí. Entonces alguien tal vez diga: "Dios está tratando de enseñarle a perseverar. Siga orando hasta que reciba lo que quiere". En una de esas ocasiones persistí pidiéndole al Señor algo, y continué recibiendo algo distinto.

En medio de tal experiencia, durante mis devocionales empecé a leer el segundo capítulo del Evangelio según Marcos. Allí está la historia de los cuatro hombres que trajeron ante Jesús a su amigo paralítico para que lo sanara. Debido a la multitud, abrieron un hueco en el techo, y bajaron al amigo hasta ponerlo frente a Jesús. Éste le dijo: Hijo, tus pecados te son perdonados (Mr. 2.5).

Quise seguir leyendo, pero percibí que el Espíritu me decía: "Enrique, ¿notaste eso?" Regresé y empecé a meditar en ese versículo. Bajo la dirección y enseñanza del Espíritu Santo empecé a ver una maravillosa verdad. Los cuatro amigos le estaban pidiendo a Jesús que sanara al hombre, pero Jesús le perdonó sus pecados. ¿Por qué? Ellos pidieron una cosa, y Jesús les otorgó otra. Este hombre y sus amigos pidieron una gracia en particular, pero Jesús quería hacerlo un hijo de Dios para que pudiera heredar todas las cosas.

No pude menos que llorar y decir: "Dios, si alguna vez te pido algo y tú tienes para darme más de lo que yo estoy pidiendo, por favor, ¡cancela mi petición!"

Respondió entonces Jesús, y les dijo: De cierto, de cierto os digo: No puede el Hijo hacer nada por sí mismo, sino lo que ve hacer al Padre; porque todo lo que el Padre hace, también lo hace el Hijo igualmente.　—Juan 5.19

UNIDAD

6

Versículo para memorizar esta semana

¿QUÉ OCURRE CUANDO USTED ORA?

Sólo el Espíritu de Dios sabe lo que Dios está haciendo o se propone hacer en mi vida.

Pero Dios nos las reveló a nosotros por el Espíritu; porque el Espíritu todo lo escudriña, aun lo profundo de Dios.
Porque ¿quién de los hombres sabe las cosas del hombre, sino el espíritu del hombre que está en él? Así tampoco nadie conoció las cosas de Dios, sino el Espíritu de Dios.
Y nosotros no hemos recibido el espíritu del mundo, sino el Espíritu que proviene de Dios, para que sepamos lo que Dios nos ha concedido.
—1 Corintios 2.10-12

Tiene que decidir si va a hacer lo que usted quiere y pedirle a Dios que le bendiga, o ir a trabajar donde Él ya está obrando

Nuestro problema es que oramos y nunca relacionamos nuestra oración con lo que ocurre.

Observe qué ocurre inmediatamente.

Espere una respuesta.

Si estoy pidiendo a Dios alguna cosa y ocurre algo diferente, siempre respondo a lo que empieza a acontecer. He hallado que Dios siempre me da más de lo que puedo pedir. Pablo dijo: Y a Aquel que es poderoso para hacer todas las cosas mucho más abundantemente de lo que pedimos o entendemos, según el poder que actúa en nosotros, a él sea gloria en la iglesia en Cristo Jesús por todas las edades, por los siglos de los siglos. Amén (Ef. 3.20-21).

Usted no sabe pedir en oración algo que ni se acerque a lo que Dios quiere darle. Sólo el Espíritu Santo sabe lo que Dios está haciendo o se propone hacer en su vida. Deje que Dios le dé cuanto quiere darle (véase 1 Co. 2.10-12).

 Si Dios quiere darle mucho más de lo que está pidiendo, ¿qué preferiría tener: lo que está pidiendo o lo que Dios quiere darle?

Preferiría tener _____

¿Quién es el único que puede instruirlo en esta actividad de Dios en su vida?
_____

Suponga que ha querido empezar una misión en una zona de su ciudad. Ha realizado una encuesta para identificar las necesidades. Le ha pedido a Dios que lo bendiga y lo guíe en su trabajo. Entonces Dios empieza a traer a su iglesia un grupo de personas de diferente estrato social, pero que no viven en el área escogida. ¿Qué haría usted? Marque su respuesta:

❑ 1. Persistiría en mi oración hasta que Dios nos ayude a empezar la misión que nuestra iglesia ha planeado.
❑ 2. Me daría por vencido, frustrado.
❑ 3. Empezaría a hacer preguntas para ver si debiéramos empezar una misión para ese grupo, en lugar de o además de la otra que ya habíamos planeado.
❑ 4. Otra _____

¿Sabe lo que yo haría? Inmediatamente me acercaría a Dios y aclararía lo que Él está diciendo. Si he estado trabajando y orando en una dirección, y veo a Dios obrando en una dirección distinta, ajustaría mi vida a lo que Dios está haciendo. En esta situación tiene que decidir si va a hacer lo que usted quiere y pedirle a Dios que lo bendiga, o si irá a trabajar donde Él ya está obrando.

En Vancouver iniciamos un énfasis especial para alcanzar a universitarios. Empezamos con un grupo de 30 estudiantes. Para el final del primer semestre teníamos alrededor de 250 asistentes. Dos tercios de ellos eran estudiantes internacionales. Podríamos haber dicho: "Nosotros no planeamos un ministerio para internacionales. Por favor, busquen otro sitio y que Dios les bendiga". Por supuesto que no hicimos tal cosa. Sencillamente ajustamos nuestros planes a lo que Dios había empezado a hacer a nuestro alrededor.

Concentración espiritual

Nuestro problema es que oramos y nunca relacionamos nuestra oración con lo que ocurre. Después de orar, la cosa más grande que usted necesita es acentuar su concentración espiritual. Cuando ora en una dirección, inmediatamente adopte una actitud de expectativa a la actividad de Dios en respuesta a su oración. Encuentro esto en todas las Escrituras. Cuando el pueblo de Dios oraba, Él respondía.

¿Qué pasa cuando ora y luego se olvida acerca de qué pidió? Durante el día empezarán a ocurrir cosas que no son normales. Usted las verá como distracciones y tratará de librarse de ellas, errando al no conectarlas con lo que pidió en su oración.

Cuando oro, empiezo a observar qué es lo que ocurre enseguida. Me preparo para ajustar mi vida a lo que empieza a ocurrir. Cuando oro, nunca me pasa por la mente que Dios no va a contestar. Espere que Dios conteste sus oraciones, pero deténgase para recibir la respuesta. El tiempo seleccionado por Dios siempre es el apropiado y el mejor.

Responda a lo siguiente:

1. ¿Ha orado persistentemente por algo y no ha recibido lo que pedía o ha recibido algo distinto? Sí ❑ No ❑ Describa brevemente una ocasión de esas.

2. Revise lo que acaba de escribir y haga una lista de las cosas que pudiera hacer en respuesta a tal ocasión.

_____

_____

_____-

3. ¿Está orando ahora mismo por algo que Dios no le concede? Sí ❑ No ❑ . Si es así, ¿por qué cosa está orando?

_____

Si su respuesta es sí a la número 3, haga una pausa ahora mismo y pídale a Dios que le ayude a comprender qué es lo que Él está haciendo en su vida. Luego, observe lo que ocurre inmediatamente después, o preste atención a lo que Él empieza a revelarle a través de su Palabra.

Los silencios de Dios

En cierta ocasión hubo un largo tiempo en mi vida cuando Dios parecía estar en silencio. Tal vez a usted también le haya ocurrido algo así. Yo había estado orando por muchos días, y parecía que había total silencio de parte de Dios. Sentía como si el cielo estuviera cerrado. No comprendía lo que estaba pasando. Algunas personas me decían que si Dios no oía mi oración era porque había pecado en mi vida. Me dieron una "lista de pecados" para que la revisara. Oré hasta que pude ver que no era esa la causa. Pero no podía entender el silencio de Dios.

¿Recuerda a un personaje bíblico que tuvo un problema como éste? Job. Sus amigos le dijeron que todos sus problemas se debían a su pecado. Job persistía en decir: "Hasta donde yo puedo ver, Dios y yo estamos en buena relación". Job no sabía todo lo que Dios estaba haciendo durante ese tiempo, pero sus consejeros estaban equivocados. Había otra razón para lo que Dios estaba haciendo.

Job

 Si alguna vez usted ha pasado por un tiempo cuando pensaba que Dios estaba en silencio, descríbalo brevemente a continuación:

_____

_____

Creo firmemente que el Dios que estableció una relación de amor conmigo me dejará saber lo que está ocurriendo en mi vida cuando Él crea oportuno que lo sepa. De modo que oré: "Padre celestial, no entiendo este silencio. Vas a tener que decirme qué es lo que estás haciendo en mi vida". ¡Y lo hizo por medio de su Palabra! Esto llegó a ser una de las experiencias más significativas de mi vida.

No me puse a buscar frenéticamente una respuesta. Continué leyendo cada día la Palabra de Dios. Estaba convencido de que al leer su Palabra, el Espíritu (quien conoce la mente de Dios) estaba en el proceso de ayudarme a entender lo que Dios estaba haciendo en mi vida. Cuando usted realmente lo necesite, Dios le dejará saber lo que está haciendo en su vida.

Dios le dejará saber lo que Él está haciendo en su vida, cuando Él crea oportuno que usted necesita saberlo.

Una mañana estaba leyendo la historia de la muerte de Lázaro (Jn. 11.1-45). Permítame relatarle lo que ocurrió mientras leía. Jesús amaba a Lázaro, a Marta y a María. Cuando recibió la noticia de que Lázaro estaba enfermo de muerte, Jesús dilató su regreso hasta que Lázaro murió. En otras palabras, María y Marta le pidieron a Jesús que viniera a ayudar a su hermano, pero hubo silencio. Todo el tiempo durante los últimos días de la enfermedad de Lázaro, y aun sabiendo de su muerte, Jesús no respondió. No recibieron respuesta de quien había dicho que amaba a Lázaro. Jesús incluso dijo que amaba a María y a Marta. Sin embargo, no hubo respuesta.

Lázaro

Lázaro murió. Ellas lo pusieron en una tumba y cerraron la entrada con una piedra. Todavía experimentaban sólo el silencio de Dios. Entonces Jesús les dijo a sus discípulos:

"Vamos".Cuando llegaron, Lázaro ya había muerto hacía cuatro días. Marta le dijo a Jesús: Señor, si hubieses estado aquí, no habría muerto mi hermano (Jn. 11.32).

Entonces el Espíritu de Dios me ayudó a comprender algo. Me parecía como si Jesús le hubiera dicho a María y a Marta:

> "Es cierto. Si hubiera venido, tu hermano no hubiera muerto. Tú sabías que podía curarlo, porque me has visto curar muchas, muchas veces. Si hubiera venido cuando me mandaron llamar, lo hubiera sanado. Pero tú no me hubieras conocido más de lo que ya me conoces. Yo sabía que estabas lista para una revelación más completa de la que nunca antes habías recibido. Quería que llegaras a conocer que yo soy la resurrección y la vida. Mi demora y silencio no fueron un rechazo, sino la oportunidad para revelarte más de mí de lo que jamás has conocido".

Cuando comprendí esto, casi salté de alegría en mi silla. Me dije: "Eso es lo que está ocurriendo en mi vida. El silencio de Dios significa que Él está listo para darme una revelación de sí mismo más grande de lo que nunca he recibido". Inmediatamente cambió la actitud total de mi vida hacia Dios. Con un sentido de expectación empecé a observar lo que Dios me iba a enseñar acerca de sí mismo. Entonces ocurrieron en mi vida algunas cosas a las cuales jamás hubiera respondido sin esa clase de disposición y expectación.

 ¿Cuáles son dos posibles razones para el silencio de Dios a su oración?

_____

_____

Ahora, cuando oro y hay silencio de Dios, todavía oro revisando la lista de pecados. Algunas veces los silencios de Dios son debido a pecado en mi vida. Si hay algún pecado que no he confesado, lo confieso y pido perdón. Si después de eso todavía hay silencio de parte de Dios, me preparo para una nueva experiencia con Dios. Algunas veces Dios permanece en silencio mientras me prepara para llevarme a una comprensión más profunda de sí mismo. Cuando hay silencio, continúe haciendo lo último que Dios le dijo, observe y espere un encuentro nuevo y fresco con Él.

Usted puede responder al silencio de Dios en dos maneras. Una respuesta es dejarse invadir por la depresión y un sentido de culpabilidad y condenación propia. La otra, esperar con expectativa porque Dios va a llevarlo a un conocimiento más profundo de Él mismo. Estas respuestas son tan diferentes como el día y la noche.

¡La verdad me hizo libre

. . . y la verdad es una Persona!

¿Sabe usted lo que me dio la libertad? La verdad. La Verdad es una Persona que se relaciona activamente en mi vida. El momento en que comprendí lo que Dios podía estar haciendo, ajusté mi vida a Dios. Dejé mi actitud de depresión y culpa. Dejé de pensar que tal vez no servía ya para Dios o de que Él no me escucharía otra vez. El más grande ajuste fue adoptar una actitud de expectativa, fe y confianza. Cuando hice eso Dios empezó a mostrarme cómo podía yo responder de manera que pudiera conocerlo mejor.

 Repase la lección de hoy. Pida a Dios en oración que le indique una o más enseñanzas o Escrituras que Él quiere que comprenda, aprenda y practique. Subráyela(s). Luego responda a lo siguiente:

¿Cuál fue la enseñanza o Escritura más significativa que leyó hoy?

_____

_____

_____

Ahora escríbala en una frase que pueda usar como oración.

_____

_____

¿Qué quiere Dios que haga en respuesta al estudio de hoy?

_____

_____

Escriba el versículo para memorizar de esta semana. Repase los versículos de las semanas anteriores. Recuerde que si lo desea también puede seleccionar un versículo diferente. _____

_____

_____

> ## RESUMEN
>
> - Oh, Dios, si alguna vez te pido algo y tú tienes para darme algo mejor, ¡cancela mi petición!
> - Sólo el Espíritu de Dios sabe lo que Dios está haciendo o se propone a hacer en su vida.
> - Dios me deja saber lo que está haciendo en mi vida, cuando Él considera oportuno que yo necesito saberlo.
> - Algunas veces el silencio de Dios se debe al pecado.
> - Algunas veces Dios está en silencio mientras me prepara para llevarme a una comprensión más profunda de sí mismo.

DIOS HABLA POR MEDIO DE LAS CIRCUNSTANCIAS

El Espíritu Santo usa la Biblia, la oración y las circunstancias para hablarnos o mostrarnos la voluntad del Padre. La tercera manera o las circunstancias, se observa en la manera en que Jesús sabía lo que el Padre quería que hiciera. Así es cómo Jesús sabía la voluntad del Padre para su vida y actividad diaria. Jesús describió este proceso en Juan 5.17, 19-20.

🔆 **El versículo 19 es el asignado para memorizar esta semana. Escriba a continuación el versículo para memorizar (Juan 5:19):**

_____

_____

Jesús dijo que Él no tomaba la iniciativa en lo que hacía para el Padre (v. 19). Sólo el Padre tiene el derecho de hacerlo. El Padre había estado obrando hasta entonces, y todavía seguía haciéndolo (v. 17). El Padre le haría saber al Hijo lo que estaba haciendo (v. 20). Cuando el Hijo vio la actividad del Padre, vio la invitación que Él le extendía para que se le uniera.

🔆 **Hemos visto dos veces ya el ejemplo de Jesús. A manera de repaso, trate de llenar los espacios en blanco usando las palabras clave que se hallan al margen.**

1. Él _____ ha estado trabajando hasta ahora.

2. Ahora Dios me tiene a mí _____ .

3. Nada hago por mi propia _____ .

4. Yo _____ para ver lo que el Padre hace.

5. Hago lo que veo que el Padre está _____ .

6. El Padre me _____ .

7. Él me muestra _____ lo que está haciendo.

Compruebe sus respuestas con la lista de la página 15.

🔆 **Vuelva a la página 68 y revise la lista de algunas cosas que sólo Dios puede hacer.**

Jesús siempre estaba observando para conocer dónde el Padre estaba trabajando, y se le unía

---

DÍA 2

Para comprender las circunstancias difíciles es vital la perspectiva de Dios.

Y Jesús les respondió: Mi Padre hasta ahora trabaja, y yo trabajo.
—Juan 5.17

trabajando

todo

observo

Padre

haciendo

iniciativa

ama

nada

Jesús no tenía que adivinar lo que tenía qué hacer. No tenía que soñar lo que podía hacer por el Padre.

allí. El Padre amaba al Hijo, y le mostraba todo lo que estaba haciendo. Jesús no tenía que adivinar qué hacer. No tenía que soñar lo que podía hacer por el Padre. Observaba lo que el Padre estaba haciendo a su alrededor, y se unía a Él. El Padre entonces realizaba sus propósitos a través de Jesús.

Esto es exactamente lo que Jesús quiere que hagamos con su señorío en nuestra vida. Quiere que veamos lo que Él está haciendo y que ajustemos nuestra vida, nuestros planes y nuestras metas a los suyos. Debemos colocar nuestra vida a su disposición—allí donde Él está obrando—de modo que Él pueda realizar sus propósitos a través de nosotros.

 Sin mirar la ilustración de la página 19, trate de escribir con sus propias palabras las siete realidades usando las palabras clave.

1. trabaja, _____

2. relación, _____

3. invitación, _____

4. habla, _____

_____

5. crisis, _____

_____

6. ajustar, _____

_____

7. obedecer, _____

Verifique sus respuestas observando el diagrama de la página 19.

El ejemplo de Jesús es una manera positiva de cómo Dios habla por medio de las circunstancias. Algunas de ellas parecen ser "malas". Tal vez usted se ha hallado en medio de "malas" circunstancias y hubiera deseado preguntarle a Dios: "¿Por qué me pasa esto?" Usted no es el único.

La perspectiva de Dios es vital

Job

Job tuvo una mala experiencia. Él no sabía lo que estaba ocurriendo cuando todo lo que poseía fue destruido, sus hijos asesinados, y él se enfermó con llagas purulentas en todo su cuerpo (Job 1—2). Job luchaba tratando de comprender las circunstancias. No sabía lo que ocurría desde la perspectiva de Dios (1.6-12; 2.1-7). Tampoco sabía el capítulo final (42.12-17), cuando Dios le restauraría su propiedad, su familia y su salud.

Los amigos de Job pensaron tener la perspectiva de Dios, y le dijeron que debía confesar su pecado. Job no pudo hallar ninguna maldad en su vida para confesarla. Si no tuviéramos el último capítulo, no sabríamos la perspectiva de Dios.

Para entender las circunstancias difíciles es vital tener la perspectiva de Dios. Cuando usted enfrenta circunstancias difíciles o confusas se siente apabullado. Si se coloca en medio de esas circunstancias y trata de ver a Dios desde allí, siempre tendrá una comprensión distorsionada de Dios. Por ejemplo, tal vez diga: "Dios no me ama" o "Dios no es justo". Ambas afirmaciones son falsas.

 ¿Ha estado alguna vez en medio de circunstancias confusas o trágicas en las que empezó a acusar a Dios de cosas que usted sabía que no eran verdad? Sí ❑ No ❑ Describa brevemente una de ellas.

_____

_____

Tal vez usted empezó a cuestionar el amor o la sabiduría de Dios. Tal vez temía decir que Él se había equivocado, pero decía algo así como: "Dios, me has engañado al dejarme pensar que esto era lo correcto. ¿Por qué no me detuviste?" Un montón de cosas erróneas pueden ocurrir si trata de mirar a Dios desde la perspectiva de las circunstancias.

¿Qué hacer? Primero, vaya a Dios y pídale que le muestre su perspectiva en sus circunstancias. Mire de nuevo a sus circunstancias desde la perspectiva de Dios. Cuando usted enfrenta circunstancias difíciles o confusas, el Espíritu de Dios le lleva de nuevo a la Palabra de Dios y le ayuda a comprender esas circunstancias desde la perspectiva de Dios. Él le revelará la verdad de las circunstancias.

Acuda a Dios y pídale que le muestre su perspectiva de las circunstancias.

El cáncer de mi hija

Al principio de la Unidad 3 le relaté la experiencia del cáncer en nuestra hija Sarita. Fue una circunstancia difícil para toda la familia. Los médicos nos advirtieron con respecto a los seis u ocho meses de radiación y quimioterapia que necesitaría. Sabíamos que Dios nos amaba, de modo que acudimos a Él en oración y le pedimos entendimiento acerca de lo que estaba haciendo o quería hacer con nosotros. Queríamos ajustarnos a Él. Oramos: "En esta experiencia, ¿cuál es tu propósito al que debemos ajustarnos?"

"En esta experiencia, ¿cuál es tu propósito al que debemos ajustarnos?"

Mientras orábamos nos vino una promesa de la Biblia, y comprendimos que nos venía de Dios. No solamente la recibimos nosotros, sino que también nos llegaron cartas y llamadas telefónicas de muchas personas que citaban la misma promesa. Habían percibido que este versículo venía de Dios para nuestras circunstancias. El versículo dice: Esta enfermedad no es para muerte, sino para la gloria de Dios, para que el Hijo de Dios sea glorificado por ella (Jn. 11.4). Nuestro sentir de que Dios nos estaba hablando creció a medida que la Biblia, la oración y el testimonio de otros creyentes, comenzaron a concordar con el mismo pensamiento. Entonces ajustamos nuestra vida a esa verdad, y empezamos a observar las maneras en que Dios podía usar esta situación para su gloria.

Durante ese tiempo muchas personas en el Canadá, los Estados Unidos y Europa empezaron a orar por Sarita. Individuos, estudiantes e iglesias nos llamaban para decirnos que estaban orando por nosotros. En esas conversaciones muchos decían: "Nuestra vida de oración (o ministerio de oración) se había convertido en algo completamente seco y árido. No habíamos visto ninguna respuesta especial a la oración mucho tiempo. Pero cuando oímos de Sarita, la pusimos en nuestra lista de oración ".

Después de tres meses de tratamiento, los médicos le hicieron nuevos exámenes. Ellos dijeron: "No entendemos esto, pero todos los resultados son negativos. No podemos hallar ni vestigios de cáncer". Inmediatamente comuniqué esta respuesta a la oración a los que se habían comprometido a orar por Sara. Una y otra vez las personas decían que esta respuesta fue lo que Dios usó para renovar totalmente su vida de oración. Grupos, estudiantes e iglesias vieron su ministerio de oración revitalizado.

Entonces empecé a ver lo que Dios se había propuesto con estas circunstancias. A través de ellas, Dios se glorificó ante los ojos de su pueblo. Muchas personas percibieron un nuevo llamado a la oración. Comenzaron a experimentar de forma personal una nueva presencia de la Verdad, y la Verdad como Persona. Algunos de los amigos más cercanos de Sarita empezaron a orar fervientemente en ese tiempo. Otros estudiantes incluso llegaron a conocer al Señor después de ver lo que Dios había hecho en y a través de Sarita. Dios se glorificó por medio de esa enfermedad.

¿Nota usted lo que ocurrió? Enfrentamos una situación difícil. Pudimos haber obtenido una comprensión distorsionada. En lugar de eso acudimos a Dios. Buscamos su perspectiva. El Espíritu Santo tomó la Palabra de Dios y nos reveló la perspectiva de Dios en el resultado final de esa circunstancia. Le creímos a Dios y ajustamos nuestra vida a lo que Él estaba haciendo. Atravesamos entonces las circunstancias procurando ver las maneras en las cuales sus propósitos se realizarían de modo que le dieran gloria. Y así, cuando la respuesta a la oración vino, de inmediato supe que mi tarea era "declarar las maravillosas obras del Señor". En el proceso llegamos a conocer a Dios en una nueva manera, debido a la compasión que nos mostró al revelarnos su perspectiva en nuestra situación.

¿Cómo puede responder cuando las circunstancias son difíciles o confusas?

Cuando las circunstancias son confusas

1. Resuelva en su propia mente que en la cruz Dios ha demostrado para siempre su amor absoluto por usted. Ese amor jamás cambiará.
2. No trate de comprender a Dios partiendo de en medio de sus circunstancias.
3. Acuda a Dios y pídale que lo ayude a ver la perspectiva de Él en su situación.
4. Espere en el Espíritu Santo. Él puede tomar la Palabra de Dios y ayudarlo a comprender sus circunstancias.
5. Ajuste su vida a Dios y a lo que ve que Él está haciendo en sus circunstancias.
6. Haga todo lo que le dice que haga.
7. Experimente a Dios obrando en y a través de usted para realizar sus propósitos.

 Lea de nuevo la lista anterior y trace un círculo alrededor de una palabra o frase clave en cada declaración.

Trate de resumir, con sus propias palabras, lo que debe hacer cuando se halle en circunstancias difíciles o confusas.

_____

_____

Tiene que recordar que Dios es soberano. Tal vez enfrenta una situación como la experiencia de Job, y Dios no le dice lo que está haciendo. Reconozca el amor y la soberanía de Dios, y confíe en que su gracia sustentadora lo hará salir adelante en esa situación.

 Repase la lección de hoy. Pida a Dios en oración que le indique una o más enseñanzas o Escrituras que Él quiere que comprenda, aprenda y practique. Subráyela(s). Luego responda a lo siguiente:

¿Cuál fue la enseñanza o Escritura más significativa que leyó hoy?

_____

Ahora escríbala en una frase que pueda usar como oración.

_____

¿Qué quiere Dios que haga en respuesta al estudio de hoy?

_____

_____

RESUMEN

- Dios usó las circunstancias para revelarle a Jesús lo que iba a hacer.
- Jesús observaba las circunstancias para saber dónde quería el Padre incluirlo en su obra.
- La perspectiva de Dios es vital para comprender mis circunstancias duras o difíciles.

DÍA 3   LA VERDAD DE SUS CIRCUNSTANCIAS

Usted no puede saber la verdad de sus circunstancias a menos que haya oído a Dios.

Usted no puede saber la verdad de sus circunstancias a menos que haya oído a Dios. En Éxodo 5 - 6 Moisés hizo tal como se le dijo, y pidió al Faraón que dejara ir a Israel. Faraón se negó y aumentó la opresión. Los israelitas se volvieron a Moisés y lo criticaron por causar tantos problemas.

 ¿Qué hubiera respondido si hubiera estado en el lugar de Moisés? Marque su respuesta:

❑ 1. Me hubiera enojado con Israel y hubiera vuelto a mi rebaño de ovejas.

❑ 2. Me hubiera enojado contra Dios y le hubiera dicho que se buscara a otro.

❑ 3. Hubiera dicho que entendí mal la voluntad de Dios.

❑ 4. Hubiera vuelto con paciencia a Dios y le hubiera pedido que me diera su perspectiva de esta circunstancia "difícil".

La historia de Moisés me anima. Las primeras tres respuestas me parecen la manera en que respondemos. Si no ha leído Éxodo 5 - 6 tal vez tenga la idea de que Moisés escogió la respuesta 4. ¡No! Él le echó la culpa a Dios y lo acusó de no cumplir lo que había prometido. Moisés dijo: Señor, ¿por qué afliges a este pueblo? ¿Para qué me enviaste? Porque desde que yo vine a Faraón para hablarle en tu nombre, ha afligido a este pueblo; y tú no has librado a tu pueblo (Éx. 5.22-23). Moisés estaba tan desanimado que estaba listo a "tirar la toalla" (Éx. 6.12).

Dios es paciente.

¡Me alegro de que Dios es también paciente con nosotros! Dios se tomó el trabajo de explicarle a Moisés su perspectiva. Le explicó que quería que el faraón resistiera de modo que el pueblo pudiera ver la mano poderosa de Dios en su liberación. Quería que el pueblo llegara a conocerlo (por experiencia) como el gran "YO SOY". Aprenda del ejemplo de Moisés. Cuando enfrente circunstancias difíciles, no empiece a acusar a Dios. No deje de seguirle. Vaya a Dios. Pídale que le revele la verdad de sus circunstancias. Pídale que le muestre su perspectiva. Luego, espere en el Señor.

Usted tiene que orientar su vida hacia Dios. La cosa más difícil que tendrá que hacer es negarse a usted mismo, tomar la voluntad de Dios, y seguirlo. La parte más difícil en su relación con Dios es tener su vida centrada en Él. Si usted graba un día completo de su vida, encontrará que la mayoría, si no todo, en sus oraciones, sus actitudes, sus pensamientos, es egocéntrico. Tal vez no vea las cosas desde la perspectiva de Dios. Tal vez trate de explicarle a Dios cuál es su perspectiva. Pero cuando Él llega a ser el Señor de su vida, sólo Él tiene el derecho de ser . . .

— el centro de su vida,

— el iniciador en su vida, y

— el director de su vida.

Eso es lo que significa que Él es el Señor.

Oyendo la verdad

Cuando el Espíritu Santo le habla, le revela la Verdad. Él habla acerca de una Persona. Le habla acerca de Jesús. La Verdad es una Persona (Jn. 14.6).

"Yo soy . . . la verdad."
—Juan 14.6

Los discípulos en la tormenta.

Los discípulos estaban en un barco, en medio de la tormenta. Jesús dormía en la parte posterior del barco. Si usted hubiera estado con esos hombres en medio de la tempestad y les hubiera preguntado: "¿Cuál es la verdad de nuestra situación?" ¿Qué le hubieran contestado? "¡Vamos a perecer!" ¿Era esa la verdad? ¡No! La Verdad dormía en el barco. La Verdad es una Persona. Un momento más tarde la Verdad se levantó y calmó la tormenta. Entonces ellos conocieron la verdad de su circunstancia. La Verdad es una Persona que siempre está presente en su vida. Usted no puede saber la verdad de sus circunstancias mientras no haya oído a Dios. Él es la Verdad. Y la Verdad está presente y activa en su vida.

 Lea Lucas 7.11-17 y responda a las preguntas que siguen:

1. Suponga que asiste a ese funeral. ¿Cómo piensa que la viuda de Naín hubiera contestado a esta pregunta: "¿Cuál es la verdad de esta situación?" Antes de que Jesús llegara.

_____

2. Cuando la Verdad (Jesús) llegó, ¿qué ocurrió?

_____

3. Cuando la Verdad (Jesús) se reveló a la multitud, ¿cómo respondió la gente?

_____

Si usted le hubiera preguntado a la viuda que iba en la procesión fúnebre de su hijo: "¿Cuál es la verdad de esta situación?" probablemente le hubiera respondido: "Mi esposo murió hace años, y tenía sólo un hijo que esperaba que me acompañaría. Él me hubiera cuidado y acompañado. Ahora mi hijo está muerto, y yo debo vivir sola por el resto de mis días". ¿Era esa la verdad?

Aconteció después, que él iba a la ciudad que se llama Naín, e iban con él muchos de sus discípulos, y una gran multitud.

Cuando llegó cerca de la puerta de la ciudad, he aquí que llevaban a enterrar a un difunto, hijo único de su madre, la cual era viuda; y había con ella mucha gente de la ciudad.

Y cuando el Señor la vio, se compadeció de ella, y le dijo: No llores.

Y acercándose, tocó el féretro; y los que lo llevaban se detuvieron. Y dijo: Joven, a ti te digo, levántate.

Entonces se incorporó el que había muerto, y comenzó a hablar. Y lo dio a su madre.

Y todos tuvieron miedo, y glorificaban a Dios, diciendo: Un gran profeta se ha levantado entre nosotros; y: Dios ha visitado a su pueblo.

Y se extendió la fama de él por toda Judea, y por toda la región de alrededor. –Lucas 7.11-17

¡No! La Verdad estaba allí cerca. Cuando la Verdad alargó su mano y tocó el cuerpo del muchacho, todo cambió. Usted nunca sabe la verdad de alguna situación hasta que no oye a Jesús. Cuando se le permitió a Jesús revelarse en esa circunstancia, todos le tuvieron miedo, y glorificaban a Dios, diciendo: Un gran profeta se ha levantado entre nosotros; y: Dios ha visitado a su pueblo. Y se extendió la fama de él por toda Judea, y por toda la región de alrededor (Lc. 7.16-17). Nunca determine la verdad de alguna situación mirando las circunstancias. No evalúe su situación mientras no haya oído de Jesús. Él es la Verdad.

 Lea Juan 6.1-15 y luego responda a las preguntas que siguen:

1. Cinco mil personas con hambre vinieron a Jesús. Él quería darles de comer. Si le hubiera preguntado a los discípulos cuál era la verdad de la situación, ¿cómo piensa que hubieran respondido?

_____

2. ¿Por qué le preguntó Jesús a Felipe dónde podían comprar pan? (vv. 5-6)

_____

3. ¿Qué ocurrió al estar la Verdad (Jesús) presente?

_____

4. ¿Cómo respondió la multitud cuando Jesús se les reveló? (v. 14)

_____

Me pregunto si Dios alguna vez pone nuestra fe a prueba así como hizo con la de Felipe. ¿No dice Él: "Den de comer a las multitudes" y la iglesia responde: "Nuestro presupuesto no alcanza"? Si les hubiera preguntado a los discípulos en ese momento la verdad de la situación, tal vez hubieran dicho: "No podemos hacerlo. Es imposible". ¿Era verdad? No. Sabemos el resto de la historia. La Verdad alimentó a cinco mil hombres y sus familias, y todavía quedaron doce canastas llenas de pedazos que sobraron.

Suponga que Dios le dice a su iglesia: "Lleven el evangelio a todo el mundo", y el grupo respondiera: "No podemos". La Verdad se pone de pie en medio de esa iglesia, como la Cabeza de ella, y le dice: "Crean en mí. Nunca les daría una orden sin darles mi poder para hacerla realidad. Confíen en mí, obedézcanme y se realizará".

 Repase la lección de hoy. Pida a Dios en oración que le indique una o más enseñanzas o Escrituras que Él quiere que comprenda, aprenda y practique. Subráyela(s). Luego responda a lo siguiente:
¿Cuál fue la enseñanza o Escritura más significativa que leyó hoy?

_____

_____

Ahora escríbala en una frase que pueda usar como oración.

_____

_____

¿Qué quiere Dios que haga en respuesta al estudio de hoy?

_____

_____

RESUMEN

- Nunca determine la verdad de una situación mirando a las circunstancias.
- No puedo saber la verdad de mis circunstancias, mientras no haya oído de Dios.
- El Espíritu Santo toma la Palabra de Dios y le revela la perspectiva de Dios con respecto a las circunstancias.

No siempre las circunstancias son malas, a veces son circunstancias para tomar decisiones. La mayor dificultad no necesariamente tiene que ser el escoger entre algo bueno y malo, sino entre lo bueno y lo mejor. A menudo se presentan varias opciones que parecen ser todas buenas. En situaciones así debe decir con todo su corazón:

> "Señor, cualquiera que sea tu voluntad, la haré. Cualquiera que sea el costo y cualquiera que sea el ajuste que tenga que hacer, hasta donde pueda conocer mi corazón, me comprometo a seguir tu voluntad. ¡Señor, la haré sin importar lo que a mí me parezca!"

Tiene que decir esto al comenzar a buscar la voluntad de Dios. De otra manera usted no está diciendo: "Hágase tu voluntad",sino: "Hágase tu voluntad siempre y cuando no contradiga la mía". Si se niega a hacer lo que el Señor le ordena, entonces Él no es su Señor. Si en realidad es su Señor, su respuesta siempre será afirmativa. Al tomar decisiones, siempre empiece aquí. No prosiga mientras no pueda decir sinceramente: "Lo que quieras de mí, Señor, lo haré".

Señales materiales de encuentros espirituales

Cuando Israel cruzó el Jordán, Dios le dio a Josué las siguientes instrucciones: Tomad del pueblo doce hombres, uno de cada tribu, y mandadles, diciendo: Tomad de aquí de en medio del Jordán, del lugar donde están firmes los pies de los sacerdotes, doce piedras, las cuales pasaréis con vosotros, y levantadlas en el lugar donde habéis de pasar la noche (Jos. 4.2-3). Estas piedras servirían como señal para los israelitas. Josué explicó: Para que esto sea señal entre vosotros; y cuando vuestros hijos preguntaren a sus padres mañana, diciendo: ¿Qué significan estas piedras? les responderéis: Que las aguas del Jordán fueron divididas delante del arca del pacto de Jehová; cuando ella pasó el Jordán, las aguas del Jordán se dividieron; y estas piedras servirán de monumento conmemorativo a los hijos de Israel para siempre (vv. 6-7).

Las piedras servirían para recordar un acto poderoso de Dios a favor de su pueblo. En muchas ocasiones los hombres construyeron altares o monumentos como un recordatorio de un encuentro significativo con Dios.

 Seleccione UNA de las siguientes personas. Lea sobre su encuentro con Dios y luego conteste las preguntas que siguen:

❏ Noé—Génesis 6—8   ❏ Moisés—Éxodo 17.8-16 ó 24.1-11

❏ Abraham—Génesis 12.1-8 ó 13.1-18   ❏ Josué—Josué 3.5—4.9

❏ Isaac—Génesis 26.17-25   ❏ Gedeón—Jueces 6.11-24

❏ Jacob—Génesis 28.10-22 y 35.1-7   ❏ Samuel—1 Samuel 7.1-13

1. Describa brevemente el encuentro entre la persona y Dios. ¿Qué hizo Dios?

_____

_____

2. ¿Por qué piensa que la persona edificó un altar o señal?

_____

3. ¿Qué nombres especiales de Dios o del altar se mencionan en el texto?

_____

En el Antiguo Testamento leemos que las personas levantaban señales o altares como recordatorios de sus encuentros con Dios. Lugares tales como Bet-el ("casa de Dios") y Rehobot ("habitación") llegaron a ser recordatorios de la gran actividad de Dios en medio de su pueblo. Moisés nombró un altar como "El Señor es mi estandarte" y Samuel nombró una señal Eben-ezer diciendo: Hasta aquí nos ayudó Jehová (1 S. 7.12). Estos altares o señales fueron marcas visibles de grandes encuentros espirituales con Dios. Ellas daban oportunidad para enseñarles a los hijos acerca de la actividad de Dios a favor de su pueblo.

Cuando Dios lo prepara todo para que usted dé un nuevo paso o tome una nueva dirección, siempre será continuación de lo que Él ya ha estado haciendo en su vida.

¡Sí, Señor!

Estas piedras les servirán de señal.

Estos altares y monumentos fueron señales materiales de grandes encuentros espirituales con Dios.

Dios dio la perspectiva de lo que estaba haciendo.

Moisés captó la perspectiva de lo que Dios estaba haciendo

Israel necesitaba ver que la nueva dirección estaba en armonía con lo que Dios ya había estado haciendo.

Viendo la perspectiva de Dios

Dios obra en secuencia para realizar sus divinos propósitos. Lo que hizo en el pasado lo hizo con el propósito del reino en mente. Lo que está haciendo en el presente es continuación de su obra en el pasado, y con el mismo propósito del reino en mente. Cada acto de Dios se fundamenta sobre el pasado pero con la mirada puesta en el futuro.

Cuando Dios llamó a Abraham (Gn. 12), empezó a formar un pueblo para sí mismo. Cuando llamó a Isaac, él vio la perspectiva de Dios cuando le recordó su relación con su padre Abraham (Gn. 26.24). A Jacob, Dios se identificó como el Dios de Abraham y de Isaac (Gn. 28.13). Cuando Dios vino a Moisés lo ayudó a ver su perspectiva de lo que estaba haciendo en la historia. Le dijo que era el Dios de Abraham, Isaac y Jacob (Éx. 3.6-10). En cada nuevo paso de su divino plan, Dios incluyó una persona. Al llamarla, a menudo Dios le recordaba su actividad, de modo que pudiera ver la perspectiva de Dios en lo que estaba ocurriendo.

Por todo el libro de Deuteronomio, Moisés repitió todo lo que Dios había hecho por Israel. Dios estaba alistándose para introducir al pueblo a la tierra prometida. Él quería que el pueblo, al dar un nuevo paso, tuviera una perspectiva de la historia. En la renovación del pacto, Moisés quería recordarle al pueblo que fueran fieles al seguir a Dios. Ellos estaban preparándose para un cambio de líderes (de Moisés a Josué) y para entrar en la tierra prometida. Necesitaban ver esta nueva dirección desde la perspectiva de Dios. Israel necesitaba ver que esa nueva dirección estaba en armonía con lo que Dios ya había estado haciendo.

En el diagrama que hemos estado usando (vea la página 19 de este libro) el propósito de Dios se ilustra mediante la flecha en la parte superior.

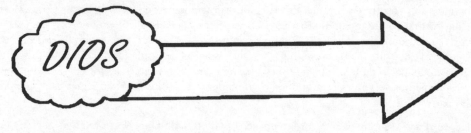

Moisés

Observe la perspectiva que Dios le dio a Moisés cuando lo llamó desde la zarza que ardía (Éx. 3). En las líneas en blanco:
- **Escriba PASADO en las afirmaciones que se refieren a la actividad pasada de Dios con su pueblo.**
- **Escriba PRESENTE en las afirmaciones que Dios estaba haciendo al momento en que le hablaba a Moisés.**
- **Escriba FUTURO en las afirmaciones que se refieren a lo que Dios iba a hacer.**

_____ 1. Yo soy el Dios de tu padre, Dios de Abraham, Dios de Isaac, y Dios de Jacob (v. 6).

_____ 2. Bien he visto la aflicción de mi pueblo que está en Egipto, y he oído su clamor a causa de sus exactores (v. 7).

_____ 3. He conocido sus angustias, y he descendido para librarlos de mano de los egipcios (vv. 7,8).

_____ 4. Ven, por tanto, ahora, y te enviaré a Faraón, para que saques de Egipto a mi pueblo, los hijos de Israel (v. 10).

_____ 5. Yo estaré contigo; y esto te será por señal de que yo te he enviado: cuando hayas sacado de Egipto al pueblo, serviréis a Dios sobre este monte (v. 12).

_____ 6. He dicho: Yo os sacaré de la aflicción de Egipto a la tierra del cananeo . . . a una tierra que fluye leche y miel (v. 17).

_____ 7. Y yo daré a este pueblo gracia en los ojos de los egipcios, para que cuando salgáis, no vayáis con las manos vacías . . . y despojaréis a Egipto (vv. 21-22).

¿Nota lo que Dios estaba haciendo con Moisés? Lo está ayudando a ver su llamamiento desde la perspectiva de Dios.

- Dios había obrado con Abraham, Isaac, Jacob e incluso con el padre de Moisés para formar una nación.

- Dios había prometido a Abraham que sacaría al pueblo de la esclavitud y les daría la tierra prometida.
- Dios los había cuidado en Egipto.
- Ahora Dios estaba listo para responder a su sufrimiento.
- Dios había decidido incluir a Moisés en su divino propósito. Iba a usarlo para libertar a los israelitas de Egipto y al mismo tiempo despojar a los egipcios.
- Después que Moisés obedeciera, Dios los traería a la misma montaña para adorarle. Este culto de adoración en el monte sería para Moisés la señal de que Dios lo había enviado.

Las afirmaciones 1, 2 y 6 son pasado. Las número 3 y 4 son presente. Las afirmaciones 5 y 7 son futuro.

Dios quiere incluirlo a usted en sus propósitos. Él ha estado obrando en el mundo siempre (Jn. 5.17). Ha estado realizando sus propósitos en su vida desde antes que usted naciera. Dios le dijo a Jeremías el profeta: Antes que te formase en el vientre te conocí, y antes que nacieses te santifiqué, te di por profeta a las naciones (Jer. 1.5). Cuando Dios está listo para que usted dé un nuevo paso, o tome una nueva dirección en su actividad, siempre será la continuación de lo que Él ya ha estado haciendo en su vida. Él no se sale por la tangente, ni da rodeos sin sentido. Él edifica el carácter de usted de manera ordenada y con un propósito divino.

Un inventario espiritual

Algo que he encontrado útil es identificar las "señales espirituales" en mi vida. Cada vez que he encontrado el llamamiento o las direcciones de Dios para mi vida, mentalmente he levantado un hito espiritual en ese punto. Un llamamiento espiritual me ayuda a identificar un tiempo de transición, decisión o dirección, cuando sé claramente que Dios me ha guiado. Con el correr del tiempo, puedo volver a mirar estas señales espirituales y ver cómo Dios ha sido fiel en dirigir mi vida de acuerdo a su divino propósito.

Una señal espiritual identifica un tiempo de transición, decisión o dirección cuando claramente sé que Dios me ha guiado.

Cuando enfrento una decisión acerca de la dirección de Dios, reviso esas señales espirituales. No doy el siguiente paso fuera del contexto de la total actividad de Dios en mi vida. Esto me ayuda a ver la perspectiva de Dios en mi pasado y en mi presente. Luego miro las alternativas que se presentan delante de mí. Procuro ver cuál de las opciones parece ser la más consistente con lo que Dios ha estado haciendo en mi vida. A menudo una de estas direcciones es la más consistente con lo que Dios ya ha estado haciendo. Si ninguna parece ser consistente, continúo orando y esperando la dirección de Dios. Cuando las circunstancias no se alinean con lo que Dios dice en la Biblia y en la oración, concluyo que el tiempo no es el apropiado. Entonces espero que Dios me revele el tiempo que Él ha seleccionado.

Usando señales espirituales.

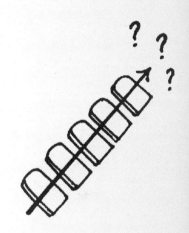

 En sus propias palabras escriba una definición de una "señal espiritual".

_____

_____

Según lo que entendió en el párrafo precedente, describa en sus propias palabras cómo podría usar las señales espirituales como ayuda para discernir la dirección de Dios al tomar una decisión.

_____

_____

¿Piensa que las señales espirituales son una ayuda? ¿Cómo le ayudan?

_____

_____

Cuando me invitaron a venir a la Junta de Misiones Domésticas para dirigir el énfasis en la oración y despertamiento espiritual, nunca antes había hecho tal trabajo. Sólo Dios podía revelarme si eso era parte de su divino propósito o no. Recordé las señales espirituales de mi vida para ver esta decisión desde la perspectiva de Dios.

Crecí en un pueblo de Canadá en donde no había testimonio evangélico. Mi padre sirvió como pastor laico ayudando a empezar una misión allí. En mis años de adolescente empecé a sentir un profundo peso en mi corazón por las comunidades esparcidas por Canadá que

Mi llamamiento a la Junta de Misiones Domésticas.

no tenían una iglesia evangélica. En 1958 fui al seminario, y Dios me indicó que amaba a mi nación hasta el punto de querer enviar por todo el país un gran movimiento de su Espíritu. Cuando acepté el llamamiento de Dios para ir a Saskatoon como pastor, Dios usó la perspectiva de un despertamiento espiritual para afirmar mi llamado. En la Unidad 11 leerá acerca del despertamiento espiritual que se esparció por todo el país en la década de los setenta.

En 1988 Bob Hamblin, de la Junta de Misiones Domésticas, me llamó y me dijo: "Enrique, hemos orado mucho para llenar una posición en el área de oración por un despertamiento espiritual. Por dos años hemos estado buscando a la persona. ¿Consideraría usted venir y dirigir en el área del despertamiento espiritual?"

"El despertamiento espiritual ha sido una corriente profunda en toda mi vida".

Al considerar la actividad de Dios en mi vida (señales espirituales), vi que un énfasis en el despertamiento espiritual ha sido un elemento importante en mi ministerio. Le dije al hermano Hamblin: "Ustedes podrían haberme pedido que hiciera cualquier cosa en el mundo, y ni siquiera hubiera orado por ello, excepto el despertamiento espiritual. Ha habido una corriente profunda en toda mi vida desde mi juventud, y más particularmente desde 1958". Después de mucha oración y confirmación en la Palabra y de parte de otros creyentes, acepté la posición. Dios no me sacudió sino que centró mi vista en algo que Él ya había estado haciendo durante toda mi vida.

 Prepare un inventario espiritual de su vida. Identifique sus propias señales espirituales. ¿Cuáles fueron los tiempos de transición, decisión o dirección en su vida cuando supo claramente que Dios lo estaba guiando? Use una hoja de papel aparte o un cuaderno para empezar su lista. Comience a hacerla hoy mismo y añada a ella según reflexiona y ora acerca de la actividad de Dios en su vida.

En la sesión semanal del grupo habrá oportunidad para compartir algunas de sus señales espirituales.

Repase la lección de hoy. Pida a Dios en oración que le indique una o más enseñanzas o Escrituras que Él quiere que comprenda, aprenda y practique. Luego responda a lo siguiente:

¿Cuál fue la enseñanza o Escritura más significativa que leyó hoy?

_____

_____

Ahora escríbala en una frase que pueda usar como oración.

_____

_____

¿Qué quiere Dios que haga en respuesta al estudio de hoy?

_____

_____

RESUMEN

- Al tomar decisiones, la dificultad mayor tal vez no sea el escoger entre lo bueno y lo malo, sino entre lo bueno y lo mejor.
- En el lenguaje del cristiano no debe haber una negativa al Señor.
- Dios obra en forma continua para realizar sus propósitos divinos.
- Cuando Dios alista todo para que yo dé un nuevo paso o tome una nueva dirección en su actividad, será continuación de lo que Él ya ha estado haciendo en mi vida.
- Una señal o hito espiritual identifica un tiempo de transición, decisión o dirección cuando sé claramente que Dios me ha guiado.

El Espíritu Santo nos habla por medio del pueblo de Dios, la iglesia local. Más adelante en este curso veremos una unidad completa acerca de cómo una iglesia oye y comprende la voluntad de Dios. Hoy veremos algunas maneras que le ayudarán a comprender por medio de la iglesia la voluntad de Dios.

Al funcionar en relación con la iglesia, dependo de otros creyentes para que me ayuden a entender la voluntad de Dios.

 Haga un breve repaso. Conteste las preguntas que siguen:

1. ¿Cómo habló Dios en el Antiguo Testamento?

_____

2. ¿Cómo habló Dios en los Evangelios?

_____

3. ¿Cómo habla Dios desde los Hechos y hasta el presente?

_____

4. ¿Por medio de cuáles cuatro maneras habla el Espíritu Santo?

_____

El cuerpo de Cristo

Uno de los problemas que muchas iglesias evangélicas enfrentan hoy es que los creyentes piensan que como individuos están delante de Dios, pero que no son responsables ante la iglesia. Los creyentes en verdad tienen acceso directo a Dios. Cristo es el único mediador. Dios, sin embargo, creó la iglesia como su agente redentor en el mundo. Él tiene un propósito para la iglesia. Dios coloca a cada miembro en una iglesia para realizar sus propósitos redentores a través de ella.

La iglesia es un cuerpo; es el cuerpo de Cristo (1 Co. 12.27). Jesucristo está presente como la Cabeza de la iglesia local (Ef. 4.15), y cada miembro es colocado en el cuerpo como a Dios le place (1 Co. 12.18). El Espíritu Santo se manifiesta en cada persona para el bien común (v. 7). El cuerpo entero es ordenado por el Padre. Los miembros son capacitados y equipados por el Espíritu Santo para funcionar donde el Padre los ha colocado en el cuerpo. El cuerpo, entonces, funciona para edificarse por medio de la Cabeza, hasta que todo miembro llegue a la medida de la estatura de la plenitud de Cristo (Ef. 4.13). Dios nos ha hecho dependientes mutuamente. Nos necesitamos el uno al otro. Cuando a uno le falta, otros en el cuerpo pueden y deben suplir.

Sino que siguiendo la verdad en amor, crezcamos en todo en aquel que es la cabeza, esto es, Cristo, de quien todo el cuerpo, bien concertado y unido entre sí por todas las coyunturas que se ayudan mutuamente, según la actividad propia de cada miembro, recibe su crecimiento para ir edificándose en amor. —Efesios 4.15-16

Por consiguiente, lo que Dios está haciendo en y a través del cuerpo es esencial para que yo sepa cómo debo responder a Él. Cuando lo veo obrando en el cuerpo, ajusto mi vida y la pongo allí. En la iglesia, dejo que Dios me use en cualquier manera que Él escoja, a fin de completar su obra en cada miembro. Ésta era la meta de Pablo cuando dijo: A quien anunciamos, amonestando a todo hombre, y enseñando a todo hombre en toda sabiduría, a fin de presentar perfecto en Cristo Jesús a todo hombre (Col. 1.28). Pablo estaba constantemente pidiendo a los creyentes que participaran vitalmente en su vida y ministerio. La eficacia del ministerio de Pablo descansaba en ellos (Col. 4.3; 2 Ts. 3.1; Ef. 6.19).

 Lea 1 Corintios 12.7-31 y responda a las preguntas que siguen:

1. Pablo se dirigió a los creyentes en una iglesia local. ¿Qué es una iglesia local?

_____

2. Según el versículo 12, ¿cuál de los dibujos siguientes ilustra mejor una iglesia?

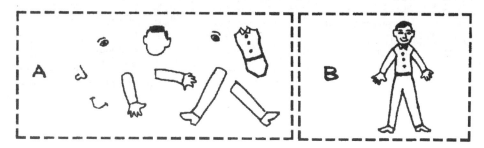

3. ¿Qué dice el versículo 25 que debe ser realidad en una iglesia? ¿Es esto verdad en su iglesia?_____

4. Según los versículos 14-24, marque verdaderas (V) o falsas (F). Las que son falsas escríbalas en forma correcta en la línea que sigue.

_____ a. El cuerpo consta de una sola parte.

_____

_____ b. El pie es parte del cuerpo, aunque no es mano.

_____

_____ c. El oído no es parte del cuerpo, porque no es ojo.

_____

_____ d. Los miembros del cuerpo deciden dónde se van a colocar.

_____

_____ e. Todos los miembros necesitan el uno del otro.

_____

Respuestas: (1) Una iglesia local es el cuerpo de Cristo. Todos los creyentes en todo el mundo están unidos en el reino de Dios bajo el señorío del Rey. Pero la iglesia local debe funcionar como un cuerpo. No es parte de un cuerpo; es un cuerpo. (2) El dibujo A tal vez represente mejor cómo funcionan algunas iglesias. Sin embargo, la intención de Dios siempre fue que la iglesia funcione como una unidad y no como partes individuales. (3) La iglesia no debe tener divisiones internas. Si su iglesia tiene divisiones, es un cuerpo enfermo. Cristo, el Médico divino, puede curar ese cuerpo, si la iglesia se lo permite. (4) Las afirmaciones a, c y d son falsas. Las otras son verdad.

Aparte del cuerpo usted no puede saber completamente la voluntad de Dios respecto a su relación con el cuerpo

Aparte del cuerpo usted no puede saber completamente la voluntad de Dios respecto a su relación con el cuerpo. Sin el ojo la mano no sabe dónde tocar. Sin el oído el resto del cuerpo tal vez no sepa cómo o cuándo responder. Cada miembro necesita escuchar lo que los demás dicen. Si los miembros no se hablan acerca de lo que perciben que Dios está haciendo, el cuerpo entero está en problemas.

Al funcionar yo en relación con la iglesia, dependo de otros creyentes para que me ayuden a entender la voluntad de Dios. Permítame ilustrárselo. Además, en la unidad 10 dedicaré más tiempo para ayudarlo a comprender cómo funcionan los miembros en el cuerpo.

Permita que Dios le hable por medio de la iglesia

Mientras estaba en el seminario ayudaba en una iglesia local. El primer año enseñé a adolescentes. Lo hice de corazón. Al año siguiente me pidieron que fuera director de música y de educación. Nunca lo había hecho antes. Sólo había cantado en el coro. Tampoco sabía cómo dirigir el programa educacional. Esta fue la manera como enfrenté este reto.

El pueblo de Dios de esa iglesia necesitaba un líder. Al orar percibieron que Dios me había puesto allí con el propósito de llenar esa necesidad. Yo también, por mi parte, vi la necesidad y me di cuenta que Dios podía usarme allí. Como siervo de Jesucristo no tenía la opción de decir que no. Creía que la Cabeza, Jesucristo, podía hablar por medio del resto del cuerpo para guiarme a saber cómo debía funcionar en el cuerpo. Respondí y acepté diciendo que haría lo mejor que pudiera.

Por dos años serví como director de música y de educación. Luego la iglesia decidió llamarme para que fuera su pastor. Nunca antes había predicado un sermón. Estaba asistiendo al seminario, pero no porque percibiera que Dios me estaba llamando a ser pastor. Percibí que necesitaba poner en práctica la preparación recibida en el seminario, para poder tener algunas herramientas que Dios pudiera usar. No le dije al Señor: "Voy a dedicarme a las misiones foráneas o a las misiones domésticas". Tampoco mencioné ni música, ni educación ni predicación. Lo que le dije fue: "Señor, haré cualquier cosa que me dirijas a hacer en relación a tu cuerpo. Soy tu siervo para tus propósitos". De modo que acepté ser el pastor de esa iglesia.

En la iglesia la necesidad no constituye un llamamiento. La necesidad, sin embargo, no puede ignorarse. No tema permitir que el cuerpo de creyentes lo ayuden a conocer la voluntad de Dios. Tenga en mente, también, que un individuo no es la iglesia. A final de cuentas, usted tendrá que tomar el consejo de la gente y acudir a Dios buscando dirección clara. Lo que hallará es que un número de cosas se alinean en la misma dirección. Lo que usted oye de la Biblia, la oración, las circunstancias y la iglesia empezará a señalarle en la misma dirección. Entonces puede proseguir con confianza.

Tal vez me diga: "Hermano, usted no conoce a mi iglesia. No se puede depender de ellos para que le ayuden a uno a saber la voluntad de Dios". Tenga cuidado. Cuando usted dice eso está diciendo más acerca de lo que cree en cuanto a Dios que de lo que cree en cuanto a su iglesia. Usted quiere decir: "Ni siquiera Dios puede obrar a través de esta gente. Simplemente Él no tiene suficiente poder". No creo que eso sea lo que usted piensa. Pero lo que hace dice más en cuanto a lo que cree acerca de Dios de lo que usted dice.

"Hermano, usted no conoce a mi iglesia..."

Hemos llegado al punto en que necesitamos ver la crisis de fe ¡Preste atención! El estudio de la próxima semana será tremendo.

 Repase la lección de hoy. Pida a Dios en oración que le indique una o más enseñanzas o Escrituras que Él quiere que comprenda, aprenda y practique. Subráyela(s). Luego responda a lo siguiente:

¿Cuál fue la enseñanza o Escritura más significativa que leyó hoy?

_____

_____

Ahora escríbala en una frase que pueda usar como oración.

_____

_____

_____

¿Qué quiere Dios que haga en respuesta al estudio de hoy?

_____

_____

Escriba a continuación el versículo que memorizó esta semana.

_____

_____

_____

Repase los demás versículos que ha memorizado y prepárese para repetirlos a otra persona en la sesión semanal del grupo.

Si todavía no ha completado su lista de señales espirituales (día 4) procure terminarla antes de la sesión semanal del grupo. Traiga sus notas a la sesión.

R E S U M E N

- Una iglesia es un cuerpo. Es el cuerpo de Cristo.
- Jesucristo está presente como la Cabeza de una iglesia local.
- Cada miembro es colocado en el cuerpo según a Dios le place.
- Dios nos hace mutuamente dependientes. Nos necesitamos el uno al otro.
- Aparte del cuerpo no puedo conocer completamente la voluntad de Dios respecto a mi relación con el cuerpo.
- Todo miembro necesita escuchar lo que otros dicen.
- Al funcionar en relación con la iglesia, dependo de otros para ayudarme a comprender la voluntad de Dios.

CRISIS DE FE

UNIDAD

7

Un año el comité de finanzas de nuestra iglesia me dijo: "Pastor, usted nos enseñó a andar por fe en cada aspecto de la vida de nuestra iglesia, excepto en cuanto al presupuesto". Les pedí que me explicaran. Me dijeron: "Pues bien, cuando fijamos el presupuesto, lo hacemos sobre la base de lo que creemos que podemos hacer. No tiene en cuenta la posibilidad de que Dios actúe".

"Entiendo" dije, "¿Y cómo piensan que debemos preparar el presupuesto?"

Dijeron: "Primero debemos determinar todo lo que Dios quiere hacer por medio de nosotros. Segundo, calcular el costo. Entonces, dividir el presupuesto en tres categorías: (1) lo que planeamos lograr mediante nuestros diezmos, (2) lo que otros han prometido contribuir, y (3) lo que haremos confiando en que Dios proveerá".

Como iglesia oramos y decidimos que Dios quería que usáramos esta forma para preparar el presupuesto. No nos preocupamos de soñar las cosas que queríamos lograr. Tuvimos que estar absolutamente seguros de que Dios nos estaba guiando a hacer lo que pusimos en el presupuesto. Entonces calculamos cuanto costaría todo eso. Calculamos lo que nuestra propia gente daría como diezmos, y lo que otros (las juntas denominacionales, iglesias o individuos) habían dicho que nos darían. La diferencia entre lo que podíamos razonablemente esperar y el total era lo que pediríamos a Dios que proveyera.

Por fe adoptamos el gran total como presupuesto de operación. En ese punto llegamos a una crisis de fe. ¿Creíamos realmente que el Dios que nos había guiado a planear esas cosas también nos proveería de los recursos para realizarlas? Cuando Dios lo guía a hacer algo de dimensiones divinas usted se enfrenta a una crisis de fe. Cuando se encuentra en tal situación, lo que haga demostrará lo que realmente cree acerca de Dios.

El presupuesto anual de nuestra iglesia normalmente había sido de $74,000. El presupuesto que fijamos era de $164,000. Prometimos orar diariamente para que Dios supliera las necesidades. De todo dinero que llegaba y que no habíamos previsto, le dábamos el crédito a Dios. Al final del año habíamos recibido $172,000. Dios le enseñó a nuestra iglesia una lección de fe que nos cambió radicalmente.

Versículo para memorizar esta semana

Pero sin fe es imposible agradar a Dios; porque es necesario que el que se acerca a Dios crea que le hay, y que es galardonador de los que le buscan.   **—Hebreos 11.6**

Esta unidad enfoca una encrucijada que usted enfrentrará al seguir la voluntad de Dios. Cuando Dios lo invita a que se le una en su obra, Él tiene para usted una tarea de dimensiones divinas. Se dará cuenta que no puede hacerla por sí mismo. Si Dios no lo ayuda, usted fracasará. Éste es el punto de crisis en donde muchos deciden no seguir lo que perciben que Dios los está guiando a hacer. Después se preguntan por qué no experimentan la presencia y actividad de Dios en la forma en que otros creyentes la perciben.

Pasemos unos minutos repasando en orden, la relación entre la crisis de fe y lo que ya hemos estudiado.

 Hemos estado estudiando siete realidades de la secuencia en que Dios trabaja con su pueblo. Usando las siguientes ayudas, vea si puede escribir en sus propias palabras, las primeras cuatro. Verifique luego sus respuestas con el gráfico de la página 19.

1. Dios obra _____

2. relación _____

3. invita _____

4. habla _____

Repaso

Ahora, trate de escribir la quinta. Llene los espacios:
5. La invitación de Dios para unirse a Él en su obra siempre lo conduce a una _____ de _____ que exige _____ y _____ .

Crisis

La palabra crisis procede de una raíz que significa "decisión". La misma palabra griega a menudo se traduce como juicio. La crisis de fe es un cruce de caminos, una encrucijada, en donde usted tiene que tomar una decisión. Debe decidir qué es lo que cree acerca de Dios. La manera en que responda en esta encrucijada determinará si usted se unirá a Dios en algo de dimensiones divinas que sólo Él puede hacer, o si continuará su propio camino y fracasará en seguir el propósito de Dios para su vida. Ésta no es una experiencia que ocurre una sola vez. Es algo de todos los días. La manera en que vive es un testimonio de lo que cree de Dios.

Es mi forma de vida un testimonio de lo que creo de Dios

 Usted leyó el relato sobre el presupuesto de nuestra iglesia. ¿Cuál fue en esa experiencia la crisis de fe? Marque su respuesta:
- ❏ 1. Cuando el comité decidió cambiar la manera de preparar el presupuesto.
- ❏ 2. Cuando la iglesia tuvo que decidir lo que Dios nos estaba guiando a hacer el siguiente año.
- ❏ 3. Cuando el comité tuvo que decidir si recomendar el gran total como presupuesto de operación, o recomendar lo que sabía que la iglesia podía dar.

En cierto modo se pudieran marcar las tres. En cada caso tuvimos que decidir lo que creíamos en cuanto a Dios. La crisis más grande vino cuando decidimos operar según el gran total antes que por lo que sabíamos que podíamos lograr. Operar sobre $74,000 no requería mucha fe. Estábamos seguros que podíamos hacerlo. Operar sobre $164,000 exigía fe. No podíamos de ninguna manera conseguir tal cantidad de dinero a menos que Dios lo proveyera. ¿Nota la encrucijada, la crisis de fe? Podíamos haber decidido adoptar un presupuesto inferior, y nunca habríamos conocido más de Dios. La gente en la comunidad que observaba nuestra iglesia hubiera visto sólo lo que la gente puede hacer. No hubieran visto lo que Dios puede hacer.

Otra crisis de fe vino en medio de nuestro programa de construcción. Teníamos una oportunidad única de comprar un edificio en la calle principal de la ciudad de Allan para nuestra misión. Len Koster, el pastor de esa misión, habló con el propietario, el cual le dijo: "Yo compré esa propiedad por $15,000 y he invertido en ella más de $6,000, pero se las venderé en el precio que la compré". Nos pidió un anticipo de $9,000 y dijo que nos daría un préstamo por los $6,000 restantes al 8 por ciento de interés.

La compra de la propiedad para nuestra misión en la ciudad de Allan

Len Koster le dijo: "Dénos dos semanas para considerar el asunto".

En ese tiempo éramos un grupo pequeño y auspiciábamos cuatro misiones. Teníamos un déficit de más de $100,000 en nuestro programa de construcción. Dios nos había llamado para empezar esa misión, pero no teníamos ni siquiera nueve centavos, mucho menos nueve mil dólares. Le informamos a la iglesia la situación y les preguntamos a los hermanos: "¿Qué piensan que Dios quiere que hagamos?"

"Oremos fervientemente que Dios provea para la misión".

Unánimemente la congregación dijo: "Oremos fervientemente que Dios provea para la misión". Empezamos a orar. Decidimos que todo dinero que se recibiera inesperadamente durante las dos semanas siguientes sería provisión de Dios y en respuesta a la oración.

Casi una semana después recibí una llamada de una iglesia en Texas. La persona que llamaba me dijo: "Alguien visitó nuestra iglesia y nos contó que ustedes están haciendo obra misionera. ¿Podría decirme algo más al respecto? Así lo hice. Luego él dijo: "Estamos considerando enviar $5,000 y después $200 mensuales por dos años; esto último para el sostenimiento de un pastor en una misión. ¿Sabe usted de algún lugar donde ese dinero pudiera usarse?" "¡Por supuesto!" le dije. "Lo usaríamos para Allan. Estamos precisamente ahora orando por esa ciudad".

Al día siguiente recibí una llamada de otro pastor en Texas, el cual me dijo: "Nos hemos enterado de que su iglesia está haciendo obra misionera. Tenemos una señora cuyo esposo fue un evangelista. Él murió, y ella quiere donar mil dólares para la obra misionera. ¿Sabe usted de algún lugar en donde pudieran usar ese dinero?"

Le dije: "Por supuesto. Estamos orando por nuestra misión en Allan". Ya teníamos seis mil dólares para el edificio, y doscientos para el sostenimiento del pastor. Seguimos orando. Cuando se cumplieron las dos semanas nos faltaban $3,000. Koster fue a hablar nuevamente con el dueño.

Antes de que el hermano Len pudiera decir algo, el hombre le dijo: "Después de que hablamos la última vez hice algunos cálculos con respecto a la declaración de impuestos a la renta. Para mí sería mucho más conveniente que ustedes me dieran solamente seis mil dólares de anticipo y que el préstamo sea por los otros nueve mil. ¿Qué le parece?"

"Eso es exactamente lo que le iba a sugerir", le dijo el hermano Len. Así que compramos la propiedad y construimos el edificio. Desde entonces esa congregación ha comprado otra propiedad y construido otro edificio. Además, auspician dos misiones.

Cuando Dios me dice lo que quiere hacer por medio de mí, enfrentaré una crisis de fe.

Si hubiéramos mirado a lo que teníamos en el banco, ¿hubiéramos proseguido? No. Si hubiéramos mirado a las circunstancias, ¿hubiéramos avanzado? No. Pero lo que cree en cuanto a Dios determina lo que usted hace. Cuando Dios le dice lo que Él quiere hacer por medio de usted, enfrentará una crisis de fe. Lo que usted hace muestra lo que usted cree.

A. En sus propias palabras defina la "crisis de fe".

_____

_____

B. Lea cada uno de los siguientes pasajes bíblicos y describa la crisis de fe en cada caso.

Josué 6.1-5 _____

_____

Jueces 6.33; 7.1-8 _____

_____

1 Crónicas 14.8-16 _____

_____

Mateo 17.24-27 _____

_____

C. ¿Ha percibido usted, o su iglesia, que Dios quería que hicieran algo grande y tuvieron que enfrentar una crisis de fe? Sí ❑ No ❑ Describa brevemente la situación, y cómo respondió usted o su iglesia.

_____

_____

D. ¿Qué demuestra su respuesta en cuanto a su creencia en Dios? ¿Mostró fe o falta de ella?

_____

¿Le ordenaría a un ejército que marchase alrededor de una ciudad esperando que los muros caigan cuando toquen las trompetas? Esa fue una crisis de fe tanto para Josué, como para todo Israel. Tenían que decidir si creían que Dios podía hacer lo que había prometido. Aun cuando acababan de ver a Dios abrir el río Jordán para que cruzaran, el siguiente paso exigía fe. Cada tarea que Dios asignó a Israel exigía una nueva medida de fe.

Josué y los muros de Jericó

En realidad, Gedeón debe haber batallado con su crisis. Las fuerzas conjuntas de los madianitas, amalecitas y otras naciones estaban listas para atacar. Gedeón empezó con 32,000 hombres, pero Dios hizo que enviara a casa a 31,700 de ellos. Él iba a darles la victoria con sólo 300. ¿Nota usted la diferencia cuando se mira con los ojos de Dios? Cuando la batalla fue ganada, todo el mundo supo que Dios lo hizo.

Gedeón y sus 300 hombres

David era un siervo fiel del Señor, que se negó a depender de la sabiduría humana. Le pidió dirección a Dios. ¿Fue una crisis de fe puesto que Dios ya le había dicho que le daría la victoria sobre los filisteos? ¡Sí! David todavía tenía que decidir lo que creía en cuanto a Dios. Tenía que confiar que Dios haría lo que le había prometido.

David y los filisteos

¿Notó que David permanecía en íntima relación con Dios? Él no confiaba en las experiencias del pasado para las decisiones que debía tomar hoy. David no usó la sabiduría humana para decidir atacar la segunda vez. Ése es un buen ejemplo de cómo Dios quiere que dependamos de Él, y no de un método o un programa. Lo que sirvió bien ayer, o en alguna otra iglesia, tal vez no sea lo que Dios quiere usar hoy. Solamente Él tiene el derecho de señalar el paso siguiente que se debe tomar.

Pedro era pescador y nunca antes había encontrado cuatro monedas en la boca de un pez. Se requería una gran fe para ir a pescar y sacar de la boca del pez la cantidad exacta para pagar el impuesto. Él actuó sobre la base de su fe, y Dios proveyó.

Pedro, un pez y los impuestos

Al continuar nuestro estudio sobre la crisis de fe, examinaremos cuatro principios.

La crisis de fe

1. Un encuentro con Dios requiere fe.
2. Los encuentros con Dios son de dimensiones divinas.
3. La manera en que responde a la revelación (invitación) de Dios demuestra lo que usted cree de Dios.
4. La verdadera fe requiere acción.

 En la lista anterior subraye una palabra o frase clave en cada principio.

Repase la lección de hoy. Pida a Dios en oración que le indique una o más enseñanzas o Escrituras que Él quiere que comprenda, aprenda y practique. Subráyela(s). Luego responda a lo siguiente:

¿Cuál fue la enseñanza o Escritura más significativa que leyó hoy?

_____

_____

Ahora escríbala en una frase que pueda usar como oración.

_____

_____

¿Qué quiere Dios que haga en respuesta al estudio de hoy?

_____

_____

Escriba de memoria el versículo que ha memorizado, y repase los anteriores.

_____

_____

RESUMEN

- Cuando Dios me invita a unirme a Él en su obra, tiene una tarea de dimensiones divinas para asignarme.
- La manera en que vivo es un testimonio de lo que creo de Dios.
- Cuando Dios me dice lo que quiere hacer medio de mí intermedio, enfrentaré una crisis de fe.

DÍA 2   LOS ENCUENTROS CON DIOS EXIGEN FE

La fe es la confianza en que lo que Dios ha prometido o dicho, se cumplirá.

Cuando Dios habla, su respuesta requiere fe. Por toda la Escritura cuando Dios se revela a sí mismo, sus propósitos o sus caminos, la respuesta requiere fe.

 Lea las siguientes porciones bíblicas y luego responda a las preguntas:

1. La fe es la certeza de lo que se espera, la convicción de lo que no se ve (He. 11.1). **¿Qué es la fe?**

_____

2. Por fe andamos, no por vista (2 Co. 5.7). **¿Qué es lo opuesto a la fe?**

_____

3. El profeta que tuviere la presunción de hablar palabra en mi nombre, a quien yo no le haya mandado a hablar, . . . el tal profeta morirá. . . . si el profeta hablare en nombre de Jehová, y no se cumpliere lo que dijo, ni aconteciere, es palabra que Jehová no ha hablado; con presunción la habló el tal profeta; no tengas temor de él (Dt. 18.20, 22). **¿Cuán importante es que su fe esté en Dios y en lo que Él dice, antes que en lo que diga usted u otra persona?**

_____

4. Jesús dijo: El que en mí cree, las obras que yo hago, él las hará también; y aun mayores hará, porque yo voy al Padre (Jn. 14.12). **¿Cuál es la potencialidad de la fe?**

_____

Semilla de mostaza

5. De cierto os digo, que si tuviereis fe como un grano de mostaza, diréis a este monte: Pásate de aquí allá, y se pasará; y nada os será imposible (Mt. 17.20-21). **¿Cuánta fe requiere Dios para hacer lo que es humanamente imposible?**

_____

6. Ni mi palabra ni mi predicación fue con palabras persuasivas de humana sabiduría, sino con demostración del Espíritu y de poder, para que vuestra fe no esté fundada en la sabiduría de los hombres, sino en el poder de Dios (1 Co. 2.4-5). **¿Sobre qué debemos basar nuestra fe? ¿Sobre qué NO la debemos basar?**

Basar la fe en _____

No en _____

7. Si vosotros no creyereis, de cierto no permaneceréis (Is. 7.9). **¿Cuál es uno de los peligros de la falta de fe?**

_____

La fe es la confianza en que lo que Dios ha prometido o dicho se cumplirá. La vista es opuesta a la fe. Si usted puede ver claramente cómo se puede lograr algo, es probable que no requiera fe. ¿Recuerda la ilustración del presupuesto de nuestra iglesia? Si hubiéramos escogido operar en lo que sabíamos que podíamos lograr, no se hubiera necesitado fe.

> La fe es creer que el Dios que nos ha llamado a las tareas es quien proveerá para que podamos realizarlas.

La fe debe estar puesta en una PERSONA: Dios mismo. Si usted u otra persona decide que algo sería bueno que ocurriera, y luego guía a la gente a "creer" y "tener fe", se coloca en una posición muy peligrosa. La fe es válida solamente en Dios y en lo que Él dice que se propone hacer. Si lo que espera que ocurra procede de usted y no de Dios, entonces usted depende de lo que puede hacer. Antes de pedirse a sí mismo, a su familia o a su iglesia que ejerza fe, asegúrese de haber oído mensaje de Dios.

La fe debe estar puesta en una Persona.

Con una fe en Dios tan sólo como un grano de mostaza nada es imposible. Jesús dijo que sus seguidores harían incluso cosas más grandes que las que Él había hecho. Nuestra fe, sin embargo, debe fundarse en el poder de Dios y no en la sabiduría humana. Sin una fe firme, usted tropezará y caerá.

Algo que sólo Dios puede hacer

Moisés no podía librar a los hijos de Israel del ejército del Faraón, ni cruzar el mar Rojo por tierra seca, ni proveer agua de la roca. Moisés debía tener fe en que el Dios que lo había llamado haría lo que había prometido. Josué no podía hacer que los israelitas cruzaran el Jordán por tierra seca, derribar las murallas, derrotar a los enemigos, o detener el sol. Sólo Dios pudo haber hecho tales cosas. Josué debía tener fe en Dios.

Moisés

Josué

En el Nuevo Testamento, los discípulos por sí mismos no podían alimentar a la multitud, ni sanar a los enfermos, aquietar la tormenta, o resucitar muertos. Sólo Dios podía hacerlo. Pero Dios llamó a siervos que le permitieran hacer estas cosas por medio de ellos.

Los discípulos

Sólo Dios le hará saber lo que quiere hacer por medio de usted. Lo que cree en cuanto a Dios determinará lo que usted hará. Si tiene fe en el Dios que lo llamó, lo obedecerá; y Él hará que ocurra lo que Él se ha propuesto hacer. Si a usted le falta fe, no querrá hacer lo que Él quiere. Eso es desobediencia. Jesús preguntó a los que estaban a su alrededor: ¿Por qué me llamáis, Señor, Señor, y no hacéis lo que yo digo? (Lc. 6.46). Con frecuencia Jesús reprendió a sus discípulos por la falta de fe. Esa incredulidad revelaba que realmente no habían llegado a conocer quién era Él. Por tanto, no sabían lo que Él podía hacer.

Responda a las preguntas que siguen:

1. ¿Cuáles son algunas cosas que Dios quería hacer por medio de Moisés?

_____

_____

2. ¿Cuáles son algunas cosas que Jesús quería hacer por medio de los discípulos?

_____

_____

3. Cuando Dios llama a una persona a unírsele para hacer algo que sólo Él puede hacer, ¿qué se requiere de la persona para que responda?

4. Si la persona desobedece, ¿qué indica eso?

5. Si la persona obedece, ¿qué indica eso?

6. El versículo para memorizar (He. 11.6) indica por qué es importante la fe. Escríbalo aquí:

La obediencia demuestra fe.

Se requirió fe de parte de Moisés y de los discípulos. Cuando Dios llama a una persona para que se le una en una tarea de dimensiones divinas, siempre se requiere fe. La obediencia indica fe en Dios. La desobediencia indica falta de fe. Sin fe la persona no puede agradar a Dios. Sin fe una iglesia no puede agradar a Dios.

El problema principal es el egocentrismo.

Dios habla para revelarnos lo que va a hacer por medio de nosotros.

Nosotros enfrentamos las mismas crisis que enfrentaron los personajes bíblicos. Cuando Dios habla, nos exige fe. Nuestro principal problema, no obstante, es nuestro egocentrismo. Pensamos que tenemos que realizar con nuestro propio poder y con nuestros propios recursos la tarea asignada. Pensamos: "No puedo hacerlo. No es posible".

Nos olvidamos que cuando Dios habla siempre revela lo que Él va a hacer, no lo que quiere que nosotros hagamos por Él. Nos unimos a Él para que Él pueda hacer su obra por medio nuestro. No tenemos que ser capaces de realizar la tarea con nuestros limitados recursos o capacidades. Con fe podemos avanzar con confianza y obediencia; porque sabemos que Él va a llevar a cabo todo lo que se propone. Jesús indicó que lo que es imposible para el ser humano es posible para Dios (Mr. 10.27). La Biblia testifica de que esto es verdad.

Se requiere fe

En la iglesia de Saskatoon creímos que Dios nos iba a usar para alcanzar para Cristo a las personas de toda la provincia. Hay allí más de doscientas ciudades, pueblos y aldeas. Esto significaba que tendríamos que empezar nuevas misiones o iglesias. Para lograr esto, sentimos que Dios nos guiaba a llamar a Len Koster para comenzar nuevas misiones. Él, a su vez, ayudaría a otras iglesias a empezar nuevas misiones.

Len Koster y las misiones

Por 14 años Len y su esposa Rut habían pastoreado iglesias pequeñas. Len estaba tan dedicado al Señor que trabajaba en una gasolinera para sostenerse mientras servía en el pastorado. Sin un pastor a tiempo parcial aquellas iglesias no hubieran tenido ningún liderazgo pastoral. En ese tiempo la pareja había logrado ahorrar $7,000 con la esperanza de algún día tener para dar el anticipo de una casa. Cuando Len se sintió absolutamente convencido de que debía venir a ayudarnos a empezar iglesias, le dije: "Len, no tenemos dinero para la mudanza, ni tampoco para pagarle ningún salario".

"El Dios que me llamó, me ayudará"

Él contestó: "Enrique, el Dios que me llamó me ayudará. Tomaremos el dinero de nuestros ahorros y nos mudaremos". Más tarde, Len vino a mi oficina y me dijo: "Enrique, mi esposa y yo hemos orado y hablado toda la noche. Por 14 años he trabajado en un trabajo secular y no he tenido problemas para proveer para mi familia. Pero la necesidad es tan grande, y la dirección de Dios tan clara, que sentimos que debemos dedicarnos a este trabajo a tiempo completo. Anoche nos dimos cuenta que el dinero que tenemos en el banco le pertenece a Dios, y que Él quiere que mientras tanto lo usemos para sostenernos. Cuando se haya acabado, Él proveerá. De modo que, no se preocupen en cuanto a mi sostenimiento".

Cuando Len salió de la habitación caí de rodillas, y lloré y lloré ante el Padre. Le dije: "Padre, no entiendo por qué una familia tan fiel tiene que hacer esta clase de sacrificios". Veía en ellos una gran fe demostrada en acciones.

Dos días más tarde recibí una carta de una persona en Kamloops, Columbia Británica. Era muy corta y simplemente decía: "Me he enterado que Len Koster ha venido a trabajar con ustedes. Dios me ha puesto en el corazón que debo ayudar a sostener su ministerio. Adjunto un cheque por $7,000 para su sostenimiento". Cuando abrí la carta caí de nuevo de rodillas y lloré ante nuestro Padre. Esta vez le pedí que me perdonara por no haber confiado en Él cuando me dijo que podía hacerlo.

Llamé a Len y le dije: "Hermano, usted puso sus ahorros de toda una vida en el altar del sacrificio, pero Dios tenía algo mejor entre las zarzas. El Dios que dijo: 'Yo soy tu Proveedor' ya ha provisto". Luego le conté lo sucedido. ¿Sabe usted el efecto que eso causó en la vida de Len? ¿Sabe usted lo que significó en la vida de nuestra iglesia? Todos crecimos en fe para con Dios. Después de eso, marchamos por fe una y otra vez. Observamos a Dios hacer cosas maravillosas. Nunca hubiéramos llegado a tener tal experiencia con Dios si no hubiéramos dado el primer paso de fe y llamado a Len. Esa experiencia nos sirvió para aprender a confiar en Dios.

Cuando se encuentre con Dios, enfrentará una crisis de fe. Esa requerirá confianza. Sin fe usted no podrá agradar a Dios.

Describa una ocasión en su vida que requirió fe y usted no respondió con fe.

_____

_____

Describa una ocasión en su vida que requería fe en Dios y respondió con fe. Puede ser cuando usted no veía ninguna otra manera de realizar la tarea a menos que Dios lo hiciera a través de usted. (Si después de meditar unos momentos no puede recordar ningún episodio, no se preocupe).

_____

_____

¿Sabe de algo que Dios quiere que usted haga y no lo está haciendo?

_____

En su opinión, ¿por qué vacila?

_____

¿Alguna vez ha deseado hacer suya la oración de los discípulos: "Auméntanos la fe" (Lc. 17.5)? ❑ Sí ❑ No

Tómese unos momentos para orar acerca de su FE y de lo que Dios quiere hacer por medio de usted.

Repase la lección de hoy. Pida a Dios en oración que le indique una o más enseñanzas o Escrituras que Él quiere que comprenda, aprenda y practique. Subráyela(s). Luego responda a lo siguiente:

¿Cuál fue la enseñanza o Escritura más significativa que leyó hoy?

_____

_____

Ahora escríbala en una frase que pueda usar como oración.

_____

_____

¿Qué quiere Dios que haga en respuesta al estudio de hoy?

_____

_____

_____

RESUMEN

- Cuando Dios habla, mi respuesta requiere fe.
- La fe es la confianza de que lo que Dios ha prometido o dicho, se cumplirá.
- Andar por vista es lo opuesto de la fe.
- La fe debe estar puesta en una Persona.
- Antes de pedirme a mí mismo, o a mi familia, o a mi iglesia ejercer fe, debo estar seguro de haber oído Palabra de Dios.
- Cuando Dios me deja saber lo que Él quiere hacer por mi intermedio, será algo que sólo Dios puede hacer.
- Lo que creo acerca de Él determinará lo que hago.

DÍA 3 — LOS ENCUENTROS CON DIOS SON DE DIMENSIONES DIVINAS

Dios está interesado en que el mundo llegue a conocerlo.

Dios está interesado en que el mundo lo conozca. La única manera en que lo conocerá será a través de su obra. Conocerán su naturaleza cuando la vean expresada en su actividad. En dondequiera que Dios lo incluye a usted en su actividad, la tarea tendrá dimensiones divinas.

Tareas de dimensiones divinas

La clase de tareas que Dios asigna son de dimensiones divinas.

Algunas personas dicen: "Dios nunca me pedirá que haga algo que no pueda hacer". He llegado al punto en que si siento que Dios me pide que haga algo que yo sé que puedo manejar, probablemente no es de Dios. La clase de tareas que Dios da en la Biblia siempre son de dimensiones divinas, o sea que están más allá de lo que la gente puede hacer. Él quiere mostrar su naturaleza, su poder, su provisión y su bondad para su pueblo y a un mundo que observa. Ésta es la única manera en que el mundo llegará a conocerlo.

 Escriba de memoria algunas de las tareas que Dios (el Padre o Jesús) dio a algunos personajes en la Biblia que eran de dimensiones divinas; es decir, cosas humanamente imposibles.

_____

_____

_____

Usted podría mencionar muchas tareas de dimensiones divinas en la Biblia. Dios le dijo a Abraham que fuera el padre de una nación cuando ni siquiera tenía un hijo y Sara había pasado la edad de procrear. Le dijo a Moisés que libertara al pueblo de Israel, que cruzara el mar Rojo, y que proveyera agua de la roca. Le dijo a Gedeón que derrotara al gigantesco ejército madianita con sólo 300 hombres. Jesús les dijo a Sus discípulos que alimentaran a la multitud y que hicieran discípulos a todas las naciones. Ninguna de estas cosas eran humanamente posibles. Cuando el pueblo de Dios y el mundo ven que ocurre algo que sólo Dios puede hacer, llegan a conocer a Dios.

La gente llega a conocer a Dios

 Lea los siguientes relatos bíblicos de la actividad de Dios a través de sus siervos. Subraye las frases que indican cómo la gente respondió a la actividad de Dios cuando la observaron. Hemos subrayado la primera.

Moisés y el mar Rojo

Dios le dijo a Moisés que hiciera acampar a los israelitas junto al mar Rojo. Él les liberaría dividiendo el mar y haciéndolos cruzar en seco. Dios dijo: Seré glorificado en Faraón y en todo su ejército, y sabrán los egipcios que yo soy Jehová (Éx. 14.4). ¿Cuál fue el resultado? Y vio Israel aquel grande hecho que Jehová ejecutó contra los egipcios; y <u>el pueblo temió a Jehová, y creyeron a Jehová</u> (v. 31).

Josué y el río Jordán

Dios le ordenó a Josué que hiciera cruzar a los israelitas el Jordán en época del desborde.

¿Por qué? Para que todos los pueblos de la tierra conozcan que la mano de Jehová es poderosa; para que temáis a Jehová vuestro Dios todos los días (Jos. 4.24).

Un gigantesco ejército acampó contra Israel. El rey Josafat proclamó ayuno y guió al pueblo a buscar consejo de Dios. Oró: ¡Oh Dios nuestro! . . . en nosotros no hay fuerza contra tan grande multitud que viene contra nosotros; no sabemos qué hacer, y a ti volvemos nuestros ojos (2 Cr. 20.12). Dios respondió: No temáis ni os amedrentéis delante de esta multitud tan grande, porque no es vuestra la guerra, sino de Dios. . . . No habrá para qué peleéis vosotros en este caso; paraos, estad quietos, y ved la salvación de Jehová con vosotros" (2 Cr. 20.15, 17). Josafat envió frente a su ejército un coro que cantaba alabanzas a Dios por su amor eterno. Dios destruyó el ejército invasor antes de que Josafat o Israel llegaran al campo de batalla. Entonces: El pavor de Dios cayó sobre todos los reinos de aquella tierra, cuando oyeron que Jehová había peleado contra los enemigos de Israel (v. 29).

El rey Josafat e Israel contra un ejército gigantesco

Sadrac, Mesac y Abed-nego escogieron obedecer a Dios antes que al rey Nabucodonosor. Antes de ser arrojados al horno ardiente dijeron: He aquí nuestro Dios a quien servimos puede librarnos del horno de fuego ardiendo; y de tu mano, oh rey, nos librará (Dn. 3.17). Los soldados que los arrojaron murieron, pero Dios libró a estos tres hombres fieles.

Sadrac, Mesac y Abed-nego

El rey Nabucodonosor dijo: Bendito sea el Dios de ellos, de Sadrac, Mesac y Abed-nego, que envió su ángel y libró a sus siervos... Por lo tanto, decreto que todo pueblo, nación o lengua que dijere blasfemia contra el Dios de Sadrac, Mesac y Abed-nego, sea descuartizado, y su casa convertida en muladar; por cuanto no hay dios que pueda librar como éste (Dn. 3.28-29). Este rey pagano escribió a toda la nación: Conviene que yo declare las señales y milagros que el Dios Altísimo ha hecho conmigo. ¡Cuán grandes son sus señales, y cuán potentes sus maravillas! (Dn. 4.2-3).

Los creyentes del primer siglo siguieron la dirección del Espíritu Santo. El efecto que Dios hizo fue contundente. Los discípulos fueron llenos del Espíritu Santo y pudieron hablar en idiomas que nunca habían aprendido. Luego Pedro predicó, y los que recibieron su palabra fueron bautizados; y se añadieron aquel día como tres mil personas (Hch. 2.41).

La iglesia del primer siglo

Dios usó a Pedro y a Juan para curar en el nombre de Jesús a un cojo. Luego predicaron y muchos de los que habían oído la palabra, creyeron; y el número de los varones era como cinco mil (Hch. 4.4).

Dios usó a Pedro para resucitar a Dorcas. Esto fue notorio en toda Jope, y muchos creyeron en el Señor (Hch. 9.42).

 Responda a las preguntas que siguen:

1. ¿A quién dieron el crédito: A los siervos de Dios o a Dios?

   _____

2. ¿Qué diferencia ve en la vida de los que vieron u oyeron de la actividad de Dios?

   _____

3. ¿Cómo describiría la respuesta de la gente en su comunidad al evangelio de Jesucristo?

   _____

   _____

Lo que nuestro mundo ve con frecuencia en nuestros días es un creyente devoto, consagrado, sirviendo a Dios; pero no están viendo a Dios. Se comenta lo que estamos haciendo: "Pues, bien; allí hay un grupo maravilloso de personas consagradas sirviendo a Dios". Sin embargo, no ven nada que pudiera explicarse únicamente atribuyéndolo a Dios. ¿Por qué? Porque no estamos intentando hacer algo que sólo Dios puede hacer.

Nuestro mundo no ve a Dios porque no estamos intentando hacer algo que sólo Dios puede hacer.

Nuestro mundo no se siente atraído al Cristo a quien servimos porque no pueden verlo obrando. Nos ven a nosotros haciendo buenas cosas para Dios y dicen: "Eso es hermoso, pero no me interesa". El mundo pasa de largo. No tienen la oportunidad de ver a Dios. Cuando el mundo lo vea, Él lo atraerá a sí mismo. Levantemos en alto a Cristo; no en palabras, sino en la vida. Que el mundo vea la diferencia que el Cristo viviente hace en la vida, en la familia, en la iglesia; eso cambiará la manera de responder. Cuando el mundo vea que ocurre algo a través del pueblo de Dios que no se explica de ninguna otra manera, entonces se sentirán atraídos al Dios que ven.

¡Deje que el mundo vea a Dios obrando, y eso atraerá a la gente!

Responda a las preguntas que siguen:

1. ¿Cómo llegará el mundo a conocer a Dios?

_____

2. ¿Por qué la gente de nuestro mundo no se siente atraída a Cristo y a su iglesia?

_____

3. ¿Qué clase de tarea asigna Dios a su pueblo?

_____

4. ¿Por qué asigna Dios tareas de dimensiones divinas, que el individuo o la iglesia no pueden hacer por sí mismos?

_____

5. ¿Qué está tratando de hacer que sólo Dios puede hacer?

_____

6. ¿Qué está su iglesia tratando de hacer que sólo Dios puede hacer?

_____

7. ¿Cuál de los siguientes puntos describe mejor lo que anotó en las preguntas 5 y 6? Marque su respuesta:
   - ❏ a. Metas que Dios nos / me ha guiado a intentar.
   - ❏ b. Planes que nosotros hemos / yo he decidido que sería interesante pedir a Dios que realice.
8. ¿Qué conexión ve entre sus respuestas y las cosas que usted intenta que son de dimensiones divinas?
   - ❏ a. No estamos intentando muchas tareas de dimensiones divinas y pocas personas están respondiendo al evangelio.
   - ❏ b. No estamos intentando muchas tareas de dimensiones divinas pero mucha gente está respondiendo al evangelio.
   - ❏ c. Estamos viendo a Dios hacer grandes obras en y a través de nuestra iglesia, pero muy poca gente responde al evangelio.
   - ❏ d. Estamos viendo a Dios hacer grandes obras en y a través de nuestra iglesia, y mucha gente está respondiendo al evangelio.

El mundo llega a conocer a Dios cuando ve su naturaleza expresada a través de su actividad. Cuando Dios empieza a trabajar, realiza lo que sólo Él puede hacer. Cuando Dios lo hace, tanto el pueblo de Dios como el mundo llegan a conocerlo en maneras que nunca antes lo habían conocido. Es por eso que Dios le asigna a su pueblo tareas de proporciones divinas. La razón por la cual muchos no son atraídos a Cristo y a su iglesia es porque al pueblo de Dios le falta la fe para intentar aquellas cosas que sólo Dios puede hacer. Si usted y su iglesia no están respondiendo a Dios e intentando cosas que sólo Él puede realizar, entonces ustedes no están ejerciendo fe. Sin fe es imposible agradar a Dios (He. 11.6). Si la gente en su comunidad no está respondiendo al evangelio como ve que lo hacían en el Nuevo Testamento, una posible razón es que no están viendo a Dios en lo que ustedes, como iglesia, están haciendo.

Usted se regocijará por haber tenido una experiencia con Dios.

Dios está mucho más interesado en que usted tenga una experiencia con Él, que simplemente en realizar el trabajo. Usted puede completar una tarea y sin embargo no tener ninguna experiencia con Dios. El trabajo puede hacerlo cuando le plazca. ¿Qué es lo que le interesa? Que usted y el mundo lo conozcan y que tengan una experiencia con Él. Por consiguiente, Dios vendrá a usted y le asignará una tarea de proporciones divinas. Cuando empiece a hacer lo que Él le dice, entonces se cumplirá lo que Él se ha propuesto. Entonces usted y toda la gente a su alrededor se regocijarán al tener una experiencia con Él. Le conocerán más y mejor que antes.

Una tarea de dimensiones divinas

Nuestra iglesia en Saskatoon estaba creciendo y necesitaba más espacio. Creímos que Dios nos guiaba a empezar una construcción, aun con sólo $749 en el fondo pro templo. El edificio costaba $220,000. No teníamos ni la más remota idea de cómo hacerlo.

Nosotros mismos hicimos mucho del trabajo. Sin embargo, a la mitad de la construcción ya teníamos un déficit de $100,000. Los hermanos observaban a su pastor para ver si creía que Dios haría lo que nos había llamado a hacer. Dios puso la confianza en mi corazón que nos mostraría cómo hacerlo.

Dios empezó a proveer los fondos necesarios. Casi al final todavía nos faltaban cerca de $60,000. Habíamos estado esperando recibir algún dinero de una fundación en Texas. No podíamos entender por qué se demoraban. Un día, por dos horas el de cambio del dólar canadiense cayó al punto más bajo de la historia. En esos precisos momentos la institución de Texas nos envió el dinero. ¿Sabe lo que ocurrió? Nos dieron exactamente $60,000 más de lo que hubiéramos recibido con las tarifas normales de cambio. Luego el dólar volvió a subir.

¿Interviene el Padre Celestial en la economía para ayudar a sus hijos? Nadie en el mundo creería que Dios lo haría para ayudar a una sola iglesia, pero puedo mostrarles una iglesia que cree que Dios lo hizo. Cuando eso ocurrió enaltecí a los ojos de la gente lo que el Señor había hecho. Le di todo el honor a Él. Dios se reveló a sí mismo por medio de esa experiencia, y llegamos a conocerlo de una nueva manera.

Enaltecí a los ojos de la gente lo que el Señor había hecho.

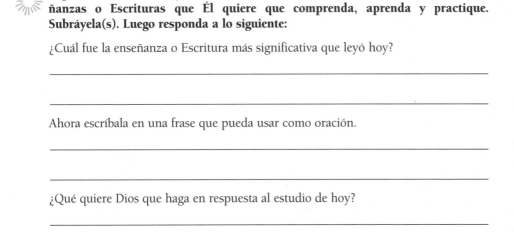 **Repase la lección de hoy. Pida a Dios en oración que le indique una o más enseñanzas o Escrituras que Él quiere que comprenda, aprenda y practique. Subráyela(s). Luego responda a lo siguiente:**

¿Cuál fue la enseñanza o Escritura más significativa que leyó hoy?

_____

_____

Ahora escríbala en una frase que pueda usar como oración.

_____

_____

¿Qué quiere Dios que haga en respuesta al estudio de hoy?

_____

_____

RESUMEN

- Las tareas que Dios asigna son de proporciones divinas.
- Cuando el pueblo de Dios y el mundo ven algo que sólo Dios puede hacer, llegarán a conocer a Dios.
- Deje que la gente vea la el cambio que el Cristo viviente hace en una vida, en una familia, o en una iglesia; eso cambiará la manera en que responden al evangelio.

LO QUE HACE PROCLAMA LO QUE CREE

Lo que hace revela lo que cree de Dios, independientemente de lo que usted diga.

Cuando Dios le habla a una persona y le revela sus planes y propósitos, siempre causa una crisis de fe.

 Como repaso complete las dos primeras afirmaciones sobre la crisis de fe.

1. Un encuentro con Dios exige _____ .
2. Los encuentros con Dios son _____ .
3. Lo que hace en respuesta a la revelación (invitación) de Dios revela lo que usted cree de Dios.
4. La verdadera fe requiere acción.

En cada una de las dos últimas afirmaciones trace un círculo alrededor de una o dos palabras clave que pudieran ayudarlo a recordarlas.

> Lo que cree de Dios determinará lo que hace y cómo vive.

Lo que hace revela lo que cree de Dios, independientemente de lo que diga. Cuando Dios revela lo que se propone hacer, usted enfrenta una crisis; es decir, un momento de decisión. Dios y el mundo pueden ver por su respuesta lo que usted en realidad cree de Dios.

La fe de David demostrada

 En los siguientes párrafos subraye lo que parece que David creía acerca de Dios, según lo que dijo. Ya hemos subrayado lo primero.

David

En 1 Samuel 16.12-13 leemos que Dios escogió a David, y envió a Samuel para que le ungiera como el próximo rey de Israel. En el capítulo 17 leemos que Dios trajo a David al terreno donde Él estaba actuando. Mientras Saúl era todavía rey, los israelitas peleaban contra los filisteos. David, siendo aún muy joven, fue enviado por su padre para visitar a sus hermanos que estaban en el ejército. Cuando llegó, Goliat (un soldado gigante, de casi tres metros de estatura) desafió a Israel a enviar un soldado para pelear con él. La nación del perdedor sería esclava de la del ganador. El ejército de Israel estaba aterrorizado. David preguntó asombrado: Quién es este filisteo incircunciso, para que provoque a los escuadrones del <u>Dios viviente</u> (1 S. 17.26). David se enfrentó a una crisis de fe. Tal vez se dio cuenta de que Dios lo había traído al campo de batalla y lo había preparado para esa tarea.

David dijo que iría a luchar contra el gigante y declaró su fe: Jehová, que me ha librado de las garras del león y de las garras del oso, él también me librará de la mano de este filisteo (v. 37). No quiso ponerse las armas usuales de guerra. En su lugar, tomó su honda y cinco piedras lisas, y le dijo a Goliat: Tú vienes a mí con espada y lanza y jabalina; mas yo vengo a ti en el nombre de Jehová de los ejércitos, el Dios de los escuadrones de Israel, a quien tú has provocado. Jehová te entregará hoy en mi mano ... y toda la tierra sabrá que hay Dios en Israel. Y sabrá toda esta congregación que Jehová no salva con espada y con lanza; porque de Jehová es la batalla, y él os entregará en nuestras manos (vv. 45-47).

 ¿Por qué creía David que Dios lo libraría de la mano del filisteo?

_____

_____

Según lo que le dijo a Goliat, ¿qué creía David de Dios?

_____

_____

Por sus acciones David reveló lo que creía de Dios

Las declaraciones de David indican que creía que Dios era el Dios viviente, el Libertador. Dijo que Dios era todopoderoso y que defendería a los ejércitos de Israel. Sus acciones verificaron que en realidad así lo creía. Muchos pensaron que David era un muchacho necio, e incluso Goliat se burló de él. Sin embargo, Dios libró a Israel. Por medio de David, Dios les dio una gran victoria y todo el mundo supo que había Dios en Israel.

La falta de fe de Sarai

Sarai

Dios llamó a Abram y le prometió darle descendencia tan numerosa como las estrellas. Abram hizo algunas preguntas en torno a la promesa, puesto que no tenía hijo, y ya era viejo. Dios le reafirmó: Un hijo tuyo será el que te heredará ... Y creyó a Jehová, y le fue contado por justicia (Gn. 15.4, 6).

Para ese entonces Sarai, la esposa de Abram, tenía más de setenta años. Ella sabía que la edad de tener hijos ya había pasado, de modo que decidió que debía "tener hijos" de otra manera. Le dio su criada como mujer a su marido para que tuviera un hijo. Ismael nació un año más tarde. Las acciones de Sarai indican lo que creía acerca de Dios.

 Marque la respuesta que considere acertada.
□ a. Sarai creía que Dios era Todopoderoso y que podía hacer cualquier cosa, incluso darle un hijo a la edad de 77 años.

❏ b. Sarai creía que Dios no podía darle un hijo a la edad de 77 años y que necesitaba ayuda para darle un hijo a Abram.

¿Nota cómo las acciones de Sarai indican lo que ella realmente creía acerca de Dios? No tenía la fe para creer que Dios podía hacer lo imposible y darle un hijo a los 77 años. Su creencia en Dios estaba limitada por su propia razón. Este acto de incredulidad fue muy costoso. En su vejez, Ismael le causó mucho sufrimiento. Ismael y sus descendientes han vivido en hostilidad contra Israel y los judíos desde entonces. Lo que usted hace en respuesta a la invitación de Dios en realidad indica lo que usted cree acerca de Dios.

 Lea los siguientes casos de estudio. Evalúe la respuesta de los individuos o las iglesias para determinar lo que realmente creían acerca de Dios. Marque la respuesta o escriba la suya propia en cada situación.

1. Guillermo y Catalina acaban de oír predicar a un misionero. Creen que Dios quiere que vayan como misioneros al África, Catalina afirma que sus padres nunca estarán de acuerdo en que se lleven tan lejos a los únicos nietos que tienen. Deciden entonces abandonar su deseo de ser misioneros. ¿Qué piensa usted que Guillermo y Catalina creen realmente acerca de Dios?

   ❏ a. Dios es el Señor Soberano, y tiene el derecho de hacer lo que quiere con la vida de cada uno de ellos.

   ❏ b. Dios puede convencer a los padres de Catalina que éste es su propósito, de modo que puedan entenderlo.

   ❏ c. Dios tal vez pudo convencer al Faraón de que dejara salir a Israel, pero nunca podrá convencer a los padres de Catalina a que la dejen ir al África con su esposo e hijos. Después de todo, los tiempos han cambiado.

   ❏ d. Otra: _____

2. Lucía ha estado orando que Dios la guíe a un lugar de servicio en su iglesia. El director de la Escuela Dominical ha estado orando por un maestro para adultos, y piensa que Dios lo está guiando a que le pida a Lucía que sirva en tal posición. Lucía responde: "No puedo aceptar esa tarea. No tengo la capacitación que se requiere. Además, nunca lo he hecho antes". ¿Qué usted piensa que Lucía cree acerca de Dios?

   ❏ a. El Espíritu Santo me equipará y me capacitará para hacer cualquier cosa que me llame a hacer.

   ❏ b. Dios no puede hacer por medio de mí algo que yo no esté dispuesto a hacer.

   ❏ c. Otra: _____

3. Un grupo de adultos se ha estado reuniendo por seis meses y orando que Dios establezca una iglesia en esa localidad donde no hay ninguna iglesia evangélica. Mientras oran, perciben que Dios quiere que acudan a la Iglesia Calvario con una súplica urgente para que vengan y empiecen una nueva iglesia. Los miembros de la Iglesia Calvario responden: "Todavía estamos pagando la hipoteca de nuestro edificio. No podemos auspiciar ninguna nueva iglesia por ahora. ¿Por qué no tratan de hablar con la otra iglesia?" ¿Qué piensa que la Iglesia Calvario cree acerca de Dios?

   ❏ a. Los recursos de Dios para obrar por medio de nuestra iglesia están limitados a lo que nuestra propia gente puede dar.

   ❏ b. Dios es dueño de todo en el mundo. Él puede proveer los recursos para hacer lo que se proponga.

   ❏ c. Otra: _____

4. El comité de presupuesto de una iglesia ha orado por un mes sobre el presupuesto del año entrante antes de hablar con los líderes. El comité también pidió a los líderes que oraran. Prepararon un presupuesto desafiante, basándose en lo que creen que Dios quiere que su iglesia haga el año siguiente. La iglesia consideró en oración el presupuesto y lo aprobó por unanimidad. Los diáconos realizaron una campaña de promesas, y el resultado fue un 10 por ciento menos que el presupuesto adoptado. La iglesia pidió que el comité de presupuesto recortara las cantidades un 10 por ciento, de modo de no sobrepasarse en los gastos. ¿Qué piensa que esa iglesia cree acerca de Dios?

   ❏ a. Dios es fiel. Él proveerá para todo lo que Él guíe a la iglesia a hacer.

La incredulidad es muy costosa.

❑ b. Dios no tiene compasión. Primero nos guía a que hagamos muchas cosas, pero no nos da los recursos.

❑ c. Dios no puede hacer nada que nosotros como iglesia no podamos pagar.

❑ d. Otra: _____

Las respuestas indicadas en esta actividad tal vez no reflejan lo que realmente en cada caso creen acerca de Dios. Sin embargo, una cosa es cierta: las acciones en verdad indican lo que creemos o no creemos que Dios puede hacer.

Cuando Guillermo y Catalina tomaron una decisión en su crisis de fe, dijeron más acerca de su creencia en Dios que acerca de los padres de Catalina. Lucía dijo más acerca de lo que cree en cuanto a las capacidades de Dios que en cuanto a sus propias capacidades. Las dos iglesias dijeron más acerca de lo que creían en cuanto a Dios que en cuanto a sus propios recursos.

Los hechos hablan

Cuando Dios le invita a unirse a Él, usted enfrenta una crisis de fe, lo próximo que haga indicará lo que usted cree acerca de Dios. Sus hechos hablan más fuerte que sus palabras.

 Lea las siguientes porciones bíblicas y responda a las preguntas:

Mateo 8.5-13. ¿Qué acción del centurión demostró su fe?

_____

¿Por qué cree que el centurión creía en la autoridad y poder sanador de Jesús?

_____

Mateo 8.23-27. ¿Qué acción de los discípulos demostró su "poca fe" en medio de la tempestad?

_____

Mateo 9.20-22. ¿Qué acción de la mujer demostró su fe?

_____

Mateo 9.27-31. ¿A qué característica de Dios (Jesús) apelaron los ciegos (v. 27)?

_____

¿Sobre qué base curó Jesús a los hombres (v. 29)?

_____

Complete la tercera afirmación en cuanto a la crisis de fe.

1. Un encuentro con Dios requiere fe.
2. Los encuentros con Dios son de proporciones divinas.
3. Lo que hago en respuesta a la revelación (invitación) de Dios . . .

_____

4. La verdadera fe exige acción.

Cuando los dos ciegos demostraron que creían que Jesús era misericordioso y que era el Mesías (Hijo de David), Jesús los sanó de acuerdo a su fe. La mujer creía que tocando el borde del manto de Jesús el poder sanador de Él fluiría. Estaba dispuesta a exponerse al ridículo público con tal de experimentar su poder sanador. Cuando las tormentas de la vida nos acosan como la tempestad que cayó sobre los discípulos, a menudo respondemos como si Dios no existiera o no le importáramos. Jesús los reprendió, no por su tendencia humana a temer, sino porque erraron al no reconocer su presencia, protección y poder. Solamente di la palabra, y mi criado sanará dijo el centurión. Jesús elogió la fe del centurión porque creyó en su autoridad y poder. Lo que hicieron estas personas indicó la clase de fe que tenían.

 Repase la lección de hoy. Pida a Dios en oración que le indique una o más enseñanzas o Escrituras que Él quiere que comprenda, aprenda y practique. Subráyela(s). Luego responda a lo siguiente:

¿Cuál fue la enseñanza o Escritura más significativa que leyó hoy?

_____

_____

_____

Ahora escríbala en una frase que pueda usar como oración.

_____

_____

_____

¿Qué quiere Dios que haga en respuesta al estudio de hoy?

_____

_____

Repita en voz alta los versículos indicados para memorizar o escríbalos en una hoja de papel aparte.

RESUMEN

- Lo que hago revela lo que creo acerca de Dios, independientemente de lo que diga.
- Lo que creo acerca de Dios determinará lo que hago y cómo vivo.

LA VERDADERA FE REQUIERE ACCIÓN

DÍA 5

Santiago 2.26 dice: Como el cuerpo sin espíritu está muerto, así también la fe sin obras está muerta. Cuando usted enfrenta una crisis de fe lo que hace demuestra lo que usted cree. La fe sin acción está muerta.

¡La fe sin acción está muerta!

Tome unos momentos para repasar esta unidad. Llene los espacios en blanco.

1. Un encuentro con Dios requiere _____ .

2. Los encuentros con Dios son de proporciones _____ .

3. Lo que hago en respuesta a la _____ (invitación) de Dios demuestra lo que _____ acerca de Dios.

4. La verdadera fe requiere _____ .

Hebreos 11 registra muchos ejemplos de acciones de individuos que demostraron fe.

Busque Hebreos 11. La lista a la izquierda incluye personas a quienes se elogia por su fe. En la línea en blanco escriba la letra, o letras, de las acciones que demostraron la fe de cada individuo.

_____ 1. Abel (v. 4)

_____ 2. Enoc (vv. 5-6)

_____ 3. Noé (v. 7)

_____ 4. Abraham (vv. 8-19)

_____ 5. José (v. 22)

_____ 6. Moisés (vv. 24-28)

_____ 7. Los israelitas (vv. 29-30)

_____ 8. Rahab (v. 31)

A. Escogió ser maltratado con el pueblo de Dios.

B. Ofreció a Dios un sacrificio agradable.

C. Dejó Egipto.

D. Vivió en tierra extranjera.

E. Marcharon alrededor de los muros de Jericó.

F. Agradó a Dios buscándole con fervor.

G. Dio instrucciones en cuanto a la sepultura de sus huesos.

H. Siguió a Dios sin saber a dónde iba.

I. Observaron la pascua.

J. Pasaron el mar Rojo por tierra seca.

K. Recibió y escondió a los espías.

L. Consideró que Dios era fiel para guardar su promesa.

M. Construyó un arca para salvar a su familia.

N. Ofreció a Isaac en sacrificio.

En las acciones indicadas arriba encierre en un círculo la palabra o verbo que indica la acción que se tomó como demostración de fe.

Marque la respuesta correcta. Según Hebreos 11 ¿es verdad o falso que la fe genuina se demuestra por la acción? VERDADERO FALSO

Las respuestas son: 1-B; 2-F; 3-M; 4-DHLN; 5-G; 6-ACI; 7-EJ; 8-K. Verdad.

Mientras estudia Hebreos 11, tal vez note que una vida fiel no siempre produce los mismos resultados en términos humanos.

Los resultados de una vida fiel

 Lea Hebreos 11.32-38. Según lo que opina en cuanto a "buenos" y "malos" resultados de una vida fiel, complete la siguiente lista.

"Buenos" resultados	"Malos" resultados
Derrotaron a los enemigos	*Fueron apedreados*

Los versículos 33-35a describen la victoria y liberación que algunos fieles experimentaron. Los versículos 35b-38 describen la tortura, burla y muerte que otros fieles sufrieron. ¿Fueron los unos más fieles que los otros? No. Todos estos . . . alcanzaron buen testimonio mediante la fe (v. 39). Todos habían decidido que un "Bien, buen siervo y fiel" del Maestro era más importante que la misma vida. El versículo 40 explica que Dios había planeado para los fieles algo mejor de lo que el mundo puede ofrecer. Por consiguiente, debemos esforzarnos por imitar su ejemplo, tal como nos exhorta Hebreos 12.1-3.

> Por tanto, nosotros también, teniendo en derredor nuestro tan grande nube de testigos, despojémonos de todo peso y del pecado que nos asedia, y corramos con paciencia la carrera que tenemos por delante, puestos los ojos en Jesús, el autor y consumador de la fe, el cual por el gozo puesto delante de él sufrió la cruz, menospreciando el oprobio, y se sentó a la diestra del trono de Dios. Considerad a aquel que sufrió tal contradicción de pecadores contra sí mismo, para que vuestro ánimo no se canse hasta desmayar (He. 12.1-3).

Las apariencias externas de éxito no siempre indican fe, y lo que externamente parece ser fracaso no siempre indica falta de fe. Un siervo fiel es aquel que hace lo que su Maestro le dice, cualquiera que sea el resultado. Así como Jesús (sufrió la cruz, pero ahora está sentado a la diestra de Dios. ¡Qué recompensa a su fidelidad!), no se canse de ser fiel. A los siervos fieles les espera una recompensa.

 Escriba a continuación el versículo señalado para memorizar:

_____

_____

_____

Espero y oro que usted estará tratando de agradar a Dios (He. 11.6). En la próxima unidad Lo que sigue
veremos con más detalle los factores del costo de seguir la voluntad de Dios. Parte de la
acción que se requiere para demostrar su fe quedará determinada por los ajustes que debe
hacer en su vida. Seguir la voluntad de Dios siempre requiere ajustes que son costosos para
usted y los que le rodean.

Dedique un tiempo para revisar algunas de sus respuestas al repasar al final de cada día las unidades anteriores (1-7). ¿Le ha guiado Dios a hacer algo que no había hecho antes por falta de fe? Sí ❏   No ❏. Describa brevemente lo que tendría que hacer para demostrar su fe en Dios, sus propósitos y sus caminos.

_____

_____

Ore ahora mismo pidiendo fidelidad. Pídale a Dios que le aumente la fe.

Repase la lección de hoy. Pida a Dios en oración que le indique una o más enseñanzas o Escrituras que Él quiere que comprenda, aprenda y practique. Subráyela(s). Luego responda a lo siguiente:

¿Cuál fue la enseñanza o Escritura más significativa que leyó hoy?

_____

_____

_____

Ahora escríbala en una frase que pueda usar como oración.

_____

_____

_____

¿Qué quiere Dios que haga en respuesta al estudio de hoy?

_____

_____

_____

Repase el versículo para memorizar prepárese para repetirlo a otra persona en la sesión semanal del grupo.

RESUMEN

- ¡La fe sin acción está muerta!
- La fe genuina se demuestra en acción.
- Dios ha planeado para los fieles algo mucho mejor.
- No se canse de ser fiel. A los fieles les espera una recompensa.

AJUSTAR SU VIDA A DIOS

UNIDAD

8

Surgió una necesidad en una de nuestras misiones a unos 60 kilómetros de nosotros. Le pedí a la iglesia que orara para que Dios llamara a alguien que se mudara a esa comunidad y sirviera como pastor laico. Una pareja joven respondió. Él estaba estudiando en la universidad, y ambos vivían con muy escasos recursos.

Si se iban a vivir en la comunidad, él tendría que viajar más de 120 kilómetros diarios. Yo sabía que no podrían hacerlo; de modo que les dije: "No, no puedo permitir que hagan tal sacrificio". Les expliqué detalladamente las razones.

La pareja estaba profundamente agradecida a Dios por la salvación. El joven me miró y me dijo: "Pastor, no me niegue la oportunidad de sacrificarme por mi Señor". Aquellas palabras me conmovieron. ¿Cómo podía negarme? Sin embargo, sabía que aquel matrimonio tendría que pagar un enorme precio porque nuestra iglesia había sido obediente al comenzar nuevas misiones.

Habíamos orado para que Dios llamara a un pastor laico. Yo debía haber esperado que Dios contestara nuestras oraciones de una manera inesperada. Cuando esta pareja respondió con tan profunda consagración y sacrificio personal, el cuerpo (nuestra iglesia) afirmó el llamamiento que ellos habían percibido; ¡y Dios proveyó para sus necesidades!

Versículo para memorizar esta semana

Así, pues, cualquiera de vosotros que no renuncia a todo lo que posee, no puede ser mi discípulo. **—Lucas 14.33**

LOS AJUSTES SON NECESARIOS

Muchos de nosotros queremos que Dios nos hable y nos asigne una tarea. No obstante, no nos inclinamos a hacer ningún ajuste en nuestra vida. Bíblicamente esto último es imposible. En el relato bíblico, cada vez que Dios le hablaba a las personas acerca de lo que Él quería hacer por medio de ellos, fue necesario que hicieran grandes ajustes. Tuvieron que ajustar sus vidas a Dios. Una vez que hacían los ajustes, Dios realizaba sus propósitos por medio de aquellos a quienes había llamado.

Usted no puede quedarse donde está e ir con Dios.

Un segundo punto decisivo

Ajustar su vida a Dios es el segundo punto decisivo en el saber y hacer la voluntad de Dios. El primero fue la crisis de fe debe creer que Dios es quien Él dice ser y que hará lo que ha prometido. Sin la fe en Él usted tomará decisiones equivocadas en ese primer punto. Haciendo ajustes de su vida a Dios también es un punto crítico. Si acepta hacer los ajustes, entonces avanzará en la obediencia. Si los rechaza, perderá que Dios tiene preparado para su vida.

1. Crisis de fe

2. Grandes ajustes

 Si usted tuvo fe cuando enfrentó la crisis de fe, ¿qué más se requiere como demostración de esa fe? Llene el espacio en blanco:

Realidad 5: La invitación de Dios para trabajar junto a Él siempre lo conduce a una

crisis de fe que requiere confianza y _____ .

Una vez que ha llegado a creer en Dios, demuestra su fe por lo que usted HACE. Es decir, la fe requiere acción. Esta acción es uno de los grandes ajustes que vamos a considerar en esta unidad. Su obediencia también será parte de la acción que se requiere. Sus ajustes y obediencia serán costosos para usted y los que lo rodean.

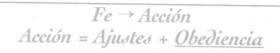

Fe → Acción
Acción = Ajustes + <u>Obediencia</u>

 Haga un resumen de lo que se indica en el párrafo anterior.

_____

_____

Ajustes según Dios

Cuando Dios le habla, revelándole lo que está a punto de hacer, ésa es una invitación para ajustar su vida a Él. Una vez hechos esos ajustes, según sus propósitos y sus caminos, usted está en posición de obedecer. Los ajustes le preparan para la obediencia. Usted no puede continuar su vida como de costumbre o quedarse en el punto donde está, y al mismo tiempo ir con Dios . Esto es consistente en toda la Biblia.

La revelación que Dios le da es la invitación para que usted ajuste su vida a Él.

- **Noé** no podía continuar su vida rutinaria y construir un arca al mismo tiempo (Gn. 6).
- **Abram** no podía quedarse en Ur o Harán y ser padre de una nación en Canaán (Gn. 12.1-8).
- **Moisés** no podía quedarse en el desierto pastoreando ovejas y presentarse al Faraón al mismo tiempo (Éx. 3).
- **David** tuvo que dejar sus ovejas para ser rey (1 S. 16.1-13).
- **Amós** tuvo que dejar sus higueras para ir a predicar a Israel (Am. 7.14-15).
- **Jonás** tuvo que dejar su hogar y sobreponerse a sus prejuicios, para ir a predicar a Nínive (Jon. 1.1-2; 3.1-2; 4.1-11).
- **Pedro, Andrés, Santiago** y **Juan** tuvieron que dejar su negocio de pesca para seguir a Jesús (Mt. 4.18-22).
- **Mateo** tuvo que dejar su oficina de recolección de impuestos para seguir a Jesús (Mt. 9.9).
- **Saulo** (más tarde llamado Pablo) tuvo que cambiar completamente la dirección de su vida para que Dios lo usara para predicar el evangelio a los gentiles (Hch. 9.1-19).

Hay que hacer enormes cambios y grandes ajustes. Algunos tuvieron que dejar su familia y su país. Otros tuvieron que dejar prejuicios y preferencias. Otros tuvieron que dejar atrás metas personales, ideales y deseos. Todo tenía que ser rendido a Dios y la vida entera ajustada a Él. En el momento que se hicieron los ajustes necesarios, Dios empezó a realizar sus propósitos por medio de ellos. Cada uno aprendió que vale la pena ajustar la vida a Dios.

 El versículo para memorizar esta semana habla de un ajuste grande que debe hacer el discípulo de Jesús. Escriba aquí ese versículo:

_____

_____

¿Ha llegado al punto en su vida en que está dispuesto a "renunciar a todo" para seguir a Jesús? Sí ☐   No ☐

En la última unidad estudió la quinta realidad de la secuencia de la obra de Dios por medio de su pueblo. En esta unidad veremos la sexta realidad. Repase la anterior llenando los espacios en blanco:

5. La invitación de Dios para que se una a Él siempre le conduce a una _____ de _____ que requiere _____ y _____ .

6. Usted tiene que hacer grandes _____ en su vida para unirse a Dios en lo que Él ya está haciendo.

Tal vez usted piense: "Dios no me pedirá A MÍ que haga grandes ajustes". Si usted se basa en las Escrituras, encontrará que Él demandaba ajustes de su pueblo. Exigió grandes ajustes aun de parte de su propio Hijo: Porque ya conocéis la gracia de nuestro Señor Jesucristo, que por amor a vosotros se hizo pobre, siendo rico, para que vosotros con su pobreza fueseis enriquecidos (2 Co. 8.9). Jesús se despojó a sí mismo de su posición y riqueza celestial, para unirse al Padre en la obra de proveer redención mediante su muerte en la cruz. Eso fue un ajuste gigantesco.

Aun Jesús tuvo que hacer grandes ajustes.

Si quiere ser un discípulo, un seguidor de Jesús, no tiene alternativa. Usted tendrá que hacer grandes ajustes en su vida para seguirlo. Seguir al Maestro requiere ajustes. Mientras no esté listo para hacer los ajustes necesarios para seguir y obedecer a Dios, usted no lo podrá servir. Su dificultad más grande para seguir a Dios surgirá en el punto del ajuste.

Su dificultad más grande al seguir a Dios puede ser en el punto del ajuste.

Nuestra tendencia es querer dejar de lado el ajuste, e ir directamente del creer al obedecer. Si quiere seguirlo no tiene esa alternativa. Sus caminos son tan diferentes de los suyos (Is. 55.9), que la única manera de seguirlo es que ajuste su vida a los caminos de Él.

Como son más altos los cielos que la tierra, así son mis caminos más altos que vuestros caminos, y mis pensamientos más que vuestros pensamientos.
—Isaías 55.9

 Eliseo y el joven rico recibieron invitaciones para unirse a Dios. Lea acerca de Eliseo en 1 Reyes 19.15-21 y sobre el joven rico en Lucas 18.18-27, y luego responda a las preguntas que siguen:

1. ¿Qué ajuste se requirió de cada uno?

Eliseo: _____

El joven rico: _____

2. ¿Cuál fue la respuesta que cada uno dio?

Eliseo: _____

El joven rico: _____

El joven rico

El joven rico quería vida eterna, pero no estaba dispuesto a hacer los ajustes necesarios que Jesús le pidió. Su dinero y su riqueza eran más importantes. Jesús lo sabía. Sabía que no podía amar a Dios completamente y al dinero al mismo tiempo (Mt. 6.24). Jesús le pidió que dejara a un lado lo que se había convertido en su dios: su riqueza. El joven se negó a hacer los ajustes necesarios, y se quedó fuera de la experiencia de la vida eterna.

Y esta es la vida eterna: que te conozcan a ti, el único Dios verdadero.
—Juan 17.3

 Según Juan 17.3, ¿qué es la vida eterna?

_____

El amor que el joven tenía por el dinero y su codicia lo hacían idólatra (Ef. 5.5). Erró y no llegó a conocer al Verdadero Dios y a Jesucristo a quien Dios había enviado. Quería vida eterna, pero se negó ajustar su vida al Verdadero Dios.

Eliseo respondió en forma muy diferente. Tuvo que dejar a su familia y a su trabajo (agricultor) para seguir el llamamiento de Dios. Usted tal vez haya oído la frase de "quemar las naves". Pues bien, Eliseo quemó su equipo agrícola y mató sus 24 bueyes. Cocinó la carne y la dio de comer a la gente de su comunidad. ¡Ni siquiera pensaba regresar! Cuando hizo los ajustes necesarios se colocó en posición de obedecer a Dios. Como resultado, Dios obró por medio de Eliseo y realizó algunas de las más grandes señales y milagros registrados en el Antiguo Testamento (2 R. 2—13). Eliseo tuvo que ajustar su vida al comienzo de su llamamiento. No fue hasta que hizo los ajustes necesarios que Dios pudo obrar por medio de él.

Eliseo

¡Nadie puede describir lo que Dios puede realizar por medio de una vida totalmente rendida, ajustada y obediente a Él!

¿Quiere ser esa persona totalmente rendida, ajustada y obediente a Dios? Sí ❏ No ❏

En el proceso de conocer y hacer la voluntad de Dios, ¿en qué orden se suceden las siguientes respuestas? Numérelas en el orden correcto.

_____ obediencia

_____ ajustes

_____ fe

Cuando Dios le invita a unirse a Él, la tarea tendrá proporciones tan divinas que usted enfrentará una crisis en su fe. Su respuesta exigirá primero fe. La fe se demostrará por la acción. La primera acción incluirá el ajustar la vida a Dios. La segunda acción será su obediencia a lo que Dios le pide que haga. Usted no puede pasar a la obediencia sin hacer los ajustes. De modo que el orden es: fe, ajustes, obediencia.

Repase la lección de hoy. Pida a Dios en oración que le indique una o más enseñanzas o Escrituras que Él quiere que comprenda, aprenda y practique. Subráyela(s). Luego responda a lo siguiente:

¿Cuál fue la enseñanza o Escritura más significativa que leyó hoy?

_____

_____

Ahora escríbala en una frase que pueda usar como oración.

_____

_____

_____

¿Qué quiere Dios que haga en respuesta al estudio de hoy?

_____

_____

Escriba de memoria el versículo asignado para esa semana y repase los anteriores.

_____

_____

DÍA 2   CLASES DE AJUSTES

Dios quiere una entrega absoluta.

¿Qué clase de ajustes se requieren? Tratar de responder a esta pregunta es como tratar de hacer una lista de cosas que Dios pediría que haga. La lista sería interminable. Puedo, sin embargo, indicarle algunos ejemplos y darle algunos ajustes que tal vez le serán requeridos.

Ajustes

Tal vez se requieran ajustes en los siguientes aspectos:
- **En sus circunstancias** (como empleo, casa, finanzas).
- **En sus relaciones** (familia, amigos, colegas).
- **En su manera de pensar** (prejuicios, métodos, su potencialidad).
- **En sus compromisos** (familia, iglesia, empleo, planes, tradiciones).
- **En sus acciones** (cómo ora, ofrenda, sirve).
- **En sus creencias** (acerca de Dios, sus propósitos, sus caminos, la relación suya con Él y otras cosas similares).

La lista puede seguir sin fin. El ajuste más grande ocurrirá en el momento de actuar por fe. Cuando usted enfrenta una crisis en su fe, tiene que decidir lo que cree acerca de Dios. Esa decisión mental puede ser la parte fácil. La parte difícil es ajustar su vida a Dios y realizar una acción que demuestra su fe. Usted tal vez sea llamado a hacer cosas que sólo Dios haría, donde antes tal vez trató de hacer solamente cosas que usted sabía hacer.

 Lea cada una de las siguientes porciones bíblicas. ¿Qué clase de ajustes se requirieron en cada caso? En la línea en blanco escriba la letra o letras que respondan a cada caso.

Escrituras	Ajustes
_____ 1. Mateo 4.18-22	A. En las circunstancias.
_____ 2. Mateo 5.43-48	B. En las relaciones.
_____ 3. Mateo 6.5-8	C. En la manera de pensar.
_____ 4. Mateo 20.20-28	D. En los compromisos.
_____ 5. Hechos 10.1-20	E. En acciones.
	F. En las creencias.

Algunas veces los ajustes tienen que ver con varios aspectos a la vez. Por ejemplo, la experiencia de Pedro con Cornelio probablemente requirió que Pedro ajustara su manera de relacionarse con los gentiles, su manera de pensar y sus creencias en cuanto a lo que era limpio o ceremonialmente inmundo, su compromiso con la tradición de los judíos y sus acciones con respecto a tener compañerismo con los gentiles. Pero asignar una categoría al ajuste no es lo importante. Lo importante es descubrir los cambios que Dios quiere que usted haga en su vida. Los ajustes principales que veo en los pasajes señalados son: 1-A; 2-B o C; 3-E; 4-B,C, o E; 5-C o F. Usted tal vez haya encontrado otros; y eso está bien.

Mencione algunos ejemplos de los cuatro aspectos en los cuales Dios le pudiera pedir que ajustara su vida a Él.

1. _____ *fe* _____

2. _____

3. _____

4. _____

Medite un poco más y piense que por ejemplo, un ajuste en las circunstancias tal vez pudiera significar que tuviera que mudarse a otra ciudad o buscar un cambio de trabajo.

Entrega absoluta

Dios con frecuencia requiere ajustes en aspectos que usted nunca consideró en el pasado. Tal vez ha oído a alguien decir: "Nunca le diga a Dios que usted NO hará cierta cosa porque eso es precisamente lo que Él le pedirá que haga". Dios no anda buscando cómo perturbarlo. Sin embargo, Él quiere ser el Señor de su vida. Cuando usted descubre un aspecto en donde permitir su señorío, allí es donde Él empezará a trabajar. Él quiere una entrega absoluta. Él tal vez requiera, o tal vez no, que haga que usted descubrió, pero continuará obrando en usted hasta que esté dispuesto a permitirle ser el Señor. Recuerde, que Dios lo ama, su voluntad siempre es lo mejor para usted. Cualquier ajuste que Dios requiera es para su bien. Al seguirlo, llegará el momento en que su vida se ajustará rápidamente a la dirección de Dios.

Dios quiere una entrega total.

El ajuste siempre es a una Persona. Usted ajusta su vida a Dios. Ajusta sus puntos de vista para que sean como los de Él. Ajusta sus caminos a los de Él. Después de que usted haga los ajustes necesarios Él le dirá lo que tiene que hacer para obedecerlo. Cuando usted lo obedezca, tendrá una experiencia de cómo Él, a través de usted, hace algo que sólo Dios haría.

Usted se ajusta a una Persona.

Primero:Ajuste.

Luego: Obedeciencia

Describa por lo menos un ajuste que tuvo que hacer en su manera de pensar mientras ha estado estudiando este curso. (Alguien podría responder: "He tenido que aceptar el hecho de que sin Dios no puedo hacer nada de valor para el reino. En lugar de hacer cosas para Dios, ahora observo y oro para ver lo que Dios quiere hacer por medio de mí".)

_____

_____

_____

¿Le ha pedido a Dios alguna vez que haga un gran ajuste por Él? Sí ❏   No ❏. Describa brevemente el ajuste requerido y su respuesta.

_____

_____

_____

Lea las siguientes declaraciones de hombres piadosos. Debajo de cada una describa la clase de ajuste que la persona tuvo que hacer o estuvo dispuesta a hacer. En el primer caso, por ejemplo, un ajuste que David Livingstone estuvo dispuesto a hacer fue vivir en la pobreza como misionero en el África antes que tener riquezas como médico en su propia tierra.

David Livingstone (médico misionero en África): "Lejos sea de mí considerar jamás la comisión del Rey de reyes un sacrificio, en tanto que otros hombres estiman como honor el servicio a los gobiernos terrenos. Yo soy un misionero, de corazón y alma. Dios mismo tuvo un único Hijo, y Él fue misionero y médico. Yo soy una imitación pobre, muy pobre, o quisiera serlo, pero en este servicio espero vivir. Aquí quiero morir. Todavía lo prefiero a las riquezas y la vida fácil. Ésta es mi elección".[1]

Ajuste(s): _____

Jaime Elliot (misionero a los aucas en América del Sur): "No es necio quien da lo que no puede guardar para ganar lo que no puede perder".[2]

Ajuste(s): _____

Roberto Pierce (fundador de "World Vision y Samaritan's Purse"): "Que mi corazón se quebrante por las cosas que quebrantan el corazón de Dios".[3]

Ajuste(s): _____

Oswaldo Smith (misionero y estadista canadiense): "Quiero tu plan, oh Dios, para mi vida. Que yo esté contento y feliz, sea en mi tierra o en el campo foráneo; sea casado o soltero, en felicidad o en tristeza, en salud o en enfermedad, en prosperidad o adversidad quiero tu plan, oh Dios, para mi vida. Lo quiero; lo quiero".[4]

Ajuste(s): _____

C. T. Studd (misionero a China, India y África): "Si Jesucristo es Dios y murió por mí, entonces no hay sacrificio demasiado grande que yo haga por Él".[5]

Ajuste(s): _____

Algunos ajustes que estos hombres hicieron o estuvieron dispuestos a hacer son:
- Livingstone consideraba ser misionero en África un alto honor, no un sacrificio.
- Jaime Elliot estuvo dispuesto a dejar las cosas terrenas por la recompensa celestial. Murió tratando de llevar el evangelio a los aucas en las selvas del Ecuador.
- Roberto Pierce estaba dispuesto a que se le quebrantara el corazón para poder ser como el Padre.
- Oswaldo Smith quería tanto el plan de Dios para su vida que estaba dispuesto a estar contento cualquiera fuera la circunstancia.
- C. T. Studd estaba dispuesto a hacer cualquier sacrificio por Jesús.

Dibuje una estrella al margen de la cita que tiene más significado para usted.

Piense en el nivel de consagración que refleja esa afirmación. Si usted está dispuesto a consagrarse al señorío de Cristo en una manera similar, invierta unos momentos en oración expresándole que está dispuesto a ajustar su vida a Él.

He tratado de ayudarlo a comprender que usted no puede quedarse en el mismo punto donde está y marchar junto a Dios obedeciendo Su voluntad. Primero vienen los ajustes; entonces puede seguirlo en obediencia. Tenga presente: El Dios que lo llama lo capacitará para hacer su voluntad. En el resto de esta unidad veremos el segundo y tercer punto.

¡Usted no puede quedarse en donde está y andar con Dios!

La obediencia requiere ajustes

1. Usted no puede quedarse donde está y andar con Dios.
2. La obediencia es costosa para usted y los que lo rodean.
3. La obediencia requiere dependencia total de que Dios obrará a través de usted.

Cuando está dispuesto a rendir todo al señorío de Cristo, así como Eliseo, hallará que los ajustes valen la pena para tener una experiencia con Dios. Si no ha llegado en su vida al punto de poner todas las cosas bajo el señorío de Cristo, decídase ahora mismo a negarse a sí mismo, tomar su cruz, y seguirlo (Lc. 9.23).

Repase la lección de hoy. Pida a Dios en oración que le indique una o más enseñanzas o Escrituras que Él quiere que usted comprenda, aprenda y practique. Subráyela(s). Luego responda a lo siguiente:

¿Cuál fue la enseñanza o Escritura más significativa que leyó hoy?

_____

_____

Ahora escríbala en una frase que pueda usar como oración.

_____

_____

¿Qué quiere Dios que haga en respuesta al estudio de hoy?

_____

LA OBEDIENCIA ES COSTOSA, PARTE 1

La obediencia es costosa para usted.

Usted no puede quedarse donde está y seguir a Dios. No puede continuar haciendo las cosas a su manera y realizar los propósitos de Dios. Sus pensamientos no son los pensamientos de Dios. Para HACER la voluntad de Él, usted tiene que ajustar su vida a Él, a sus propósitos y sus planes.

 En esta unidad estamos considerando tres afirmaciones en cuanto a los ajustes y la obediencia. Debajo de cada afirmación que sigue, escríbala en sus propias palabras. Use el pronombre "yo" y "a mí", en lugar de "usted".

1. Usted no puede quedarse donde está y seguir a Dios.

_____

2. La obediencia es costosa para usted y para los que lo rodean.

_____

3. La obediencia requiere dependencia total de Dios para que Él obre por medio de usted.

_____

Mire a la segunda afirmación: La obediencia es costosa para usted y para los que lo rodean. No puede conocer y hacer la voluntad de Dios sin pagar el precio del ajuste y la obediencia. Estar dispuesto a pagar el precio de seguir su voluntad exige uno de los ajustes más grandes. Fue en este mismo punto que "muchos de sus discípulos volvieron atrás, y ya no andaban con él" (Jn. 6.66). Éste es también el punto donde muchas iglesias se quedarán sin conocer y sin realizar el propósito y la voluntad de Dios, porque no están dispuestos a pagar el precio de la obediencia.

Estar dispuesto a pagar el precio.

El costo: Un ajuste en nuestro programa

Algunas personas en la Asociación de Vancouver percibieron que Dios tal vez las estaba llamando al ministerio. Me pidieron que les dijera cómo podían saber y seguir el llamado de Dios. Por dos días hicimos correr la noticia de que cualquier persona que sintiera el llamado al ministerio podía venir a una reunión informal. Setenta y cinco personas llegaron. Todos sentían que Dios los estaba llamando a alguna forma de ministerio. Dijeron: "Necesitamos algún adiestramiento".

Los líderes laicos necesitaban adiestramiento.

En dos semanas el número había crecido a 120. Empezamos a identificar las necesidades, y a hacer una lista de las posibilidades. Para un pequeño grupo de iglesias un programa de adiestramiento para 120 personas que habían percibido el llamamiento de Dios era una tarea gigantesca. Cuando empezamos a hablar acerca de proveer adiestramiento para este grupo alguien preguntó: "Pero, hermano, ¿qué hacemos con los planes y programas que tenemos preparados para el otoño?" Esta persona sabía que probablemente no podríamos realizar nuestros planes para el otoño y a la vez entrenar a 120 personas.

 A la luz de lo que ha estado estudiando, ¿cómo respondería a la pregunta? ¿Qué le diría a las 120 personas?

_____

_____

Yo podía haberles contestado de varias maneras. Podía haber publicado en nuestro boletín acerca de la fantástica respuesta, y haber pedido a la gente que alabara a Dios por lo que Él estaba haciendo. Luego, podía haberles dicho a los 120 que ya teníamos el programa en marcha para los próximos meses, de modo que tendrían que esperar hasta el siguiente año para incluir en nuestro calendario algún programa de adiestramiento. Podía haber seguido con nuestro programa completo, y proveer algún adiestramiento breve de muestra para el grupo de 120. Pero no hice nada de eso. Respondí: "Si Dios ha llamado a estas personas al ministerio y ellos necesitan adiestramiento, tenemos que ajustar nuestros planes y programas a lo que Dios está haciendo. Debemos recordar que somos siervos de Dios". Y eso fue lo que hicimos.

Decimos que Dios es Señor y que Él puede interrumpir nuestra vida siempre que quiera. Sencillamente no esperamos que lo haga. Esperamos que confirme cada cosa que estamos haciendo, y que nunca nos pida cambiar nada de lo ya planeado. Si queremos que Dios marche por los canales que hemos establecido, y proteja nuestros planes y programas, estamos en serios problemas. Cuando Dios nos invita a unirnos a Él tendremos que hacer grandes ajustes. Esos ajustes y la obediencia a la dirección de Dios serán costosos. ¿Nos pidió Dios alguna vez que cambiáramos nuestros planes y direcciones personales para obedecerlo?

 Lea Hechos 9.1-25 y describa el ajuste que Saulo tuvo que hacer. Describa también el costo que tuvo que pagar para seguir a Cristo.

_____

¿Le pide Dios a una persona que cambie sus planes y dirección para seguirlo? Sí ☐   No ☐

Saulo (Pablo)

Saulo tuvo que dar una vuelta radical. De perseguidor de los cristianos vino a proclamar que Jesús era el Cristo. Dios le pedirá a usted que lo siga en maneras que requerirán ajustes en sus planes y direcciones. Para Pablo el ajuste fue costoso. Incluso puso su vida en peligro. Los ajustes que usted tendrá que hacer serán igualmente costosos.

El costo: Soportar la oposición

 Lea los siguientes párrafos y subraye algunos de los costos de la obediencia. Hemos subrayado ya el primero.

Oposición a nuevas iglesias

Nuestra iglesia en Saskatoon percibió muy claramente que Dios nos estaba llamando a empezar nuevas iglesias en toda nuestra provincia. Nadie comprendió ni estuvo de acuerdo con lo que estábamos haciendo. Algunos se opusieron abiertamente a cada misión que empezamos. Aun cuando estábamos totalmente convencidos de la horrenda obscuridad espiritual en Canadá, había algunas personas que no la veían. En Regina, la capital de la provincia, apareció en un periódico un artículo de página entera condenándonos por atrevernos a empezar una nueva iglesia en una ciudad de 150,000 habitantes. Mientras hacíamos esfuerzos para tener un estudio bíblico en Humboldt vino a mi oficina un grupo de otra iglesia para obligarme a que abandonáramos tal esfuerzo. Me dijeron que nuestros esfuerzos eran "del diablo" y que se opondrían tenazmente a cualquier grupo de estudio bíblico. En Deschambault salió al encuentro de nuestro pastor un brujo que le lanzó maldiciones. Desde Príncipe Alberto recibí cartas condenando nuestros esfuerzos. En Blaine Lake se nos dijo que habían empezado un grupo de oración dedicado a pedir que nuestros esfuerzos fracasaran.

Algunos de nuestra propia denominación dijeron que éramos necios al empezar nuevas misiones cuando nuestro grupo era aún tan pequeño. Se nos dijo que no pidiéramos ninguna ayuda si nos veíamos en problemas para pagar los salarios de los pastores de las misiones y otros obreros. Algunos dijeron que nuestros esfuerzos eran una presunción. Pronto descubrí que siempre habrá quien interprete como presunción cada paso de fe. Sólo la obediencia y la afirmación de ella al realizar la actividad de Dios revelaría si estábamos haciendo la voluntad de Dios o no.

Posteriormente, a medida que las misiones crecían, florecían y se constituían en iglesias con sostenimiento propio, nuestros críticos se dieron cuenta de que la obra en verdad era de Dios. Muchos de ellos se animaron a dar los mismos pasos de fe empezando otras nuevas obras. Dios nos ayudó a permanecer fieles a Él, con un corazón lleno de amor hacia otros; pero fue costoso.

 Haga una lista del "precio" que pagamos para empezar nuevas iglesias.

_____

_____

Lea 2 Corintios 11.23-33 y haga una lista de los costos que Pablo tuvo que pagar para seguir y obedecer a Cristo.

_____

_____

_____

Algunas veces la obediencia a la voluntad de Dios resulta en oposición y malos entendidos. Debido a la obediencia Pablo sufrió mucho por la causa de Cristo. La lista de azotes, prisiones y peligros suena como algo insoportable para una persona. En una de sus cartas concluye diciendo: Yo traigo en mi cuerpo las marcas del Señor Jesús (Gá. 6.17). Pablo no había tenido tales experiencias antes de empezar a hacer la voluntad de Su Señor. La obediencia le costó caro. A pesar de eso, Pablo podía decir:

> A fin de conocerle, y el poder de su resurrección, y la participación de sus padecimientos, llegando a ser semejante a él en su muerte, si en alguna manera llegase a la resurrección de los muertos. No que lo haya alcanzado ya, ni que ya sea perfecto; sino que prosigo, por ver si logro asir aquello para lo cual fui también asido por Cristo Jesús. (Fil. 3.10-12).

El apóstol Pablo reveló los ajustes que hizo para hacer la voluntad de Dios cuando dijo: A todos me hecho de todo, para que de todos modos salve a algunos (1 Co. 9.22). Sus ajustes y obediencia a Cristo serán igualmente costosos.

⚜ **¿Ha tenido usted alguna vez una experiencia cuando los ajustes u obediencia a Dios le costaron caro? Sí ❑ No ❑. Describa brevemente la experiencia, y el costo que tuvo que pagar.**

_____

_____

David Livingstone fue un famoso misionero de Escocia en el siglo pasado. Sus palabras de consagración tal vez le inspiren a usted a hacer su propio compromiso de pagar el costo de seguir a Cristo:

David Livingstone

> Señor, envíame dondequiera, solamente vé conmigo.
> Dame cualquier carga, solamente sosténme.
> Corta todo lazo, excepto el que me ata a ti.
> —David Livingstone

⚜ **Repase la lección de hoy. Pida a Dios en oración que le indique una o más enseñanzas o Escrituras que Él quiere que comprenda, aprenda y practique. Subráyela(s). Luego responda a lo siguiente:**

¿Cuál fue la enseñanza o Escritura más significativa que leyó hoy?

Ahora escríbala en una frase que pueda usar como oración.

_____

_____

¿Qué quiere Dios que haga en respuesta al estudio de hoy?

_____

_____

Repita en voz alta o escriba el versículo asignado para memorizar.

DÍA 4   LA OBEDIENCIA ES COSTOSA, PARTE 2

La obediencia es costosa para los que le rodean.

Uno de los ajustes más tremendos para hacer la voluntad de Dios será obedecer cuando la obediencia les costará mucho a los que lo rodean. La obediencia es costosa para usted y para los que lo rodean.

 Responda a las preguntas que siguen: Lea el pasaje bíblico si no sabe la respuesta.

1. Cuando Moisés fue obediente, y le dijo al Faraón que dejara salir al pueblo de Israel, ¿qué les costó a los israelitas? (Éx. 5.1-21)

   _____

2. Cuando Jesús obedeció y fue a la cruz, ¿qué le costó a su madre que observaba cómo moría? (Jn. 19.17-37)

   _____

3. Cuando Pablo fue obediente y predicó el evangelio a los gentiles en Tesalónica, ¿qué le costó a Jasón? (Hch. 17.1-9)

   _____

Moisés y los israelitas

Cuando Moisés obedeció a Dios la carga de los israelitas se agravó. El pueblo pagó un alto costo por el hecho de que Moisés hacía la voluntad de Dios.

Jesús y María

Cuando el Señor Jesús en cumplimiento de la voluntad del Padre murió en la cruz, su madre, María, sufrió la agonía de ver a su hijo morir cruelmente. La obediencia de Jesús costó a su madre una agonía que le partió el corazón. Jesús cumplió con la voluntad del Padre, pero otros tuvieron que pagar un alto costo.

Pablo y Jasón

Al seguir Pablo la voluntad de Dios y predicar el evangelio, otros tuvieron que responder con sus propias vidas. Jasón y otros fueron arrestados por la chusma amotinada, y acusados de traición debido a su asociación con Pablo. Con frecuencia, la obediencia de Pablo a la voluntad de Dios ponía en peligro la vida de los que estaban con él.

Usted no debe pasar por alto este elemento importante de saber y hacer la voluntad de Dios. Dios le revelará sus planes y propósitos, pero su obediencia le costará bastante a usted y a los que lo rodean. Cuando, por ejemplo, un pastor rinde su vida a la obra misionera, le costará a los que lo rodean (su familia, su iglesia) más de lo que le cuesta a él mismo. Si él guía a su iglesia a participar directamente en las misiones, tal vez le cueste a algunos en la iglesia más de lo que le cuesta al pastor.

 Llene los espacios en blanco.

1. Usted no puede _____ en el mismo punto en donde está y al mismo tiempo seguir a _____ .

2. La obediencia le _____ a usted y a los que lo _____ .

3. La obediencia requiere dependencia total en el Dios que obrará por su intermedio.

Verifique sus respuestas con lo estudiado en la página 132.

Lo que le costó a mi familia el que yo hiciera la voluntad de Dios

Cuando Marilyn y yo nos entregamos para la obra misionera, uno de los más grandes costos que tuvimos que enfrentar fue lo que les costaría a nuestros hijos que yo estuviera tanto tiempo fuera de casa. Cuando nos mudamos a Saskatoon nuestro hijo mayor tenía ocho años. Nuestro hijo menor nació pocos meses después de nuestra mudanza. Durante esos años cuando nuestros hijos estaban creciendo tuve que estar mucho tiempo fuera de casa. Mi esposa también tuvo que pagar un alto costo al tener que criar a todos los cinco hijos sin contar con mi presencia todo el tiempo.

He oído a muchos creyentes decir: "En realidad pienso que Dios me está llamando; pero, después de todo, mis hijos me necesitan. No le puedo pedir a mi familia que haga tal sacrificio". Pues bien, sus hijos en realidad necesitan su cuidado; pero, ¿suponga usted que si respondiera obedientemente a la actividad de Dios, Él proveería la manera para que sus hijos reciban el cuidado apropiado? Nosotros lo hicimos.

Creímos que Dios honraría nuestra obediencia, porque si nos llamó nos mostraría cómo criar a nuestros hijos. Llegamos a creer que el Padre celestial, que ama a sus siervos, podía cuidar a nuestros hijos mejor de lo que nosotros jamás lo hubiéramos hecho. Creímos que Dios nos mostraría cómo relacionarnos con nuestros hijos de una manera tal que compensaría por el tiempo que yo estaba ausente. Ahora bien, yo no podía permitir que eso se convirtiera en excusa para descuidar a mi familia. Pero, mientras obedeciera al Padre podía confiar en que Él la cuidaría.

Puedo confiar en que Él cuidará de mi familia.

El primer año en Saskatoon bautizamos tres personas. Después de dos años y medio de ardua labor, teníamos alrededor de 30 personas asistiendo los domingos en la mañana. Un día mi esposa me dijo: "Enrique, Ricardo me dijo hoy que te tiene lástima. Dijo: 'Papá predica buenos sermones. Todos los domingos extiende una invitación, pero nadie pasa al frente'".

Busqué a mi hijo y le dije: "Ricardo, nunca tengas lástima de tu padre. Incluso si Dios me tiene aquí por diez años, y no se ve mucho resultado, un día Él dará la cosecha". Tuve que ayudar a mi hijo a comprender lo que estaba ocurriendo. Le expliqué la promesa de Dios: Irá andando y llorando el que lleva la preciosa semilla; Mas volverá a venir con regocijo, trayendo sus gavillas (Sal. 126.6). Dios obró por medio de mí en aquel momento para enseñarle a mi hijo una verdad espiritual de profundo significado.

Recuerdo que mi esposa estaba muy desanimada. El siguiente domingo nuestro hijo Ricardo pasó al frente y dijo: "Siento que Dios me llama al ministerio".

Dios cuidó de mi esposa.

Detrás de él pasó un vecino nuestro, que también se llamaba Ricardo. Mi esposa había pasado incontables horas tratando de ayudar a este joven que venía de un hogar con problemas. Él dijo: "Yo también siento que Dios me está llamando al ministerio". Luego se volvió y dijo: "La señora Blackaby merece mucho del crédito por esto".

Otro muchacho, llamado Ronaldo, se puso de pie y dijo: "Yo quiero que sepan que Dios me ha llamado al ministerio; y también quiero decir que mucho de esto se lo debo a la señora Blackaby". En algún momento de crisis en su vida nuestra familia le había ministrado y animado a buscar la voluntad de Dios. Mi esposa había hecho mucho para animarlo. En el momento de crisis para ella, Dios se ocupó de cuidarla.

Con el tiempo todos nuestros cinco hijos obedecieron al llamamiento a servir al Señor en el pastorado o en las misiones. Sólo Dios pudo haber hecho tan hermoso trabajo con nuestros hijos. Quiero que sepa que puede confiarle su familia a Dios. Preferiría confiarle mi familia a Dios antes que a nadie más en el mundo.

¡Usted puede confiarle su familia a Dios!

 ¿Puede recordar alguna experiencia cuando su familia tuvo que pagar un alto costo para que usted hiciera la voluntad de Dios? Sí ❑ No ❑ Describa brevemente la experiencia.

_____

_____

¿Puede recordar alguna ocasión cuando usted prefirió no obedecer a Dios debido al alto costo para los que le rodeaban? Sí ❑ No ❑ Describa brevemente la situación.

¿Qué sabe ahora de Dios que podría ayudarlo a confiar en que Él cuidará de su familia? Mencione algunas cosas.

_____

_____

Deje que Cristo se comunique con su pueblo

Si alguna vez le pide al pueblo de Dios que busque la voluntad del Señor, prepárese para aceptar lo que le digan. Usted necesita cumplir lo que le dicen. He conocido a algunas personas que le piden a una iglesia, un comité o un grupo que oren buscando la voluntad del Señor acerca de algún asunto. Luego esas personas expresan lo que perciben que Dios les está diciendo. Entonces el líder dice: "Ahora yo voy a decirles lo que Dios quiere que hagamos". Si los creyentes son el cuerpo de Cristo y Cristo es la cabeza, el cuerpo entero necesita venir a Cristo para comprender la voluntad de Dios para ese cuerpo. Necesitamos aprender a confiar en que Cristo se comunica con su pueblo.

Sólo Cristo puede ser la cabeza.

 Supóngase que su iglesia ha empezado a orar por una necesidad económica especial, y que una persona jubilada percibe que Dios quiere que ella dé una ofrenda de la mitad de sus ahorros de toda una vida para llenar esa necesidad. ¿Cómo respondería usted? Marque su respuesta.
- ❏ 1. Rehusaría la ofrenda y le pediría a gente con mayor recursos económicos que ofrendara en su lugar.
- ❏ 2. Recibiría la ofrenda, agradecería a Dios por contestar la oración, y lloraría por el alto costo que la persona tuvo que pagar para que nuestra iglesia hiciera la voluntad de Dios.
- ❏ 3. Recibiría la ofrenda, pero trataría de buscar la manera de reponerle el dinero tan pronto como fuera posible.
- ❏ 4. Le diría que esperara dos semanas y que orara para asegurarse de que esto es lo que Dios quiere que ella haga.

Lo que le costó a una persona el que nuestra iglesia hiciera la voluntad de Dios

Me tocó enfrentarme a una situación similar. Una de nuestras misiones necesitaba un edificio. El banco exigía un cierto porcentaje del costo como anticipo para darnos el préstamo.

La misión era muy pequeña, de modo que les pregunté a los miembros de nuestra iglesia si ellos estarían dispuestos a orar acerca de la posibilidad de contribuir para el pago del anticipo. Aceptaron orar y observar cómo Dios proveería. La señora Eva Bates, una viuda fiel y de oración, contaba con una pequeña pensión y $4,000 en el banco, que debían durarle todo el resto de su vida. Ella dio un cheque por $2,000 para el fondo del edificio.

"No le niegue a mi madre el derecho de ofrendar".

Como pastor sentí un peso en mi corazón. Yo estaba guiando a la iglesia a hacer lo que percibía que Dios quería que hiciéramos. Se me partió el corazón al ver lo que la obediencia le estaba costando a nuestra gente. Fui a hablar con la hija de la señora Bates. Ella me dijo: "No le niegue a mi madre el derecho de dar. Ella siempre ha confiado en el Señor, y ahora quiere hacer eso".

Algunos pastores o comités de finanzas dicen que no está bien pedir con demasiada frecuencia, porque se resta de las ofrendas regulares para el presupuesto. He aprendido que nunca hay que negarle al pueblo de Dios la oportunidad de dar. Nunca trato de presionar o manipular a la gente. Ése no es mi trabajo. Lo que hago es crear la oportunidad y animarlos a dar solamente lo que Dios les guía a dar. El pueblo de Dios hará alegremente la voluntad de Dios. Algunos de ellos responderán con generosidad y tendrán el honor de que Dios les permita sacrificarse por Él. Algunos tendrán una experiencia que les cambiará totalmente la vida.

 ¿Conoce alguna situación en donde una persona o familia ha tenido que pagar un alto precio porque su iglesia siguió la voluntad de Dios? Sí ❏ No ❏. Descríbala brevemente.

_____

_____

Complete las primeras dos afirmaciones. Consulte después la página 132

1 Usted no puede quedarse donde está y _____

2. La obediencia le costará _____ .

3. La obediencia requiere dependencia total de que Dios obrará a través de usted.

El clamor del corazón de una madre

Hudson Taylor, un gran hombre de oración y fe, había respondido al llamamiento de Dios para ir a China como misionero. Su padre había fallecido; así que para ir a China tuvo que dejar sola a su madre viuda. Cuando murió en 1905, Taylor había sido usado por Dios para fundar la Misión al Interior de la China. Había 205 puntos de predicación, 849 misioneros, y 125,000 creyentes; todo como testimonio de una vida totalmente rendida a Cristo. Taylor describió algo del costo que él y su madre tuvieron que pagar para que él obedeciera la voluntad de Dios y fuera a la China como misionero.

 Imagínese que usted es Hudson Taylor. Su padre ya ha muerto. Usted se da cuenta de que tal vez nunca vuelva a ver a su madre. Lea lentamente el relato de la partida de Taylor, en el recuadro al margen en la página siguiente, y trate de imaginarse las emociones que debe haber sentido.

Hudson Taylor

"Mi querida, y ahora santa, madre había venido a verme partir de Liverpool. Nunca olvidaré ese día, ni cómo ella me acompañó hasta el diminuto camarote que sería mi vivienda durante los próximos seis largos meses. Con su mano amorosa de madre alisó la cama. Se sentó a mi lado, y se unió a mi en el último himno que cantaríamos juntos antes de la partida. Nos arrodillamos, y ella oró la última oración que oiría antes de viajar para China. Entonces se nos avisó que debíamos separarnos, y tuvimos que decirnos adiós, sin esperanza de volvernos a ver otra vez en esta tierra".

"Por mí, ella contuvo sus emociones tanto como pudo. Nos separamos; y ella bajó a tierra, dándome su bendición. Me quedé de pie en la cubierta, y ella siguió con su mirada el barco que empezaba a alejarse del muelle. Cuando lo dejamos atrás, y la separación realmente comenzaba nunca olvidaré el grito de angustia que brotó del corazón de aquella madre. Me atravesó como un puñal. Nunca supe tan completamente, hasta entonces, lo que significaba que 'Dios amó tanto al mundo'. Y estoy seguro que mi preciosa madre aprendió más del amor de Dios por los perdidos en aquella hora que en toda su vida anterior".

"Alabado sea el Señor, sigue creciendo el número de personas que están encontrando los sublimes gozos, las maravillosas revelaciones de sus misericordias, otorgadas a quienes le siguen, despojándose de egoísmo, dejándolo todo en obediencia a la gran comisión.[6]

Según este breve relato, responda a las preguntas que siguen:

1. ¿Qué le costó a Hudson Taylor ajustar su vida a Dios e ir obedientemente a China?

_____

2. ¿Qué le costó a la madre de Taylor la obediencia de su hijo a la voluntad de Dios?

_____

_____

3. ¿Qué aprendieron ellos en esta experiencia en cuanto al amor de Dios?

_____

_____

Dejar el hogar y la familia para ir a una misión peligrosa fue un paso costoso para Taylor. Su madre amaba tanto al Señor que estaba dispuesta a pagar el costo de dejar a su hijo que fuera a las misiones. Ambos tuvieron que pagar un alto costo por la obediencia. Sin embargo, ambos experimentaron el amor de Dios como nunca antes lo habían conocido. La historia revela que Dios recompensó la fidelidad de su siervo Hudson Taylor, usándolo en maneras milagrosas para alcanzar el interior de la China para Cristo.

※ ¿Piensa que Dios pudiera llamarlo a una aventura de fe costosa? Sí ❑ No ❑
¿Cómo responderá usted a Dios cuando lo llame a un compromiso costoso?
Marque una respuesta:

❑ ¡Sí, Señor!   ❑ No, eso cuesta mucho.

Tal vez piense que la última pregunta es un poco prematura. En realidad, no lo es. De eso trata el señorío de Cristo. Usted debe contestar la última pregunta sin saber nada sobre lo que Dios puede llamarlo a hacer. Su vida entera debe ser vivida con la actitud de "Señor, cualquier cosa que me pidas hoy o en el futuro, mi respuesta es: ¡Sí!" Usted tiene que llegar al punto de estar dispuesto a rendirle TODO a Él.

※ Repase la lección de hoy. Pida a Dios en oración que le indique una o más enseñanzas o Escrituras que Él quiere que comprenda, aprenda y practique. Subráyela(s). Luego responda a lo siguiente:

¿Cuál fue la enseñanza o Escritura más significativa que leyó hoy?

_____

Ahora escríbala en una frase que pueda usar como oración.

_____

_____

¿Qué quiere Dios que haga en respuesta al estudio de hoy?

_____

RESUMEN

- Mi obediencia es costosa para los que me rodean.
- Puedo confiar en que Dios cuidará de mi familia.
- No niegue a otros la oportunidad de sacrificarse por el Señor.
- Necesito confiar en que Cristo se comunicará con su pueblo.
- Señor, lo que me pidas hoy o en el futuro, mi respuesta es: "¡Sí!"

DÍA 5   DEPENDENCIA TOTAL EN DIOS

La obediencia requiere dependencia total para que Dios obre por medio de usted.

Otro ajuste que es parte de conocer y hacer la voluntad de Dios es que usted llegue a una dependencia total de que Dios completará lo que quiere hacer a través de usted. Jesús dijo que nuestra relación con Él es como la de la vid y los pámpanos. Él dijo: Separados de mí nada podéis hacer (Jn. 15.5). Cuando usted es un siervo de Dios, tiene que permanecer en una íntima relación con Él para que complete su obra por intermedio de usted. Usted debe depender de Dios solamente.

Este ajuste requiere que deje de trabajar para Dios de acuerdo a sus capacidades, sus dones, sus gustos, sus preferencias y sus metas; y avance a depender totalmente de Dios, su obra y sus recursos. Esto es un ajuste ENORME. Nunca es fácil hacerlo.

※ Llene los espacios en blanco.

1. Usted no puede _____ donde está y al mismo tiempo _____ a Dios.

2. La obediencia le _____ mucho a _____ y a los que le rodean.

3. La obediencia requiere _____ _____ en que Dios obrará a través de usted.

Verifique sus respuestas con lo estudiado en la página 132.

Lea los versículos bíblicos que aparecen a continuación y note por qué debe usted confiar en que Dios realizará sus propósitos. Luego responda a la pregunta que sigue:

Juan 15.5–Yo soy la vid, vosotros los pámpanos; el que permanece en mí, y yo en él, éste lleva mucho fruto; porque separados de mí nada podéis hacer.

1 Corintios 15.10–Pero por la gracia de Dios soy lo que soy; y su gracia no ha sido en vano para conmigo, antes he trabajado más que todos ellos; pero no yo, sino la gracia de Dios conmigo.

Gálatas 2.20–Con Cristo estoy juntamente crucificado, y ya no vivo yo, mas vive Cristo en mí; y lo que ahora vivo en la carne, lo vivo en la fe del Hijo de Dios, el cual me amó y se entregó a sí mismo por mí.

Isaías 14.24–Jehová de los ejércitos juró diciendo: Ciertamente se hará de la manera que lo he pensado, y será confirmado como lo he determinado;

Isaías 41.10–No temas, porque yo estoy contigo; no desmayes, porque yo soy tu Dios que te esfuerzo; siempre te ayudaré, siempre te sustentaré con la diestra de mi justicia.

Isaías 46.9-11–9 Acordaos de las cosas pasadas desde los tiempos antiguos; porque yo soy Dios, y no hay otro Dios, y nada hay semejante a mí, que anuncio lo por venir desde el principio, y desde la antigüedad lo que aún no era hecho; que digo: Mi consejo permanecerá, y haré todo lo que quiero; que llamo desde el oriente al ave, y de tierra lejana al varón de mi consejo. Yo hablé, y lo haré venir; lo he pensado, y también lo haré.

 ¿Por qué debe confiar en que Dios obrará a través de usted?

_____

Si Dios no obra en usted, no puede hacer nada para producir fruto para el reino. Cuando usted está crucificado con Cristo, Él vive a través de usted para realizar sus propósitos por su gracia. Cuando Dios se propone hacer algo, Él garantiza que ocurrirá. Él es quien realizará lo que se propone hacer. Si depende en cualquier otra cosa que no sea Dios, está buscando el fracaso en términos del reino.

La parábola del ministerio de autobuses

Una iglesia oraba: "Oh, Dios, ¿cómo quieres alcanzar a nuestra comunidad a través de nosotros y edificar una gran iglesia?" Dios les guió a empezar un ministerio de autobuses para proveer transporte para los niños y adultos que querían venir a la iglesia. Hicieron lo que Dios les dijo, y su iglesia creció.

Se sintieron halagados cuando la gente de todas partes empezó a preguntarles: "¿Qué es lo que están haciendo para crecer tan rápidamente?" Entonces escribieron un libro sobre cómo hacer crecer a las iglesias mediante el ministerio de autobuses. Miles de iglesias empezaron a comprar autobuses pensando que ese era el método clave para el crecimiento. Más tarde, muchas tuvieron que vender sus autobuses y decir: "Eso no trabaja aquí".

¡ESO jamás trabaja! ¡Él trabaja! El método jamás es la clave para realizar los propósitos de Dios. La clave es su relación a una Persona. Cuando usted quiere saber cómo Dios va a alcanzar a su ciudad, empezar una nueva iglesia, o cualquier otra cosa, pregúntele a Él. Después, cuando Él se lo diga, no se sorprenda si usted no puede encontrar ninguna iglesia que lo hace de la misma manera. ¿Por qué? Dios quiere que usted le conozca a Él. Si usted sigue el plan, método o programa de alguna otra persona o grupo, usted tendrá la tendencia de olvidarse de su dependencia de Dios. Usted deja a un lado su relación con Dios y persigue un método o programa. Eso es adulterio espiritual.

¡"ESO" jamás trabaja!

¡Él trabaja!

 Responda a las preguntas que siguen:

1. ¿A dónde acude usualmente para hallar cómo realizar los propósitos de Dios para su vida o iglesia? Marque todo lo que se aplique.
   ❏ a. Voy a la librería o a la biblioteca para buscar un libro sobre el tema, que haya sido escrito por alguien que tuvo éxito en esa área.
   ❏ b. Hablo con personas o iglesias que han tenido éxito.
   ❏ c. Hablo con las oficinas de la denominación y les pido que me indiquen el pro-

grama que debo usar para hacer el trabajo.

    ❑ d. Paso tiempo en oración y en la Palabra preguntándole a Dios que me (nos) guíe para hacer las cosas a su manera.

2. Marque lo más importante para usted al buscar cómo hacer la voluntad de Dios.

    ❑ a. Preguntarse qué quiere hacer Dios en donde estoy.

    ❑ b. Usar un método de éxito comprobado.

    ❑ c. Buscar el programa que funcionará mejor en mi situación.

    ❑ d. Imitar cómo otras personas o iglesias han logrado éxito en la obra del Señor.

Buenos libros, métodos exitosos, programas creativos y el éxito de otros no pueden tomar el lugar de su relación con Dios. Jamás pueden hacer el trabajo. Dios es quien lo hace. Separado de Dios no puede hacer nada. Si pone su vista en cualquier otra cosa que no sea Dios como "la respuesta", se priva de ver a Dios obrando. Se queda, usted y su iglesia, sin conocer a Dios. Ésta es una gran tragedia para muchos en nuestros días. ¡Qué Dios nos libre de eso!

Sólo Dios tiene el derecho de decirle lo qué tiene que hacer.

¿Quiere decir esto que Dios nunca lo guiará a organizar un programa o seguir un método? No; pero sólo Dios tiene el derecho de decirle lo qué debe hacer. Usted no debe tomar la iniciativa. Debe esperar ante Dios hasta que Él le indique qué debe hacer.

Espere en el Señor.

 Lea los versículos siguientes. En cada uno, trace un círculo alrededor de la palabra "espera" o sus derivados.

Salmo 5.3–Oh Jehová, de mañana oirás mi voz;
De mañana me presentaré delante de ti, y esperaré.

Salmo 33.20–Nuestra alma espera a Jehová;
Nuestra ayuda y nuestro escudo es él.

Salmo 37.34–Espera en Jehová, y guarda su camino,
Y él te exaltará para heredar la tierra;

Salmo 38.15–Porque en ti, oh Jehová, he esperado;
Tú responderás, Jehová Dios mío.

Isaías 40.31–pero los que esperan a Jehová tendrán nuevas fuerzas; levantarán alas como las águilas; correrán, y no se cansarán; caminarán, y no se fatigarán.

 ¿Por qué piensa que debe esperar hasta oír palabra de dirección del Señor?

_____

Pedid, y se os dará; buscad, y hallaréis; llamad, y se os abrirá. Porque todo aquel que pide, recibe; y el que busca, halla; y al que llama, se le abrirá.

—Mateo 7.7-8

Tal vez usted piense que esperar es tiempo pasivo e inactivo. Esperar en el Señor dista mucho de la inactividad. Mientras espera, estará orando intensamente por conocerlo y saber sus propósitos y sus caminos. Estará observando las circunstancias y pidiéndole a Dios que las interprete, revelándole su perspectiva. Estará compartiendo con otros creyentes el modo de encontrar lo que Dios les está diciendo. Mientras espera en el Señor, usted estará muy activo preguntando, buscando y llamando (Mt. 7.7-8). Mientras espera, continúe haciendo lo último que Dios le dijo que hiciera. Al esperar usted está dejando la responsabilidad del resultado en las manos de Dios, que es donde debe estar.

Entonces, cuando Dios le señale una dirección específica, Él hará a través de usted más en días y semanas que lo que jamás podría lograr en años. Esperar en Él siempre vale la pena. Su selección del tiempo y sus caminos siempre son correctos. Debe depender en que Él le guiará en su camino y en su tiempo para realizar su propósito.

El Espíritu Santo lo ayuda a cumplir la voluntad del Padre

El Espíritu Santo jamás entenderá mal la voluntad de Dios para su vida. El Padre tiene un propósito que realizar a través de usted. Para que no se equivoque, le da su Espíritu. El Espíritu Santo es quien se encarga de que usted cumpla ese propósito; y para ello, lo capacita y lo guía en la dirección correcta. Usted depende de Dios para capacitarse. De ahí que su relación con Él es de suma importancia. Por consiguiente, debe estar a la expectativa, a fin de percibir su voz indicándole sus propósitos y caminos.

Jesús es su ejemplo de alguien que jamás erró en saber y hacer la voluntad del Padre. Cada cosa que el Padre se propuso hacer a través de su vida, el Señor Jesús la hizo inmediatamente. ¿Cuál fue la clave de su éxito? ¡El siempre estaba en relación íntima con el Padre! Si usted anda en una relación consistente con la provisión de Dios para usted, es decir, la provisión de su Hijo, su Espíritu Santo, y su propia presencia en su vida, entonces usted nunca llegará al punto de no saber la voluntad de Dios. No debe haber ningún tiempo cuando usted no pueda cumplirla.

En Jesús usted tiene el cuadro de una vida solitaria, de una relación de amor con Dios vivida consistentemente. Él es el ejemplo perfecto. Usted y yo rápidamente llegamos a la conclusión de que estamos muy lejos de eso. ¡Verdad! Pero el Cristo que vivió su vida en completa obediencia está presente en usted para capacitarlo, en cómo conocer y hacer su voluntad. Necesitamos ajustar nuestra vida a Dios y vivir dependiendo de Él. Dios nunca fallará en ponerlo en medio de sus propósitos y capacitarlo para que los cumpla.

 ¿Cómo describiría la calidad y pureza de su relación con Dios?

_____

_____

¿Qué ajustes piensa que Dios quiere que usted haga para renovar una relación apropiada y consistente con Él?

_____

Ajustes en la oración y en el costo

Cuando nuestra iglesia se movía en la dirección que Dios nos daba, con frecuencia yo experimentaba una crisis en mi vida de oración. Aprendí más acerca de la oración en esas ocasiones que en cualquiera otra. Hay algunas cosas que solamente se pueden conseguir a través de la oración. A menudo Dios espera hasta que se las pidamos. La crisis era la siguiente: ¿Estaba yo dispuesto a orar hasta que Dios lo realizara? La promesa de Marcos 11.24 siempre ha sido para mí un desafío en cuanto a la fe y la oración.

 Lea Marcos 11.24, en el margen, y luego escríbalo con sus palabras.

_____

_____

"Por tanto, os digo que todo lo que pidiereis orando, creed que lo recibiréis, y os vendrá".
—*Marcos 11.24*

Este versículo se ha usado a veces para enseñar una teología de "pídelo y reclámalo". Usted decide lo que quiere, lo reclama en su petición, y lo recibe. Ésta es una teología egocéntrica. Recuerde que sólo Dios debe tomar la iniciativa. Él le da el deseo de hacer su voluntad (Fil. 2.13). Su Espíritu Santo le guía a orar de acuerdo a la voluntad de Dios (Ro. 8.26-28). El enfoque centrado en Dios le permite a Él guiarlo a orar de acuerdo a su voluntad. Convénzase de que aquello por lo que Él le guía a orar, Él mismo lo realizará. Por tanto, continúe orando con fe y observando para verlo realizarse.

Cuando Dios viene a su encuentro usted enfrenta una crisis de fe que requiere grandes ajustes en su vida. Usted tiene que aprender a orar. La oración le costará mucho. Tal vez sentirá que Dios lo insta a levantarse a medianoche para orar. Tal vez necesite pasar mucho tiempo en oración. Habrá ocasiones cuando usted orará hasta altas horas, o tal vez toda la noche. Convertirse en una persona de oración requiere un ajuste grande en su vida.

La oración le costará mucho

Otro esfuerzo será el tratar de guiar a los que lo rodean a dedicarse a la oración. La mayoría de nuestras iglesias no han aprendido cómo orar. El recurso menos aprovechado por el pueblo de Dios es la oración. Ayudar a su iglesia a convertirse en una iglesia que ora será una experiencia muy provechosa.

 ¿Se conoce a su iglesia en su comunidad como una "casa de oración"? ¿Es ella una iglesia que ora? ¿Cuál de lo siguiente es verdad? Marque uno.

❑ 1. A nuestra iglesia se le conoce generalmente como una iglesia que ora.
❑ 2. Nuestra iglesia está convirtiéndose en una iglesia que ora, pero todavía nos falta mucho.
❑ 3. Nuestra iglesia ora un poco, pero no muy eficazmente. Necesitamos convertirnos en una iglesia que ora.
❑ 4. Para ser francos, tengo que decir que nuestra iglesia realmente no sabe cómo orar. Nuestra iglesia necesita convertirse en una iglesia que ora.

¿Qué evidencia puede presentar en apoyo a su respuesta?

_____

_____

¿Qué cree que Dios quiere hacer por medio de usted para que su iglesia sea una iglesia que ora?

_____

_____

¡Toda iglesia necesita ser una iglesia que ora!

Repase la lección de hoy. Pida a Dios en oración que le indique una o más enseñanzas o Escrituras que Él quiere que comprenda, aprenda y practique. Subráyela(s). Luego responda a lo siguiente:

¿Cuál fue la enseñanza o Escritura más significativa que leyó hoy?

_____

_____

Ahora escríbala en una frase que pueda usar como oración:

_____

_____

_____

_____

¿Qué quiere Dios que haga en respuesta al estudio de hoy?

_____

_____

_____

Repase los versículos para memorizar y prepárese para repetirlos a otra persona en la sesión semanal del grupo.

RESUMEN

- La obediencia requiere dependencia total de Dios, quien obrará a través de mí.
- ¡ESO jamás trabaja! ¡ÉL trabaja!
- La clave es mi relación con una Persona.
- Por medio de mí Él hará más en días y semanas que lo que yo jamás lograría en años de trabajo. Esperar en Él siempre vale la pena.
- La oración fervorosa es una de las cosas más exigentes que jamás haya hecho.
- ¡Mi iglesia necesita ser una iglesia que ora!

[1]David y Noemí Sibley, The Smoke of the Thousand Villages (El Humo de Mil Aldeas) (Nashville: Thomas Nelson Publishers, 1989), 11.
[2]Elisabeth Elliot, Shadow of the Almighty. The Life and Testament of Jim Elliot (La Sombra del Todopoderoso. Vida y Testamento de Jaime Elliot (New York: Harper & Brothers Publishers, 1958), 247.
[3]Franklin Graham con Jeanette Lockerbie, Bob Pierce This One Thing I Do, (El Esto Hago de Roberto Pierce (Waco: Word Books, 1983), 220.
[4]Shibley, Thousand Villages, 11.
[5]Shibley, Thousand Villages, 98.
[6]Hudson Taylor, A Retrospect (Retrospectiva) (Filadelfia: The China Inland Mission, n, d.), 39-40.

UNA EXPERIENCIA CON DIOS MEDIANTE LA OBEDIENCIA

LA OBEDIENCIA PROVEYÓ UNA BENDICIÓN FUTURA

Éramos aún una iglesia pequeña, con una asistencia dominical de cerca de 45 personas, y teníamos ya tres misiones a las cuales tratábamos de respaldar y ayudar. Se nos pidió que auspiciáramos otra misión en Winnipeg, que quedaba a más de 800 kilómetros de nuestra ciudad. Alguien tendría que hacer el viaje de ida y vuelta, de más de 1,600 kilómetros, para pastorearla. A primera vista la tarea parecía imposible para un grupo tan pequeño.

Informé a nuestra congregación del grupito de fieles que se había estado reuniendo por más de dos años y ahora quería empezar una iglesia. Ya que éramos la iglesia más cercana, teníamos que determinar si Dios nos estaba revelando su obra. ¿Era esto su invitación a que nos uniéramos en lo que Él estaba haciendo? La iglesia la percibió como la obra de Dios, y sabíamos que teníamos que obedecerlo. Aceptamos auspiciar la nueva misión. Entonces pedimos que Dios nos mostrara cómo, y nos diera la fuerza y los recursos para hacerlo.

Varias veces hice el viaje hasta Winnipeg para predicar y ministrar a la gente. Dios proveyó el pastor y los medios de sostenimiento ¡más pronto que a ninguna de las otras misiones que auspiciamos! Pero la historia no concluye allí. La Iglesia de la Amistad hasta ahora ya ha auspiciado otras nueve misiones y ha formado toda una asociación.

Cuando nuestro hijo mayor concluyó sus estudios en el seminario, esa iglesia lo llamó a ser su pastor. ¡Era su primer pastorado! A nuestro segundo hijo, Tomás, lo llamaron como ministro de música, educación y jóvenes. Nunca me hubiera imaginado, años atrás, que aquel simple acto de obediencia, que al principio pareció imposible, sería de tanta bendición futura para mi familia.

Respondió Jesús y le dijo: El que me ama, mi palabra guardará; y mi Padre le amará, y vendremos a él, y haremos morada con él. **—Juan 14.23**

Versículo para memorizar esta semana

Usted llega a conocer a Dios por la experiencia a medida que lo obedece y Él realiza su obra por su intermedio.

Dios siempre ha estado obrando en nuestro mundo, y allí donde usted está. Él siempre toma la iniciativa para acercársele y revelarle lo que está haciendo, o lo que hará. Cuando lo hace, lo está invitando a que se una a Él.

Unírsele requiere que haga grandes ajustes en su vida, de modo que Él pueda realizar su voluntad por medio de usted. Cuando usted sabe lo que Dios ha dicho que va a hacer y ha ajustado su vida a Él, todavía hay una respuesta que dar.

> Para tener una experiencia con Dios obrando en y a través de usted, debe obedecerlo. Cuando lo obedece, Él realiza su obra por medio de usted; y usted llegará a conocerlo por experiencia.

Esta unidad nos lleva a enfocar la última de las siete realidades: Usted llega a conocer a Dios por experiencia a medida que lo obedece y Él realiza su obra por medio de usted.

Como repaso vea si puede escribir las siete realidades en sus propias palabras. Use las señas que se le indican a continuación:

1. trabaja _____

2. relación _____

3. invitación _____

4. habla _____

5. crisis _____

6. ajustar _____

7. obedecer _____

_____

Verifique sus respuestas observando el diagrama de la página 19.

Seguidamente he anotado tres acciones que surgen de la realidad 7. Enumérelas en el orden en que ocurren al seguir la voluntad de Dios.

_____ a. Llega a conocer a Dios por experiencia.

_____ b. Lo obedece.

_____ c. Él realiza su obra por medio de usted.

Después que Dios ha tomado la iniciativa de incluirlo en su trabajo, usted cree y ajusta su vida a Él. Solamente entonces se coloca en el sitio de obediencia. Pero primero debe obedecerlo. Entonces, Él realiza su obra por su intermedio. Al realizar Dios una obra de dimensiones divinas por medio de usted, llega a conocerlo íntimamente por experiencia. La respuesta a la última pregunta es a-3, b-1, c-2. En esta unidad estudiará con más detalles cada uno de esos aspectos de la obra de Dios.

Usted lo obedece

Si me amáis, guardad mis mandamientos. El que no me ama, no guarda mis palabras.
—Juan 14.15, 24a

En la unidad 4, día 3 (pp. 61-64), estudió la relación entre el amor y la obediencia. Aprendió que la obediencia es la expresión externa de su amor a Dios (Jn. 14.15, 24a). A modo de repaso, las siguientes son algunas de las enseñanzas en esa lección:

- La obediencia es la expresión externa de su amor a Dios.
- La recompensa de la obediencia y el amor es que Él se le revela.
- Si usted tiene problemas para obedecerlo, el problema es la falta de amor.
- Dios es amor. Su voluntad siempre es lo mejor.
- Dios lo sabe todo. Sus direcciones siempre son correctas.
- Dios es todopoderoso. Él puede capacitarlo para que haga su voluntad.
- Si usted lo ama, lo obedecerá.

Si en las últimas semanas alguna de las afirmaciones indicadas arriba han influido en su amor y obediencia a Dios, describa brevemente lo que Dios ha estado haciendo en cuanto a su amor y obediencia.

_____

_____

Su versículo para memorizar en esta unidad habla del amor y la obediencia. Empiece a memorizarlo. Escríbalo a continuación.

_____

_____

Jesús dijo que el que está en íntima relación con Él ("hermano", "hermana", "madre") es el que hace la voluntad de su Padre celestial (Mt. 12.50). Jesús dijo claramente que por la obediencia una persona demuestra su relación de amor con Dios (Jn. 14.15-21).

Santiago, en su carta a los creyentes, ocupó considerable espacio para indicar que la fe que no se demuestra en acciones está muerta. Cuando los discípulos obedecieron a Jesús, vieron y experimentaron el gran poder de Dios obrando en y alrededor de ellos. Cuando no actuaron en fe, o no hicieron su voluntad, no pudieron experimentar su obra poderosa.

De muchas maneras la obediencia es su momento de la verdad. Lo que usted HACE:
1. Revelará lo que cree acerca de Dios.
2. Determinará si experimenta su obra poderosa en y a través de usted.
3. Determinará si llega a conocerle más íntimamente.

Porque todo aquel que hace la voluntad de mi Padre que está en los cielos, ése es mi hermano, y hermana, y madre.
—Mateo 12.50

La fe sin obras es muerta
—Santiago 2.20

Momento de la verdad

 Lea 1 Juan 2.3-6. Trace un círculo alrededor de la palabra saber o conocer cada vez que ocurra. Subraye la palabra amor. Después, responda a las preguntas que siguen:

> 1 Juan 2.3-6—"Y en esto sabemos que nosotros le conocemos, si guardamos sus mandamientos. El que dice: Yo le conozco, y no guarda sus mandamientos, el tal es mentiroso, y la verdad no está en él; pero el que guarda su palabra, en éste verdaderamente el amor de Dios se ha perfeccionado; por esto sabemos que estamos en él. El que dice que permanece en él, debe andar como él anduvo".

1. ¿Cómo puede saber que ha llegado a conocer a Dios en Jesucristo?

_____

2. ¿Cuál es la indicación clara de que una persona no conoce a Dios?

_____

3. ¿Qué hace Dios en la vida del que obedece su Palabra?

_____

Como repaso de la unidad 4, llene los espacios en blanco en las siguientes declaraciones, usando las palabras de la siguiente lista:

obligarme   capacitarme   correcto   verdadero   mejores

4. Debido a que Dios es amor, Él siempre está en lo _____ .

5. Debido a que Dios lo sabe todo, sus direcciones siempre son las _____ .

6. Debido a que Dios es todopoderoso, Él puede _____ a hacer su voluntad.

Cuando llega al momento de la verdad, en donde debe decidir si obedecer a Dios o no, usted no puede obedecerlo a menos que crea y confíe en Él. No puede creer y confiar en Él, a menos que lo ame. No puede amarlo, si no lo conoce.

Cada "nuevo" mandamiento de Jesús requerirá un nuevo conocimiento y comprensión de Él. El Espíritu Santo le enseñará acerca de Jesús, de modo que usted pueda confiar en Él y obedecerlo. Entonces tendrá una nueva experiencia con Él. Así es como usted crece en Él.

Como dice 1 Juan 2.3-6, cuando usted llega a conocerlo, lo obedece. Si no le obedece, indica que no lo conoce.

Jesús lo señaló en una manera distinta, cuando dijo: No todo el que me dice: Señor, Señor, entrará en el reino de los cielos, sino el que hace la voluntad de mi Padre que está en los cielos. Muchos me dirán en aquel día: Señor, Señor, ¿no profetizamos en tu nombre, y en tu nombre echamos fuera demonios, y en tu nombre hicimos muchos milagros? Y entonces les declararé: Nunca os conocí; apartaos de mí, hacedores de maldad (Mt. 7.21-23). La obediencia es muy importante.

Las respuestas a las últimas preguntas son: 4-correcto, 5-mejores, 6-capacitarme.

La importancia de la obediencia

Cuando Él le da una instrucción, usted tiene que obedecerla.

Si usted sabe que Dios lo ama, nunca cuestionará una instrucción que le dé. Siempre será la correcta y la mejor. Cuando Él le da alguna instrucción no le toca a usted simplemente observarla, discutirla o debatirla. Tiene que obedecerla.

 Lea los siguientes pasajes y trace un círculo alrededor de la palabra obedecer. Después responda la pregunta:

> **Deuteronomio 28.1, 8** "Acontecerá que si oyeres atentamente la voz de Jehová tu Dios, para guardar y poner por obra todos sus mandamientos que yo te prescribo hoy, también Jehová tu Dios te exaltará sobre todas las naciones de la tierra. . . . Jehová te enviará su bendición sobre tus graneros, y sobre todo aquello en que pusieres tu mano; y te bendecirá en la tierra que Jehová tu Dios te da".

> **Deuteronomio 28.15, 20** "Pero acontecerá, si no oyeres la voz de Jehová tu Dios, para procurar cumplir todos sus mandamientos y sus estatutos que yo te intimo hoy . . . Jehová enviará contra ti la maldición, quebranto y asombro en todo cuanto pusieres mano e hicieres, hasta que seas destruido, y perezcas pronto a causa de la maldad de tus obras por las cuales me habrás dejado".

¿Cuál es la importancia de la obediencia? _____

_____

Escriba algunos de los beneficios de la obediencia que se mencionan en los siguientes versículos bíblicos.

> **Jeremías 7.23** "Mas esto les mandé, diciendo: Escuchad mi voz, y seré a vosotros por Dios, y vosotros me seréis por pueblo; y andad en todo camino que os mande, para que os vaya bien".

_____

> **Lucas 6.46-49** "¿Por qué me llamáis, Señor, Señor, y no hacéis lo que yo digo? Todo aquel que viene a mí, y oye mis palabras y las hace, os indicaré a quién es semejante. Semejante es al hombre que al edificar una casa, cavó y ahondó y puso el fundamento sobre la roca; y cuando vino una inundación, el río dio con ímpetu contra aquella casa, pero no la pudo mover, porque estaba fundada sobre la roca. Mas el que oyó y no hizo, semejante es al hombre que edificó su casa sobre tierra, sin fundamento; contra la cual el río dio con ímpetu, y luego cayó, y fue grande la ruina de aquella casa".

_____

> **Juan 7.16-17** "Jesús les respondió y dijo: Mi doctrina no es mía, sino de aquel que me envió. El que quiera hacer la voluntad de Dios, conocerá si la doctrina es de Dios, o si yo hablo por mi propia cuenta".

_____

Dios bendice a quienes le obedecen (Dt. 28.1-14). Los beneficios de la obediencia sobrepasan la imaginación, pero entre ellos está el hecho de ser el pueblo de Dios (Jer. 7.23), tener un sólido cimiento cuando las tormentas de la vida le atacan (Lc. 6.46-49), y conocer la verdad espiritual (Jn. 7.16-17).

Opuesta a la obediencia es la rebelión contra Dios. La desobediencia es un rechazo serio de la voluntad de Dios. Deuteronomio 28.15-68 habla de algunos de los costos de la desobediencia. En Deuteronomio 30 y 32 puede encontrar más enseñanzas sobre los resultados de la obediencia y desobediencia.

La desobediencia es seria.

 ¿Cómo piensa que Dios describiría su nivel de obediencia?

_____

¿Sabe algo que Dios quiere que haga y no lo está haciendo?

_____

Considere esta oración para su propia vida:

> Enséñame, oh Jehová, el camino de tus estatutos,
>   Y lo guardaré hasta el fin.
> Dame entendimiento, y guardaré tu ley,
>   Y la cumpliré de todo corazón.
> Guíame por la senda de tus mandamientos,
>   Porque en ella tengo mi voluntad.
> — Salmo 119.33-35

 Repase la lección de hoy. Pida a Dios en oración que le indique una o más enseñanzas o Escrituras que Él quiere que usted comprenda, aprenda y practique. Subráyela(s). Luego responda a lo siguiente:

¿Cuál fue la enseñanza o Escritura más significativa que leyó hoy?

_____

Ahora escríbala en una frase que pueda usar como oración.

_____

_____

¿Qué quiere Dios que haga en respuesta al estudio de hoy?

_____

RESUMEN

- Conozco a Dios por experiencia cuando lo obedezco y Él realiza su obra por medio de usted.
- Si amo a Dios lo obedeceré.
- La obediencia es la expresión externa de mi amor a Dios.
- La fe que no se demuestra en acciones está muerta.
- La obediencia es la prueba de mi amor.
- Dios bendice a los que lo obedecen.

OBEDIENCIA, PARTE 2

DÍA 2

La obediencia significa gozo y comunión ininterrumpida con Dios.

Los siervos de Dios hacen lo que Él les ordena. Lo obedecen. El siervo no tiene la opción de decidir si quiere obedecer o no. No obedecer es rebelión, y tal desobediencia trae serias consecuencias.

¿Qué es la obediencia?

Muchas personas hoy día son tan egoístas que quieren hacer sus antojos. No se detienen a considerar lo que la obediencia puede significar para sus vidas. En Mateo 21.28-30 Jesús relató una parábola acerca de la obediencia:

> Pero ¿qué os parece? Un hombre tenía dos hijos, y acercándose al primero, le dijo: Hijo, vé hoy a trabajar en mi viña. Respondiendo él, dijo: No quiero; pero después, arrepentido, fue. Y acercándose al otro, le dijo

de la misma manera; y respondiendo él, dijo: Sí, señor, voy. Y no fue.

–Mateo 21.28-30

¿Cuál de los hijos hizo la voluntad de su padre? ❏ El primero ❏ El segundo

¿Qué significa la obediencia? Marque su respuesta:
❏ 1. Decir que hará lo que se le ha ordenado.
❏ 2. Hacer lo que se le ha ordenado.

Al final del estudio de cada día se le ha preguntado: "¿Qué quiere Dios que haga en respuesta al estudio de hoy?" Quiero que revise sus respuestas de cada lección. Tenga en mente que algunas de estas cosas tal vez sean compromisos de largo alcance. Ore antes de empezar este paso, y pídale a Dios ayuda para ver el modelo general de obediencia o desobediencia. Luego revise sus respuestas de cada día. Mentalmente conteste las siguientes dos preguntas:

1. ¿Creo en verdad que Dios me guió claramente a responder como lo hice?
2. ¿He hecho todo lo que Dios me ha pedido hasta hoy?

No avance mientras no haya completado este paso.

Ahora, responda a las preguntas que siguen. Si no tiene una respuesta para alguna de las preguntas, pase a la siguiente:

A. ¿Cuál mandamiento o instrucción ha obedecido?

_____

B. ¿Qué instrucción de largo alcance apenas ha empezado a obedecer?

_____

C. ¿Cuál respuesta fue probablemente idea suya, y no instrucción de Dios?

_____

D. ¿Qué mandamiento no ha obedecido?

_____

E. Debajo hay una escala graduada de 0 (completa desobediencia) a 10 (completa obediencia). ¡Sólo Jesucristo calificaría para un 10! Encierre en un círculo el número que usted piensa que indicaría el nivel en que DIOS calificaría su vida de obediencia desde que empezó a estudiar este curso.

Desobediencia   0-—1-—2—3—4-—5-—6—7—8-—9—10   Obediencia
completa   perfecta

F. ¿Por qué piensa que Él lo calificaría en ese nivel?

_____

G. Si hay un nivel de desobediencia, ¿cuál cree que es la causa principal?

_____

Si lo que antecede no ha sido agradable, no se desaliente. Permita que Dios use este tiempo de evaluación para atraerlo más hacia Él, a una relación de obediencia en amor. Dios está interesado en hacerlo avanzar de donde usted está a donde Él quiere que esté en esta relación de amor. Desde allí usted podrá experimentar todos los gozos que Él tiene para ofrecerle.

Obedezca lo que ya sabe que es la voluntad de Dios

Algunas personas quieren que Dios les dé una tarea que hacer. Prometen que harán cualquier cosa que les pida. Pero cuando Dios observa sus vidas, encuentra que no han obedecido en las cosas que ya les dijo que hicieran.

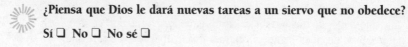

¿Piensa que Dios le dará nuevas tareas a un siervo que no obedece?

Sí ❏ **No** ❏ **No sé** ❏

Dios le dio diez mandamientos, ¿los está obedeciendo? Jesús le pide que ame a sus enemigos, ¿los está amando? Jesús le pide que discipule a todas las gentes, ¿lo está haciendo? Dios le dice mediante la Biblia que debe vivir en armonía con sus hermanos y hermanas creyentes, ¿lo está haciendo?

Los mandamientos de Dios no le fueron dados para que usted escoja los que desee obedecer, y deseche los demás. Él quiere que usted obedezca todos sus mandamientos como resultado de su relación de amor con Él. Cuando Él ve que usted es fiel y obediente en lo poco, podrá confiarle lo que es más. El Espíritu Santo le guiará diariamente a mandamientos específicos que Dios quiere que usted obedezca.

Los mandamientos de Dios

Una segunda oportunidad en el servicio

Con frecuencia algunas personas me preguntan: "Cuando una persona desobedece a Dios, ¿tiene una segunda oportunidad?"

 Lea Jonás 1.1-17 y responda a las preguntas que siguen:

Jonás

   1. ¿Qué pidió Dios a Jonás que hiciera? (v. 2) _____

   2. ¿Cómo respondió Jonás? (v. 3) _____

   3. ¿Cómo respondió entonces Dios a Jonás? (vv. 4-17)

_____

Ahora lea Jonás 2.9—3.10 y responda a lo siguiente:

   4. Cuando Dios le dio una segunda oportunidad, ¿cómo respondió Jonás? (3.3)

_____

   5. Cuando Jonás obedeció a Dios, ¿qué hizo Dios por medio del ministerio de

      Jonás? (3.4-10) _____

Me anima mucho saber que Dios a menudo concede segundas oportunidades en su servicio. Cuando Dios tenía un plan para llamar a Nínive al arrepentimiento le pidió a Jonás que se le uniera en el trabajo. Jonás desobedeció porque tenía sus prejuicios en contra de esos "enemigos paganos". Jonás hubiera preferido que Dios destruyera la ciudad. La desobediencia a Dios es algo muy serio. Jonás pasó por el trauma de ser echado al mar rugiente, y pasar tres días en el vientre de un gran pez. Jonás confesó su desobediencia y se arrepintió. Entonces, Dios le dio una segunda oportunidad para obedecer.

A menudo Dios concede una segunda oportunidad en el servicio.

La segunda ocasión Jonás obedeció (aunque renuentemente). En su primer día predicó un sermón de una sola frase, y Dios usó el mensaje para mover a 120,000 personas al arrepentimiento. Jonás dijo: Sabía yo que tú eres Dios clemente y piadoso, tardo en enojarte, y de gran misericordia, que te arrepientes del mal (Jon. 4.2). La respuesta que Dios le dio a Jonás y a Nínive le enseñó a Jonás mucho acerca de cuán profundamente se interesa por todas las personas, queriendo que se arrepientan.

Algunos de los más grandes siervos de Dios cayeron en el pecado y la desobediencia, sin embargo Dios no se dio por vencido. Si Dios permitiera a la gente sólo una falta, Moisés nunca hubiera llegado a ser la persona que fue. Él cometió varias (Éx. 2.11-15, por ejemplo). Abraham emprendió una gran caminata de fe, pero cuando fue a Egipto lo estropeó todo, más de una vez (Gn. 12.10-20, por ejemplo). David se metió en problemas (2 S. 11, por ejemplo), lo mismo que Pedro (Mt. 26.69-75). Saulo (Pablo) incluso empezó su "servicio a Dios" persiguiendo a los creyentes (Hch. 9.1-2).

Dios no se da por vencido en cuanto a usted.

La desobediencia es costosa

Dios nunca toma la desobediencia a la ligera. La desobediencia de Jonás por poco le cuesta la vida. Moisés mató al egipcio y eso le costó 40 años en el desierto. El pecado de David con Betsabé le costó la vida del hijo. El ministerio inicial de Pablo se vio grandemente obstaculizado por su desobediencia. Mucha gente temía acercarse a él porque lo conocían como perseguidor de los cristianos.

Dios está interesado en desarrollar su carácter. A veces lo deja que prosiga, pero nunca lo dejará que vaya muy lejos sin disciplinarlo para hacerlo regresar. Dios tal vez lo deje tomar una decisión equivocada. En ese caso, el Espíritu de Dios le hará reconocer que eso no es la

Dios está interesado en desarrollar su carácter.

voluntad de Dios, y lo guiará de regreso a la senda correcta. Él le hace saber lo que Él quiere. Él incluso toma las circunstancias de su desobediencia y obra para bien (Ro. 8.28) mientras le corrige y le enseña sus caminos.

Nadab and Abiú disobedecieron

Aun cuando Dios perdona y a menudo concede una segunda oportunidad, usted no debe tomar la desobediencia a la ligera. Algunas veces Dios no concede una segunda oportunidad. Aarón tuvo dos hijos, Nadab y Abiú, quienes desobedecieron y ofrecieron fuego extraño a Dios; y Dios los castigó haciéndolos morir (Lv. 10).

Moisés le quitó la gloria a Dios.

Moisés no dio gloria a Dios ante Israel y golpeó la roca, diciendo: ¡Oíd ahora, rebeldes! ¿Os hemos de hacer salir aguas de esta peña? (Nm. 20.10). Note el "hemos". Dios era el único que podía hacer que saliera agua de la roca. Moisés arrebató la gloria que le correspondía a Dios, y Dios rehusó retirar las consecuencias de la desobediencia. No permitió que Moisés entrara con Israel en la tierra prometida.

En la línea en blanco escriba una V (verdadero) o una F (falso).

____ 1. Dios nunca concede una segunda oportunidad.

____ 2. Cuando Dios perdona el pecado de la desobediencia, también quita las consecuencias del pecado.

____ 3. Dios puede tomar las circunstancias de la desobediencia y hacer que contribuyan para el bien de quienes lo aman.

____ 4. Dios está interesado en desarrollar su carácter.

____ 5. La desobediencia puede ser muy costosa.

____ 6. Dios no siempre elimina las consecuencias del pecado.

Dios lo ama, y quiere lo mejor para usted. Por eso es que le da mandamientos e instrucciones. Sus mandamientos no son para restringir su libertad, sino para que usted pueda tener la vida más significativa posible. Las respuestas son: 1 y 2, falsas. Todas las demás son verdaderas.

La obediencia significa gozo y comunión ininterrumpida con Dios. Hay un precioso himno de J.H. Sammis que nos recuerda esta realación de obediencia y amistad con Dios:

Confiar y obedecer

"Cuando andemos con Dios
escuchando su voz
nuestra senda florida será...
....
Obedecer y confiar en su amor
es la regla dorada..."

Confirmación

Una señal para Moisés

Muchas veces, cuando oímos que Dios nos invita a unirnos a Él, queremos una señal: "Señor, dame una prueba de que esto viene de ti, y te obedeceré". Cuando Moisés estaba frente a la zarza que ardía y recibió la invitación para unirse a Dios, le fue dicho que recibiría una señal. Dios le dijo: Esto te será por señal de que yo te he enviado: cuando hayas sacado de Egipto al pueblo, serviréis a Dios sobre este monte (Éx. 3.12). En otras palabras: "Moisés, tú obedéceme. Yo libraré a Israel por medio de ti. Tú me conocerás como Libertador, y vendrás a este mismo monte y me adorarás". La confirmación de que Dios lo había enviado le vendría a Moisés después de que hubiera obedecido; no antes. Éste es el caso más frecuente en las Escrituras. La confirmación viene después de la obediencia.

Dios es amor. Confíe en Él y crea en Él. Debido a que usted lo ama, lo obedece. Entonces usted tendrá tal comunión con Él que llegará a conocerlo íntimamente. Esa afirmación será para usted un motivo de gozo.

 Repase la lección de hoy. Pida a Dios en oración que le indique una o más enseñanzas o Escrituras que Él quiere que comprenda, aprenda y practique. Subráyela(s). Luego responda a lo siguiente:

¿Cuál fue la enseñanza o Escritura más significativa que leyó hoy?

_____

_____

_____

Ahora escríbala en una frase que pueda usar como oración.

_____

_____

¿Qué quiere Dios que haga en respuesta al estudio de hoy?

_____

_____

RESUMEN

- Obedecer es hacer lo que se me ha ordenado.
- Debo obedecer lo que ya sé que es la voluntad de Dios.
- Cuando Dios ve que soy fiel y obediente en lo poco, me confiará más.
- Dios a menudo concede segundas oportunidades en el servicio.
- Algunas veces Dios no da una segunda oportunidad.
- La desobediencia es costosa.
- Dios está interesado en desarrollar mi carácter.
- La confirmación viene después de la obediencia.

DIOS TRABAJA POR MEDIO DE USTED

Cuando usted lo obedece, Dios realizará por su intermedio lo que Él se ha propuesto. Cuando Dios hace algo mediante su vida que sólo Él haría, usted llega a conocerlo más íntimamente. Si no lo obedece, perderá algunas de las experiencias más emocionantes de su vida.

Cuando Dios se propone hacer algo por medio de usted, la tarea será de proporciones divinas. Eso es porque Dios quiere revelársele tanto a usted como a los que lo rodean. Si pudiera hacer la tarea por sus propias fuerzas, la gente no llegaría a conocer a Dios. Sin embargo, si Dios trabaja por medio de usted para hacer lo que sólo Él puede hacer, usted y los demás lo llegarán a conocer.

La lección de hoy se relaciona con la unidad 7. Las proporciones divinas de una tarea dada por Dios producen una crisis de fe. Usted tiene que creer que Dios es quien dice ser, y que puede hacer y hará lo que dice que hará. Cuando lo obedece tiene que permitirle que haga lo que ha dicho. Él es quien realiza la tarea, pero la hace a través de usted.

 Lea las siguientes afirmaciones de la unidad 7 y marque las que han sido especialmente significativas para usted.

- ❑ Cuando Dios lo invita a unírsele en su trabajo le asigna una tarea de proporciones divinas.
- ❑ Cuando Dios lo llama a unírsele en una tarea de dimensiones divinas, siempre se requiere fe.
- ❑ Cuando usted enfrenta una crisis en su fe la manera en que reacciona revela lo que en realidad cree acerca de Dios.
- ❑ La fe debe estar puesta en una Persona.
- ❑ La fe es la confianza en que lo que Dios ha prometido en verdad ocurrirá.
- ❑ Cuando Dios habla siempre revela lo que Él hará, no lo que quiere que usted haga por Él.
- ❑ Si usted tiene fe en el Dios que lo llamó, lo obedecerá; y Él hará lo que se ha propuesto hacer.

Usted también recibirá una gran bendición cuando Dios realice una tarea de dimensiones divinas por medio de usted.

❏ La obediencia indica su fe en Dios.

❏ Con fe usted puede avanzar confiadamente en obediencia; porque sabe que Él va a hacer lo que se propone.

Describa brevemente algo que Dios ha hecho para dar significado a su vida con respecto a las tareas de dimensiones divinas, la fe y la obediencia.

_____

_____

_____

Moisés obedeció y Dios cumplió . . .

Moisés obedeció

Solamente con la obediencia empezó Moisés a experimentar la naturaleza de Dios. Lo que empezó a conocer acerca de Dios creció como resultado de su obediencia a Dios. En la vida de Moisés podemos ver este modelo: Dios habló, Moisés obedeció, y Dios realizó lo que se había propuesto hacer.

Lea Éxodo 7.1-6 y luego responda a las preguntas que siguen:

1. ¿Qué se le ordenó a Moisés que hiciera? (v. 2) _____

_____

2. ¿Qué dijo Dios que iba a hacer? (v. 4) _____

_____

3. ¿Cuál sería el resultado cuando Moisés obedeciera y Dios hiciera lo que dijo que haría? (v. 5)

_____

Lea Éxodo 8.16-19 y luego responda a las preguntas que siguen:

4. ¿Qué les ordenó Dios a Moisés y a Aarón que hicieran? (v. 16)

_____

5. ¿Cómo respondieron Moisés y Aarón? (v. 17) _____

6. ¿Quién convirtió el polvo en piojos: Moisés y Aarón ❏ o Dios ❏? (v. 19)

Un modelo de cómo Dios obra.

Vemos el siguiente modelo en la vida de Moisés:
• Dios invitó a Moisés para que se le uniera en lo que haría para libertar a Israel.
• Dios le dijo a Moisés lo que debía hacer.
• Moisés obedeció.
• Dios cumplió lo que se proponía hacer.
• Moisés y los que lo rodeaban llegaron a conocer a Dios más clara e íntimamente.

Cuando el pueblo se vio entre el mar y el ejército egipcio que los perseguía, Dios le dijo a Moisés que alzara su vara sobre el mar. Moisés obedeció, y Dios abrió el mar para que el pueblo cruzara por tierra seca (Éx. 14.1-25). Luego, María dirigió al pueblo en un himno de alabanza describiendo su nueva comprensión de Dios.

Cuando el pueblo tuvo sed y no tenía agua para beber, se quejaron a Moisés. Dios le dijo a Moisés que golpeara la peña con su vara. Moisés obedeció, y Dios hizo que saliera agua de la roca (Éx. 17.1-7). Este modelo se ve una y otra vez en la vida de Moisés.

Enumere del 1 al 5, en orden correcto, las etapas de la manera en que Dios obraba por medio de Moisés.

____ a. Moisés y los que lo rodeaban llegaron a conocer a Dios más clara e íntimamente.

____ b. Moisés obedeció.

____ c. Dios le dijo a Moisés lo que debía hacer.

____ d. Dios cumplió lo que se proponía hacer.

____ e. Dios invitó a Moisés a unírsele en lo que Él haría para librar a Israel.

Cuando Abraham obedeció, Dios le dio un hijo y edificó una nación. Cuando David obedeció, Dios lo hizo rey. Cuando Elías obedeció, Dios envió fuego que consumió el holocausto. Estas personas de fe conocieron a Dios por experiencia cuando lo obedecieron, y cuando Él realizó su obra por medio de ellos. Moisés llegó a conocer a Dios por experiencia cuando lo obedeció. El orden correcto en el ejercicio anterior es: e, c, b, d, a.

Los discípulos obedecieron y Dios cumplió . . .

Lucas registra una hermosa experiencia de los discípulos de Jesús que sigue el mismo modelo. Jesús invitó a 70 a que se le unieran en la obra del Padre. Ellos obedecieron y tuvieron una experiencia en la cual Dios hizo por medio de ellos algo que ellos sabían que sólo Dios podía hacer.

 Lea Lucas 10.1-24 y conteste a las preguntas que siguen:

1. ¿Qué les ordenó Jesús a los 70 discípulos que hicieran?

En el v. 2: _____

En los vv. 5 y 7: _____

_____

En el v. 8: _____

En el v. 9: _____

_____

2. ¿Qué indica el v. 16 en cuanto a la relación entre los siervos y el Maestro, entre los 70 y Jesús?

_____

_____

3. ¿Cómo piensa usted que se sintieron los 70 después de esta experiencia? (v.17)

_____

4. ¿Qué piensa usted que los 70 llegaron a conocer acerca de Dios mediante esta experiencia?

_____

Jesús dio a estos seguidores instrucciones específicas. Ellos lo obedecieron, y experimentaron por sí mismos que Dios obraba por su intermedio sanando gente y echando fuera demonios. Jesús les dijo que su propia salvación debería darles más gozo que la sumisión de los espíritus (v. 20). Jesús alabó al Padre por revelarse a esos seguidores (vv. 21-22). Luego, Jesús se volvió a sus discípulos y les dijo: Bienaventurados los ojos que ven lo que vosotros veis; porque os digo que muchos profetas y reyes desearon ver lo que vosotros veis, y no lo vieron; y oír lo que oís, y no lo oyeron (Lc. 10.23-24).

Esos discípulos fueron bendecidos. Habían sido escogidos por Dios para ser incluidos en su obra. Lo que vieron, oyeron y llegaron a conocer acerca de Él fue algo que profetas y reyes quisieron conocer y no lo lograron. Los discípulos recibieron una gran bendición.

Usted también recibirá gran bendición cuando Dios haga por medio de usted una tarea de dimensiones sobrehumanas. Usted lo conocerá en una manera tal que traerá gozo a su vida. Cuando otras personas vean que usted está teniendo una experiencia real con Dios, querrán también saber cómo ellos pueden tenerla. Prepárese para conducirlos a Dios.

 ¿Ha hecho Dios recientemente algo por medio de usted que le causó regocijo? Sí ☐ No ☐ Descríbalo brevemente.

_____

_____

Si usted es obediente, Dios obrará cosas maravillosas por medio de usted. Deberá cuidar que todo testimonio acerca de lo que Dios hizo le dé gloria solamente a Él. El orgullo puede hacer que usted quiera atribuirse a sí mismo la experiencia, para recibir alabanza. Esta lucha es constante. Usted deberá declarar las maravillosas obras de Dios, evitando cualquier manifestación de orgullo. Por consiguiente:

"El que se gloría, gloríese en el Señor" (1 Co. 1.31).

70 discípulos enviados

Los discípulos fueron bendecidos.

Dios obrará cosas maravillosas por medio de usted.

Repase la lección de hoy. Pida a Dios en oración que le indique una o más ense-ñanzas o Escrituras que Él quiere que comprenda, aprenda y practique. Subráyela(s). Luego responda a lo siguiente:

¿Cuál fue la enseñanza o Escritura más significativa que leyó hoy?

_____

_____

Ahora escríbala en una frase que pueda usar como oración.

_____

_____

¿Qué quiere Dios que haga en respuesta al estudio de hoy?

_____

_____

Repita en voz alta los versículos asignados para memorizar.

RESUMEN

- Cuando obedezco a Dios Él cumple por medio de mí lo que Él se ha propuesto hacer.
- Dios quiere revelárseme a mí y a los que me rodean.
- Recibiré bendición cuando Dios haga una obra especial, de dimensiones divinas, usándome a mí.
- Debo tener mucho cuidado de que cualquier testimonio acerca de lo que Dios ha hecho le dé gloria solamente a Él.
- "El que se gloría, gloríese en el Señor" (1 Co. 1.31).

DÍA 4   USTED LLEGA A CONOCER A DIOS

Dios se revela a su pueblo mediante lo que Él hace.

Dios se revela a su pueblo mediante lo que hace. Cuando Dios obra por medio suyo para realizar sus propósitos, usted llega a conocerlo por experiencia. También llega a conocer a Dios cuando Él suple alguna necesidad de su vida. En la unidad 4 usted aprendió que los nombres que la Biblia registra para Dios indican cómo se reveló Él a la humanidad.

 Como repaso vuelva a las páginas 57 y lea "Conozca a Dios por la experiencia," y "Nombres de Dios" en la página 58.
¿Cómo se nos revela Dios? ¿Cómo llegamos a conocerlo?

_____

_____

En la Biblia, cuando Dios hizo algo mediante una persona o personas obedientes, ellas llegaron a conocerlo de una manera más íntima y nueva (Vea Jue. 6.24; Sal. 23.1; Jer. 23.6; Éx. 31.13, como ejemplos). Dios le reveló su nombre personal a Moisés: YO SOY EL QUE SOY (Éx. 3.14). Cuando Dios fue hecho carne, y habitó entre nosotros (Jn. 1.14), Jesús se expresó con respecto a sí mismo diciendo a sus discípulos:

Las declaraciones YO SOY de Jesús

> "Yo soy el pan de vida" (Jn. 6.35).
> "Yo soy la luz del mundo" (Jn. 8.12).
> "Yo soy la puerta" (Jn. 10.9).
> "Yo soy el buen pastor" (Jn. 10.11).
> "Yo soy la resurrección y la vida" (Jn. 11.25).
> "Yo soy el camino, y la verdad, y la vida" (Jn. 14.6).
> "Yo soy la vid verdadera" (Jn. 15.1).

Jesús se identificó a sí mismo como el YO SOY (el nombre de Dios que se le dio a Moisés en la zarza ardiente) del Antiguo Testamento. Conocer y experimentar a Jesús en estas maneras requiere que usted crea en Él, que tenga fe en Él. Por ejemplo, cuando Él le dice: Yo soy el camino, lo que usted haga en su relación con Él determinará si ha llegado a experimentarlo como "el camino" en su vida. Cuando usted cree en Él, debe ajustar su vida a Él, y obedecerlo; entonces usted llegará a conocerlo y a experimentarlo como "el Camino". Esto es verdad en todo lo que Dios le revela día tras día.

 Usando los nombres, títulos y descripciones de Dios que están en la página 59, haga una lista de algunos nombres por los cuales usted ha llegado a conocer a Dios por experiencia propia.

_____

_____

_____

_____

_____

¿Cuál nombre de Dios es el más significativo para usted?

_____

Use el resto del tiempo de estudio de hoy en oración y alabanza por lo que Él le ha revelado acerca de sí mismo. Tal vez usted quiera usar las ayudas de las páginas 58 a 60 como guía en este tiempo de adoración y alabanza.

Después de su tiempo de oración y adoración, escriba a continuación cómo ha llegado a conocer a Dios por experiencia durante este curso de estudio.

_____

_____

PREGUNTAS Y RESPUESTAS

A fin de cambiar un poco el tema, analizaremos algunas preguntas relacionadas a esta unidad que me hacen. Tal vez son las mismas preguntas que usted se ha estado haciendo.

Dios nunca me asignará una tarea para la cual Él mismo no me capacite para cumplirla.

P: ¿Por qué parece que Dios trabaja tan lentamente en mi vida?

Jesús había estado con sus discípulos alrededor de tres años cuando les dijo: Aún tengo muchas cosas que deciros, pero ahora no las podéis sobrellevar. Pero cuando venga el Espíritu de verdad, él os guiará a toda la verdad; porque no hablará por su propia cuenta, sino que hablará todo lo que oyere, y os hará saber las cosas que habrán de venir (Jn. 16.12-13). El tenía mucho más que necesitaba enseñarles, pero ellos todavía no estaban listos para recibirlo. Jesús sabía, sin embargo, que el Espíritu Santo continuaría guiando a estos discípulos en la verdad, de acuerdo al tiempo de Dios.

Usted tal vez esté diciendo: "Dios, apresúrate y hazme madurar".

Dios le está diciendo: "Estoy moviéndome tan aprisa como tu vida me lo permite. Cuando estés listo para la próxima lección, te enviaré una nueva verdad".

Hágase las siguientes preguntas:

- ¿Estoy respondiendo a todo lo que Dios ya me está guiando a hacer?
- ¿He obedecido todo lo que ya sé que es su voluntad?
- ¿Creo realmente que Él me ama y que siempre hará lo que es mejor y correcto?
- ¿Estoy dispuesto a esperar pacientemente, y obedecer todo lo que sé que debo hacer mientras tanto?

¿Por qué piensa que Dios algunas veces obra lentamente en la vida de una persona, mientras está en el proceso de madurar?

_____

Deje que se tome todo el tiempo que Él necesita.

La hierba que está aquí ahora y mañana desaparece no requiere mucho tiempo para madurar. Un gran roble que dura por varias generaciones requiere mucho más tiempo para crecer y madurar. Dios está interesado en su vida por toda la eternidad. Permítale que Él se tome el tiempo que necesita para moldearlo para sus propósitos. Tareas más grandes requieren períodos más largos de preparación.

 ¿Estaría dispuesto a permitirle a Dios que se tome todo el tiempo que crea necesario para prepararlo para las tareas que Él ha propuesto para su vida? Si es así, escriba una oración diciéndoselo.

_____

_____

P: ¿Por qué Dios no me da una tarea grande?

Dios tal vez le esté diciendo: "Me estás pidiendo que te incluya en mis grandes obras, pero yo estoy tratando simplemente de lograr que comprendas cómo creer en mí. No puedo darte todavía esa tarea". Dios tiene que colocar un cimiento básico en su vida antes de poder prepararlo para tareas más grandes.

¿Alguna vez ha dicho usted algo así como: "Señor, si sólo me dieras una tarea grande, te serviría con todo lo que soy capaz".

Dios tal vez le responda: "Quiero hacerlo, pero no puedo. Si te pongo en esa clase de tarea, no podrías con ella. No quiero que resultes herido, y la verdad es que todavía no estás listo".

¿De verdad cree que puede hacerlo?

Entonces usted dirá: "Señor, sí soy capaz, y puedo hacerlo. Ponme a prueba". ¿Se acuerda usted de alguno de los discípulos que pensó que podía servir en una tarea más grande?

Confíe en Él.

En la noche antes de la crucifixión, Pedro dijo: Señor, dispuesto estoy a ir contigo no sólo a la cárcel, sino también a la muerte. Y él le dijo: Pedro, te digo que el gallo no cantará hoy antes que tú niegues tres veces que me conoces (Lc. 22.33-34). ¿Es posible que Él sepa exactamente lo que usted hará? Confíe en Él. No insista en que Dios le dé algo para lo cual usted piensa que esta listo. Eso podría ser su ruina.

Dios está más interesado que usted en realizar los propósitos de su reino. Él lo colocará en cada tarea para la cual Él sabe que usted está preparado.

 ¿Cómo piensa que debería responder cuando Dios no le da la tarea que quiere?

_____

Deje que Dios lo atraiga hacia sí mismo. El siervo no le dice al Maestro qué clase de tarea se necesita hacer. El sirviente espera que su Maestro le asigne la tarea. De modo que sea paciente y espere. Esperar en el Señor no debe ser un tiempo de ociosidad. Deje que Dios use el tiempo de espera para moldear su carácter. Deje que Dios use ese tiempo para purificarlo y hacerlo un vaso limpio para su servicio.

Cualquier tarea que viene del Creador del universo es una tarea importante.

A medida que lo obedece Dios lo prepara para la tarea que es justamente apropiada para usted. Cualquier tarea, sin embargo, que viene del Creador del universo es una tarea importante. No use medidas humanas para medir la importancia o valor de la tarea asignada.

P: ¿Qué ocurre cuando obedezco y las "puertas" se cierran?

Supóngase que percibe que Dios lo llama a hacer cierta tarea, o a ir a cierto lugar. Usted se dispone a hacerlo, y todo parece salir mal. A menudo la gente dice: "Bien, pues, parece que sencillamente esta no fue la voluntad de Dios".

Dios lo llama a tener una relación con Él. Tenga cuidado en cómo interpreta las circunstancias. Muchas veces saltamos demasiado rápido a conclusiones falsas. Dios nos mueve en una dirección para decirnos lo que Él va a hacer. Inmediatamente nosotros saltamos a nuestras propias conclusiones acerca de lo que Él quiere hacer, debido a que nuestra conclusión suena muy lógica. Empezamos a seguir la lógica de nuestro propio razonamiento y entonces nada parece funcionar. Tenemos la tendencia de dejar a un lado la relación con Dios y tomar las cosas en nuestras propias manos. No haga eso.

La mayor parte del tiempo cuando Dios lo llama o le da una instrucción, su llamamiento no es lo que Él quiere que usted haga por Él. Por el contrario, le está diciendo lo que Él va a hacer donde usted está. Por ejemplo, Dios le dijo a Pablo que Él alcanzaría a los gentiles por su intermedio. Dios, no Pablo, iba a alcanzar a los gentiles. Pablo partió en una dirección, y el Espíritu lo detuvo (Hch. 16.6-10). Se dirigió entonces en otra dirección, y el Espíritu de nuevo lo detuvo. ¿Cuál era el plan original de Dios? Alcanzar a los gentiles. ¿Cuál fue el problema de Pablo? Estaba tratando de descubrir lo que él tenía que hacer, y la "puerta" de la oportunidad se cerró. ¿Se cerró la puerta? No. Dios estaba tratando de decirle: "Escúchame, Pablo. Vete a Troas y quédate quieto hasta que te diga a dónde debes ir".

En Troas, Pablo tuvo la visión de ir a Macedonia y ayudarlos. ¿Qué ocurría? El plan de Dios era llevar el evangelio hacia el oeste, a Grecia y a Roma. Dios estaba obrando en Filipos y quería que Pablo se le uniera allí.

Cuando usted empieza a andar y las circunstancias parecen cerrar las puertas de la oportunidad, retorne al Señor y pida ayuda para entender lo que Dios le dijo. Mejor todavía, cuando usted percibe un llamamiento de Dios, desde el mismo principio trate de asegurarse de saber exactamente lo que Dios está diciendo. Con más frecuencia lo llamará, no a una tarea, sino a una relación. Por medio de esa relación Él va a hacer algo por medio de su vida. Si usted emprende camino en cierta dirección, y todo se detiene, regrese y busque entender mejor lo que Dios le dijo. No niegue lo que Dios le dijo; busque entenderlo mejor.

 Lea la siguiente ilustración. Observe lo que puede hacer cuando empieza a moverse en la dirección que percibe que Dios lo está guiando y las circunstancias "cierran la puerta". Subraye o trace un círculo alrededor de las instrucciones. Hemos marcado ya la primera.

Hablé con una linda pareja que dijeron haber sido invitados a ir a Saskatoon para dedicarse al ministerio entre estudiantes. Empezaron el proceso para ser nombrados misioneros, y la Junta de Misiones dijo: "No".

La conclusión de la pareja fue: "Entonces, nos equivocamos". Les aconsejé que no saltaran tan rápido a las conclusiones, sino que volvieran a recordar lo que Dios les había dicho cuando percibieron su llamamiento. Ellos estaban cancelando el plan total de Dios simplemente porque un detalle no funcionó como ellos habían pensado que debía funcionar.

Les pedí que volvieran y aclararan lo que Dios les había llamado a hacer. ¿Los había llamado a la obra misionera? ¿Los había llamado al ministerio entre estudiantes? ¿Los había llamado al Canadá? Dijeron que en verdad habían percibido que Dios los llamaba al Canadá y a la obra estudiantil.

Entonces les dije: "Aférrense al llamamiento que han recibido. Debido a que una puerta se cierra no den por sentado que la tarea está cancelada. Observen para ver cómo el Dios que los llamó va a realizar lo que dijo. Cuando Dios habla y da instrucciones, Él lo cumplirá. Tengan mucho cuidado de no dejar que las circunstancias cancelen lo que Dios les dijo".

Dios puede estar pensando en una diferente ciudad para enviarlos. Tal vez quiera que ellos tengan una manera diferente de recibir su sostenimiento. O tal vez Él necesita más tiempo para prepararlos para la tarea. Hay que dejar que Él arregle los detalles a su tiempo. Mientras tanto, haga todo lo que sabe que debe hacer, y espere la próxima palabra de instrucción.

 ¿Cuáles son algunas cosas que usted haría al enfrentar una circunstancia que parece cerrar la puerta a la voluntad de Dios?

_____

_____

_____

Cuando las cosas parecen salir mal después de que usted ha dado un paso de obediencia:
• Busque entender mejor lo que Dios le dijo, e identifique lo que pudieran ser sus propias enmiendas o agregados a lo que Él le dijo.
• Aférrese al llamamiento que ha recibido.

Y atravesando Frigia y la provincia de Galacia, les fue prohibido por el Espíritu Santo hablar la palabra en Asia; y cuando llegaron a Misia, intentaron ir a Bitinia, pero el Espíritu no se lo permitió.

Y pasando junto a Misia, descendieron a Troas. Y se le mostró a Pablo una visión de noche: un varón macedonio estaba en pie, rogándole y diciendo: Pasa a Macedonia y ayúdanos.

Cuando vio la visión, en seguida procuramos partir para Macedonia, dando por cierto que Dios nos llamaba para que les anunciásemos el evangelio.
—Hechos 16.6-10

Procure entender mejor lo que Dios dijo.

Cuando las cosas parecen salir mal . . .

- Déjelo que Él se encargue de los detalles en su tiempo.
- Haga todo lo que usted sabe que debe hacer.
- Entonces espere en el Señor hasta que Él le diga el siguiente paso que tiene que dar.

> El Dios que inicia su obra en una relación con usted es el mismo que garantiza que la completará.

La tarea más grande que Dios tiene que hacer es lograr que la gente se ajuste a Él. Él necesita tiempo para moldearnos hasta que seamos exactamente lo que quiere que seamos. Supóngase que, por lo que Él le ha dicho en su Palabra y en la oración, usted percibe que Dios va a hacer algo grande. Usted percibe que Él lo va a hacer debido a que las circunstancias, y otros creyentes (la iglesia) parecen estar de acuerdo. Pasan seis meses, y usted no ha visto nada grande todavía. No se desaliente ni se deprima. Observe para ver lo que Dios está haciendo en usted y en la gente a su alrededor a fin de prepararlos para lo que Él va a hacer. La clave es su relación con Dios.

P: ¿Cómo puedo saber si la palabra que he recibido es de Dios, si son mis propios deseos egoístas o de Satanás?

Algunas personas dedican gran esfuerzo para estudiar las mañas de Satanás, para poder identificarlas cuando algo parece ser un engaño del maligno. Yo no hago eso. Me he propuesto no enfocar mi atención en Satanás. Él ya está derrotado. El Dios Eterno que me guía, que al presente está implementando su voluntad por mi intermedio, es el Triunfador. La única manera en que Satanás puede afectar la obra de Dios por medio de mí es cuando le creo a Satanás y dejo de creer a Dios. Satanás siempre tratará de engañarlo. Satanás no puede descarrilar lo que Dios se ha propuesto hacer.

 Lea la siguiente ilustración y vea si puede hacer una aplicación espiritual a su vida.

Los agentes de policía

y el dinero falsificado.

La Policía Montada Real del Canadá entrena a sus hombres para combatir la falsificación de moneda. Nunca dejan que el estudiante vea un billete falsificado. Saben que solamente hay un tipo de billete genuino de diez dólares. Los agentes estudian tan cuidadosamente el billete genuino que cualquier cosa que no se ajuste a esa imagen, es falsificación.

Usted no puede imaginarse en cuántas maneras la gente falsifica el dinero. Pero los agentes no estudian cómo la gente falsifica el dinero. Estudian un billete real y genuino. Cualquier cosa que no se ajuste a esa imagen, es falsa.

 Cuando usted percibe que Dios lo guía en cierta dirección, tal vez se pregunte: "¿Es esto de Dios, de mí o de Satanás?" ¿Cómo puede usted prepararse para conocer claramente cuando es Palabra de Dios?

_____

_____

Jesús citó la última palabra que había recibido de Dios.

¿Cómo enfrentaré la guerra espiritual contra Satanás? Conociendo los caminos de Dios con toda profundidad, de modo que si algo no se ajusta a esos caminos, usted prontamente se alejará de allí. Eso fue lo que Jesús hizo en las tentaciones. En esencia Jesús dijo: "Comprendo lo que me estás diciendo, Satanás; pero eso no es la Palabra que tengo de Dios. Las Escrituras dicen . . . " (vea Mt. 4.1-11). Jesús nunca debatió con Satanás esa Palabra. Nunca la analizó. Persistió en hacer lo que Dios le había dicho que hiciera, hasta que Dios mismo le dijo el siguiente paso que debía dar.

P: ¿Tiene Dios un plan para mi vida hasta la eternidad?

El plan de Dios es una relación personal.

¿Planea Dios hasta la eternidad su vida y luego lo deja en libertad para que usted vea cómo puede llevar a cabo sus planes? El plan de Dios es tener una relación. Tenemos problemas cuando tratamos de que Dios nos diga si quiere que seamos hombres de negocios, director de música, profesor, predicador o misionero. Queremos saber si Él quiere que sirvamos en nuestro país o en otra parte del mundo. Dios usualmente no le da una tarea única, y lo deja allí por vida. Tal vez lo coloque en un trabajo, en un lugar, por largo tiempo; pero Dios le asigna tareas diariamente.

Él le llama a una relación en la que Él es Señor, y en la cual usted está dispuesto a hacer y ser cualquier cosa que Él quiera. Si le responde como Señor, Él tal vez le guíe a hacer cosas que usted jamás haya soñado. Si no lo sigue como Señor, puede encerrarse en un trabajo o tarea y fracasar en lo que Dios quiere hacer por medio de usted. He oído a mucha gente decir: "Dios me llamó a ser . . . de modo que esta otra situación no puede ser su voluntad". Otros dicen: "Mi don espiritual es . . . de modo que otro ministerio no puede ser la voluntad de Dios para mí".

Dios nunca le asignará una tarea para la cual no lo capacite para cumplirla. En eso consiste un don espiritual, una capacitación sobrenatural para completar la tarea que Dios le asigna. Para determinar la voluntad de Dios no ponga su mirada en sus talentos, habilidades e intereses. He oído a mucha gente decir: "Me encanta hacer esto; por consiguiente, debe ser la voluntad de Dios". Esta clase de respuesta es egoísta. Usted tiene que llegar a centrarse en Dios. Cuando Él es Señor, su respuesta será algo como lo siguiente:

Señor, haré cualquier cosa que tu reino requiera de mí. A dónde quieras que vaya, iré. Cualesquiera que sean las circunstancias, estoy dispuesto a seguirte. Si quieres suplir alguna necesidad mediante mi vida, estoy a tu servicio; y haré cualquier cosa que sea necesaria.

Suponga que un jovencito en su iglesia viene a pedirle consejo. Le dice: "Pienso que Dios me está llamando al ministerio. ¿Podría decirme cómo puedo saber si debo ser un pastor, misionero o ministro de música? No quiero errar el plan de Dios para mi vida". ¿Cómo le respondería?

_____

_____

_____

¿Le indicó que el plan de Dios es tener una relación personal, y no solamente una descripción de trabajo? ¿Lo ayudó a ver su necesidad de someterse al señorío de Cristo diariamente? Confío en que pudo ayudarlo a buscar, saber y hacer la voluntad de Dios.

Repase la lección de hoy. Pida a Dios en oración que le indique una o más enseñanzas o Escrituras que Él quiere que comprenda, aprenda y practique. Subráyela(s). Luego responda a lo siguiente:

¿Cuál fue la enseñanza o Escritura más significativa que leyó hoy?

_____

Ahora escríbala en una frase que pueda usar como oración.

_____

¿Qué quiere Dios que haga en respuesta al estudio de hoy?

_____

_____

Repase los versículos asignados para memorizar y prepárese para repetirlos a otra persona en la sesión semanal del grupo.

RESUMEN

- Le permitiré a Dios tomarse todo el tiempo que sea necesario para moldearme conforme a sus propósitos.
- Cualquier tarea que viene del Creador del universo es una tarea importante.
- Dios me llama a tener una relación.
- No abandonaré mi relación, ni haré las cosas a mi antojo.
- Le dejaré a Dios que se encargue de los detalles a su tiempo.
- Procuraré conocer los caminos de Dios con tanta profundidad, de modo que si algo no se ajusta a sus normas sabré que no viene de Él, y me alejaré de eso.
- Dios nunca me asignará una tarea sin capacitarme para cumplirla.

LA VOLUNTAD DE DIOS Y LA IGLESIA

EVA BATES ERA UNA RODILLA

Anteriormente mencioné a Eva Bates. Ella era una viuda jubilada que vivía en una granja. Era una de las mujeres más dedicadas a la oración que he conocido. Nuestra iglesia era el cuerpo de Cristo, y llamábamos a la hermana Bates una rodilla. Dios la puso en el cuerpo como una poderosa persona de oración.

Yo solía enviar a los nuevos creyentes a aprender a orar con la hermana Bates. Ella enseñó a muchos. Cuando empezamos nuestro ministerio en la universidad, la hermana Bates no sabía cómo funcionar en el cuerpo en cuanto a ese aspecto en particular. ¿Quién podía equiparla para ese nuevo ministerio? El obrero encargado de la obra estudiantil lo hizo. Le indicó a Eva cómo orar por la universidad. La hermana no cambió su papel en el cuerpo. Simplemente aprendió como ser una "rodilla" en el ministerio de la universidad. A los estudiantes creyentes se les decía: "Cuando vayan a hablar del evangelio con alguien, o tengan una tarea particular en su ministerio, compártanlo con la hermana Bates. Ella orará por ustedes".

Así fue que un estudiante llamado Wayne le dijo a Eva: "El próximo martes hablaré con Douglas. ¿Orará usted por mí?" Ella dijo que sí. Dejó a un lado lo que estaba haciendo, y se puso a orar a la hora en que Wayne debía estar testificándole a su amigo. Lo hacía así cada vez que alguien le informaba lo que iba a hacer. Sólo una "mano" estaba tocando los predios universitarios, pero el cuerpo entero estaba bien concertado y unido entre sí. Cada parte funcionaba donde Dios la había colocado, de modo que esa "mano" pudiera ser eficaz.

Como tres meses más tarde un joven pasó al frente durante la invitación. Tuve el gozo de informarle a la congregación: "Hermanos, éste es Douglas, que acaba de entregarse a Cristo". Miré a la hermana Bates que estaba conmovida y llorando. Nunca había visto al joven, pero por tres meses había orado por él.

¿Quién ganó a Douglas para el Señor? ¡El cuerpo lo hizo!

Versículo para memorizar esta semana

Así nosotros, siendo muchos, somos un cuerpo en Cristo, y todos miembros los unos de los otros.   **—Romanos 12.5**

Se debe enseñar a los miembros cómo caminar con Dios. Ellos necesitan saber cómo oír a Dios cuando Él habla. Deben ser capaces de identificar lo que Dios sólo puede hacer. Durante mi primer año como pastor, dediqué un tiempo para saber lo que Dios había hecho antes que yo llegara. Después me llevó un tiempo para guiar a los miembros a una relación con Dios de manera que comprendieran qué es la iglesia y cómo debe desarrollar su trabajo.

En la Biblia, Dios le dio visión y capacitó a los líderes espirituales que Él llamó. La manera como ellos caminaron con Dios y fueron sensibles a lo que Dios estaba haciendo en medio de su pueblo fue crucial. Un buen ejemplo de esto lo encontramos en Hechos 6.

Tal vez una de las más grandes metas para el cristianismo en nuestros días es que las iglesias anden con Dios de tal modo que el mundo llegue a conocerlo por medio del testimonio de ellas. Cuando una iglesia permite que la presencia y la actividad de Dios se expresen, un mundo que observa será atraído a Él. ¿Cómo puede su iglesia llegar a ser esa clase de iglesia? Primero que nada deben comprender quiénes son en relación con Dios.

1. Una iglesia es una creación de Cristo. Él edifica su iglesia (Mt. 16.18) por medio de líderes dirigidos por el Espíritu Santo (Ef. 4.11-13) y coloca los miembros según su voluntad (1 Co. 12.18). Por lo tanto, los miembros deben respetar al pastor y a cada miembro que Dios ha colocado en su iglesia.
2. Una iglesia es un cuerpo vivo de Cristo, con muchos miembros (1 Co. 12.27). No es un edificio, ni una organización. Es un grupo de personas integradas en un cuerpo vivo.
3. Una iglesia se relaciona en manera singular a Cristo como la Cabeza (Ef. 1.22; 4.15-16). Todos los asuntos de esa iglesia deben ser colocados bajo su liderazgo y autoridad.
4. Cada miembro de una iglesia tiene una relación única con los demás miembros de ese cuerpo (Ef. 4.11-16; 1 Co. 12). Todos los miembros son interdependientes. Cada uno necesita del otro.
5. Una iglesia está en misión por Cristo en nuestro mundo, realizando el propósito redentor de Dios (Mt. 28.18-20; 2 Co. 5.17-20). Somos colaboradores de Dios (1 Co. 3.9).

En cada una de las afirmaciones que siguen, una se centra en el hombre y la otra en Dios. Marque las que se centran en Dios.

❏ 1a. Una iglesia eficaz se levanta mediante un fuerte liderazgo pastoral, la activa participación de los laicos y una buena organización.
❏ b. Cristo edifica su iglesia mediante el servicio de los miembros según la capacitación del poder del Espíritu Santo.
❏ 2a. Una iglesia es el Cuerpo vivo de Jesucristo. Él es quien le da vida.
❏ b. Una iglesia es un grupo de personas que se han organizado eficazmente como una institución local.
❏ 3a. El pastor es la cabeza de la iglesia.
❏ b. Cristo es la Cabeza de la iglesia.
❏ 4a. Cuando la iglesia se reúne los miembros experimentan la presencia de Dios obrando en el cuerpo a través de la vida de los miembros.
❏ b. La asistencia a la iglesia es importante para demostrar respaldo y apoyo a la organización.
❏ 5a. Una iglesia debe observar dónde Dios está obrando y unírsele en su misión redentora.
❏ b. Una iglesia fija metas dignas y alcanzables, y los miembros deben hacer su mejor esfuerzo por alcanzarlas.

Las declaraciones centradas en Dios son 1b, 2a, 3b, 4a y 5a. Dios obra por medio de las personas de la iglesia para realizar sus propósitos. Muchas de las afirmaciones que se usan acerca de las iglesias indican que con frecuencia en nuestro trabajo religioso estamos más centrados en lo humano que en Dios. Damos a nuestra inteligencia y capacidad humana más crédito del debido. Dios es el que realmente tiene la gloria por el trabajo en su reino.

Ser es más importante que *hacer*

Al igual que los individuos, las iglesias a menudo están más interesadas en lo que Dios quiere que hagan, que en lo que Dios quiere que sean. Pero ser la clase de pueblo que agrada a Dios es mucho más importante que hacer algo por Él. Sí, Dios quiere que la iglesia lo obedezca y haga lo que Él ordena. Sin embargo, Él no está interesado en una iglesia que viola sus mandamientos con tal de realizar una tarea. ¿Se puede imaginar cómo se sentirá Dios cuando una iglesia se divide con rencor, tan sólo porque un grupo quiso hacer algo para Dios y otro grupo no estuvo de acuerdo?

 Marque la respuesta que en su opinión es correcta.

1. Dios quiere que una iglesia complete la tarea que le ha asignado, aunque resulte en una división entre los miembros. Sí ❏ No ❏

2. Dios quiere que su pueblo sobre todo muestre amor. Sí ❏ No ❏

3. Si la iglesia está haciendo la obra de Dios, no importa si utiliza medios dudosos o ilegales. Sí ❏ No ❏

Para algunas personas estas son preguntas difíciles. Con frecuencia piensan que la obra de Dios debe hacerse por cualquier medio que sea necesario. No vacilan en violar la voluntad escrita de Dios con tal de lograr algo que piensan que es su voluntad. Dios está interesado en que su pueblo sea santo, limpio y puro. Se interesa en la unidad de la iglesia: para que no haya desavenencia en el cuerpo (1 Co. 12.25). Se interesa en que los miembros se amen mutuamente, porque por el amor el mundo conocerá que somos sus discípulos (Jn. 13.35). Dios es capaz de realizar su obra por medio de su pueblo, y lo hace en una manera consistente con todos sus mandamientos y su naturaleza.

En todo el Nuevo Testamento Dios expresa algunos de sus deseos para la iglesia. Téngalos presentes mientras estudiamos esta unidad:

> 1. **Dios quiere que su pueblo sea santo y puro.**
> 2. **Dios quiere que su pueblo muestre unidad.**
> 3. **Dios quiere que en su pueblo haya amor de unos por otros.**

 Lea las porciones bíblicas e indique cuál de las afirmaciones anteriores se relaciona con cada una de ellas. Escriba su evaluación en la línea.

A. Mas ... ruego ... para que todos sean uno; como tú, oh Padre, en mí, y yo en ti, que también ellos sean uno en nosotros; para que el mundo crea que tú me enviaste ... para que sean perfectos en unidad, para que el mundo conozca que tú me enviaste (Jn. 17.20, 21, 23).

_____

B. Éste es el mensaje que habéis oído desde el principio: Que nos amemos unos a otros...No amemos de palabra ni de lengua, sino de hecho y en verdad ... Y éste es su mandamiento: Que creamos en el nombre de su Hijo Jesucristo, y nos amemos unos a otros como nos lo ha mandado (1 Jn. 3.11, 18, 23).

_____

C. No os conforméis a los deseos que antes teníais estando en vuestra ignorancia; sino, como aquél que os llamó es santo, sed también vosotros santos en toda vuestra manera de vivir; porque escrito está: Sed santos, porque yo soy santo (1 P. 1.14-16).

_____

D. Haced todo sin murmuraciones ni contiendas, para que seáis irreprensibles y sencillos, hijos de Dios sin mancha en medio de una generación maligna y perversa, en medio de la cual resplandecéis como luminares en el mundo; asidos de la palabra de vida (Fil. 2.14-16).

_____

E. Solícitos en guardar la unidad del Espíritu en el vínculo de la paz (Ef. 4.3).

_____

¿Cómo evaluaría usted la fidelidad de su iglesia a estos mandamientos? ¿Es su iglesia santa, pura, unida, llena de amor?

_____

_____

Las respuestas son A-2, B-3, C-1, D-1, E-2.

Conocer y hacer la voluntad de Dios como iglesia

Mucho de lo que ya ha estudiado se aplica tanto a las iglesias como a los individuos. Por ejemplo:

- Dios siempre está obrando en y en torno a una iglesia.
- Dios busca una relación continua de amor real y personal con su iglesia.
- Dios invita a una iglesia a tomar parte en su obra.
- Cuando una iglesia ve a Dios obrando, esa es la invitación a unírsele en lo que Él está haciendo.
- Dios habla por el Espíritu Santo a través de la Biblia, la oración, las circunstancias y la iglesia (miembros del cuerpo de Cristo).
- Una iglesia enfrentará una crisis de fe cuando Dios la invita a tomar parte en una obra que sólo Él puede realizar. Se requerirá fe y acción.
- Una iglesia tendrá que hacer grandes ajustes para poder unírsele a Dios en su obra.
- Una iglesia depende totalmente de Dios para realizar tareas de valor en el reino.
- Separada de Dios una iglesia no puede hacer nada de valor para el reino.
- Al obedecer a Dios, una iglesia llegará a conocerlo al experimentar las cosas maravillosas que Él hará por medio de ella.

La lista puede ser mayor. Sin embargo, hay una diferencia entre la manera en que una iglesia llega a conocer la voluntad de Dios, y la manera en que llega a conocerla el individuo. La iglesia es el cuerpo de Cristo. Un cuerpo funciona como una unidad con muchos miembros. Todos los miembros son interdependientes, o sea que cada uno necesita al otro. Cada miembro tiene su función en el cuerpo (Gá. 6.1-5), y cada líder tiene la responsabilidad de ayudar a equipar a los miembros (Ef. 4.11-13). El pastor es responsable por el cuerpo así como ante el cuerpo. Cada miembro necesita de los demás para conocer la voluntad de Dios .

La iglesia funciona como un cuerpo: una unidad con muchos miembros participando.

La parábola de la vía férrea

Suponga que el ojo le dijera a su cuerpo: "Caminemos por estos rieles. La vía está libre. No se ve ningún tren a la vista". De modo que usted empieza a caminar por la vía férrea.

Entonces el oído le dice al cuerpo: "Oigo un silbato que se acerca".

Su ojo arguye: "No hay nada en la vía, hasta donde yo pueda ver. Sigamos caminando". De modo que su cuerpo obedece al ojo, y sigue avanzando.

El oído dice: "¡El silbato es más fuerte; el tren se acerca!"

Entonces los pies dicen: "Siento el estremecimiento de la tierra por un tren que se avecina. Mejor saquemos al cuerpo fuera de los rieles".

 Si éste fuera su propio cuerpo físico, marque lo que haría:

❏ 1. Saldría de la vía férrea lo más rápido posible.
❏ 2. Pediría una votación de todos los miembros, y la mayoría decidiría.
❏ 3. Procuraría ignorar el conflicto, esperando a que se acabe solo.
❏ 4. Confiaría en mi ojo y seguiría caminando porque mi ojo nunca me ha fallado.

Tal vez parezca una cuestión ridícula. Dios les dio a nuestro cuerpo diferentes sentidos y partes. Cuando cada parte hace su trabajo, el cuerpo entero funciona como debiera. En nuestro cuerpo no tomamos votación para que triunfe la mayoría, ni ignoramos conflictos entre los sentidos, ni escogemos prestar atención a un sentido e ignorar a los demás. Vivir de esa manera sería muy peligroso.

Ya que la iglesia es el cuerpo de Cristo, ésta funciona mejor cuando todos los miembros pueden compartir lo que perciben que Dios quiere que la iglesia sea y haga. Una iglesia tiene que escuchar el consejo completo de Dios a través de sus miembros. Luego puede proseguir con confianza y en unidad para hacer la voluntad de Dios.

 Escriba un breve resumen acerca de la diferencia entre la manera en que una iglesia llega a conocer la voluntad de Dios y la manera en que lo hace el individuo.

_____

_____

¿Tiene alguna pregunta acerca de cómo una iglesia conoce la voluntad de Dios?

_____

El versículo asignado para memorizar esta semana recalca que la iglesia es un cuerpo. Escríbalo en el márgen y empiece a memorizarlo. Repase también los demás versículos que ha memorizado.

_____
_____
_____
_____
_____
_____
_____

Cuando Dios quiere revelar su voluntad a una iglesia, empieza a hablarle a uno o más individuos. La tarea de ellos es testificar ante la iglesia lo que perciben que Dios les está diciendo. Otros miembros tal vez expresen lo que ellos perciben. Entonces, el cuerpo entero mira a Cristo, la Cabeza de la iglesia, buscando dirección. Él guía a todos los miembros del cuerpo a comprender su voluntad en su totalidad.

Tal vez tenga preguntas acerca de cómo practicar esto en su iglesia. Una iglesia de 50 miembros lo hará en forma distinta de la que tiene 5,000. El factor más importante no es el método, sino la relación con la Persona de Cristo. Él es la Cabeza de su iglesia y sabe cómo cada persona trabajaría en forma única con Él para entender su voluntad. La iglesia de Jerusalén tenía más de 3,000 miembros y Cristo hizo su obra por medio de ellos.

En Saskatoon, según Dios se movía y expresaba su voluntad a los miembros de la iglesia, yo los guiaba a compartir los unos con los otros. No podíamos ajustar nuestra vida a Dios si no sabíamos lo que Él nos estaba diciendo. Cuando la Cabeza le hablaba a algún miembro, todos los demás teníamos que oír lo que Él le estaba diciendo a nuestra iglesia. A todos se les daba la oportunidad y se les animaba a compartir. A cada persona se le animaba a responder según Dios la guiaba. Esto ocurrió, no sólo en la adoración (usualmente al finalizar el culto), sino también en las reuniones de oración, reuniones de comités, clases de la Escuela Dominical, estudios bíblicos en los hogares y conversaciones personales. Muchos llamaban a la oficina de la iglesia y compartían lo que Dios les había dicho durante su tiempo devocional. Otros más informaban lo que habían experimentado en sus trabajos o en la escuela. La iglesia entera llegó a darse cuenta, por experiencia y en forma práctica, de la presencia de Cristo en nuestro medio.

¿Cuáles serían algunas ocasiones en las cuales los miembros del cuerpo podrían compartir con otros lo que perciben que Dios quiere que su iglesia sea o haga? Incluya ideas del párrafo anterior o suyas propias.

_____

_____

_____

¿Tiene su iglesia un tiempo cuando los miembros comparten con la iglesia lo que perciben que Dios quiere que su iglesia sea o haga? Sí ❑ No ❑

Contar lo que Dios está haciendo en su vida puede ayudar a alguna otra persona a tener un encuentro significativo con Dios. Por ejemplo, cuando en alguno de nuestros cultos alguien quería hacer un compromiso importante con el Señor, se le daba la oportunidad de contarlo al cuerpo. Algunas veces ese testimonio animaba a otros a responder en una manera similar.

Repase la lección de hoy. Pida a Dios en oración que le indique una o más enseñanzas o Escrituras que Él quiere que comprenda, aprenda y practique. Subráyela(s). Luego responda a lo siguiente:

¿Cuál fue la enseñanza o Escritura más significativa que leyó hoy?

_____

_____

Ahora escríbala en una frase que pueda usar como oración.

_____

_____

¿Qué quiere Dios que haga en respuesta al estudio de hoy?

RESUMEN

- Cuando una iglesia permite que la presencia y actividad de Dios se exprese, un mundo que observa se sentirá atraído a Él.
- Una iglesia es el cuerpo vivo de Cristo, con muchos miembros.
- Una iglesia está en misión con Cristo en nuestro mundo, llevando a cabo el propósito redentor de Dios.
- Dios quiere que su pueblo sea santo y puro.
- Dios quiere que su pueblo muestre unidad.
- Dios quiere que los creyentes se amen unos a otros.
- Ningún individuo puede conocer toda la voluntad de Dios para una iglesia local.
- Una iglesia necesita oír todo el consejo de Dios por medio de sus miembros.
- Al contar lo que Dios ha hecho en mi vida puedo ayudar a otra persona a tener un encuentro significativo con Dios.

DISCERNIR COMO UN CUERPO LA VOLUNTAD DE DIOS

Una iglesia llega a conocer la voluntad de Dios cuando el cuerpo entero comprende lo que Cristo, la Cabeza, les está diciendo.

La iglesia no llega a conocer la voluntad de Dios en la misma manera que un individuo. Una iglesia llega a conocerla cuando todo el cuerpo comprende lo que Cristo les está diciendo.

Los individuos llegan a conocer la voluntad de Dios mediante una relación íntima de amor con Dios. El Espíritu Santo habla por medio de la Biblia, la oración, las circunstancias y la iglesia para revelarse a sí mismo, sus propósitos y sus caminos.

 Repase en la unidad 6 la lección: "Dios habla por medio de la iglesia", (pp. 105 - 107). Escriba a continuación la enseñanza o porción bíblica más significativa que identificó en esa lección:

_____

_____

¿Cómo llega el individuo a conocer la voluntad de Dios?

_____

¿Cómo decide su iglesia lo que tiene que ser o hacer?

_____

Antes del Pentecostés (en el Nuevo Testamento) el Espíritu Santo no moraba en la vida de los creyentes. Venía sobre algunos individuos escogidos, de acuerdo a los propósitos de Dios. En el Antiguo Testamento Dios hablaba con su pueblo a través de un líder: profeta, sacerdote, rey, etc. Por ejemplo, Dios le dijo a Moisés su voluntad para Israel; y Moisés le dijo al pueblo lo que tenían que hacer. Israel entonces hacía (la mayoría de las veces) lo que Moisés les había dicho (véase Nm. 9.1-5).

 En el Antiguo Testamento, ¿cómo supo Israel la voluntad de Dios?

_____

_____

Con la venida del Espíritu Santo sobre la iglesia en Pentecostés, Dios llegó a vivir en cada creyente. Él creó el cuerpo, una iglesia local, de modo que cada miembro necesita de los demás. En el cuerpo de Cristo cada creyente tiene acceso directo a Dios. Él puede hablarle a cualquier miembro. Puede obrar por medio de todo el cuerpo para revelar su voluntad. El Espíritu guió a los apóstoles en la función de guiar a la iglesia en tiempos del Nuevo Testamento. Dios guió a los miembros y a los líderes en una interdependencia mutua para

Israel

Habló Jehová a Moisés diciendo: Los hijos de Israel celebrarán la pascua a su tiempo ... Y habló Moisés a los hijos de Israel para que celebrasen la pascua. Celebraron la pascua . ... conforme a todas las cosas que mandó Jehová a Moisés, así hicieron los hijos de Israel.
— *Números 9.1-5*

La iglesia

servir y tomar decisiones. Los ejemplos del Nuevo Testamento muestran una decisión conjunta hecha bajo la dirección de Dios:

- La selección del que debía reemplazar a Judas (Hch. 1.12-26)
- La elección de los siete (Hch. 6.1-7)
- El testimonio de Pedro sobre la conversión de los gentiles (Hch. 11.1-18)
- Bernabé y Saulo enviados a la obra misionera (Hch. 13.1-3)
- El concilio en Jerusalén (Hch. 15.1-35)

Notamos que usaron diferentes métodos para tomar una decisión. Por ejemplo, el Concilio de Jerusalén llegó a un acuerdo sobre un importante tema doctrinal y práctico. Después que Pedro y Santiago hablaron, "toda la multitud ... oyeron a Bernabé y a Pablo" (Hch. 15.12). "Entonces pareció bien a los apóstoles y a los ancianos con toda la iglesia . . ." (Hch. 15.22).

Cuando Dios le habla a algún miembro, esa persona debe informar al cuerpo entero lo que ha percibido que Dios le está diciendo con respecto a la iglesia. En la medida en que cada miembro comparte lo que ha percibido que Dios le está diciendo, el cuerpo entero va a Dios en oración para discernir su voluntad para el cuerpo. En su tiempo Dios confirma al cuerpo lo que está diciendo. Las opiniones individuales no tienen importancia. Lo que importa es la voluntad de Dios. No hay método único para discernir la voluntad de Dios como un cuerpo. La relación personal de los miembros del cuerpo con Cristo es el factor más importante. Cuando Cristo guía a cada miembro del cuerpo a funcionar apropiadamente, el cuerpo entero sabrá y estará capacitado para hacer la voluntad de Dios.

 La iglesia es un cuerpo y cada miembro tiene acceso directo a Dios. ¿De qué maneras debiera la iglesia relacionarse con Dios para entender su voluntad? Marque su respuesta.

❏ 1. La iglesia debe colocar al pastor como intermediario entre Dios y la iglesia. Dios le dice al pastor su voluntad, y el pastor se la dice al pueblo.
❏ 2. Los miembros de la iglesia deben presentar sus opiniones en cuanto a lo que la iglesia debe ser y hacer. Luego, deben debatirlas para seleccionar la correcta. Entonces, se debe someter a votación y hacer lo que decida la mayoría.
❏ 3. Los miembros deben orar a Dios pidiendo dirección. Luego, cada miembro debe compartir lo que percibe que Dios le está diciendo a la iglesia. Entonces, todos los miembros miran a la Cabeza del cuerpo, Cristo, y continúan orando hasta que Cristo los convence de su voluntad.
❏ 4. Otra alternativa: _____

La cabeza es quien convence en cuanto a la ocasión propicia según Él.

Una iglesia llega a conocer la voluntad de Dios cuando el cuerpo entero llega a comprender lo que Cristo quiere que haga. Para una iglesia, el conocer la voluntad de Dios puede incluir a muchos miembros, no sólo a unos pocos. Sí, Dios a menudo le habla al líder en cuanto a lo que Él quiere que todos hagan. Ese líder entonces testifica ante el cuerpo lo que percibe que es la voluntad de Dios. El líder no tiene que tratar de convencer a la iglesia de que eso es la voluntad de Dios. Tampoco tiene que pedirle a la congregación que lo sigan sin cuestionar. Lo que hace es animar a la iglesia a ir a Cristo y recibir confirmación de Él . La Cabeza es quien convence a su tiempo. Entonces, el cuerpo entero sigue a Cristo, la Cabeza. Por eso es que una iglesia tiene que aprender a funcionar como un cuerpo, con Cristo como Cabeza de su iglesia.

Surgen problemas cuando una iglesia no funciona como un cuerpo.

Una misión hizo arreglos para comprar un terreno para su edificio. El pastor guió a la congregación a comprar el lote, basándose en las promesas que le hizo el agente de bienes raíces. Cuando éste no pudo cumplir lo prometido, la iglesia se vio en problemas y se desanimaron mucho. Finalmente el pastor tuvo que reunir a la congregación e informarles acerca de las negociaciones y los problemas. Dos miembros se levantaron para decir: "Pastor, sabíamos que ese agente es un pillo. Ya nos había estafado antes. Pero teníamos temor de oponernos a lo que usted quería hacer, porque temíamos estar oponiéndonos a Dios". Dios manifestó su gracia y a la larga los problemas se resolvieron. Esto, sin embargo, indica que una iglesia necesita funcionar como un cuerpo, con cada miembro libre para dar a conocer como percibe la voluntad de Dios. Ningún miembro lo sabe todo.

 Escriba un breve resumen de cómo una iglesia llega a conocer la voluntad de Dios.

_____

_____

La toma de decisiones en la iglesia

Cuando Dios guiaba a la iglesia en Saskatoon, generalmente lo hacía por medio de otras personas y no de mí. La mayoría de las veces procedía por medio de miembros que estaban percibiendo una clara dirección de Dios. Dábamos oportunidades para que la gente expresara lo que percibía que Dios nos estaba guiando a ser o hacer. Nuestro deseo no era encontrar quién estaba a favor o quién en contra. En nuestras reuniones de negocios nunca tomamos una votación preguntando: "¿Cuántos a favor? ¿Cuántos en contra?" Ésas no son las preguntas correctas. Cada vez que usted hace esas preguntas, corre el riesgo de una división.

La pregunta correcta es: "Con toda la información de que disponemos, y con toda la oración que hemos hecho, ¿cuántos de ustedes perciben que Dios claramente nos está dirigiendo a proceder en esta dirección?" Esta pregunta es muy diferente. No pide que los miembros expresen sus opiniones. Les pide que emitan su voto según lo que perciben que Dios le está diciendo a su iglesia. En cuestiones críticas nunca tomamos la votación durante el debate del asunto. Esto aliviaba la presión que algunos sentían para tratar de imponer su opinión. Después del debate, tomábamos tiempo para orar y buscar la mente de Cristo.

La pregunta correcta es: "¿Cuántos de ustedes perciben que Dios claramente nos está dirigiendo a que procedamos en esta dirección?"

Supongo que el 55 por ciento de los miembros votan: "Sí, percibimos claramente que Dios nos está guiando a que procedamos en esta dirección". El 45 por ciento restante dice: "No, nosotros no percibimos que Dios nos esté guiando en esa dirección". ¿Qué hacer? Nosotros nunca seguíamos adelante. La votación me decía dos cosas: (1) Parecía que Dios nos estaba dirigiendo en la dirección indicada, y (2) el tiempo todavía no era el apropiado, por cuanto la Cabeza todavía no había traído al resto del cuerpo a percibir la misma dirección. Definitivamente sentíamos que Dios nos estaba dirigiendo en esa dirección por cuanto el 55 por ciento de nosotros lo habíamos percibido así. Pero sabía que el tiempo no era el apropiado por cuanto el 45 por ciento todavía no había llegado a comprenderlo. Así que orábamos, seguíamos trabajando y observando. Dejábamos que la Cabeza trajera al cuerpo a comprender lo que Él quería hacer por medio de nosotros. Dios estaba a cargo, y presente, para convertirnos en una misma mente y corazón (Ro. 15.5-6; 1 Co. 1.10). Confiábamos en que lo haría.

Os ruego, pues, hermanos, por el nombre de nuestro Señor Jesucristo, que habléis todos una misma cosa, y que no haya entre vosotros divisiones, sino que estéis perfectamente unidos en una misma mente y en un mismo parecer. —1 Corintios 1.10

A menudo la gente pregunta: "¿Esperaba siempre tener un voto del ciento por ciento?" No, porque sabía que siempre habría uno o más que se hallaban tan lejos de la comunión con el Señor que no podrían oír su voz. Algún otro tal vez estaba desobedeciendo a propósito. Sin embargo, por lo general esperábamos hasta tener casi unanimidad.

No me molestaba, ni me resentía contra aquellos que estaban en desacuerdo con el resto del cuerpo. Su desacuerdo podría tal vez indicar que tenían algún problema de comunión con el Señor. Como pastor, entonces, trataba de ayudarlos y procuraba ver cómo Dios podía obrar por medio de mí para ayudarlos a restaurar la comunión con Él.

1._____

2._____

3._____

4._____

 Reflexione sobre las preguntas que siguen. Luego, escriba en el margen una breve respuesta a cada una.

1. ¿Cree que Dios quiere que el cuerpo llegue a ser de una mente y un corazón en cuanto a su voluntad para ese cuerpo?
2. ¿Cree que Dios puede hacer que todo su pueblo comprenda su voluntad?
3. ¿Cree que Dios puede hacer que su iglesia tenga esta clase de unidad?
4. ¿Estaría dispuesto a esperar en Dios hasta que Él haya tenido tiempo de ajustar a su voluntad a todos los miembros del cuerpo?

Éste puede ser el lugar donde su fe enfrenta otra crisis. Pídale a Dios ayuda. ¿Puede Dios hacer que toda una iglesia alcance un sentido de unidad en cuanto a su voluntad? ¡Sí!

> Pero el Dios de la paciencia y de la consolación os dé entre vosotros un mismo sentir según Cristo Jesús, para que unánimes, a una voz, glorifiquéis al Dios y Padre de nuestro Señor Jesucristo.
>
> —Romanos 15.5-6

 ¿Qué le dice Dios por medio de estos versículos?

La ocasión según Dios

Las buenas instrucciones de Dios pueden perderse si erramos en notar la ocasión propicia según Dios. Una iglesia no sólo necesita conocer lo que Dios quiere que haga, sino también cuándo Él quiere que lo haga. Debemos esperar hasta que Dios indique que la ocasión es la

Debemos esperar hasta la ocasión propicia según Dios.

propicia. Tenemos que esperar en Él como un cuerpo hasta que nos ajuste a sí mismo. Esto desarrolla una paciencia que confía en Él, y una confianza en amor de unos con otros.

Esto no es simplemente un método para probarlo en su iglesia. A los miembros hay que enseñarlos a andar con Dios. Necesitan saber cómo oírlo cuando habla. Necesitan saber identificar las cosas que sólo Dios puede hacer. Como pastor soy responsable por eso. Durante el primer año de mi ministerio dediqué tiempo para encontrar lo que Dios había estado haciendo allí antes de que yo llegara. Luego, me tomó tiempo guiar a la congregación a una relación con Dios que pudieran comprender lo que era una iglesia y cómo debía funcionar.

Motivación real

Nunca traté de ganar el respaldo de la gente para una organización, un programa o una persona. Siempre los guiaba a que le preguntaran a Dios qué es lo que Él quería. Cuando ellos sabían lo que Dios quería, la única opción era la obediencia fiel.

 ¿Cuál de las siguientes instrucciones cree usted que motivarán mejor a la gente a obedecer fielmente la voluntad de Dios? Marque su respuesta.
- ❏ 1. Pídales que mientras andan en íntima comunión de amor con Él hallen lo que Dios quiere hacer. Cuando Él habla claramente, deben obedecerlo.
- ❏ 2. Pídales que respalden un cierto programa, porque es promovido por las oficinas denominacionales.
- ❏ 3. Pídales que respalden la iniciativa de un líder importante de la iglesia.
- ❏ 4. Pídales que se adhieran a la recomendación del comité.
- ❏ 5. Dígales: "Tengo una palabra de Dios para ustedes". Ellos deben seguirlo.

En todas las iglesias en las cuales he servido había muchas costumbres tradicionales. Yo persistía en enseñarles hasta que el Espíritu de Dios, nuestro común Maestro, nos unía en un corazón y una mente. Empezamos a permitir que Dios tomara todo el tiempo que necesitaba. Sentía que mi responsabilidad como pastor era guiar a la gente a una relación con Cristo Jesús tan íntima que pudieran saber claramente cuando Él estaba hablándoles. Entonces les pedía que obedecieran a Dios; no que siguieran programa alguno, ni a ningún líder influyente, ni a comité alguno, ni a mí. Dios el Espíritu Santo es el Motivador real del creyente.

El Espíritu Santo es el Motivador real del creyente.

Nuestras reuniones de negocios llegaron a ser algunas de las ocasiones más emocionantes de la vida de nuestra iglesia. Sabían que en esas reuniones veíamos claramente las instrucciones y actividad de Dios. Querían venir porque era emocionante el momento cuando nuestra iglesia veía a Dios revelarnos sus propósitos y sus caminos.

Puedo confiar en que Dios guiará a los miembros del cuerpo.

La iglesia es un cuerpo y Cristo es la Cabeza. El Espíritu de Dios guía a cada creyente. Su presencia morando en nosotros puede enseñarnos y ayudarnos. Siempre permití que lo que comprendía de la voluntad de Dios fuera probado en la vida de la congregación; no por lo que yo pensaba de la gente, sino por lo que sabía que la iglesia era.

Cuando percibía que Dios quería que nuestra iglesia hiciera algo, siempre le pedía a la congregación que trabajara conmigo. Si la gente anda con Dios, puedo confiar en que Dios los guiará. Esto es verdad para los pastores y para otros miembros de la iglesia también. Si la gente no anda en comunión con Dios, entonces confío en que Dios me guiará para ayudarlos a ser lo que Él quiere que sean. Dios no se da por vencido con respecto a su pueblo; por lo tanto, tampoco puedo hacerlo yo.

Puedo confiar en que Dios guiará a un grupo de iglesias.

Como director de misiones, guié también a las iglesias de nuestra asociación a funcionar de esta manera. Me llevó algún tiempo ayudar a los pastores a comprender cómo andar con Dios de esta manera. La obra que estábamos haciendo no era mi programa, era el trabajo de Dios. ¿Puede una asociación de iglesias funcionar de esta manera? Sí, si se les ayuda a comprender cómo caminar con Dios.

 ¿Qué le está diciendo Dios acerca de su iglesia y de la manera actual en que se toman las decisiones?

_____

_____

Repase la lección de hoy. Pida a Dios en oración que le indique una o más enseñanzas o Escrituras que Él quiere que comprenda, aprenda y practique. Subráyela(s). Luego responda a lo siguiente.

¿Cuál fue la enseñanza o Escritura más significativa que leyó hoy?

_____

_____

Ahora escríbala en una frase que pueda usar como oración.

_____

_____

¿Qué quiere Dios que haga en respuesta al estudio de hoy?

_____

_____

RESUMEN

- Una iglesia llega a conocer la voluntad de Dios cuando el cuerpo entero llega a comprender lo que la Cabeza, Cristo, les está diciendo.
- Cada creyente tiene acceso directo a Dios.
- Las opiniones individuales no son lo importante. Lo que importa es la voluntad de Dios.
- Una iglesia debe aprender a funcionar como un cuerpo con Cristo como la Cabeza.
- Una iglesia debe esperar la ocasión propicia según Dios.

EL CUERPO DE CRISTO, PARTE 1

Una iglesia necesita aprender a funcionar como el cuerpo de Cristo.

El cuerpo de Cristo según Romanos 12

Pablo escribió a la iglesia en Roma y les dio algunas instrucciones sobre cómo los miembros del cuerpo de Cristo deben vivir en relación unos con otros. Una iglesia necesita aprender a funcionar como el cuerpo de Cristo. Estas instrucciones dadas por Pablo le ayudarán a usted en relación a su iglesia.

 Abra su Biblia en Romanos 12. Lea los versículos indicados a continuación y responda a las preguntas:

1. **Vv. 1-2**. Para que el cuerpo entero pudiera discernir la voluntad de Dios, Pablo recomendó lo que los miembros debían hacer. Debían (complete las frases):

Presentar sus cuerpos en _____

No conformarse . . . sino transformarse por _____

_____

2. **Vv. 3, 10, 16**. ¿Cuáles son algunas cosas específicas que usted puede hacer para prevenir los problemas causados por el orgullo?

_____

_____

3. **Vv. 4-6**. ¿Por qué otros miembros del cuerpo son importantes para usted?

_____

_____

El versículo 5 es el pasaje asignado para memorizar esta semana. Escríbalo a continuación y empiece a memorizarlo.

_____

_____

4. Vv. 9-21. De las muchas instrucciones dadas en estos versículos ¿cuáles piensa que necesitan practicar más los miembros de su iglesia? Marque todas las que aplican.

❏ Amar a otros sinceramente.

❏ Aborrecer el mal.

❏ Seguir lo bueno.

❏ Amarse unos a otros con amor fraternal.

❏ Dando honor al otro.

❏ Sirviendo al Señor con diligencia.

❏ Tener gozo en la esperanza.

❏ Ser pacientes en la aflicción.

❏ Ser fieles en la oración.

❏ Compartir con los creyentes en necesidad.

❏ Practicar la hospitalidad.

❏ Bendecir a los que nos persiguen.

❏ Gozarnos con los que se gozan.

❏ Llorar con los que lloran.

❏ Vivir en armonía unos con otros.

❏ No ser altivos ni arrogantes.

❏ Asociarnos con los humildes.

❏ No pagar mal por mal.

❏ Hacer lo bueno.

❏ No tomar venganza.

❏ Vencer con el bien el mal.

Un sacrificio vivo y un entendimiento renovado son necesarios para "comprobar cuál sea la buena voluntad de Dios, agradable y perfecta" (v. 2). El orgullo puede causar problemas en el cuerpo. Usted debe pensar de sí mismo con cordura, dando honor a otros antes que a sí mismo, viviendo en armonía, y asociándose con los humildes. Los miembros de la iglesia necesitan practicar todas las instrucciones dadas en los versículos 9-21. Advertencia: ¡Seguir estas instrucciones puede ser muy costoso!

 Haga una pausa y ore por las maneras específicas en que Dios tal vez quiera que su iglesia actúe más como el cuerpo de Cristo.

El Espíritu Santo capacita a cada miembro para funcionar en el cuerpo

La primera parte de 1 Corintios 12 indica que el Espíritu Santo capacita a cada miembro. Leemos que: A cada uno le es dada la manifestación del Espíritu para provecho (1 Co. 12.7). El Espíritu Santo es el don (Hch. 2.38). Él se manifiesta (se hace visible, claro, conocido, se revela) a cada miembro del cuerpo para el bien común del cuerpo.

El Espíritu Santo es el don.

Marque las respuestas correctas basándose en 1 Corintios 12.7.

1. ¿A quiénes se manifiesta el Espíritu Santo?

❏ a. Solamente a unos pocos individuos espirituales.

❏ b. Solamente al pastor y a otros ministros en la iglesia.

❏ c. A cada creyente.

2. ¿Por qué se manifiesta el Espíritu Santo a los creyentes?

❏ a. Para que el individuo pueda recibir bendición.

❏ b. Para que el individuo pueda ganarse la atención de los demás.

❏ c. Para que el cuerpo entero pueda beneficiarse de su obra.

¿Marcó usted la respuesta "c" en ambas ocasiones? ¡Excelente! TODOS los miembros de la iglesia, el cuerpo de Cristo, han recibido el don de la presencia del Espíritu Santo. La experiencia de cada creyente con el Espíritu Santo es para el provecho del cuerpo, no para bien del individuo. Por eso nos necesitamos mutuamente. Sin un cuerpo saludable, una iglesia se quedará sin disfrutar muchas de las bendiciones que Dios provee.

En el Antiguo Testamento el Espíritu Santo dotaba a la persona para una tarea.

El Antiguo Testamento es el kindergarten o jardín de infantes en cuanto a la comprensión de la obra del Espíritu Santo. En el Antiguo Testamento, el Espíritu Santo venía sobre ciertos individuos para ayudarlos a cumplir una tarea que Dios les daba. Moisés tenía una tarea como administrador, de modo que, Dios lo capacitó con su Espíritu para administrar.

Dios le dio una tarea a cada uno de los jueces. Entonces, el Espíritu de Dios vino sobre el individuo y lo capacitó para que completara la tarea asignada. David fue llamado a ser rey mientras trabajaba pastoreando ovejas. ¿Cómo podía ser rey si nunca lo había sido? El

Espíritu de Dios vino sobre él y lo capacitó para que lo fuera. Ezequiel fue llamado a ser profeta. ¿Cómo podía serlo? Las Escrituras nos dicen que el Espíritu de Dios vino sobre él para que hiciera todo lo que Dios le había pedido que hiciera (Ez. 2—3).

El siguiente es el modelo que vemos en el Antiguo Testamento:

1. Dios le asignaba una tarea a una persona.
2. El Espíritu Santo venía sobre tal persona para capacitarla para cumplir la tarea asignada.
3. La prueba de la presencia del Espíritu Santo era que la persona podía completar eficazmente la tarea mediante la capacitación sobrenatural del Espíritu Santo.

Un modelo del Antiguo Testamento

Los trabajadores del tabernáculo son un buen ejemplo. Dios le dio a Moisés los detalles sobre cómo construir el tabernáculo (Éx. 25—31). Quería que se hiciera exactamente como se lo había ordenado. Entonces Dios dijo: Mira, yo he llamado por nombre a Bezaleel hijo de Uri, hijo de Hur, de la tribu de Judá; y lo he llenado del Espíritu de Dios, en sabiduría y en inteligencia, en ciencia y en todo arte . . . Y he aquí que yo he puesto con él a Aholiab hijo de Ahisamac, de la tribu de Dan; y he puesto sabiduría en el ánimo de todo sabio de corazón, para que hagan todo lo que te he mandado (Éx. 31.2-3, 6). ¿Cómo podía saber Moisés si el Espíritu estaba sobre aquellos hombres? Sólo tenía quer observarlos. Si podían cumplir con la tarea que Dios les había dado, Moisés sabría que el Espíritu de Dios estaba sobre ellos.

Bezaleel y Aholiab

En todo el Antiguo Testamento vemos como el Espíritu de Dios estaba siempre presente para preparar al individuo para desempeñar la tarea que Dios le había asignado. Dios no da un don a un individuo. Se da a sí mismo como el don. El Espíritu manifiesta su presencia al preparar a cada individuo para realizar aquello que Dios le asigne.

 ¿Cuál es el modelo para la obra del Espíritu Santo en el Antiguo Testamento? Escríbalo a continuación usando las indicaciones dadas.

Tarea – _____
_____

El don – _____
_____

La prueba – _____
_____

Cuando los miembros de las iglesias empiezan a considerar los dones espirituales, algunas veces se enredan en dificultades porque piensan que Dios otorga algo, como si fuera un ingrediente llamado "administración". No. Él no da algo; se da a sí mismo. El don es una Persona. El Espíritu Santo le provee a usted su capacidad administrativa. De manera que su administración empieza a ser la suya. Lo que observa cuando ve a alguien ejerciendo un don espiritual es una manifestación del Espíritu Santo; usted ve al Espíritu Santo capacitando a un individuo para realizar la obra de Dios.

Dones espirituales

 Lea Juan 14.10 y 1 Corintios 12.7 (al margen). ¿Cuál de las siguientes es la mejor definición de un don espiritual? Marque su respuesta.

❑ 1. Un don espiritual es la manifestación del Espíritu Santo obrando en y a través de la vida de una persona para el provecho de todo el cuerpo de Cristo.
❑ 2. Un don espiritual es una capacidad especial que Dios otorga a una persona para que pueda cumplir la obra que Dios le ha asignado a la iglesia.

¿No crees que yo soy en el Padre, y el Padre en mí? Las palabras que yo os hablo, no las hablo por mi propia cuenta, sino que el Padre que mora en mí, él hace la obras. —Juan 14.10

Jesús dijo: El Padre que mora en mí, él hace las obras (Jn. 14.10). Incluso en las obras milagrosas de Jesús era el Padre manifestándose. El Padre moraba en Jesús, y obraba a través de Jesús para cumplir sus propósitos. La primera definición se enfoca en Dios y en lo que Él hace por medio de nosotros. La segunda se enfoca más en lo que yo consigo para hacer algo por Dios y por su iglesia. Recuerde que Jesús dijo: Separados de mí nada podéis hacer (Jn. 15.5). Un don espiritual es una manifestación de Dios obrando por medio de usted.

Pero a cada uno le es dada la manifestación del Espíritu para provecho. —1 Corintios 12.7

El cuerpo de Cristo según 1 Corintios 12

La primera parte de 1 Corintios 12 habla acerca del Espíritu Santo manifestándose de diferentes maneras. La segunda parte del capítulo habla acerca del cuerpo.

 Lea las siguientes afirmaciones. Luego lea 1 Corintios 12.11-31 y vea si puede loca-

lizar por lo menos un versículo que respalde cada una de las afirmaciones que siguen. Escriba en la línea en blanco el versículo o versículos.

_____ 1. El Espíritu Santo decide a quién asignarle tareas y capacita a cada miembro para realizar la obra de Dios.

_____ 2. El cuerpo es una sola unidad compuesta de muchas partes.

_____ 3. Los miembros del cuerpo no deciden su propia función en el cuerpo.

_____ 4. Dios pone a los miembros en el cuerpo donde Él quiere.

_____ 5. El cuerpo no está completo sin todos los miembros que Dios le ha dado.

_____ 6. Cada miembro del cuerpo necesita de todos los demás.

_____ 7. El cuerpo debe ser una unidad, sin divisiones.

_____ 8. Los miembros del cuerpo deben tener igual preocupación unos por otros.

_____ 9. Los miembros del cuerpo tienen diferentes funciones asignadas por Dios para bien de todo el cuerpo.

Usted puede haber encontrado varios y diferentes versículos, sin embargo, las siguientes son algunas posibles respuestas: 1–v. 11; 2–vv. 12-14; 3–vv. 15-17; 4–v. 18; 5–vv. 17-20; 6–vv. 21-24; 7–v. 25; 8–vv. 25-26; 9–vv. 28-30.

Repase la lección de hoy. Pida a Dios en oración que le indique una o más enseñanzas o Escrituras que Él quiere que comprenda, aprenda y practique. Subráyela(s). Luego responda a lo siguiente:

¿Cuál fue la enseñanza o Escritura más significativa que leyó hoy?

_____

_____

Ahora escríbala en una frase que pueda usar como oración.

_____

_____

_____

¿Qué quiere Dios que haga en respuesta al estudio de hoy?

_____

_____

_____

RESUMEN

- El Espíritu Santo es el don.
- El Espíritu de Dios siempre está presente para capacitarme para llevar a cabo la tarea divinamente asignada.
- Un don espiritual es una manifestación del Espíritu Santo obrando en y por medio de la vida de una persona, para el bien común del cuerpo de Cristo.
- El Espíritu decide a quién asignar cuáles tareas, y capacita a los miembros para realizar su obra.
- Dios pone a los miembros en el cuerpo en dónde Él quiere.
- El cuerpo no está completo sin todos los miembros que Dios le ha dado.
- Los miembros del cuerpo deben preocuparse unos por otros.
- Los miembros del cuerpo tienen diferentes tareas asignadas por Dios para el bien de todo el cuerpo.

EL CUERPO DE CRISTO, PARTE 2

DÍA 4

Comprendo la voluntad de Dios para mi iglesia cuando presto atención a lo que el cuerpo entero expresa que está experimentando.

Pablo escribió a la iglesia en Corinto, un cuerpo local de creyentes, y dijo: Vosotros, pues, sois el cuerpo de Cristo, y miembros cada uno en particular (1 Co. 12.27). Así como su cuerpo físico necesita de todas sus partes para poder vivir una vida normal y saludable, así cada iglesia necesita de todos sus miembros para poder llevar una vida normal y saludable. Ningún miembro puede decir que no necesita del otro. Separado de los demás miembros de la iglesia (el cuerpo) no podrá experimentar la plenitud de la vida que Dios quiere para usted. Cuando falta un miembro o no funciona como Dios lo propuso, el resto del cuerpo se quedará sin experimentar la plenitud de vida que Dios propuso para la iglesia.

Dios colocó a los miembros del cuerpo como Él quiso. Si Él le da a una persona la responsabilidad de ser "ojo", el Espíritu Santo la capacitará para ver. Si la hace "oído", la capacitará para que oiga. Si la hace "mano", el Espíritu Santo la capacitará para que funcione como tal. En el Nuevo Testamento leemos que el trabajo del Espíritu Santo es capacitar a cada persona para que lleve a cabo la tarea que Dios le asignó en el cuerpo. No toda persona puede ser apóstol, profeta, maestro, etc; pero cada uno tiene una función dada por Dios. Cada uno funciona donde Dios lo coloca en el cuerpo, de modo que el cuerpo entero funciona como una unidad.

 A continuación se indican algunas afirmaciones que tal vez habrá escuchado alguna vez. ¿Cuál principio, de los que se indican en la columna a la derecha, se podría aplicar para ayudar a la persona a comprender cómo quiere Dios que funcione su iglesia? En algunos casos puede aplicarse más de un principio. En la línea en blanco escriba el número del principio o principios.

Declaraciones	Principios
_____ A. "Opino que debemos revisar la lista de miembros de la iglesia, y sacar de allí a toda persona que no ha venido este año".	1. El Espíritu decide cuál tarea asigna a cada uno, y lo capacita para que realice su obra.
_____ B. "Guillermo se metió en problemas con la ley y por eso está en la cárcel. Por mí se puede morir allí".	2. El cuerpo es uno solo, compuesto por muchas partes.
_____ C. "A mí debieran haberme elegido presidente de los diáconos. Hace 42 años que asisto fielmente a esta iglesia".	3. Los miembros del cuerpo no deciden su propia función en el cuerpo.
_____ D. "Si no me nombran maestro de la clase de adultos, no volveré a esta iglesia".	4. Dios pone a los miembros en el cuerpo como Él quiere.
_____ E. "Aun cuando los demás miembros piensen que Dios los está guiando a pedirme que sirva en ese puesto, creo que se equivocan. Nunca lo he hecho, y sé que no sirvo para eso. No tengo los talentos necesarios".	5. El cuerpo no está completo sin todos los miembros que Dios le ha dado.
_____ F. "Si esas diez familias no pueden aceptar la decisión de la mayoría, peor para ellas. En esta iglesia la mayoría manda. Si no les gusta, se pueden buscar otra iglesia".	6. Cada miembro del cuerpo necesita de todos los demás.
_____ G. "Dios ya me ha dicho lo que es su voluntad para esta iglesia. Por consiguiente, ustedes tienen que hacerme caso. Si no pueden concordar con lo que Dios me dijo, es porque les falta espiritualidad y están fuera de la voluntad de Dios".	7. El cuerpo debe funcionar como una unidad, sin divisiones.
	8. Los miembros del cuerpo deben preocuparse unos por otros.
	9. Los miembros del cuerpo tienen diferentes tareas asignadas por Dios, para el bien de todo el cuerpo.

Me parece que cada una de las afirmaciones anteriores puede reflejar un mal entendimiento en cuanto a la iglesia como el cuerpo de Cristo. Algunos de los principios que se podrían usar son: A-5 y 6; B-8; C-3 y 4; D-1 y 3; E-1; F-7; G-2, 5 y 6. Siempre que usted evalúa la manera en que funciona la iglesia como un cuerpo, debe recordar tres cosas:

Pautas divinas para el cuerpo de Cristo

1. Jesús es la Cabeza del cuerpo. El cuerpo debe tener su centro en Cristo.
2. Dios espera que el cuerpo mantenga unidad de corazón.
3. Debe prevalecer el amor, así como se describe en 1 Corintios 13. Los miembros del cuerpo deben amarse unos a otros como a sí mismos.

 En la lista de la página anterior subraye o trace un círculo alrededor de las palabras clave que podrían ayudarlo a recordar estas pautas. Al leer los siguientes párrafos subraye las frases que indican algo que podría ayudarlo a funcionar correctamente en el cuerpo de Cristo. Si tiene preguntas escríbalas para presentarlas en la sesión del grupo.

Una iglesia necesita de todos los miembros que Dios le ha dado al cuerpo.

A. "Opino que debemos revisar la lista de miembros de la iglesia, y sacar de allí a toda persona que no ha venido este año". La primera pregunta que una iglesia debe hacerse es: ¿Son estas personas miembros del cuerpo de Cristo? ¿Son creyentes? Si Dios las añadió al cuerpo (1 Co. 12.18) porque Él las quiere allí, ¿tiene usted derecho de eliminarlas? Una iglesia necesita de todos los miembros que Dios le ha dado a su cuerpo (Principios 5 y 6). La iglesia debe orar y pedir a Dios que le muestre cómo hacer volver a esas personas al compañerismo activo.

Cuando un miembro sufre, todos sufren

B. "Guillermo se metió en problemas con la ley y por eso está en la cárcel. Por mí puede morirse allí". Cuando un miembro sufre, todos sufren (1 Co. 12.26), incluso cuando el sufrimiento es consecuencia del pecado. A los miembros del cuerpo de Cristo se les ordena amarse. Lea 1 Corintios 13 para ver cómo el amor respondería en el cuerpo. Hay que mostrar amor por todos y cada uno de los miembros (Principio 8).

 ¿Está usted subrayando las frases que lo ayudarán a recordar cómo funcionar correctamente en el cuerpo de Cristo? Más tarde le pediré que vuelva a repasarlas.

Nosotros no seleccionamos nuestra función.

C. "A mí debían haberme elegido presidente de los diáconos. Hace 42 años que asisto fielmente a esta iglesia". Esto puede ser un deseo egoísta. Servimos en la iglesia según Dios nos asigna (Principios 3 y 4). Nosotros no seleccionamos nuestra función. Si Dios quiere que sirva en cierta capacidad en particular, la Cabeza (Jesucristo) puede hacer que el resto del cuerpo lo reconozca.

D. "Si no me nombran maestro de la clase de adultos, no volveré a esta iglesia". La iglesia necesita ser sensible a lo que otros perciben que Dios les dirige a hacer. Los principios 1 y 3 llaman la atención al hecho de que Dios es quien decide dónde debe funcionar cada uno en el cuerpo. Confíe en que Él guiará al cuerpo a saberlo. El comité de nominaciones debe orar mucho para discernir la voluntad de Dios. Tanto el individuo como la iglesia deben buscar cuidadosamente la voluntad de Dios, y confiar en que Él la hará saber claramente.

Dios es quien decide dónde debe funcionar cada uno en el cuerpo.

E. "Aun cuando los demás miembros piensen que Dios los está guiando a pedirme que sirva en ese puesto, creo que se equivocan. Nunca lo he hecho, y sé que no sirvo para eso. No tengo los talentos necesarios". Uno de los problemas que enfrentamos en el cuerpo es que muy pocas veces vemos a Dios obrando. Vemos solamente a la gente. Yo trato de ver a Dios trabajando en su pueblo. El principio 1 señala que el Espíritu Santo capacitará a la persona para realizar cualquier tarea que Dios le haya asignado. Simplemente porque no lo ha hecho antes o porque piensa que no tiene la habilidad apropiada, no significa necesariamente que Dios no lo esté asignando esa tarea. Moisés presentó varias objeciones similares cuando Dios lo llamó desde la zarza que ardía. Tome en serio cuando el cuerpo percibe algo como la voluntad de Dios, y confíe en que Dios lo guiará.

El Espíritu Santo capacitará a la persona para realizar cualquier tarea que Dios le haya asignado.

Esté dispuesto a responder a Dios.

Esté dispuesto a responder a Dios. Sirva con todo su corazón, como para el Señor. Ese puesto en la iglesia puede llegar a ser el lugar más emocionante de actividad de Dios. No lo haga sólo por llenar un cargo. Hágalo como para el Señor.

Los intocables

¿Sería una tarea especial asignada por Dios enseñar a un grupo de jovencitos rebeldes? Poco después que empecé a enseñar a jovencitos en una iglesia en California, 23 adolescentes con chaquetas de cuero entraron y se sentaron en las últimas bancas del templo. Ninguno era creyente. Dios me puso en medio de ese grupo de jóvenes con tremendos conflictos. Antes de tres meses 22 de los jóvenes habían llegado a conocer al Señor. Sus vidas cambiadas desbarataron una pandilla llamada "Los intocables". El vecindario en que vivían estaba plagado por la delincuencia. Cuando Dios trajo a estos 22 jóvenes a la fe salvadora de Cristo, la delincuencia se redujo considerablemente en esa zona

Dios puede mostrarse en cualquier lugar de la vida de la iglesia donde usted esté dispuesto a dejarle que lo coloque. Pídale a Dios que llene con su presencia ese puesto y ese lugar en la vida de la iglesia. Usted podría llegar a ser el instrumento que Dios usará para revitalizar la iglesia.

 En las declaraciones A-E ¿Qué cosas subrayó que pudieran ayudarlo a funcionar más eficazmente al cuerpo de Cristo?

_____

_____

_____

F. "Si esas diez familias no pueden aceptar la decisión de la mayoría, peor para ellas. En esta iglesia la mayoría manda. Si no les gusta, se pueden buscar otra iglesia". La iglesia funciona por el mandato de la Cabeza: Jesucristo. Con frecuencia nos contentamos con la decisión de la mayoría porque no queremos esperar hasta que la Cabeza haya tenido tiempo para convencer al cuerpo entero acerca de su voluntad. Si estamos listos para sacrificar la unidad del cuerpo para que la mayoría pueda salirse con la suya, no estamos tomando seriamente 1 Corintios 12.25 (Principio 7). ¿No oró Jesús en Juan 17 por la unidad de los suyos para que el mundo creyera en Él? Debemos tener un deseo similar por la unidad. Hay que darle a la Cabeza, Jesús, tiempo para convencer. Cuando Él lleve a todo el cuerpo a comprender su voluntad, será el tiempo preciso para proceder. Cada miembro es precioso para Dios.

G. "Dios ya me ha dicho lo que es su voluntad para esta iglesia. Por consiguiente, ustedes tienen que hacerme caso. Si no pueden concordar con lo que Dios me dijo, es porque les falta espiritualidad y están fuera de la voluntad de Dios". Los principios 2, 5 y 6 se aplican aquí. A veces cuando el ojo empieza a ver, tiene la tendencia a decir: "Mano, ¿no ves lo que yo estoy viendo? Te falta espiritualidad".

Entonces la pobre mano responde: "No puedo ver, porque yo soy mano".

El ojo se ha olvidado que el cuerpo no es un solo miembro, sino muchos (1 Co. 12.14). El Espíritu del Señor se manifiesta en cada persona. ¿Cómo es eso? Para el bien común. Cuando el ojo ve, no es sólo para que el ojo se alegre y pueda decir: "Alabo a Dios por el don de la vista. Quisiera hacer el resto también". Su vista es para el cuerpo. Todo el resto del cuerpo depende de que el ojo les diga lo que ve.

Como ilustré en la parábola de la vía férrea, el día 1, el ojo pocas veces verá el cuadro completo de lo que Dios quiere para su iglesia. El cuerpo necesita de cada uno de los miembros. Cuando todos contribuyen con lo que cada uno percibe, entonces el cuerpo como un todo llega a conocer perfectamente la voluntad de Dios. Ningún individuo puede conocer toda la voluntad de Dios para esa iglesia. Se comprende totalmente la voluntad de Dios cuando se escucha a los diferentes miembros del cuerpo expresando lo que están experimentando en la vida de ese cuerpo.

Tal vez yo exprese con corazón sincero lo que percibo que Dios me está diciendo, pero no debo dar por sentado que sé toda la voluntad de Dios para la iglesia. Digo lo que percibo, y escucho lo que otros tienen que decir. A menudo encuentro que la voluntad de Dios es una mezcla de lo que percibo que me está diciendo a mí, y lo que otros miembros dicen percibir que les está diciendo a ellos. Ni yo, ni ellos sabíamos, individualmente, toda la voluntad de Dios. En otras ocasiones descubrimos que Dios quería que todos hiciéramos ciertos ajustes, pero que todavía no era el tiempo apropiado de empezar. Cuando Dios hace que todo el cuerpo funcione en unidad, entonces sabemos que es el tiempo. Lo que cada persona percibe como la voluntad de Dios no necesariamente será incorrecto, sino simplemente incompleto. Cada uno necesita prestar atención a lo que Dios les dice a los demás.

 Repase lo que subrayó en el material precedente. Luego responda a las preguntas que siguen.

1. ¿Qué preguntas le gustaría presentar en la sesión del grupo?

_____

_____

La unidad del cuerpo es muy importante para Dios.

Mas no ruego solamente por éstos, sino también por los que han de creer en mí por la palabra de ellos, para que todos sean uno; como tú, oh Padre, en mí, y yo en ti, que también ellos sean uno en nosotros; para que el mundo crea que tú me enviaste.
—Juan 17.20-21

Cuando todos contribuyen con lo que cada uno percibe, entonces el cuerpo como un todo llega a conocer perfectamente la voluntad de Dios

2. En su opinión, ¿qué cosa le gustaría a Dios cambiar en la manera como funciona su iglesia como un cuerpo?

_____

_____

3. En su opinión, ¿qué cosa quiere Dios que usted haga en forma diferente al relacionarse con los demás miembros del cuerpo, su iglesia?

_____

_____

Repase la lección de hoy. Pida a Dios en oración que le indique una o más enseñanzas o Escrituras que Él quiere que comprenda, aprenda y practique. Subráyela(s). Luego responda a lo siguiente:

¿Cuál fue la enseñanza o Escritura más significativa que leyó hoy?

_____

Ahora escríbala en una frase que pueda usar como oración.

_____

_____

¿Qué quiere Dios que haga en respuesta al estudio de hoy?

_____

Practique tratando de escribir de memoria el versículo de esta semana

---

RESUMEN

- Jesús es la Cabeza del cuerpo.
- Dios se interesa en que el cuerpo mantenga la unidad.
- En el cuerpo debe prevalecer un amor como el de Dios.
- Dios decide en dónde debo funcionar yo en el cuerpo.
- Comprendo la voluntad de Dios para mi iglesia cuando presto atención a lo que el cuerpo entero expresa que está experimentando en la vida de ese cuerpo.
- Cada miembro es precioso para Dios.

DÍA 5   VIDA EN EL CUERPO

La relación personal correcta con Dios es mucho más importante que los edificios, los presupuestos, los programas, los métodos, el personal, el tamaño de la iglesia, o cualquier otra cosa.

A medida que usted y su iglesia le permitan a Dios enseñarlos cómo convivir eficazmente como cuerpo, verán brotar un océano de amor y unidad como nunca antes. La vida plena del cuerpo empieza cuando cada individuo se relaciona apropiadamente con Dios, en una relación de amor íntimo. Continúa según todos los miembros se relacionan apropiadamente con Jesucristo como la Cabeza de su iglesia. La relación personal correcta con Dios es mucho más importante que los edificios, los presupuestos, los programas, los métodos, el personal, el tamaño de la iglesia, o cualquier otra cosa.

La Biblia contiene muchas instrucciones que ayudarán a los miembros de una iglesia a relacionarse bien unos con otros.

 Lea una por una las porciones bíblicas siguientes. Luego, escriba una frase en pocas palabras, cuál es la voluntad de Dios para las relaciones en el cuerpo que es la iglesia. Tal vez quiera leer también el contexto de las porciones.

Romanos 14.1, 12-13 –Recibid al débil en la fe, pero no para contender sobre opiniones . . . De manera que cada uno de nosotros dará a Dios cuenta de sí. Así que, ya no nos juzguemos más los unos a los otros, sino más bien decidid no poner tropiezo u ocasión de caer al hermano.

_____

1 Corintios 10.24 –Ninguno busque su propio bien, sino el del otro.

Efesios 4.25 –Por lo cual, desechando la mentira, hablad verdad cada uno con su prójimo; porque somos miembros los unos de los otros.

Efesios 4.29 –Ninguna palabra corrompida salga de vuestra boca, sino la que sea buena para la necesaria edificación, a fin de dar gracia a los oyentes.

Efesios 4.31-32 –Quítense de vosotros toda amargura, enojo, ira, gritería y maledicencia, y toda malicia. Antes sed benignos unos con otros, misericordiosos, perdonándoos unos a otros, como Dios también os perdonó a vosotros en Cristo.

Efesios 5.19-20 –Hablando entre vosotros con salmos, con himnos y cánticos espirituales, cantando y alabando al Señor en vuestros corazones; dando siempre gracias por todo al Dios y Padre, en el nombre de nuestro Señor Jesucristo.

Efesios 5.21–Someteos unos a otros en el temor de Dios.

Colosenses 3.13-14 –Soportándoos unos a otros, y perdonándoos unos a otros si alguno tuviere queja contra otro. De la manera que Cristo os perdonó, así también hacedlo vosotros. Y sobre todas estas cosas vestíos de amor, que es el vínculo perfecto.

En todo el Nuevo Testamento encontrará instrucciones específicas sobre cómo el pueblo de Dios debe vivir en sus relaciones mutuas. Estas instrucciones no están en la Biblia sólo para memorizarlas o estudiarlas. Se escribieron para que usted sepa cómo tener vida abundante en Cristo. Si tiene dudas sobre su aplicación dígaselo a Dios. Su Espíritu lo ayudará a comprender la verdad espiritual.

¿Encontró las siguientes instrucciones en el ejercicio anterior?
• Ser paciente con los débiles e inmaduros en la fe.
• No apresurarse a juzgar a otros en cuestiones debatibles.
• No ser egoísta. Procurar el bien de los demás aunque nos cueste.
• Ser absolutamente veraz en todo lo que se dice.
• No criticar o desdeñar a las personas. No dedicarse a conversar sobre cosas que no edifican. Procurar alentar a las personas y tener en cuenta sus necesidades.
• Perdonarse mutuamente, así como Cristo nos perdonó. No permitir que el rencor persista. Librarse de la cólera, las rencillas y la difamación. No lastimar a nadie intencionalmente (física, emocional, o espiritualmente).
• Edificarse mutuamente cuando adoran a Dios juntos. Mantener la armonía.
• Aprender a negarse uno mismo diariamente, y someterse a otros en el Señor. Se hace esto en reverencia a Cristo, quien se sometió a sí mismo a morir en la cruz por usted.
• Ser paciente con los demás, aun cuando nos hayan ofendido y maltratado. Perdonar incluso las peores ofensas, como Dios lo hace. Amarnos unos a otros.

Déjeme decirle lo siguiente: El Dios que guió a la Iglesia La Fe a funcionar como el cuerpo de Cristo es el mismo Dios que está presente en su iglesia. Él es la Cabeza de la misma. Usted no necesita que yo le dé un método o instrucciones. Él mismo se las dará a ustedes.

Las mejores instrucciones para su iglesia.

A continuación le ofrezco algunas ideas que tal vez el Señor desea aplicar en su vida personal o en su iglesia.

Una relación de pacto en el cuerpo

Primera Corintios 12.7 y 18 nos dice que Dios es quien añade miembros al cuerpo, según le place. Los coloca en el cuerpo para el bien de todo el cuerpo. Cuando Dios añadía un miembro a nuestra iglesia, teníamos razón para regocijarnos. Cuando alguien pedía membresía, de inmediato empezábamos a enseñarle lo que significa ser el cuerpo de Cristo. Como pastor, guiaba a la iglesia a establecer una relación de pacto con esa persona (un pacto es un acuerdo o promesa sagrada). Aun cuando el proceso variaba según la experiencia de cada individuo, por lo general, lo hacíamos como lo explico a continuación.

Le pedía que diera el testimonio de su salvación personal. Luego le preguntaba:
- ¿Afirma usted delante de esta congregación que Jesús es su Salvador y Señor?
- ¿Ha obedecido al Señor en el bautismo bíblico? (O: ¿Quiere obedecerlo en el bautismo bíblico?)
- ¿Cree claramente que Dios lo está añadiendo a este cuerpo de Cristo? (O: Díganos cómo percibió usted que Dios quiere añadirlo a este cuerpo).

Dios no lo está añadiendo a nuestra iglesia por accidente.

Luego le decía: "Dios no los está añadiendo a esta iglesia por accidente. Él quiere hacer algo por medio de ustedes para que este cuerpo sea más completo".
- ¿Le permitirá obrar a Dios mediante usted para hacer que el cuerpo trabaje armoniosamente?
- ¿Está dispuesto a que este cuerpo le ministre, ayudándolo a ser más completo?

Después que la persona había respondido a las preguntas, me dirigía a la congregación:
- Sobre el fundamento del testimonio que han escuchado, ¿creen que Dios está añadiendo a esta persona a este cuerpo, la iglesia?
- ¿Están dispuestos a permitir que Dios obre en sus vidas a través de esta persona?
- ¿Están dispuestos a permitir que Dios obre a través de cada uno de ustedes para ayudar a esta persona a ser todo lo que Dios quiere que sea?

Entonces les decía: "Ninguno de nosotros sabe qué es lo que pasará en la vida de esta persona en los días que vienen. Dios la ha añadido a este cuerpo porque Él sabe que necesitará de nuestro ministerio. ¿Están listos para hacer con esta persona un pacto para permitir que Dios obre a través de ustedes para ayudarla a ser lo que Dios quiere que sea? Si están listos para comprometerse en esto, pónganse de pie y agradezcamos a Dios porque Él acaba de añadir a esta persona a nuestro cuerpo. Esto significa que Dios hará algo para acercarnos más a lo que Él quiere que seamos".

Guardar el pacto

Tomábamos muy en serio esta relación de pacto. Una vez una señorita me pidió que borrara su nombre de la lista de miembros. Se había unido a una secta falsa. Yo le dije: "No podemos hacer eso. Hemos establecido con usted una relación sagrada de pacto. Creemos que usted está cometiendo una equivocación. Aun cuando haya roto su parte del pacto, nosotros estamos obligados a cumplir con la nuestra. Nuestra congregación continuará amándola en el Señor y orando por usted. Si nos necesita, aquí estaremos con los brazos abiertos".

Como seis meses más tarde volvió. Había llegado a darse cuenta de que la habían engañado. Nos dijo: "Gracias por haber continuado amándome. Gracias por no darse por vencidos". De eso se trata en el cuerpo de Cristo. El cuerpo cuida a cada uno de sus miembros, de modo que todos ellos lleguen a funcionar en amor y en Cristo.

> Lea nuevamente 1 Corintios 12 en su Biblia. Esta vez, pídale a Dios que le hable en cuanto a su iglesia y cómo puede ella funcionar mejor como el cuerpo de Cristo. Pídale que le hable sobre su propia relación con el cuerpo de Cristo. Anote cualquier cosa que perciba que Él le dice por medio de su Palabra.

Para mi iglesia: _____
_____
_____

Para mí: _____
_____
_____

Opcional: Si desea continuar permitiendo que Dios le hable por medio de su Palabra, lea Romanos 12 de nuevo y pídale a Dios que le indique cómo usted y su iglesia pueden funcionar como debe hacerlo el cuerpo de Cristo. Anote en una hoja de papel lo que perciba que Dios le está diciendo.

Dios edifica el cuerpo de acuerdo con la tarea

Si quisiera ser un levantador de pesas me entrenaría eficazmente para levantar pesas. Si quisiera ser un corredor, me entrenaría de forma totalmente diferente. Cuando quiero hacer bien un trabajo, entreno mi cuerpo para realizar ese trabajo.

Cuando Dios edifica una iglesia como el cuerpo de Cristo, Él añade los miembros y los entrena según la tarea que tiene para ese cuerpo. Él edifica la iglesia local para que pueda responder eficazmente. Entonces Él puede realizar una tarea mediante ese cuerpo.

Permítame ilustrarlo. A principios del ministerio en Saskatoon nuestra iglesia tenía entre 15 y 20 personas. Percibimos que Dios quería usarnos para empezar iglesias en aldeas y ciudades en todo Canadá. Al orar al respecto, percibimos que Dios quería trabajar a través de nosotros para alcanzar a los estudiantes universitarios. Llegamos a la convicción de que si éramos fieles en testificar en la universidad, Dios salvaría a muchos estudiantes; y que si éramos fieles en incluirlos en la vida del cuerpo, Dios llamaría a muchos de ellos para ser pastores, ministros o misioneros en todo Canadá.

Ministerio a estudiantes

Pero teníamos dos grandes problemas: no teníamos ni siquiera un estudiante en la iglesia y no sabíamos cómo alcanzar a los universitarios. Pero teníamos una tarea asignada. Empezamos a orar y a observar lo que Dios haría para que este cuerpo pudiera realizar la tarea en la universidad. Las primeras personas que bautizamos fueron un profesor universitario y su hija. Entonces Dios empezó a traer a otros estudiantes a la iglesia, y el cuerpo empezó a crecer.

Dios nos guió a conocer a Roberto Cannon, director de la Unión Estudiantil en una universidad de Texas. Él percibió que Dios lo llamaba a venir a Canadá para trabajar con los estudiantes, pero no teníamos dinero para su mudanza ni para pagarle un salario. Roberto vino y Dios proveyó. Cuando él vino, le dije: "Roberto usted está aquí para capacitar al cuerpo de modo que pueda cumplir su ministerio de alcanzar a los universitarios para Cristo".

Roberto Cannon

¿A quién se le había asignado la tarea de alcanzar universitarios? ❏ ¿A Roberto Cannon? ❏ ¿A nuestra iglesia? Marque su respuesta.

¿Quién nos asignó la tarea?

¿Cuál era la tarea principal de Roberto? Marque su respuesta:
❏ 1. Empezar una organización estudiantil en la universidad.
❏ 2. Ir de puerta en puerta evangelizando en los dormitorios de los universitarios.
❏ 3. Equipar al cuerpo para que desarrolle el ministerio en la universidad.

La tarea procedía de Dios y le fue dada a la iglesia. Dios añadió a Roberto a nuestro cuerpo para equipar a ese cuerpo para desarrollar el ministerio en la universidad. Roberto ayudó a los creyentes a saber cómo orar por la universidad. Ayudó a los que tenían el don de la hospitalidad, coordinándolos con los estudiantes que necesitaban un hogar donde vivir. Capacitó a otros para testificar. Ayudó a la iglesia a saber cómo ministrar a las necesidades en la universidad.

Dios añadió a Roberto a nuestro cuerpo para desarrollar el ministerio en la universidad.

Por lo menos 50 estudiantes de esa universidad han ido a los seminarios para prepararse para el ministerio. Muchos son ahora pastores de iglesias. Dios edificó el cuerpo, le asignó una tarea, y lo equipó para que pudiera cumplirla por medio de sus miembros. La iglesia fue fiel, y Dios hizo lo que nos había dicho que quería hacer.

Ya que Dios edifica el cuerpo de acuerdo con la tarea, presto mucha atención a las personas que Dios añade al cuerpo. Algunas veces es una indicación de una tarea para la cual Dios nos está preparando. Hubo una época en que, en corto tiempo, varios profesionales de la medicina se unieron a nuestra iglesia. Empezamos a orar para ver por qué Dios los había traído. Cuando nos llegó la asignación de alcanzar a los indios canadienses, el grupo percibió que debía participar en esa tarea. Fueron a esos lugares y proveyeron una gran variedad de atención médica gratuita. Mientras la gente esperaba su turno, otros creyentes hablaban con ellos y les testificaban de Cristo. La clínica abrió las puertas para empezar estudios bíblicos, guiar a las personas a Cristo y empezar iglesias en esos lugares.

Dios añadió personal médico Dios añadió profesionales de medicina.

Presto mucha atención a las personas que Dios añade al cuerpo.

Preste atención a las personas que Dios añade a su iglesia.

 Piense en las personas que hay en su iglesia. En este mismo momento ore a Dios y pídale que los guíe a identificar las tareas que Él ya tiene preparadas para ustedes.

¿Le vino alguna idea a la mente mientras oraba? Escríbala aquí:

_____

_____

Continúe orando pidiendo la dirección de Dios. Si las ideas crecen hasta llegar a abrumarlos, converse sobre ellas con otros miembros del cuerpo. La respuesta que le den puede ayudarlo a comprender lo que Dios quiere hacer.

 Repase la lección de hoy. Pida a Dios en oración que le indique una o más enseñanzas o Escrituras que Él quiere que comprenda, aprenda y practique. Subráyela(s). Luego responda a lo siguiente:

¿Cuál fue la enseñanza o Escritura más significativa que leyó hoy?

_____

_____

Ahora escríbala en una frase que pueda usar como oración.

_____

_____

_____

¿Qué quiere Dios que haga en respuesta al estudio de hoy?

_____

_____

Repase los versículos asignados para memorizar.

RESUMEN

- Las relaciones correctas con Dios son mucho más importantes que los edificios, presupuestos, programas, métodos, personal, tamaño de la iglesia o cualquier otra cosa.
- Dios no añade miembros al cuerpo por accidente.
- Dios edifica al cuerpo de acuerdo a la tarea.
- Dios edifica al cuerpo, le asigna la tarea, y lo capacita para cumplirla.
- Debo prestar atención cuidadosa a las personas que Dios añade a mi iglesia.

EL PUEBLO DEL REINO

VICENTE PAUL Y LAS PERSONAS DE LA INDIA

La asociación de Vancouver había decidido que haríamos todo lo que Dios nos guiara a hacer para alcanzar a todos con el evangelio. Un día viajaba por el este de la ciudad y vi algunas personas nativas de la India. Me enteré de que teníamos una comunidad de cerca de 60,000 personas procedentes de la India. En ese momento no había en la ciudad ninguna congregación evangélica para ellos.

Dios puso en mi corazón el intenso deseo de alcanzarlos para Cristo. Empecé a hablar en las iglesias acerca de la necesidad de una congregación que ministrara a esas personas. En nuestra área había un fuerte prejuicio en contra de ellos. ¿Habría alguna iglesia dispuesta a auspiciar una misión para un grupo que la comunidad miraba con prejuicios? Eso exigiría un gran ajuste en el modo de pensar.

Pedí a los creyentes que oraran pidiéndole a Dios que nos mostrara cómo iba Él a alcanzar a las personas de la India por medio de nosotros. Oramos. Luego observamos con ansiedad cómo Dios desarrollaría su plan. Hicimos en nuestra vida los ajustes necesarios para recibir lo que Dios iba a hacer. Queríamos estar listos; de modo que cuando Dios empezara a moverse, pudiéramos unirnos a Él inmediatamente.

Al final de un verano un pastor me llamó y me dijo: "Algo inusitado ocurrió en nuestra Escuela Bíblica de Vacaciones. Tuvimos un grupo grande y las dos terceras partes eran personas de la India".

Le mencioné sobre lo que habíamos estado orando y le pregunté: "¿Hablaría con su iglesia para ver si están dispuestos a auspiciar una misión para las personas de la India? Lo hizo, y la iglesia aceptó. Entonces les dije: "Ahora oremos para que Dios nos dé un pastor preparado". No tenía ni la menor idea dónde encontrar tal pastor. Pero ¡Dios ya lo sabía!

Dos meses más tarde recibí una llamada telefónica. Un hombre con marcado acento me dijo: "Mi nombre es Vicente Paul. Mi esposa y yo nacimos en la India. Dios nos usó para empezar cinco iglesias allá. Estoy por graduarme del seminario. Dios me ha puesto en el corazón que debo ir a Vancouver, para empezar allí una iglesia para personas de la India. ¿Sabe usted si hay esta necesidad?" Vicente Paul vino y el Señor proveyó lo necesario para su sostén económico. ¡Dios es bueno!

Pero si andamos en luz, como él está en luz, tenemos comunión unos con otros, y la sangre de Jesucristo su Hijo nos limpia de todo pecado.   —1 Juan 1.7

Versículo para memorizar esta semana

UNIDAD

11

DÍA 1   EN MISIÓN AL MUNDO

Usted no puede estar en relación con Jesús y no estar cumpliendo su misión.

Cuando usted responde a la invitación de Dios de tener una relación personal de amor, con Él lo hace un mayordomo. Dios también lo coloca en un cuerpo local de creyentes. Juntos, son el cuerpo de Cristo en su comunidad. Como Cabeza de la iglesia, Cristo mismo está guiando y trabajando por medio de su congregación para cumplir la voluntad del Padre.

El Espíritu que lo une a otros creyentes en una iglesia local también lo une con TODOS los creyentes. El pueblo de Dios de cada cuerpo local de Cristo es parte del reino de Dios. Los creyentes son el pueblo del reino, y Cristo mismo es el Rey eterno sobre ese reino. Él nos hizo reyes y sacerdotes para Dios, su Padre (Ap. 1.6). En esta sociedad con Cristo como rey, usted queda incluido en su misión de reconciliar a un mundo perdido con Dios. Relacionarse con Cristo es participar con Él en su misión. No puede relacionarse con Él y no estar en misión. Jesús dijo: Como me envió el Padre, así también yo os envío (Jn. 20.21).

¡Dios tiene al mundo en su corazón!

De tal manera amó Dios al mundo, que ha dado a su Hijo unigénito, para que todo aquel que en él cree, no se pierda, mas tenga vida eterna (Jn. 3.16). Dios dio el primer cuerpo a Cristo y lo colocó en María. Cristo se hizo carne y habitó entre nosotros (Jn. 1.14). Jesús hizo provisión para nuestra salvación mediante su muerte y resurrección. Cuando Cristo regresó al cielo, Dios le dio el cuerpo que es la iglesia.

Jesús ahora funciona como la Cabeza de su cuerpo (la iglesia local) para guiarlo a realizar la voluntad del Padre. Dios estableció cada iglesia como un cuerpo de Cristo, para poder continuar su obra redentora en el mundo. Cuando se le permite a Cristo funcionar como Cabeza de su iglesia, Dios puede usar a ese cuerpo para realizar su voluntad.

 Deténgase un momento para reflexionar en las preguntas que siguen:

- ¿Sabía Cristo la voluntad del Padre cuando estaba en la tierra? Sí ❏ No ❏
- ¿Alguna vez Cristo entendió mal los propósitos del Padre? Sí ❏ No ❏
- Si se le permite a Cristo ser la Cabeza de una congregación local, ¿Cristo entenderá mal alguna vez lo que el Padre quiere lograr por medio de ese cuerpo de creyentes? Sí ❏ No ❏
- ¿Puede Cristo revelarle a los miembros de su cuerpo cómo deben participar en los propósitos del Padre? Sí ❏ No ❏

Una iglesia es un organismo vivo. Es un cuerpo vivo con Cristo presente como la Cabeza. Cada parte del cuerpo está relacionada con Cristo y con las demás. Cada vez que Dios tiene acceso a su pueblo, Él puede tocar al mundo por medio de esa congregación. Cada congregación es un centro estratégico de misiones mundiales. Dios puede tocar al mundo por medio de ustedes. Necesita ajustar su vida a la actividad de Dios donde usted está.

Cada congregación es un centro estratégico de misiones mundiales.

Un refugiado laosiano

En Vancouver serví como pastor interino en una iglesia pequeña. Una familia de refugiados laosianos se había unido a la iglesia pocas semanas antes de que yo llegara. Sabía que Dios nunca añade al cuerpo a nadie por accidente. Los que Dios había añadido a la iglesia eran el ministerio. Mi responsabilidad como pastor era ver lo que Dios quería hacer cuando los añadió a nuestra iglesia. Tenía que ver lo que Dios quería hacer en sus vidas por medio de nuestra iglesia, así como lo que Dios quería hacer por medio de ellos en la vida de nuestra iglesia.

Tomás

Tomás, el padre, había encontrado la salvación en un campo de refugiados en Tailandia. Su vida fue transformada tan gloriosamente que quería que todos los laosianos llegaran a conocer a Cristo. Anduvo por toda la ciudad tratando de encontrar a sus compatriotas y guiarlos a Cristo. La primera semana Tomás guió a 15 personas al Señor. La próxima semana guió a 11, y lloraba porque pensaba que había sido infiel al Señor.

En la siguiente sesión de negocios expliqué a nuestra iglesia lo que sabía que Dios estaba haciendo y que creía que Dios estaba guiando a esa gente de modo que se pudiera empezar una misión laosiana. Luego le pedí a la congregación que indicara cómo percibía que Dios quería que respondiéramos. Así se decidió empezar una misión laosiana.

Entonces les sugerí que llamáramos a Tomás como pastor. Les conté lo que Dios había estado haciendo en la vida de Tomás. Dios le había dado a Tomás un corazón de pastor y un gran celo evangelizador. Ya se había matriculado en un instituto teológico local para prepararse para cualquier cosa que Dios quisiera hacer por medio de él. La iglesia decidió llamar-lo como pastor de la misión.

Dos meses más tarde Tomás recibió una invitación para asistir a una reunión de pastores en otra ciudad. Preguntó si podía ir, y si podía llevar algunos hermanos con él. Ni siquiera me imaginé lo que quería decir con "algunos hermanos", sino cuando vi que 18 personas lo acompañaban. Entonces me preguntó si le dábamos permiso para visitar, en el viaje de regre-so, las principales ciudades de su ruta. "Hay compatriotas nuestros en todas esas ciudades", dijo. "Dios quiere usarme para guiar a unos cuantos de ellos al Señor. Con la ayuda de Dios encontraremos pastores para ellos, y tendremos iglesias en todas partes del Canadá". Sabía que Dios estaba haciendo algo grande.

Sabía que Dios estaba haciendo algo especial.

Así lo hizo. Más tarde ese año celebramos una conferencia y laosianos de todas partes del país vinieron para celebrar la nueva vida que habían encontrado en Cristo.

Algún tiempo después viajé de nuevo a Vancouver. Pregunté por Tomás. Me informaron que el gobierno de Laos había otorgado permiso para empezar nuevas iglesias. Tomás había regresado a Laos y 133 miembros de su familia habían llegado a conocer a Cristo. Había empezado también cuatro misiones.

Todo lo que vimos al principio fue unos cuantos refugiados laosianos. ¿Qué fue lo que Dios vio? Él vio a un pueblo y a una nación entera siendo atraída hacia Él mismo. Cuando Dios honra a su iglesia colocando allí un nuevo miembro, pídale que le muestre qué es lo que se propone. Él quiere tocar su comunidad, y tal vez al mundo, por medio de su iglesia.

Haciendo impacto en el mundo

 Lea el relato de Felipe y el etíope en Hechos 8.26-39 y responda a las preguntas que siguen:

1. ¿Quién guió a Felipe a unirse en lo que Dios iba a hacer por el etíope? (vv. 26, 29)

_____

2. ¿Cuánta información tenía Felipe al principio sobre lo que Dios iba a hacer? (v. 26)

_____

3. Felipe estaba observando lo que el Padre estaba haciendo. En su opinión, ¿qué vio Felipe de la actividad de Dios en el etíope? (vv. 27-28)

_____

_____

4. ¿Qué le dijo el Espíritu a Felipe que hiciera? (v. 29)

_____

5. ¿Qué hizo Felipe para hallar lo que Dios estaba haciendo en la vida del hombre? (v. 30)

_____

6. ¿Qué hizo Dios en la vida del etíope por medio de Felipe? (vv. 35-39)

_____

_____

7. Según lo que sabemos del etíope (v. 27), ¿qué efecto piensa que este encuentro tuvo para la expansión del evangelio?

_____

_____

Respuestas: (1) Un ángel del Señor, el Espíritu, guió a Felipe. (2) Sabía solamente que tenía que viajar al sur, por la carretera de Jerusalén a Gaza. (3) Vio a un hombre temeroso de Dios, que había venido a Jerusalén para adorar. Puesto que el etíope venía leyendo del profeta Isaías, Felipe vio a un hombre que estaba buscando a Dios, e interesado en las cosas espiri-

tuales. Felipe sabía que sólo Dios puede atraer a una persona hacía Él de esa manera. (4) El Espíritu le dijo a Felipe que se acercara al carro. Desde allí Felipe podía hallar lo que necesitaba hacer para unirse a Dios en lo que Él estaba haciendo. (5) Felipe hizo preguntas serias. (6) Dios usó las buenas nuevas de Jesucristo. El etíope creyó en el mensaje, encontró la salvación y fue bautizado. (7) Evidentemente, Dios tenía un plan para llevar a Etiopía el mensaje del evangelio. Él escogió un líder clave del gobierno y usó a Felipe para conducirlo a Cristo. La obediencia de Felipe en un sólo día fue usada por Dios para llevar el evangelio a una nación estratégica de África.

Piense en su comunidad. ¿En dónde pudiera Dios usar a una persona para hacer efecto en las misiones al mundo? Marque los que se pudieran aplicar y anote cualquier otro ejemplo que piense.
- ❏ Obreros migratorios.
- ❏ Estudiantes en la universidad local.
- ❏ Trabajadores y empleados internacionales en empresas comerciales.
- ❏ Turistas extranjeros.
- ❏ Tripulaciones de naves internacionales.
- ❏ Personas de otra nación.
- ❏ Jóvenes creyentes que pudieran ser llamados por Dios para ser misioneros.
- ❏ Laicos que estarían dispuestos a participar en proyectos misioneros de corto plazo (campañas de evangelización, grupos médicos, auxilio en desastres, agricultura, etc.).

Otro: _____

_____

Ore y pregúntele a Dios si quiere que usted participe en alguna de estas cosas.

Cuando usted ajusta su vida a Dios y se convierte en una persona del reino, Él puede relacionarlo con su obra en cualquier parte del mundo. Él está trabajando en todas partes edificando su reino.

Para alcanzar al Caribe y África desde Minneapolis.

Estaba dando unas conferencias en Minneapolis acerca de cómo participar con Dios para alcanzar al mundo. Un pastor de otra ciudad me dijo: "¡Así es cómo Dios me ha guiado a funcionar como pastor! Empezamos a tratar de ver lo que Dios estaba haciendo. Un jamaicano se unió a nuestra iglesia y nos preguntó si podíamos ir a su nación a predicar el evangelio. Llevé conmigo a varios hermanos de nuestra iglesia, y empezamos tres iglesias durante nuestra visita. Al mes siguiente Dios añadió a nuestra iglesia a alguien de otro país del Caribe. Fuimos allá y empezamos otras iglesias. Ahora auspiciamos misiones en tres naciones del Caribe".

Sonrió y dijo: "El domingo pasado se unió a nuestra iglesia un hombre de Ghana, en África. No sé qué es lo que Dios se propone, ¡pero estamos listos!"

Habían descubierto lo que es ser ciudadanos del reino. Tener una experiencia con Dios, conocer y hacer su voluntad, es poner su vida junto a la actividad de Dios, y dejar que el Espíritu de Dios le muestre por qué ocurre eso en su iglesia. Ajuste su vida a Dios, y déjelo trabajar por su intermedio para atraer al mundo hacia Él.

¿No es triste cuando llegamos a ser tan egoístas que venimos a la presencia de Dios y le decimos: "Dios, bendíceme. Bendice a mi familia y a mi iglesia"?

Entonces Dios dice: "He estado tratando de hacerlo todo el tiempo, pero en una manera diferente a la que tú esperabas. Quiero que te niegues a ti mismo, tomes tu cruz y me sigas. Te guiaré a los lugares donde estoy trabajando y te daré lugar allí. Tú serás un instrumento en mis manos para que pueda tocar al mundo. Cuando haga esto a través de ti realmente experimentarás mis bendiciones".

 Repase la lección de hoy. Pida a Dios en oración que le indique una o más enseñanzas o Escrituras que Él quiere que comprenda, aprenda y practique. Subráyela(s). Luego responda a lo siguiente:

¿Cuál fue la enseñanza o Escritura más significativa que leyó hoy?

_____

Ahora escríbala en una frase que pueda usar como oración.

_____

_____

¿Qué quiere Dios que haga en respuesta al estudio de hoy?

_____

RESUMEN

- Soy una persona del reino, y Cristo es mi Rey.
- Relacionarse con Cristo es estar en misión con Él.
- Cada congregación es un centro estratégico de misiones mundiales.
- Siempre que Dios tiene acceso a nuestra iglesia, Él puede tocar al mundo por medio de nosotros.

LOS CAMINOS DEL REINO, PARTE 1

Los principios del reino de Dios y los principios del mundo son diferentes.

Cuando Dios le habla por el Espíritu Santo se le revelará a sí mismo, sus propósitos y *sus caminos*. Los ciudadanos del reino deben funcionar para cumplir los propósitos de Dios según *los caminos del reino*, no según los caminos del mundo. Porque mis pensamientos no son vuestros pensamientos, ni vuestros caminos mis caminos, dijo Jehová. Como son más altos los cielos que la tierra, así son mis caminos más altos que vuestros caminos, y mis pensamientos más que vuestros pensamientos (Is. 55.8-9).

Los principios del reino de Dios y los principios del mundo son abismalmente diferentes. Jesús dijo: Mi reino no es de este mundo; si mi reino fuera de este mundo, mis servidores pelearían para que yo no fuera entregado a los judíos; pero mi reino no es de aquí (Jn. 18.36). Los servidores del reino no funcionan en la manera en que el mundo espera. Pablo advirtió a los cristianos en Colosas: Mirad que nadie os engañe por medio de filosofías y huecas sutilezas, según las tradiciones de los hombres, conforme a los rudimentos del mundo, y no según Cristo (Col. 2.8).

 Una vez que Dios lo invita a unírsele en su trabajo, ¿cómo podrá usted realizar sus propósitos? Marque su respuesta.
- ❏ 1. En cualquier manera que yo escoja.
- ❏ 2. Aprovechando la razón humana, los principios y tradiciones humanas.
- ❏ 3. Valiéndome de mi mejor manera de pensar y haciendo lo mejor que pueda.
- ❏ 4. Haciéndolo a la manera de Dios.

Sus caminos y maneras humanas no producirán fruto espiritual permanente. Los propósitos de Dios se realizan únicamente según los caminos y a la manera de Dios. En las próximas dos lecciones quiero que acuda a las Sagradas Escrituras bajo la dirección del Espíritu Santo, y le permita revelarle algunas verdades básicas en cuanto al reino y a los caminos del reino. Recuerde que la verdad espiritual no es simplemente un concepto para pensar, debatir o estudiar. La verdad es una Persona. A medida que Dios se le revela, y le manifiesta sus propósitos y sus caminos, usted tiene que estar preparado para responderle y obedecerle.

Las parábolas del reino

Jesús relató muchas parábolas. Una parábola es una historia que ilustra una verdad espiritual. Jesús trataba de ayudar a sus discípulos a comprender algunas de las características del reino y de los caminos del reino. Aunque algunas de las parábolas tienen un significado simbólico (como por ejemplo, la del trigo y la cizaña), la mayoría enseña una idea principal.

 Lea las siguientes parábolas del reino y responda a las preguntas que siguen. Pídale al Espíritu Santo que le dé comprensión espiritual, y le guíe en la aplicación de estas verdades del reino. Si usted no ve un significado claro para usted y para su iglesia, escriba: "No es claro".

El trigo y la cizaña

Lea Mateo 13.24-30, 36-43—La parábola del trigo y la cizaña.

1. Trace una línea desde la columna de la izquierda a la descripción correspondiente en la columna de la derecha, de acuerdo a la interpretación dada por Jesús (vv. 37-43).

Parábola	Reino
El que sembró buena semilla	el diablo
La buena semilla	los hijos del malo
El campo	los ángeles
El que sembró cizaña	el Hijo del Hombre
La cizaña o mala hierba	el fin del mundo
La cosecha	el mundo
Los segadores	los hijos del reino

2. De acuerdo a esta parábola, ¿qué clases de personas parecen ser miembros del reino de Cristo?

_____

3. ¿Cuándo y quién hará la separación entre esas personas? _____

4. ¿Qué significado tiene esta parábola para usted y para su iglesia?

_____

_____

Estar en la lista de miembros de una iglesia no es evidencia de que una persona pertenece al reino. Simplemente porque una persona se parezca a otro creyente no significa que es cristiana. Usando esta parábola Jesús enseñó que algunos perdidos estarán mezclados en las iglesias con los creyentes verdaderos. Note, sin embargo, que Dios es quien dictará el juicio final acerca de la relación de cada persona con Él. Debemos dedicarnos a ayudar a los verdaderos creyentes a crecer y fructificar. Dios eliminará a los no creyentes. Ése es su trabajo. Cuando una persona no está llevando fruto debemos dejar que Dios trabaje por medio de nosotros para ayudarla en sus necesidades espirituales. La persona necesita saber cuál es su necesidad, y lo que tiene que hacer al respecto. Algunas veces se requerirá la disciplina cristiana como una expresión de amor divino (Mt. 18.15-17; He. 12.6).

La semilla de mostaza

 Lea Mateo 13.31-32—La parábola de la semilla de mostaza.

1. ¿De qué tamaño empieza el reino y cómo termina?

_____

2. ¿Qué significado tiene esta parábola para usted y para su iglesia?

_____

_____

Esta parábola debe alentarlo si usted se siente pequeño e insignificante. Dios puede tomar algo al parecer pequeño e insignificante y usarlo para producir algo muy grande y útil. ¿Hay cambios que percibe que Dios quiere hacer en su vida y en su iglesia? ¿Se considera que no tiene suficiente fuerza o influencia? ¡Anímese! Por medio de una persona que cree en Él y lo obedece, Dios puede hacer lo que quiera. ¿Piensa su iglesia que es demasiado chica? Lo que al hombre le parece imposible es posible para Dios (Mt. 19.26). ¡Una iglesia comprometida con señorío de Cristo puede tocar al mundo!

La levadura

 Lea Mateo 13.33—La parábola de la levadura.

1. ¿Cuál de las siguientes maneras describe mejor cómo crece o se extiende el reino?
   ❑ a. El reino crece rápidamente, como una explosión.
   ❑ b. El reino crece paulatinamente, pero hasta llenarlo todo.
   ❑ c. El reino crece muy poco.

2. ¿Qué significado tiene esta parábola para usted y para su iglesia?

_____

¿Alguna vez ha querido que ocurran cambios rápidos en su iglesia o en su comunidad? A veces suceden. Sin embargo, en el reino el crecimiento es más como la levadura en la masa. Afecta la porción de la masa que está más cerca. Entonces esa porción afecta a la que le sigue, y así sucesivamente, hasta que toda la masa recibe los efectos. Sea paciente y fiel al Señor. Dios hará que su pequeña influencia tenga efectos de largo alcance, pero a su tiempo. No trate de forzar cambios con su propio esfuerzo. Confíe en que Dios hará el trabajo para producir los cambios por medio de usted.

 Lea Mateo 13.44-46—La parábola del tesoro escondido y la perla.

1. ¿Cuán valiosa es la entrada al reino? _____

2. ¿Qué hará la persona sabia para entrar en el reino?

_____

_____

3. ¿Qué significado tiene esta parábola para usted y para su iglesia?

_____

_____

El tesoro escondido y la perla

La participación en el reino es más valiosa que cualquier cosa que pueda imaginarse. Jesús dijo que valía la pena dejarlo todo con tal de entrar en el reino. En verdad, eso es exactamente lo que Él exige (Lc. 14.33). Usted debe negarse a sí mismo y someter todo al señorío de Cristo para ser su discípulo; los beneficios bien valen la pena.

 Lea Mateo 25.14-30—La parábola de los talentos (dinero).

1. ¿Qué recompensa se les dio a los siervos fieles que fueron buenos mayordomos de lo que el maestro les confió? (vv. 21, 23)

_____

2. ¿Qué clase de mal uso dio el siervo ocioso y perverso al dinero que su señor le confió? (vv. 24-27)

_____

3. En su opinión ¿qué significado tiene esta parábola para usted y para su iglesia?

_____

_____

Los talentos

Si eres fiel en lo poco, Dios te dará responsabilidad en lo mucho.

En esta parábola encontramos un principio muy importante del reino. El talento era una unidad monetaria. Cuando Dios le da a usted o a su iglesia recursos, gente y tareas que desarrollar y usar para el reino, Él espera una mayordomía fiel. A los que son fieles Él les confiará más todavía. Jesús resumió este principio de la siguiente manera:

Si usted, o su iglesia, no son fieles con lo que Dios les ha confiado, no se sorprenda si Él se niega a darles más. No se sorprenda incluso si les quita lo que les ha dado. Por ejemplo, suponga que Dios añade a su iglesia personas nuevas. Si la iglesia simplemente las deja que crezcan y maduren por ellas mismas, estos nuevos creyentes pueden desalentarse y retirarse. ¿Ha oído alguna vez de alguna iglesia que dice: "Estamos ganando gente por la puerta del frente, y perdiéndolos por la puerta de atrás"? Si Dios los ha puesto allí, y la iglesia los está perdiendo, la iglesia haría bien en mirar muy seriamente su responsabilidad con respecto a esas vidas que Dios puso a su cuidado.

Suponga que Dios parece dejar de añadir o reduce la gente, los recursos o tareas que le ha asignado a su iglesia. Eso debe llevarlo a ponerse ante el Maestro y hallar qué es lo que Él quiere que usted o su iglesia sean. Pudiera ser que haya alguna falla seria que Él quiere corregir (Lc. 19.26).

En la línea en blanco escriba la letra correspondiente a la parábola que describe el principio indicado.

_____ 1. Vale la pena dejar todo con tal de entrar en el reino de Dios.

_____ 2. Al que es fiel en lo poco se le confiará mucho más.

_____ 3. Aunque algunos inconversos se unen a las iglesias, Dios conoce quiénes son los que le pertenecen. En el juicio Él separará a los cristianos de los incrédulos.

_____ 4. Una influencia pequeña crece inconteniblemente y con el tiempo afecta a todos los que le rodean.

_____ 5. Comienzos pequeños pueden desarrollarse en grandes ministerios para el reino.

A. El trigo y la cizaña

B. La semilla de mostaza

C. La levadura

D. El tesoro escondido y la perla

E. Los talentos

Respuestas: 1-D, 2-E, 3-A, 4-C, 5-B.

Repase la lección de hoy. Pida a Dios en oración que le indique una o más enseñanzas o Escrituras que Él quiere que comprenda, aprenda y practique. Subráyela(s). Luego responda a lo siguiente:

¿Cuál fue la enseñanza o Escritura más significativa que leyó hoy?

_____

_____

Ahora escríbala en una frase que pueda usar como oración.

_____

_____

¿Qué quiere Dios que haga en respuesta al estudio de hoy?

_____

_____

RESUMEN

- Con una persona que cree y obedece Dios puede hacer lo que Él quiere.
- Dios puede hacer que mi pequeña influencia tenga grandes efectos, en su tiempo.
- Vale la pena dar todo por el reino.
- Si soy fiel en lo poco, Dios me hará responsable por mucho más.

DÍA 3 — LOS CAMINOS DEL REINO, PARTE 2

Las enseñanzas de Jesús están llenas de los principios para la vida en su reino.

Las siguientes son otras de las parábolas del reino. He señalado por lo menos una verdad que se realiza en cada una.

 Seleccione dos de las siguientes parábolas para estudiarlas más a fondo. Márquelas con un círculo.

- **Mateo 13.47-50 —La parábola de la red** —Dios y sus ángeles son quienes distinguen a los malos y a los buenos en el juicio.
- **Mateo 18.23-35 —La parábola del siervo malvado** —Perdonar y mostrar misericordia así como Dios lo hace con uno.
- **Mateo 20.1-16 —La parábola de los trabajadores contratados** —Dios es soberano y generoso. Él es justo al tratar a los nuevos convertidos tan generosamente, así como lo hace con los que le han servido por muchos años.
- **Mateo 25.1-13 —La parábola de las diez vírgenes** —Manténgase vigilante y preparado

para el retorno del Señor Jesús. Cuando Él venga debe estar listo.

- **Mateo 25.31-46—La parábola de las ovejas y los cabritos—**Los que realmente pertenecen al reino demostrarán su amor a Dios al amar al prójimo. Este amor se mostrará en actos de bondad que satisfacen necesidades reales de otros.
- **Marcos 4.26-29—La parábola de la semilla que crece en secreto—**El esfuerzo humano por sí solo no puede producir fruto. Separados de Él no podemos hacer nada. Sin embargo, se nos concede el privilegio de trabajar juntos con Dios en la obra de su reino. Pero solamente Dios puede producir fruto.
- **Otras parábolas** relacionadas al reino, aunque no lo mencionan específicamente. Son: Mateo 7.1-6; 7.24-27; 9.16-17; 11.16-17; 12.43-45; 13.3-8, 18-23; 21.28-30; 21.33-43; 24.32-35; Marcos 4.21-22; Lc. 7.41-42; 10.30-37; 11.5-8; 12.16-21; 13.6-9; 14.16-24; 14.28-30; 14.31; 15.4-7; 15.8-9; 15.11-32; 16.1-9; 16.19-31; 17.7-10; 18.2-5.

 Con las parábolas que seleccionó responda a las preguntas que siguen.

Primera parábola:

1. ¿Cuál es la parábola y dónde se encuentra?

_____

2. ¿Qué percibe que Jesús estaba tratando de enseñarles a sus discípulos?

_____

_____

3. ¿Qué aplicación de este principio piensa que Dios quiere hacer en su vida y en su iglesia?

_____

_____

Segunda parábola:

1. ¿Cuál es la parábola y dónde se encuentra?

_____

2. ¿Qué percibe que Jesús estaba tratando de enseñarles a Sus discípulos?

_____

_____

3. ¿Qué aplicación de este principio piensa que Dios quiere hacer en su vida y en su iglesia?

_____

_____

Principios del reino

Las enseñanzas de Jesús están llenas de principios para la vida en el reino. El Sermón del Monte (Mt. 5—7), por ejemplo, es una guía valiosa para vivir correctamente en un mundo malo.

Abra su Biblia en Mateo 5—7. No tiene que leer todo el pasaje en este momento, pero busque allí por lo menos un principio para la vida recta que Dios quiere que usted aplique a su vida hoy mismo. Conteste lo siguiente:

El Sermón del Monte

1. ¿Cuál es la cita bíblica? _____

2. ¿Cuál es el principio? Escríbalo con sus propias palabras:

_____

3. ¿Cómo piensa que Dios quiere que usted aplique este principio a su vida hoy?

_____

En algún momento querrá leer todo el pasaje de Mateo 5—7 y hacer una lista de principios para la vida recta. Su grupo de estudio tal vez quiera hacerlo, y luego reunirse para compartir lo que encontraron. Permita que Dios lo guíe a vivir de manera fiel y recta, por medio de la ayuda del cuerpo de Cristo.

Quiero darle una lista de algunos otros principios del reino, que pueden ayudarlo, a usted y a su iglesia, a experimentar una koinonía (compañerismo) más completa.

 Al leer la lista que sigue, pídale a Dios que le indique uno de los principios al cual Él quiere que le dedique más atención. Encierre el número en un círculo. Si Dios le llama la atención a más de uno, encierre en un círculo a los que piensa que Él quiere que se aplique más fielmente.

1. No se afane por su vida. Busque primeramente los propósitos del reino, y Dios se hará cargo de sus necesidades físicas (Mt. 6.25-33).
2. Para alcanzar la grandeza en el reino de los cielos, hágase humilde como un niño (Mt. 18.1-4).
3. El liderazgo y grandeza en el reino NO se basan en poder, influencia o posición. El líder que quiere ser grande servirá a los demás en sus necesidades. (Mt. 20.25-27).
4. El propósito del creyente o de la iglesia es servir a otros, no ser servido (Mt. 20.28).
5. El que se enaltece será humillado, y el que se humilla será enaltecido (Mt. 23.12).
6. Si un individuo (o una iglesia) trata de salvar su vida y vitalidad espiritual conservándolo todo para sí mismo, la perderá. Si él (o la iglesia) está dispuesto a darse por otros, hallará plenitud y abundancia de vida tal como Dios quiso que fuera (Lc. 9.24).
7. No nos juzguemos los unos a los otros en asuntos controversiales. Así que, sigamos lo que contribuye a la paz y a la mutua edificación. . . . Es bueno no hacer nada en que tu hermano tropiece, se ofenda o se debilite (Ro. 14.13-21).
8. En el cuerpo de Cristo, sométase cada uno a los demás, por reverencia a Cristo, la Cabeza del cuerpo (Ef. 5.21).
9. El que no es contra nosotros, por nosotros es (Mr. 9:38-41). No espere que cada uno de los hijos de Dios sea igualito a usted. Trate a cada uno como a un hermano.

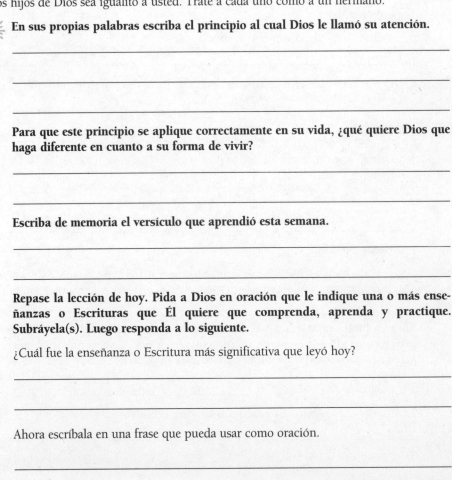 **En sus propias palabras escriba el principio al cual Dios le llamó su atención.**

_____

_____

_____

Para que este principio se aplique correctamente en su vida, ¿qué quiere Dios que haga diferente en cuanto a su forma de vivir?

_____

_____

Escriba de memoria el versículo que aprendió esta semana.

_____

Repase la lección de hoy. Pida a Dios en oración que le indique una o más enseñanzas o Escrituras que Él quiere que comprenda, aprenda y practique. Subráyela(s). Luego responda a lo siguiente.

¿Cuál fue la enseñanza o Escritura más significativa que leyó hoy?

_____

_____

Ahora escríbala en una frase que pueda usar como oración.

_____

_____

¿Qué quiere Dios que haga en respuesta al estudio de hoy?

_____

_____

Escriba su propio resumen de esta lección.

> ## RESUMEN
>
> • 1. _____
>
>   _____
>
> • 2. _____
>
>   _____

KOINONÍA

DÍA 4

En la mente y enseñanza de Jesús una iglesia era un compañerismo vital, vivo y dinámico de creyentes. La palabra griega *koinonía*, que se traduce más frecuentemente como "comunión" o "compañerismo", es la mejor manera de describir lo que debe ser la iglesia. En estas dos unidades finales, usaré esta palabra *koinonía* para indicar el compañerismo o comunión más completa con Dios y con los creyentes.

Usted no puede estar en verdadera comunión con Dios y estar fuera de la comunión con otros creyentes.

 En el siguiente párrafo subraye las palabras o frases que lo ayuden a comprender el significado de *koinonía*.

La *koinonía* o comunión íntima en una iglesia se basa en la koinonía personal de los creyentes con Dios. La *koinonía* con Dios brota únicamente de un encuentro real y personal con el Cristo vivo, y en la entrega a Él considerándolo Señor absoluto de la vida. Ésta es la relación íntima de amor de la que hemos estado hablando. Dios busca esa clase de relación con usted.

Koinonía: el compañerismo y comunión más completo con Dios y con los creyentes.

 ¿Cómo definiría la *koinonía*? _____

¿Cuáles de las siguientes palabras podría usar para describir su relación con Dios? Marque todas las que se aplican.

¡Un encuentro real y personal con el Cristo vivo!

- ❏ viva
- ❏ íntima
- ❏ fría
- ❏ distante
- ❏ creciente
- ❏ cercana
- ❏ personal
- ❏ real
- ❏ alejada
- ❏ estancada
- ❏ incómoda
- ❏ vibrante

Lea 1 Juan 1.1-7 y encierre en un círculo la palabra *comunión (koinonía)* cada vez que ocurra. Después conteste las preguntas que siguen.

> Lo que era desde el principio, lo que hemos oído, lo que hemos visto con nuestros ojos, lo que hemos contemplado, y palparon nuestras manos tocante al Verbo de vida (porque la vida fue manifestada, y la hemos visto, y testificamos, y os anunciamos la vida eterna, la cual estaba con el Padre, y se nos manifestó); lo que hemos visto y oído, eso os anunciamos, para que también vosotros tengáis comunión con nosotros; y nuestra comunión verdaderamente es con el Padre, y con su Hijo Jesucristo.
>
> Estas cosas os escribimos, para que vuestro gozo sea cumplido.
>
> Este es el mensaje que hemos oído de él, y os anunciamos: Dios es luz, y no hay ningunas tinieblas en él.
>
> Si decimos que tenemos comunión con él, y andamos en tinieblas, mentimos, y no practicamos la verdad; pero si andamos en luz, como él está en luz, tenemos comunión unos con otros, y la sangre de Jesucristo su Hijo nos limpia de todo pecado (1 Juan 1.1-7).

1. ¿Qué palabras de los vv. 1-3 indican que Juan tenía una relación real y personal

con el Cristo viviente?

2. ¿Por qué escribió Juan lo que había visto y oído de Jesús? (v. 3)

3. ¿Cuáles son dos beneficios que reciben los creyentes debido a la comunión que tienen con Dios y con otros? (vv. 4, 7)

4. ¿Qué se indica con respecto a quien dice que tiene comunión (koinonía) con Dios, pero anda en pecado y tinieblas? (v. 6).

5. ¿Qué le sucede a la persona que anda en la luz, así como Dios está en luz? (v. 7)

Respuestas: (1) Juan dijo que había visto, oído y tocado al Señor Jesús. Su conocimiento del Señor brotaba de la experiencia personal. Había llegado a conocerlo como la "Vida eterna" (v.2). Juan fue quien escribió: Y esta es la vida eterna: que te conozcan a ti, el único Dios verdadero, y a Jesucristo, a quien has enviado (Jn.17.3). Vida eterna significa conocer a Dios por experiencia en una forma real y personal. Esto es koinonía; o sea, comunión con Dios. (2) Juan quería proclamar a Jesús, de modo que otros creyeran en Él y así tuvieran comunión con Juan y con los demás creyentes. (3) Cuando tenemos comunión con Dios y cuando otros llegan a estar en comunión con Él y con nosotros, nuestro gozo es completo y recibimos la limpieza por la sangre de Cristo. (4) Esa persona es mentirosa. (5) Si una persona vive en la luz así como Dios es luz, la persona tendrá comunión con los demás creyentes, y recibirá el perdón y la limpieza de los pecados.

Comunión entre creyentes

Nuestra *koinonía* como creyentes es con Dios y con su Hijo Jesucristo. Esta comunión es un compañerismo íntimo. Es participar de todo lo que Dios es, y que Él participe de todo lo que somos nosotros. Para mí, *koinonía* es la más completa expresión de una relación de amor (*ágape*) con Dios. Cuando vivimos en esta clase de relación con Dios, tendremos la misma comunión de amor con los demás creyentes.

> Usted no puede estar en comunión con Dios y su Hijo y no estar en comunión con otros creyentes.

Primera de Juan indica claramente que sus relaciones con los hermanos y las hermanas en la fe son la expresión de su relación con Dios. Usted no puede estar en verdadera comunión con Dios sin tener comunión con sus hermanos creyentes.

 Lea las porciones bíblicas que se indican a continuación y encierre en un círculo las palabras hermano o hermanos. Subraye las palabras amor o sus derivados: 1 Jn. 2.9-11; 3.10; 3.14-15; 3.16-17; 4.7-8; 4.11-12; 4.20-21; 5.1-2. Después responda a las preguntas que siguen.

1 Juan. 2.9-11 El que dice que está en la luz, y aborrece a su hermano, está todavía en tinieblas. El que ama a su hermano, permanece en la luz, y en él no hay tropiezo. Pero el que aborrece a su hermano está en tinieblas, y anda en tinieblas, y no sabe a dónde va, porque las tinieblas le han cegado los ojos.

1 Juan. 3.10 En esto se manifiestan los hijos de Dios, y los hijos del diablo: todo aquel que no hace justicia, y que no ama a su hermano, no es de Dios.

1 Juan. 3.14-15 Nosotros sabemos que hemos pasado de muerte a vida, en que amamos a los hermanos. El que no ama a su hermano, permanece en muerte. Todo aquel que aborrece a su hermano es homicida; y sabéis que ningún homicida tiene vida eterna permanente en él.

1 Juan. 3.16-17 En esto hemos conocido el amor, en que él puso su vida por nosotros; también nosotros debemos poner nuestras vidas por los hermanos. Pero el que tiene bienes de este mundo y ve a su hermano tener necesidad, y cierra contra él su corazón, ¿cómo mora el amor de Dios en él?

1 Juan. 4.7-8 Amados, amémonos unos a otros; porque el amor es de Dios. Todo aquel que ama, es nacido de Dios, y conoce a Dios. El que no ama, no ha conocido a Dios; porque Dios es amor.

1 Juan. 4.11-12 Amados, si Dios nos ha amado así, debemos también nosotros amarnos unos a otros. Nadie ha visto jamás a Dios. Si nos amamos unos a otros, Dios permanece en nosotros, y su amor se ha perfeccionado en nosotros.

1 Juan. 4.20-21 Si alguno dice: Yo amo a Dios, y aborrece a su hermano, es mentiroso. Pues el que no ama a su hermano a quien ha visto, ¿cómo puede amar a Dios a quien no ha visto? Y nosotros tenemos este mandamiento de él: El que ama a Dios, ame también a su hermano.

1 Juan. 5.1-2 Todo aquel que cree que Jesús es el Cristo, es nacido de Dios; y todo aquel que ama al que engendró, ama también al que ha sido engendrado por él. En esto conocemos que amamos a los hijos de Dios, cuando amamos a Dios, y guardamos sus mandamientos.

Piense por un momento en sus relaciones con sus hermanos en la fe. A la luz de estas porciones bíblicas, ¿qué clase de relación tiene con Dios según sus relaciones con sus hermanos?

_____

¿Cree que estas porciones bíblicas son verdad? _____
Si usted está en una buena relación con Dios, ¿cómo trataría a sus hermanos y hermanas en la fe?

_____

Suponga que cierta persona dice ser creyente y que ama a Jesús. Sin embargo, se porta ásperamente con los demás cristianos y continuamente está peleando con ellos. Públicamente los critica y ridiculiza; y riega chismes comprometiendo su reputación. A la luz de 1 Juan ¿qué diría usted en cuanto a la relación de esta persona con Dios? Marque su respuesta o escriba la suya propia.

❏ 1. Pensaría que en verdad la persona es creyente y realmente ama a Jesús.
❏ 2. Tendría serias dudas de que esta persona haya conocido realmente a Jesús o que ame realmente a Dios.
❏ 3. Pensaría que esta persona tiene problemas serios en su relación con Dios.
❏ 4. Otra:

Lea en su Biblia 1 Corintios 13. Leyendo con cuidado los vv. 4-8, escriba en las líneas a continuación las palabras o frases que describen lo que es y lo que no es el amor cristiano.

El amor es ...	El amor no es ...
paciencia	

Si ama a Dios, su amor por su hermano en la fe se manifestará. Usted será paciente y amable. No tendrá envidia, ni jactancia, ni orgullo; no será grosero, ni egoísta, ni se enojará fácilmente. No guardará rencores. Se alegrará en la verdad, y no en el mal. Protegerá y confiará en sus hermanos en la fe. Deseará lo mejor para ellos, y perseverará en su amor. Este amor divino brota de una relación íntima de amor con Dios. En Juan 13.35 Jesús dijo:

"En esto conocerán todos que sois mis discípulos; si tuviereis amor los unos con los otros".

 Dedique un tiempo para orar. Pídale a Dios que le revele la verdad acerca de su comunión con Él y con sus hermanos en la fe. Recuerde que toda persona que está en Cristo es su hermano o hermana en el Señor.

¿Qué percibe que Dios le está diciendo en cuanto a su comunión con otros creyentes?

_____

_____

¿Qué percibe que Dios le está diciendo en cuanto a su comunión con Él?

_____

_____

Estas dos evaluaciones de su comunión deben ser similares. Si dice que su comunión con Dios es buena, pero que su comunión con otros creyentes deja mucho que desear, algo anda mal. Si usted está en comunión íntima con Dios, también tendrá comunión íntima con sus hermanos y hermanas en Cristo.

 Repase la lección de hoy. Pida a Dios en oración que le indique una o más enseñanzas o Escrituras que Él quiere que comprenda, aprenda y practique. Subráyela(s). Luego responda a lo siguiente.

¿Cuál fue la enseñanza o Escritura más significativa que leyó hoy?

_____

_____

Ahora escríbala en una frase que pueda usar como oración.

_____

_____

_____

_____

¿Qué quiere Dios que usted haga en respuesta al estudio de hoy?

_____

_____

RESUMEN

- Una iglesia es una comunión vital, viva y dinámica entre creyentes.
- Koinonía es la comunión y compañerismo más completo posible con Dios y con los demás.
- No se puede tener comunión con Dios y su Hijo y no tener comunión con otros creyentes.

En el reino de Dios cada persona está relacionada con los demás creyentes en todo el mundo. Después de doce años en la Iglesia de la Fe en Saskatoon, me nombraron Director de Misiones para una asociación de once iglesias del área de Vancouver. Guiar a una iglesia a caminar con Cristo como la Cabeza de su cuerpo es una cosa. Guiar a una asociación de 11 congregaciones a caminar juntas con Dios, con un sólo corazón y una mente, es una cosa muy diferente. Tuve que enfrentarme a varias preguntas muy serias:

Koinonía: el compañerismo y comunión más completo con Dios y con los creyentes.

- ¿Les hablará Dios a las iglesias individualmente y las guiará a tener unanimidad como asociación?
- ¿Responderán las iglesias a Dios cuando les hable?
- ¿Tendrán las iglesias la misma clase de koinonía (comunión) con otras iglesias como los creyentes tienen entre sí en la iglesia local?
- ¿Estarán las iglesias dispuestas a experimentar la vida más completa que Dios tiene para ofrecerles (Lc. 9.23-24)?
- ¿Se expresará esa comunión divina en liberalidad para compartir los recursos con las iglesias en necesidad?

Llegué a la nueva tarea asignada con la convicción de que el Dios a quien servimos puede hacerlo y lo hará. Los principios bíblicos de la obra de Dios con su pueblo no cambian. Sí, ayudar a un grupo de iglesias a aprender a caminar en una koinonía íntima con Dios y con las demás llevaría tiempo. Pero Dios es quien hace esta clase de obra milagrosa. Yo era sólo el instrumento mediante el cual Él había decidido trabajar.

El Dios a quien servimos puede hacerlo y lo hará.

Aun cuando éramos un grupo pequeño con pocos recursos, Dios manifestó su presencia en la vida de las iglesias y de la asociación. Al principio de la unidad 1 (p. 7), leyó sobre cómo Dios guió a las iglesias a andar por fe testificando a mucha gente que acudió a la feria de 1986. Al principio de esta unidad (p. 183), usted leyó cómo Dios obró por medio de la asociación para empezar el ministerio a las personas de la India. En cuatro años se duplicó el número de iglesias y misiones en nuestra asociación. La obra estudiantil creció de un director a tiempo parcial a cinco directores a tiempo completo. Casi cien personas expresaron haber percibido el llamamiento al ministerio o a la obra misionera. Lo que una vez era una relación tirante entre las iglesias floreció hasta ser un dinámico esfuerzo cooperativo de comunión y alcance. Dios hizo mucho más de lo que jamás pensamos o pedimos, de acuerdo al poder del Espíritu Santo obrando en sus iglesias (Ef. 3.20-21).

 Al leer los siguientes párrafos subraye algunas cosas que indiquen la *koinonía* real que existía entre las iglesias.

La asociación de iglesias en la provincia de Saskatchewan tenía una koinonía única creada por el Espíritu Santo. Las iglesias querían alcanzar a toda la provicia para Cristo. Como las iglesias del Nuevo Testamento, considerábamos que lo que cada uno tenía le pertenecía por amor también a los demás. Los recursos que tenía una iglesia no les pertenecían solamente a sus miembros. La iglesia es simplemente administradora de los recursos. Todo lo que la iglesia poseía le pertenecía al reino, y estaba a la disposición de las demás. Una iglesia al llamar a un ministro para estudiantes brindaba un recurso para cualquier otra iglesia que quisiera empezar un ministerio para estudiantes. Cuando nuestra iglesia tuvo un programa para jóvenes durante el verano, invitamos a que participaran otras iglesias demasiado pequeñas para tenerlo por sí solas. Hasta compartimos las máquinas copiadoras y otros recursos materiales. Si alguna congregación necesitaba ayuda económica, no vacilábamos en hacérselo saber al pueblo de Dios. Entonces se recogía una ofrenda.

Considerábamos que todo lo que cada iglesia poseía le pertenecía por amor a todas las demás.

Esta actitud de compartir desarrolló un profundo sentido de koinonía entre las iglesias. Nos pertenecíamos unos a otros. Nos necesitábamos mutuamente. Hacíamos más allá de lo que nos era posible, con tal de ayudarnos y solucionar las necesidades que cada iglesia tenía. Aprendimos a amarnos unos a otros. Planeábamos reuniones para compañerismo y estímulo mutuo. Así es como debe ser el reino de Dios. El mundo que nos observa debe poder decir: "Miren cómo se aman". Ese amor procede únicamente de Dios. Cuando la gente ve ese amor divino, son atraídos a Cristo y a su iglesia.

Esta actitud de compartir desarrolló un profundo sentido de koinonía entre las iglesias.

 ¿Qué cosas indican que teníamos una koinonía activa entre las iglesias?

_____

_____

_____

_____

_____

Cuando existe *koinonía* entre las iglesias se mostrará en las relaciones. Nosotros cooperábamos en nuestro esfuerzo por alcanzar al mundo para Cristo. Juntos podíamos hacer cosas que ninguna iglesia hubiera podido hacer bien por sí sola. Compartíamos cualquier cosa que teníamos, si ayudaba a solucionar alguna necesidad de otra iglesia. Pasábamos tiempo en compañerismo y nos amábamos unos a otros.

¿Puede haber esta clase de *koinonía* entre las iglesias, no sólo a nivel de asociación, sino a nivel estatal, provincial, nacional o internacional? ¡Sí! ¿Puede haber una *koinonía* divina entre iglesias de diferentes denominaciones, cooperando mutuamente para realizar los grandes propósitos del reino? ¡Sí! Sin embargo, por sus propios esfuerzos jamás lograrán se establecerán estas relaciones. Solamente Dios mediante su Espíritu Santo puede crear y sostener *koinonía* entre su pueblo. Él quiere ser el Rey, el Gobernante soberano sobre todo su reino. Cuando se le permite reinar, caen las barreras que levanta el ser humano.

Cuando se le permite a Cristo que rija, las barreras caen.

Cuando tenemos koinonía con Dios la misma calidad y naturaleza de esa koinonía se reflejará cuando nos relacionamos con:
• los hermanos y hermanas en nuestra iglesia local,
• otras iglesias en el área,
• otras iglesias en el estado o en la provincia,
• otras iglesias en la nación,
• otras iglesias en el mundo y
• otras iglesias cristianas de otra denominación.

 Piense por un momento en la clase de relaciones que tiene su propia iglesia con otras iglesias evangélicas del área y de otras partes. ¿Qué clase de koinonía puede ver el mundo que los observa?

_____

_____

¿Qué está haciendo, o no está haciendo, su iglesia que indica que no tiene una *koinonía* funcional con otras iglesias evangélicas?

_____

_____

Si su iglesia tiene dificultades en tener koinonía con otras congregaciones evangélicas, eso indica que tiene un problema muy profundo de koinonía con el Señor. De ninguna manera estoy sugiriendo que se deba entrar en componendas en cuanto a diferencias doctrinales, sino que debemos poder actuar como hermanos y hermanas en Cristo, que se aman unos a otros. Al relacionarnos mutuamente en círculos cada vez más amplios del reino, la koinonía toma nuevas dimensiones. Así es como funciona el amor.

Amor en una escala del 1 al 10

Suponga que en una escala del 1 al 10 usted está amando en un nivel 2; es decir, usted ama a sus padres y familiares, y también a sus amigos. Ahora, supóngase que Dios lo capacita para que ame a su peor enemigo, tal como Jesús lo ordena en Mateo 5.43-48. Si puede amar a su enemigo en el nivel 10, aumentará también su capacidad de amar a otras personas. Si puede amar en el nivel 10, todos los demás recibirán amor en una dimensión mayor que antes.

 Evalúe su amor cristiano. En las afirmaciones que siguen, marque todas las que son verdad en su vida.

❏ 1. No quiero a nadie.
❏ 2. Quiero a mi familia.
❏ 3. Quiero a los que me quieren primero.
❏ 4. Quiero a los que sé que me querrán también.

☐ 5. Dios me ha ayudado a querer a algunas personas irritables y ásperas.

☐ 6. Dios me ha enseñado a amar a personas de mi comunidad que son muy diferentes a mí y que parecen no ser dignas de amor.

☐ 7. Dios me ha enseñado a demostrar amor hacia las personas que viven en el pecado.

☐ 8. Dios me ha dado la gracia de amar a mis enemigos.

Usted y yo por lo general no tratamos de mejorar nuestra capacidad de amar a los que son difíciles de amar. Tratamos de amar a nuestro "enemigo", pero lo que parece surgir es frustración y enojo en lugar de más amor. Sin embargo, Dios puede profundizar nuestra capacidad de amar al capacitarnos para amar a los difíciles de amar. Cuando aprendemos a amar en esos niveles más profundos, crece nuestra capacidad de amar a otros.

Mientras estaba en Vancouver nuestra asociación se comprometió a amar y ayudar a toda persona en la ciudad para que conociera a Jesús. ¿No es eso lo que Jesús nos ordenó en la Gran Comisión (Mt. 28.18-20)? Dios hizo que me relacionara con una persona que tenía un profundo amor por los anarquistas. Estos eran jóvenes enojados furiosamente contra todo el mundo, que querían destruir el orden y la autoridad establecidos. Aquel hombre me invitó a que lo acompañara al restaurante donde se reunían los anarquistas. Me dijo: "Quiero que me acompañe y escuche a estas personas, con toda la ira y amargura que destilan. Quiero que vea si hay alguna manera en que Dios pueda anunciarles el evangelio".

Amor por los anarquistas

Fue una experiencia tremenda. Por tres horas estuve sentado en ese restaurante, escuchando un aluvión de odio y amargura. Por la ayuda del Espíritu Santo llegué a amar a esas personas con todo mi corazón y mi vida. Como resultado, el siguiente creyente con quien me encontré recibió un aluvión de cariño. Esa persona ni se imaginaba lo que me había ocurrido. Cuando Dios me enseñó a amar a los anarquistas, me había dado una capacidad más grande para amar.

 ¿Está Dios mostrándole que debe mostrar amor hacia un individuo en particular, o tal vez hacia algún grupo de personas que son diferentes a usted? Si es así, escriba el nombre o una breve descripción de aquellos a quienes Dios lo está guiando a aprender a amar.

_____

_____

Relaciones cooperativas entre las iglesias

Las iglesias del Nuevo Testamento eran INTERdependientes. Cada una era independiente ante el Señor, sin embargo, se necesitaban unas a otras. Se ayudaban y estimulaban mutuamente. Tenía relaciones cooperativas que les permitían tener una mejor experiencia con Dios.

 Al leer los párrafos que siguen, en cada uno subraye o escriba al margen, unos ejemplos que indican claramente que las iglesias del Nuevo Testamento tenían _koinonía_ unas con otras. Para ayudarlo, le he indicado un ejemplo.

La joven iglesia en Jerusalén. El día de Pentecostés tres mil personas llegaron a confiar en el Señor Jesús. No sabemos cuántos de ellos vivían en Jerusalén o se quedaron allí cuando concluyó la fiesta judía. Lo que sabemos es que la iglesia en Jerusalén tenía muchos miembros. Al principio se reunían en los recintos del templo y en las casas, para la enseñanza, comunión, oración y para comer juntos. <u>Compartían sus recursos materiales con cualquier creyente que tuviera necesidad</u> (Hch. 2.42-47). Estas muchas congregaciones pequeñas eran interdependientes. Debido a su koinonía eran "de un corazón y un alma" (Hch. 4.32).

Iglesias interdependientes

Jerusalén comparte con Antioquía. Cuando el evangelio empezó a fructificar entre los griegos de Antioquía, la iglesia de Jerusalén envió a Bernabé para que investigara la situación y ayudara a la naciente iglesia. Cuando Bernabé vio la actividad de Dios allí, fue y trajo a Saulo para que lo ayudara. Juntos se quedaron en Antioquía enseñando a los nuevos creyentes (Hch. 11.19-26).

Antioquía ayuda a los necesitados de Jerusalén. La iglesia en Antioquía se enteró de que sus hermanos en Jerusalén estaban pasando hambre. Debido a la koinonía, los discípulos, conforme a lo que tenía cada uno, determinaron enviar socorro a los hermanos que habitaban en Judea; lo cual en efecto hicieron, enviándolo a los ancianos por mano de Bernabé y de Saulo (Hch. 11.29-30). Las iglesias no eran totalmente independientes. Estaban ligadas por su koinonía común con Cristo. Por el amor de Cristo se preocupaban por las necesidades de las otras.

Antioquía envía a Bernabé y a Saulo. La iglesia en Antioquía se interesaba en las misiones. Quería llevar el evangelio al mundo perdido. Un día, ministrando éstos al Señor, y ayunando, dijo el Espíritu Santo: Apartadme a Bernabé y a Saulo para la obra a que los he llamado. Entonces, habiendo ayunado y orado, les impusieron las manos y los despidieron (Hch. 13.2-3). La iglesia en Antioquía había recibido líderes, y ahora los enviaba para el esparcimiento del evangelio.

Bernabé y Pablo ya habían sido llamados para llevar el evangelio a los gentiles.

Note que Bernabé y Pablo ya habían sido llamados para llevar el evangelio a los gentiles. La conversión de Saulo había ocurrido varios años antes (Hch. 9.1-19; Gá. 1.16-24). Solamente en el seno del cuerpo de Cristo pudieron ellos conocer el tiempo propicio según Dios para la obra misionera. Dios les habló tanto por el Espíritu Santo, como por medio de la iglesia. No tenga temor de confiar en Dios y en su iglesia para ayudarle a conocer la voluntad de Dios, así como el tiempo divino propicio para la tarea asignada en el reino.

Jerusalén ayuda a mantener la sana doctrina. Cuando surgió una disputa acerca de la naturaleza de la salvación, Pablo y Bernabé fueron a Jerusalén a consultar sobre el asunto. Los apóstoles, ancianos y la iglesia en Jerusalén ayudaron a resolver la cuestión. Después enviaron a dos de sus propios miembros a Antioquía para instruir, animar y fortalecer a los creyentes.

Otras iglesias cooperan en los propósitos del reino. En las cartas de Pablo leemos la manera en que las iglesias cooperaban con otros creyentes por causa del reino.
- La fe de los **creyentes romanos** animaba a otros en todo el mundo (Ro. 1.8-12). Pablo confiaba en recibir ayuda de esta iglesia para su proyectado viaje a España (15.24).
- **Las iglesias de Macedonia y Acaya** enviaron ofrendas a los creyentes pobres en Jerusalén (15.26-27).
- **La iglesia de Filipos** proveyó frecuentemente sostén económico para Pablo, de modo que él pudiera continuar predicando el evangelio y empezando iglesias en otras ciudades (Fil. 4.14-16).
- **Las iglesias de Colosas y Laodicea** compartieron obreros (Epafras) y las cartas de Pablo (Col. 4.12-16).
- Los creyentes de **la iglesia de Tesalónica** inspiraron y llegaron a ser ejemplo para todos los creyentes en Macedonia y Acaya (1 Ts. 1.6-10).

 Marque la declaración que describe mejor la relación de las iglesias del Nuevo Testamento.
- ❏ 1. Las iglesias funcionaban independientemente y en forma aislada. No tenían mayores relaciones con las demás.
- ❏ 2. Las iglesias eran interdependientes. Se preocupaban unas por otras, y se animaban y ayudaban mutuamente.

¿Qué ejemplo puede dar de cómo su propia iglesia ha experimentado koinonía en una relación cooperativa con otra iglesia o congregación evangélica?

_____

_____

_____

Una experiencia más profunda con Dios

Un creyente no puede tener una experiencia con Dios en todas las dimensiones que Dios tiene para él o ella aparte del cuerpo de Cristo, una iglesia local. En el cuerpo, y juntos en misiones hasta el fin del mundo, los creyentes empiezan a experimentar las dimensiones más completas de la vida en el reino de Dios. A medida que tenemos *koinonía* con otros grupos del pueblo de Dios, experimentamos las dimensiones más grandes de la presencia de Dios obrando en nuestro mundo. Dios ya ha colocado canales por medio de los cuales usted y su iglesia pueden conmover al mundo en su nombre. Usted tiene que permitirle que Él derribe cualquier barrera que le impida experimentar todo lo que hay de Dios por medio de la *koinonía* con otros. Acuda a Él, y observe su iniciativa. Él le mostrará cómo, con quién y cuándo.

Llene el espacio en blanco en la declaración que sigue:

Las iglesias del Nuevo Testamento no eran independientes.

Eran _____ . Necesitaban de la comunión unas con otras para poder experimentar las más grandes dimensiones de Dios y de la koinonía que Él provee.

Repase la lección de hoy. Pida a Dios en oración que le indique una o más enseñanzas o Escrituras que Él quiere que comprenda, aprenda y practique. Subráyela(s). Luego responda a lo siguiente:

¿Cuál fue la enseñanza o Escritura más significativa que leyó hoy?

_____

_____

_____

Ahora escríbala en una frase que pueda usar como oración.

_____

_____

_____

¿Qué quiere Dios que haga en respuesta al estudio de hoy?

_____

_____

_____

Escriba en las líneas que siguen el versículo que memorizó esta semana (1 Jn. 1.7).

_____

_____

Repase los demás versículos que ha memorizado, y prepárese para repetirlos a otra persona en la sesión semanal del grupo.

RESUMEN

- Todo lo que una iglesia posee, por amor le pertenece a las demás.
- Todo lo que una iglesia posee le pertenece al reino de Dios.
- Cuando existe koinonía entre las iglesias, se la verá en las relaciones.
- Cuando Cristo reina, las barreras humanas caen.
- Las iglesias del Nuevo Testamento eran interdependientes.
- Al experimentar koinonía con otros grupos del pueblo de Dios, mi iglesia experimentará otras dimensiones de la presencia de Dios obrando en nuestro mundo.

COMUNIÓN CONSTANTE CON DIOS

EL DESPERTAMIENTO EN SASKATOON

Fui a Saskatoon para hablar con la Iglesia La Fe en cuanto a la posibilidad de ser su pastor, y ver si Dios quería que lo sirviera allí. En Saskatoon Dios me habló por medio de un pastor local que me dijo que el año anterior Duncan Campbell había estado allí. Este siervo de Dios fue usado por el Señor de una manera poderosa en un despertamiento espiritual en las Islas Hébridas, que están cerca de la costa de Escocia. Campbell le había dicho a este otro pastor que Dios le había asegurado que el fuego del despertamiento surgiría allí, y se regaría por todo Canadá. Eso me emocionó. Toda mi vida había soñado con ver un despertamiento espiritual llegar a Canadá. Vi cómo las señales espirituales que Dios había colocado en mi vida me guiaban a este trabajo en Saskatoon; así que acepté el llamamiento.

Me propuse orar por un despertamiento espiritual junto con otros pastores de la ciudad. Los martes me reunía con un grupo de oración por el despertamiento y los jueves con otro. Por año y medio oramos juntos. Un día Bill McCleod me llamó y me dijo: "Enrique, ¡aquello por lo cual hemos estado orando ya está ocurriendo!" Me explicó que acababa de concluir una semana de reuniones especiales. Dos hermanos de su iglesia que no se habían hablado por seis años, ambos diáconos, habían atravesado el auditorio corriendo, se habían abrazado llorando, restaurando así su relación cristiana. Un profundo movimiento de Dios se manifestó en la congregación.

Los cultos continuaron, y muchos de la comunidad evangélica empezaron a participar. La multitud excedió la capacidad del templo. Tuvimos que trasladar las reuniones a un templo anglicano con capacidad para 700. La primera noche allí ya no había espacio. De ahí fuimos a un templo de la Alianza, con una capacidad para 900 personas, y en dos días ya no cabía la gente. Entonces fuimos a un templo metodista con capacidad para 1,500 y tuvimos cultos cada noche por once semanas. Las reuniones duraban hasta las 10 u 11 de la noche. Después de cada reunión la gente se quedaba, entregando sus vidas a Dios. Algunas de estas reuniones después de los cultos duraban hasta las 4 ó 5 de la mañana. Pronto ese despertamiento se esparció por todo Canadá.

Versículo para memorizar esta semana

Y considerémonos unos a otros para estimularnos al amor y a las buenas obras; no dejando de congregarnos, como algunos tienen por costumbre, sino exhortándonos; y tanto más, cuanto veis que aquel día se acerca. **—Hebreos 10.24-25**

EL REMEDIO DE DIOS PARA LA COMUNIÓN INTERRUMPIDA

La koinonía no es algo optativo para el creyente. Tampoco lo es para una iglesia. Estar "en Cristo" y ser miembro de su cuerpo requiere comunión con el Cristo vivo. La relación de amor, la koinonía, que usted tiene con Dios es el aspecto más importante de conocerlo, conocer su voluntad y ser capacitado para hacerla.

La koinonía es esencial para los individuos y las iglesias, si han de experimentar la vitalidad de los creyentes del Nuevo Testamento. La comunión íntima con Dios y su Hijo produce comunión íntima con otros creyentes. Sólo Dios puede producir esta comunión genuina. La suprema expresión de la comunión divina se manifiesta cuando personas son atraídas a una comunión espiritual viva a pesar de sus diferencias.

Sólo Dios puede producir koinonía genuina.

 ¿Cuál de las siguientes es la más grande demostración del poder de Dios para crear y mantener comunión entre la gente? Marque una.
- ❏ 1. La comunión cristiana entre personas del mismo trasfondo étnico, idioma, educación y situación económica.
- ❏ 2. La comunión cristiana entre personas diferentes en cuanto a trasfondo social y económico.

Cuando caen las barreras humanas y las personas con grandes diferencias pueden vivir juntas en paz, el mundo ve algo que sólo Dios puede hacer. En el reino de Dios ya no hay judío ni griego; no hay esclavo ni libre; no hay varón ni mujer; porque todos vosotros sois uno en Cristo Jesús (Gá. 3.28). Esta koinonía creada por el Espíritu Santo es mantenida también sólo por el Espíritu Santo. Sin embargo, la koinonía con Dios y con los demás puede verse amenazada e incluso interrumpirse.

Algunas veces la comunión entre hermanos en la fe se rompe debido a que uno de ellos peca y rompe su comunión con Dios. En ese caso usted orará por cada hermano, y hará todo cuanto pueda para ayudarlos a regresar al Señor.

La comunión interrumpida con un hermano o hermana en Cristo indica una comunión interrumpida con Dios.

Una comunión interrumpida con otro creyente en Cristo indica una relación interrumpida con Dios. Usted siempre debe empezar a mirar su propia relación con el Señor. La ruptura empieza en su relación con Dios. No empieza en su relación con otro creyente. Si su comunión con Dios se rompe, no podrá continuar en comunión con Él o con los demás creyentes. Primero permitir que Dios restaure la comunión con Él.

El pecado rompe la koinonía con Dios

El pecado lo separa de la comunión íntima con Dios. Otros nombres que se dan en la Biblia al pecado son transgresión, iniquidad y maldad. Usted peca contra Dios cuando:
- Yerra la marca o el propósito que Él tiene para usted.
- Se rebela contra Él y se niega seguirlo.
- Comete actos de maldad, iniquidad o inmoralidad.

El rostro de Dios

Al pecar contra Dios, su comunión se interrumpe. En el Antiguo Testamento esta interrupción en la relación se simboliza por el ocultamiento del rostro. El rostro de la persona incluye los principales órganos de la comunicación. Los ojos ven. El oído oye. La boca habla. Aunque Dios no tiene un cuerpo físico, el "rostro" de Dios representaba su presencia, aceptación y aprobación. Cuando Dios ocultaba su rostro era señal de rechazo, desaprobación y ausencia.

 En cada una de las porciones bíblicas, encierre en un círculo la palabra "rostro".

- Con un poco de ira escondí mi rostro de ti por un momento (Isaías 54.8).
- Por la iniquidad de su codicia me enojé, y le herí, escondí mi rostro y me indigné (Isaías 57.17).
- Escondiste de nosotros tu rostro, y nos dejaste marchitar en poder de nuestras maldades (Isaías 64.7).
- Escondí mi rostro de esta ciudad a causa de toda su maldad (Jeremías 33.5).

En la línea en blanco escriba la parte del "rostro" de Dios que participa en cada una de las siguientes porciones bíblicas.

_____1. Si en mi corazón hubiese yo mirado a la iniquidad, el Señor no me habría escuchado (Salmo 66.18).

_____2. Pero vuestras iniquidades han hecho división entre vosotros y vuestro Dios, y vuestros pecados han hecho ocultar de vosotros su rostro para no oír (Isaías 59.2).

_____3. He aquí vienen días, dice Jehová el Señor, en los cuales enviaré hambre a la tierra, no hambre de pan, ni sed de agua, sino de oír la palabra de Jehová. E irán errantes de mar a mar; desde el norte hasta el oriente discurrirán buscando palabra de Jehová, y no la hallarán (Amós 8.11-12).

_____4. Muy limpio eres de ojos para ver el mal, ni puedes ver el agravio; ¿por qué ves a los menospreciadores, y callas cuando destruye el impío al más justo que él (Habacuc 1.13).

Cuando la Biblia dice que Dios escondió su rostro, ¿qué quiere decir? Marque TODAS las respuestas correctas.

❑ a. Dios tenía miedo.

❑ b. Dios retiró su presencia.

❑ c. Dios rechazó a la persona o personas debido a su pecado.

❑ d. Dios se negó a mirar, oír o hablar debido a la iniquidad de la persona o pueblo.

¿Por qué esconde Dios su rostro? _____

_____

_____

¿Hasta cuando, Jehová? ¿Me olvidarás para siempre? ¿Hasta cuándo esconderás tu rostro de mí? —Salmo 13.1

Dios no esconde su rostro por miedo. Lo esconde por su ira contra el pecado. La acción muestra que Él retira la experiencia de su presencia, indica su rechazo al pecado. Cuando eso ocurre se rompe nuestra comunión con Dios. Las otras respuestas son: 1 y 2-oídos, 3-boca, 4-ojos. No es de sorprenderse que el salmista clamara: ¿Hasta cuándo, Jehová? ¿Me olvidarás para siempre? ¿Hasta cuándo esconderás tu rostro de mí? (Sal. 13.1). La comunión con Dios es el privilegio más preciado del hijo de Dios. El rostro oculto de Dios es una de las más terribles disciplinas.

Inclusive la disciplina de Dios viene como una expresión de amor, destinada a traernos de regreso a la comunión con Él (He. 12.1-11). Esta experiencia también tiene lugar en el grupo: familia, iglesia, denominación o nación.

El remedio de Dios para el pecado

Gracias a Dios que Él nos ha dado el remedio para el pecado y la comunión interrumpida:

> Si confesamos nuestros pecados, él es fiel y justo para perdonar nuestros pecados, y limpiarnos de toda maldad (1 Jn. 1.9).

Confesar

Arrepentirse

Usted confiesa sus pecados cuando concuerda con Dios respecto a la terrible naturaleza del mal que ha cometido. La confesión y el arrepentimiento van juntos. Usted se arrepiente del pecado cuando da media vuelta y se aleja del pecado, y retorna a Dios. Cuando se rompe su comunión con Dios debido al pecado, debe confesarlo y alejarse de él. Vuélvase a Dios y Él lo perdonará y restablecerá su relación con Él.

 Cuando la koinonía con Dios se rompe debido al pecado, ¿qué debe hacer para ser perdonado?

_____

No se pueden enumerar todas las maneras en que una persona puede pecar contra Dios. Todo pecado rompe la koinonía con Dios. El remedio que Dios ha provisto para el pecado es que usted concuerde con Él, se aleje de su pecado, y regrese a Él. Usted debe confesar sus pecados y arrepentirse.

Cuando peca, el Espíritu Santo lo convence de pecado. Dios quiere que usted siempre permanezca en una relación correcta con Él. Cuando usted no responde a la convicción que produce el Espíritu Santo, Dios lo disciplina. La disciplina de Dios siempre tiene la intención de traerlo de regreso a la koinonía con Él. Si no responde inmediatamente a la disciplina, Él enviará sobre usted juicios más severos para llamarle la atención (véase Lv. 26). Estos juicios pueden venir sobre la familia, la iglesia, la denominación o incluso la nación. Cuando Dios envía juicios sobre su pueblo, también ofrece perdón y sanidad a la tierra.

Si yo cerrare los cielos para que no haya lluvia, y si mandare a la langosta que consuma la tierra, o si enviare pestilencia a mi pueblo; si se humillare mi pueblo, sobre el cual mi nombre es invocado, y oraren, y buscaren mi rostro, y se convirtieren de sus malos caminos; entonces yo oiré desde los cielos, y perdonaré sus pecados, y sanaré su tierra (2 Crónicas 7.13-14).

 Lea 2 Crónicas 7.13-14 y luego conteste las preguntas que siguen:

1. Cuando Dios envía juicio sobre su pueblo, ¿cuáles cuatro cosas debe hacer el pueblo para que la koinonía sea restaurada?

_____

_____

2. ¿Cuáles tres cosas promete hacer Dios cuando su pueblo regrese a Él?

_____

El remedio de Dios para restaurar la comunión con Él exige humildad, oración, buscar su rostro (buscar la experiencia de su presencia) y arrepentirse (alejarse del pecado). Sus promesas son oír, perdonar y sanar la tierra. En Números 6.24-26 Dios les dijo a los sacerdotes que elevaran una oración por el pueblo.

> Jehová te bendiga, y te guarde;
> Jehová haga resplandecer su rostro sobre ti,
>   y tenga de ti misericordia;
> Jehová alce su rostro sobre ti,
>   y ponga en ti paz.

En el cuadro que sigue he resumido lo que hemos estudiado acerca del remedio de Dios para el pecado, y he incluido algunas declaraciones y pasajes bíblicos que pueden ser útiles.

EL REMEDIO DE DIOS PARA EL PECADO

- Humíllese. No trate de justificarse. No se aferre al orgullo.
- Ore. Dios oye la oración de arrepentimiento.
- Confiese a Dios su pecado. Concuerde con Él en cuanto a lo que anda mal. Confiéselo a todos los que han sido afectados directamente por su pecado, y pídales perdón (Mt. 5.23-24).
- Arrepiéntase. Aléjese de sus caminos pecaminosos, y regrese a Dios y sus caminos.
- Busque el rostro de Dios. Procure renovar su comunión con Él. Háblele. Escuche su voz.
- Si su pecado es un problema presente, confíeselo a algún hermano en la fe y pídale que ore para que sea librado de esa esclavitud (Stg. 5.16).
- Laméntelo. Pídale a Dios ayuda para comprender cómo Él se siente acerca de su pecado. Él desea que usted lo lamente. Cuando su corazón se quebrante por el pecado, habrá menos probabilidad de que repita la ofensa (Sal. 51.17).
- Sométase a Dios. Resista al diablo. Purifique su corazón (Stg. 4.7-10).
- Reclame las promesas de perdón, limpieza y sanidad (2 Cr. 7.14; 1 Jn. 1.9).
- Luego, viva en la victoria que Jesús da, mediante el poder de su resurrección.

 Repase la lección de hoy. Pida a Dios en oración que le indique una o más enseñanzas o Escrituras que Él quiere que aprenda y practique. Subráyela(s). Luego responda a lo siguiente:

¿Cuál fue la enseñanza o Escritura más significativa que leyó hoy?

_____

Ahora escríbala en una frase que pueda usar como oración.

_____

_____

¿Qué quiere Dios que haga en respuesta al estudio de hoy?

_____

_____

Escriba a continuación el versículo asignado para memorizar en esta unidad. Repase también los demás versículos que ha memorizado.

_____

_____

_____

_____

_____

RESUMEN

- La koinonía es creada y mantenida por el Espíritu Santo.
- La comunión interrumpida con otro creyente indica una relación interrumpida con Dios.
- El pecado rompe la koinonía con Dios.
- La disciplina y el juicio de Dios son expresiones de su amor.

DÍA 2 ELEMENTOS ESENCIALES DE LA KOINONÍA, PARTE 1

La koinonía con Dios es experimentar su presencia.

La koinonía (una relación de amor, una comunión íntima) con Dios es el elemento básico de la salvación y de la vida eterna (Jn. 17.3). Dios toma la iniciativa para invitarlo a usted a una relación de amor. Él coloca en usted su Espíritu Santo para capacitarlo a vivir en una relación correcta con Él. Ningún método humano puede mantener la comunión con Dios. La koinonía con Dios es una experiencia de su presencia. Aunque Dios toma la iniciativa, usted debe responderle para poder experimentar plenamente su presencia.

 Las siete realidades de tener una experiencia con Dios identifican la manera en que usted llega a conocer a Dios por experiencia. Complete las siete realidades en los espacios en blanco, haciéndolas personales para usted. Verifique sus respuestas con el cuadro de la página 19.

1. _____ siempre está trabajando alrededor de usted.

2. Dios busca con usted una _____ continua de amor que sea real y _____ .

3. Dios lo invita a _____ en su _____ .

4. Dios le habla por medio del _____ la Biblia, la _____ , las circunstancias y la _____ para revelarse a sí mismo, sus _____ y sus caminos.

5. La invitación de Dios para que se una a Él en su trabajo siempre lo conduce a una crisis de _____ que requiere _____ y acción.

6. Usted tiene que hacer grandes _____ en su vida para unirse a Dios en lo que Él ya está haciendo.

7. Usted llega a conocer a Dios por medio de la _____ que tiene cuando lo _____ y Él realiza su obra por medio de usted.

Note que las tres últimas realidades identifican su respuesta a la iniciativa de Dios.
• Usted debe actuar con fe en Él.
• Usted debe hacer grandes ajustes.
• Usted debe obedecerlo.

Al responder a la iniciativa de Dios, usted llega a conocerlo íntimamente por experiencia. Al vivir en obediencia fiel a Él, experimenta su presencia. Esto es koinonía con Dios.

La comunión constante con Dios no ocurre por accidente. Esta comunión puede romperse. Algunas veces lo que parece ser bien intencionado puede convertirse en una amenaza a la comunión con Dios y con otros creyentes. Para ver cómo la comunión con Dios puede ser amenazada o interrumpida, debemos identificar algunas cosas esenciales de la koinonía genuina con Dios.

ELEMENTOS ESENCIALES DE LA KOINONIA

1. Debemos amar a Dios con todo nuestro ser.
2. Debemos someternos a la autoridad soberana de Dios.
3. Debemos experimentar a Dios en una manera real y personal.
4. Debemos confiar completamente en Dios.

Elementos esenciales de la koinonía

1. Debemos amar a Dios con todo nuestro ser. Este es el primero y grande mandamiento (Mt. 22.37-38). Si usted ama a Dios lo obedecerá (Jn. 14.21-24). Si lo ama, amará también a su hermano (1 Jn. 4.21; 5.3). Si su comunión con Dios es buena, si le ama con todo su ser, podrá amar incluso a sus enemigos.

La amenaza a esta comunión es cualquier cosa que lo haga perder su "primer amor" por Dios. Ése fue el problema de la iglesia en Éfeso (Ap. 2.1-7).

 Lea 1 Juan 2.15-16 (al margen) y haga una lista de las cosas que pueden amenazar o que compiten con el amor a Dios.

_____

_____

_____

Amar al dinero o a las cosas más que a Dios romperá su comunión con Él. Sus deseos pecaminosos pueden atraparlo. Usted hasta puede enamorarse de lo que tiene o es capaz de hacer. Cuando su amor a Dios no es puro, su comunión con Él se rompe. La interrupción de su comunión con otros entonces refleja su relación rota con Dios.

Por ejemplo, suponga que una persona empieza a amar más al dinero que a Dios. Cuando la comunión con Dios se rompe, el amor hacia otros sufre. Una persona que ama las cosas más que a Dios se vuelve egoísta y codiciosa. Si ve a algún hermano en necesidad, decidirá guardar lo que es suyo. No dará para ayudar a otros. Hasta es probable que empiece a usar el diezmo para sí mismo. La codicia es muy peligrosa (Ef. 5.5; 1 Jn. 3.17).

El materialismo es una trampa terrible que priva a mucha gente de su amor a Dios. Las iglesias también pueden volverse codiciosas y egoístas. Esto hará que usen en sí mismas los recursos que Dios les da, en lugar de ayudar al mundo perdido y necesitado.

 ¿Cuál es el primer elemento esencial de la koinonía?

1. _____

Mencione dos cosas que pueden amenazar la koinonía porque interfieren con su amor a Dios.

_____

2. Debemos someternos a la autoridad soberana de Dios. Dios es su Maestro y Amo. Debido a su perfecto amor por usted, Él exige perfecta obediencia. Como Cabeza de la iglesia, Cristo exige sumisión y obediencia a su voluntad. Para tener comunión correcta con Dios se necesita una absoluta entrega a Él.

Amar a Dios

Jesús le dijo: Amarás al Señor tu Dios con todo tu corazón, y con toda tu alma, y con toda tu mente. Este es el primero y grande mandamiento.
—Mateo 22.37-38

No améis el mundo, ni las cosas que están en el mundo. Si alguno ama al mundo, el amor del Padre no está en él. Porque todo lo que hay en el mundo, los deseos de la carne, los deseos de los ojos, y la vanagloria de la vida, no proviene del Padre, sino del mundo. —1 Juan 2.15-16

Someternos a Dios

Cuando una persona se convierte en "ley para sí misma" y "hace lo que le parece bien en sus propios ojos", resulta imposible que experimente koinonía en su vida. Entregar su lealtad a cualquier otro que no sea Cristo es cometer adulterio espiritual. Si el pastor, los diáconos, o los comités tratan de "gobernar" la iglesia, la koinonía está amenazada.

El problema siempre empieza con la relación del individuo (o de una iglesia) con Dios. Cuando la persona no quiere negarse a sí misma y seguir a Cristo se rompe la comunión con Dios. Cuando el yo gobierna, toda otra autoridad queda privada de control.

Cada miembro de la iglesia debe someterse al señorío de Cristo en su propia vida y permitir que Cristo sea la Cabeza de la iglesia.

La comunión se interrumpe no sólo cuando un individuo trata de ser la cabeza de la iglesia, sino también cuando la iglesia espera que el pastor, algún otro individuo o comité gobierne la iglesia. No es saludable para el cuerpo que algún individuo o grupo funcione como la cabeza de la iglesia. Puede parecer saludable desde afuera, pero Dios ve la rebelión contra su Hijo, y eso lo detesta. Cada miembro de la iglesia debe someterse al señorío de Cristo en su propia vida y permitir que Cristo sea la Cabeza de la iglesia.

 En su opinión, ¿a quién se considera la cabeza en su iglesia?

_____

En la iglesia de Corinto había divisiones (comunión rota) (1 Co. 1—3) debido a que algunos estaban siguiendo a Apolos, otros a Pedro, y otros a Pablo. Pablo condenó esta clase de rebelión. Reprochó cualquier intento de seguir a alguien que no fuera Cristo mismo. Seguirlo a él, o a Apolos era infantil y estaba mal (1 Co. 3.1-4). La iglesia debía tener "la mente de Cristo" (2.16) y seguir solamente a Cristo.

La koinonía es imposible si la iglesia está compuesta por individuos que no están dispuestos a someterse al señorío de Cristo en el cuerpo de Cristo. La misma imposibilidad existe en un cuerpo más grande de creyentes (asociación o denominación), donde los líderes y otros participantes no quieren someterse al señorío de Cristo y funcionar en el cuerpo bajo el gobierno de Cristo. Cualquier cosa o cualquier persona que obstaculiza o estorba el gobierno de Dios en su vida, en la iglesia o en cualquier grupo de creyentes, hace que se rompa la comunión con Dios. Cuando la comunión con Dios se interrumpe, se refleja en la comunión rota con los demás.

 En su opinión, ¿a quién se considera como cabeza en su denominación?

_____

¿Cuál es el segundo elemento esencial de la koinonía?

_____

1. Debemos amar a Dios con todo nuestro ser.
2. _____

Describa cómo algunas cosas interfieren con el gobierno de Cristo, amenazando la koinonía en la iglesia.

_____

_____

Con toda sinceridad ante Dios, ¿quién es el Señor y Maestro de su vida? Marque uno.
❏ El Señor Jesucristo.
❏ Yo.
❏ Mi cónyuge.
❏ Mi trabajo.
❏ El dinero y las cosas.
❏ Otra cosa: _____ .

Esta lección es más corta que otras, de modo que le dará más tiempo para orar. Ore al Señor.
• Pídale que le revele si en su vida hay algo que lo está llevando a olvidar su primer amor por Él. ¿Hay algo que ama más que a Dios? Si Él le indica algo, confiéselo y regrese a su primer amor.
• Pídale a Dios que le indique si se ha rendido completamente a su señorío.

- Pídale a Dios que le indique si está permitiendo que Cristo funcione como Cabeza de la iglesia.
- Ore por sus familiares (cónyuge, hijos), parientes, iglesia y su denominación, pidiendo que ellos permitan que Dios gobierne en cada corazón.

Repase la lección de hoy. Pida a Dios en oración que le indique una o más enseñanzas o Escrituras que Él quiere que comprenda, aprenda y practique. Subráyela(s). Luego responda a lo siguiente:

¿Cuál fue la enseñanza o Escritura más significativa que leyó hoy?

_____

_____

Ahora escríbala en una frase que pueda usar como oración.

_____

_____

¿Qué quiere Dios que haga en respuesta al estudio de hoy?

_____

RESUMEN

- La koinonía con Dios es una experiencia de su presencia.
- La koinonía con Dios es el elemento básico de la salvación y de la vida eterna.
- Debo amar a Dios con todo mi ser.
- Debo someterme a la autoridad soberana de Dios.
- La koinonía es posible solamente si una iglesia está compuesta de individuos que están dispuestos a someterse al señorío de Cristo en el cuerpo de Cristo.

ELEMENTOS ESENCIALES DE LA KOINONÍA, PARTE 2

DÍA 3

Ayer aprendió que la koinonía con Dios requiere que usted ame a Dios con la totalidad de su ser, y que someta su vida a la autoridad soberana de Él. Muchas personas, cosas e influencias en su vida y en su iglesia pueden amenazar su comunión con Dios, si deja que lo distraigan de su amor por Él. Hoy quiero que consideremos otros dos elementos esenciales de la koinonía con Dios y las posibles cosas que los amenazan.

Solamente un encuentro personal con el Cristo vivo resultará en una koinonía que funciona eficazmente.

3. Debemos experimentar a Dios en una manera real y personal. Su koinonía con Dios se basa en su experiencia personal con Él. No hay sustitutos. Usted no puede depender de la experiencia de su cónyuge, sus padres, su pastor, su maestro de Escuela Dominical o algún otro miembro de la iglesia. Su koinonía con Dios debe ser real y personal.

Tener una experiencia con Dios

La amenaza a la koinonía surge cuando usted permite que alguien o algo lo conviertan en espectador en lugar de participante en una relación con Dios. Usted debe encontrarse con Dios directamente; de lo contrario llegará a ser pasivo, apático o simplemente lo abandonará. Usted debe tener un encuentro continuo y personal con Dios, porque de lo contrario su comunión con Él se enfriará. Dejará de interesarse por las cosas de la iglesia, del reino o del mundo perdido.

¿Cuáles son algunas situaciones que ocurren en las iglesias y que pueden tentar a un creyente a convertirse en espectador antes que en participante activo?

_____

_____

_____

¿De qué manera ha sustituido una "religión de espectador" por una experiencia

real y personal con Dios?

_____

Aunque las organizaciones y programas están diseñados para promover el alcance, el crecimiento y el ministerio, a veces pueden conducir a relaciones superficiales e indiferentes. Si una iglesia no es cuidadosa puede caer en el error de estar ayudando a las personas a experimentar un programa, y perder el encuentro personal con el Cristo viviente. Programas, planes, métodos y estudios bíblicos bien organizados son valiosos, pero no son lo mismo que la experiencia creativa de la dirección personal del Espíritu Santo. Esto no significa que las iglesias no necesitan organizarse. Lo que significa es que la organización debe estimular las experiencias personales con Dios.

Las verdades y realidades espirituales que ya han sido experimentadas por otros creyentes no deben enseñarse sólo por el gusto de darlas a conocer. En lugar de eso, se debe guiar a las personas a experiencias donde Dios le revela la misma verdad o realidad espiritual en una manera personal al creyente. Las experiencias de segunda mano no sirven.

Las agencias denominacionales, por ejemplo, tienen su lugar en el cumplimiento de la voluntad de Dios, en maneras en que las iglesias individuales no podrían hacerla. Sin embargo, las iglesias y los individuos no deben permitir que el trabajo de la denominación se convierta en sustituto de su participación personal en la obra de Dios. Solamente un encuentro personal con el Cristo viviente resultará en una koinonía que funcione eficazmente.

 ¿Cuáles son algunas cosas que su denominación puede hacer, y que las iglesias individuales no podrían hacer por sí solas?

_____

_____

¿En qué manera pueden estas cosas, si se usan mal, convertirse en un obstáculo para un encuentro real y personal con Cristo?

_____

_____

Ésta no es una situación de "lo uno o lo otro". Es más bien una situación de "lo uno y lo otro". Los programas denominacionales, métodos, materiales de estudio, etc. son elementos útiles para las iglesias; pero no deben convertirse en sustitutos de los encuentros personales con Dios. Cada individuo necesita experimentar la presencia del Señor obrando en su vida. Los individuos experimentan koinonía cuando siguen el liderazgo de Dios y reciben el poder del Espíritu Santo para cumplir los propósitos de Dios.

Cuando los programas y ministerios se convierten en fines en sí mismos, en lugar de ser medios, la actividad por el gusto de la actividad, o señales superficiales de éxito hacen peligrar la koinonía. Las iglesias no deben preocuparse sólo por resultados numéricos. Deben observar con cuidado el motivo y el espíritu por el cual trabajan. ¿Hay vidas transformadas? ¿Hay personas heridas que encuentran sanidad espiritual y emocional? ¿Están las personas encontrando personalmente a un Cristo vivo obrando en medio de esa iglesia? Si no, algo anda mal en las relaciones de los miembros con Dios.

 ¿Cuál es el tercer elemento esencial de la koinonía?
1. Debemos amar a Dios con todo nuestro ser.
2. Debemos someternos al gobierno soberano de Dios.

3. _____

¿Cuáles son algunas cosas en una iglesia que pueden tomar el lugar de un encuentro real y personal con Dios?

_____

¿Hay alguna cosa en su pasado a la que le ha permitido tomar el lugar de una experiencia personal con Dios?

_____

_____

4. Debemos confiar en Dios. Usted debe depender de el Espíritu Santo para hacer las cosas que sólo Dios puede hacer. Debe confiar solamente en Dios.

Una vez cuando Israel tuvo problemas acudió a Egipto buscando ayuda, en lugar de buscar al Señor. Dios les dijo:

> ¡Ay de los que descienden a Egipto por ayuda, y confían en caballos; y su esperanza ponen en carros, porque son muchos, y en jinetes, porque son valientes; y no miran al Santo de Israel, ni buscan a Jehová! (Is. 31.1).

 ¿Cuáles son algunas cosas en las cuales la gente o la iglesia tiende a poner su confianza? (Por ejemplo, ofrendas de personas pudientes, en lugar de confiar en el Dios que provee por medio de su pueblo.)

_____

_____

_____

Cuando usted coloca su confianza en cualquier otra cosa que no sea Dios, su comunión con Él se rompe. Por ejemplo, usted rompe su comunión con Dios si en lugar de confiar en Él confía más en:
- usted mismo, sus capacidades y sus recursos
- otras personas, sus capacidades y sus recursos
- programas y métodos
- manipulación o coerción
- presiones o sentimientos de culpa
- engaño
- otras cosas similares

Dios provee personas, relaciones, recursos, métodos y programas para que la iglesia los use. Sin embargo, le desagradará una iglesia que sucumbe a la tentación de descansar en estas cosas, antes que en el Señor. Su iglesia puede verse tentada a confiar en su propia congregación, en su pastor, un programa de estudio bíblico bien organizado, una agencia denominacional, dinero en el banco, un método de alcance u otras organizaciones o personas. Cuando usted depende de estas cosas en lugar de depender de Dios para realizar su trabajo, se rompe la comunión con Dios y con otros creyentes. Algunas veces los líderes tratan de usar tácticas de presión para empujar a los miembros a hacer lo que piensan que es la voluntad de Dios. Eso también le niega a Dios el poder de guiar a la gente. Entonces, cuando surge el conflicto, los líderes tienden a depender de un manual sobre cómo manejar los conflictos en la iglesia, en lugar de guiar a la congregación a volver a confiar en Dios y amarlo a Él solamente.

El Espíritu Santo se manifiesta por medio de los creyentes y les da poder para realizar tareas de dimensiones divinas. Dios es quien hace crecer la iglesia. El Espíritu Santo produce unidad. Cristo produce fruto espiritual. Usted y su iglesia deben depender de Dios para realizar sus propósitos según sus caminos, por medio de ustedes. Dependa completamente en Dios.

Sí, Él lo llamará para que se le una. Sí, le pedirá que haga algunas cosas mediante las cuales Él trabajará. A menudo, lo guiará a un programa o método que lo ayudará a organizar y funcionar eficazmente para realizar sus propósitos. Lo llamará para que use su dinero, sus recursos, capacidades y talentos. Pero, en todo usted debe depender de la guía, provisión, dones y poder de Dios, si quiere producir fruto que permanezca. Sin Él usted no puede hacer nada (Jn. 15.5). Su presencia crea y mantiene la comunión, y Él produce fruto espiritual permanente por medio de las personas obedientes que confían en Él.

Yo soy la vid, vosotros los pámpanos; el que permanece en mí, y yo en él, éste lleva mucho fruto; porque separados de mí nada podéis hacer. —Juan 15.5

 ¿Cuál es el cuarto elemento esencial de la koinonía?

1. Debemos amar a Dios con todo nuestro ser.
2. Debemos someternos al gobierno soberano de Dios.
3. Debemos experimentar a Dios de una manera real y personal.

4. _____ .

Mencione una cosa en la que se ha visto tentado a confiar, en lugar de confiar en Dios.

_____

Nuevamente, dedique tiempo para orar. Ore por la lección de hoy. Pídale a Dios que lo ayude a identificar las maneras en que usted se ha privado de tener una experiencia con Él, al sustituirlo con prácticas religiosas. Pídale que le revele dónde está confiando más en las personas que en el Señor como su Proveedor.

Ore también por su iglesia y las maneras en que ella, consciente o inconscientemente, ha llevado a la congregación a sustituir la religiosidad en lugar de experiencias personales con Dios. Ore para que su iglesia ponga su confianza solamente en Dios.

Repase la lección de hoy. Pida a Dios en oración que le indique una o más enseñanzas o Escrituras que Él quiere que comprenda, aprenda y practique. Subráyela(s). Luego responda a lo siguiente:

¿Cuál fue la enseñanza o Escritura más significativa que leyó hoy?

_____

Ahora escríbala en una frase que pueda usar como oración.

_____

_____

¿Qué quiere Dios que haga en respuesta al estudio de hoy?

_____

Repita en voz alta o escriba el versículo asignado para memorizar.

RESUMEN

- Debo tener una experiencia con Dios en una manera real y personal.
- Debo confiar completamente en Dios.

DÍA 4   AYUDARSE UNOS A OTROS

Tenemos que ayudarnos unos a otros a continuar en la comunión correcta con Dios y con los demás.

Los creyentes se necesitan unos a otros. Es por eso que Dios nos coloca en una iglesia, el cuerpo de Cristo. Al experimentar a Dios obrando en el cuerpo de creyentes, conocemos a Dios en maneras que no podríamos conocerlo de otra forma. Cristo mora en cada creyente (Jn. 17.23, 26; Col. 1.27), y los creyentes están en Cristo (Jn. 17.21; 2 Co. 5.17). Tenemos que ayudarnos unos a otros a continuar en la comunión correcta con Dios y con los demás.

 Debido a que el Cristo vivo está en cada creyente, ¿cuál de los siguientes es verdad? Marque uno.
❑ 1. No puedo tener una experiencia con Dios al obrar Él en y a través de otros creyentes.
❑ 2. Puedo tener una experiencia con Dios al obrar Él en y a través de otros creyentes.

Fuera del cuerpo usted no tiene acceso a todas las partes del cuerpo que son necesarias para ayudarlo a ser una persona completa.

Usted puede tener una experiencia con Dios mediante las relaciones con otros creyentes, según Él trabaja en y por medio de ellos. Dios puede hablarme a mí por medio de usted. Él puede hablar por medio de cualquier miembro de la iglesia cuando le plazca. Por eso es que nos necesitamos unos a otros. Puesto que fuimos creados para funcionar como un cuerpo, no podemos tener salud espiritual aparte de la relación íntima con otros creyentes. Fuera del cuerpo, usted no tiene acceso a todas las partes del cuerpo que son necesarias para ayudarlo a convertirse en una persona completa. La comunión con el cuerpo de Cristo es una parte importante de la comunión con Dios.

Ayudarse unos a otros en el discipulado

En la comisión que Jesús le dio a su iglesia dijo: Id, y haced discípulos a todas las naciones . . . enseñándoles que guarden todas las cosas que os he mandado (Mt. 28.19-20). Jesús no dijo: "Enseñándoles todas las cosas que os he mandado". Lo que dijo fue: enseñándoles que guarden todas las cosas que os he mandado. Guardar significa obedecer. ¡Qué tarea! Nuestro papel como iglesia en la vida del nuevo creyente no está completo sino cuando lo ayudamos a aprender a obedecer todas las cosas que Jesús nos ha mandado.

Leyendo la Biblia una persona puede aprender lo que Cristo ordenó. Ciertamente necesita hacer eso. Pero aprender a obedecer es un asunto muy diferente. Dios sabía que los nuevos creyentes encontrarían difícil practicar y obedecer todas las cosas. Por eso es que pone a esos creyentes en el cuerpo de Cristo. Aprender a seguir a Cristo es un proceso de toda la vida. Usted no aprende por sí mismo a seguirle.

Pablo le dijo a Timoteo: Lo que has oído de mí ante muchos testigos, esto encarga a hombres fieles que sean idóneos para enseñar también a otros (2 Ti. 2.2). Pablo enseñó a Timoteo en el contexto del cuerpo. Su relación con Timoteo no fue principalmente una relación de discipulado de uno a uno.

Nadie puede convertirse en un creyente completo si no funciona dentro del cuerpo de una iglesia Neotestamentaria. ¿Por qué? Porque Dios ha colocado el proceso del discipulado en un cuerpo. Una persona salvada del mundo entra a formar parte del cuerpo espiritual donde Cristo es la cabeza. Ella es solamente una parte del cuerpo, y para poder funcionar adecuadamente necesita de cada una de las demás partes del cuerpo.

Fuera de una iglesia neotestamentaria funcionando como un cuerpo, nadie puede llegar a ser la clase de creyente que debe ser.

 Lea la lista que sigue. Marque las razones por las cuales aprender dentro del cuerpo de Cristo a seguir a Cristo es mejor que tratar de madurar por uno mismo.

❏ 1. Cuando me siento desanimado, otros creyentes pueden animarme a continuar.

❏ 2. Al observar de cerca la vida de un creyente piadoso, me estimula a querer vivir cerca del Señor.

❏ 3. Puedo aprender mejor cómo vivir la vida cristiana, cuando veo a alguien que me da ejemplo.

❏ 4. Cuando me desvío de una verdad, o sucumbo ante una falsa enseñanza, Dios puede corregirme por su Palabra, el Espíritu Santo y la iglesia.

❏ 5. Cuando caigo en pecado, los demás creyentes pueden corregirme con amor y llamarme a que me arrepienta y regrese al Señor.

❏ 6. Cuando Dios le concede alguna comprensión espiritual a alguna persona, la persona la comparte con el resto, y el Espíritu Santo la afirma, yo puedo aprender la misma verdad.

❏ 7. Puedo llegar a saber la voluntad de Dios para mi papel en el cuerpo de Cristo mediante la confirmación de otros miembros.

❏ 8. Me lleno de alegría cuando tengo una experiencia en la cual Dios trabaja por medio de mí para tocar profundamente a otro creyente.

❏ 9. Me siento útil cuando Dios me usa para edificar el cuerpo y ayudar a otros creyentes a crecer hacia la madurez.

Haga una lista de otras razones por las cuales es mejor aprender a seguir a Cristo en un cuerpo de creyentes, en lugar de tratar de hacerlo usted solo.

_____

_____

Describa una manera en que su grupo de Mi experiencia con Dios le ha ayudado a crecer espiritualmente, que no hubiera tenido lugar si usted hubiera tratado de estudiar este libro por sí mismo.

_____

_____

Si un amigo suyo le dice que quiere estudiar este curso, ¿qué razones le daría para animarlo a que participe en un grupo de estudio en lugar de tratar de hacerlo por sí mismo?

Y él mismo constituyó a unos, apóstoles; a otros, profetas; a otros, evangelistas; a otros, pastores y maestros, a fin de perfeccionar a los santos para la obra del ministerio, para la edificación del cuerpo de Cristo, hasta que todos lleguemos a la unidad de la fe y del conocimiento del Hijo de Dios, a un varón perfecto, a la medida de la estatura de la plenitud de Cristo.
—Efesios 4.11-13

Dios quiere que cada creyente crezca hacia la madurez y llegue a ser como Cristo. Cualquier ministerio, don espiritual o preparación para el servicio que Dios concede a un creyente, es para el provecho del cuerpo de Cristo (Ef. 4.11-13). Fuera del cuerpo, el don o ministerio está fuera de contexto. Pero cuando todas las partes del cuerpo funcionan en el sitio donde Dios las ha colocado, el cuerpo como un todo crece en amor para experimentar la plenitud de Cristo.

 Los versículos asignados para memorizar esta semana indican algunas maneras en que nos podemos ayudarnos los unos a los otros. Escriba los versículos a continuación.

_____

_____

_____

_____

Escriba una manera en que usted podría "estimular" a otros creyentes a amar a Dios y a los demás.

_____

Escriba una manera en que usted podría "estimular" a los creyentes a las buenas obras.

_____

Escriba dos maneras en que usted podría "estimular" a otros creyentes cuando se reúnen para la adoración, el estudio de la Biblia y la comunión.

_____

_____

Ayudándonos unos a otros en la adoración

Usted ha aprendido que un elemento esencial de la koinonía con Dios es que nuestra experiencia con Dios debe ser real y personal. Para continuar en esta comunión con Dios, su adoración también debe consistir en encuentros reales y personales con Él.

 Lea los siguientes pasajes bíblicos acerca de la adoración en las iglesias del Nuevo Testamento. Subraye las cosas que ellos hacían en sus cultos de adoración: Hechos 2.42, 46-47; Efesios 5.19-20; 1 Corintios 14.26, 29-33.

Hechos 2.42, 46-47—Y perseveraban en la doctrina de los apóstoles, en la comunión unos con otros, en el partimiento del pan y en las oraciones.
Y perseverando unánimes cada día en el templo, y partiendo el pan en las casas, comían juntos con alegría y sencillez de corazón, alabando a Dios, y teniendo favor con todo el pueblo. Y el Señor añadía cada día a la iglesia los que habían de ser salvos.

Efesios 5.19-20 —Hablando entre vosotros con salmos, con himnos y cánticos espirituales, cantando y alabando al Señor en vuestros corazones; dando siempre gracias por todo al Dios y Padre, en el nombre de nuestro Señor Jesucristo.

1 Corintios 14.26, 29-33 —Cuando os reunís, cada uno de vosotros tiene salmo, tiene doctrina, tiene lengua, tiene revelación, tiene interpretación. Hágase todo para edificación.

Asimismo, los profetas hablen dos o tres, y los demás juzguen. Y si algo le fuere revelado a otro que estuviere sentado, calle el primero. Porque podéis profetizar todos uno por uno, para que todos aprendan, y todos sean exhortados. Y los espíritus de los profetas están sujetos a los profetas; pues Dios no es Dios de confusión, sino de paz.

Puesto que las iglesias del Nuevo Testamento funcionaban como una koinonía del Espíritu, ningún miembro tenía el monopolio exclusivo de los dones dados a la iglesia. Por el contrario, cuando la congregación se reunía para la adoración, cada miembro podía potencialmente contribuir para el culto. El requisito principal era que cada participación contribuyera a la edificación de la vida de la comunidad cristiana total.

Para que las experiencias de adoración mejoren su comunión con Dios, deben conducirlo a tener una experiencia real y personal con Él. Cuando los cultos de adoración estimulan la respuesta pasiva, cuando lo estimulan a ser un espectador en lugar de un participante, cuando se enfocan en personajes y programas antes que en Dios, sólo lo llevarán al enfriamiento, a la apatía, la duda, el conflicto y un sin fin de otros problemas.

En su opinión, ¿cuál es la mejor descripción de su experiencia personal en la mayoría de los cultos de adoración en su iglesia? Marque uno.

❏ 1. Puedo percibir la presencia de Dios. Percibo que Dios me enseña. Me gozo con los demás en lo que Dios está haciendo en medio nuestro. Me siento estimulado a vivir como Cristo la semana siguiente.

❏ 2. Algunas veces puedo notar que Dios está haciendo algunas cosas en mi vida y en nuestra iglesia. La mayoría de las veces regreso a casa igual.

❏ 3. Muy rara vez tengo la experiencia de ver a Dios haciendo algo en el culto de adoración. Los cultos parecen ser fríos y ritualistas.

❏ 4. Otra: _____

_____

Antes del culto ¿cuánto tiempo invierte usted normalmente preparando su corazón para la adoración?

_____

_____

Si piensa que no está experimentando la adoración como debiera, pídale a Dios que lo enseñe cómo orar por los líderes de los cultos y por su preparación personal. ¿Cómo quiere Dios que ore por los líderes de su iglesia?

_____

_____

¿Qué percibe que debiera hacer para prepararse mejor para la adoración?

_____

_____

Ayudarse unos a otros a obedecer

Una vez visité a un matrimonio que tenía una hija de tres años. Cuando los padres le decían a la niña: "Ven acá". la pequeña salía corriendo en dirección opuesta. Los padres y abuelos, sonriendo, decían: "¿Verdad que es un encanto?"

Un día la niña estaba jugando en el patio del frente. La puerta de la reja estaba abierta, y ella salió corriendo por entre dos vehículos estacionados. La madre divisó un automóvil que venía por la calle y le gritó: "¡Ven acá!" Riéndose, la niña siguió corriendo y fue atropellada. Ése fue el primer funeral que me tocó oficiar.

Una niña que no quería obedecer

Si usted ve a sus hijos haciendo algo malo, ¿los corrige o los castiga? Si los quiere en verdad, los castiga. Hebreos 12.6 describe la disciplina de Dios como amor. La corrección, la disciplina y el castigo pueden ser expresiones de genuino amor. Debemos ayudarnos unos a otros a aprender todo lo que Cristo nos ha mandado.

Si ve a un creyente haciendo algo que sólo le hará daño, ¿cuál de las siguientes sería una expresión de amor divino? Marque su respuesta.
- ❏ 1. No le diría nada para no ofenderlo.
- ❏ 2. Quiero ser tolerante, de modo que no haría caso.
- ❏ 3. Procuraría decirle algo indirectamente, y esperaría que la persona comprendiera.
- ❏ 4. Procuraría hablar con la persona en privado y le diría mi preocupación, dándole a la vez algún pasaje de la Escritura que lo ayude a corregirse.
- ❏ 5. Lo llevaría a la sesión de negocios de la iglesia y propondría una moción para que lo expulsaran de la misma.

Muchas iglesias modernas dejaron de practicar la disciplina. Una razón es que muchas veces en el pasado se ha abusado enormemente de la disciplina eclesiástica. Algunas iglesias han usado la disciplina en forma frívola o vengativa, que no muestra un espíritu de amor e interés (como la número 5 arriba). Cuando era pastor me propuse no alterarme cuando la gente tenía problemas espirituales. Veía en eso la razón por la cual Dios me puso allí. Me esforzaba por ayudarlos a recuperarse. Nunca he encontrado una persona que no responda cuando la corrección es hecha como una genuina demostración de amor.

Porque el Señor al que ama, disciplina, Y azota a todo el que recibe por hijo. —Hebreos 12.6

Disciplina amorosa

Cuando Dios disciplina a sus hijos está demostrando perfecto amor por ellos (He. 12.6). Si amamos a nuestros hermanos y hermanas en Cristo los disciplinaremos con amor, para ayudarlos a restaurar su comunión con el Señor. Ésta es una de las maneras en que podemos ayudarnos unos a otros, pero debe hacerse únicamente en un espíritu de genuino amor. Mateo 18.15-17 nos indica algunas pautas para la disciplina de amor.

> Por tanto, si tu hermano peca contra ti, ve y repréndele estando tú y él solos; si te oyere, has ganado a tu hermano. Mas si no te oyere, toma aún contigo a uno o dos, para que en boca de dos o tres testigos conste toda palabra. Si no los oyere a ellos, dilo a la iglesia; y si no oyere a la iglesia, tenle por gentil y publicano (Mateo 18.15-17).

 En Mateo 18.15-17 Jesús indicó cuatro etapas al tratar de restaurar a un creyente descarriado. ¿Cuáles son las cuatro etapas?

_____

_____

_____

_____

¿Recuerda las instrucciones de 1 Corintios 13 acerca del amor divino? El amor es paciente y amable. Algunos que se han descarriado tal vez necesitarán mucho amor antes de regresar. La disciplina de amor requiere que usted se acerque primero en privado a la persona. Cualquier disciplina debe venir únicamente por la dirección de Dios. La disciplina de amor exigirá mucha oración. No se apresure a avanzar a las siguientes etapas. Usted también es un pecador salvado por la gracia de Dios. En algún momento usted también necesitará que otro creyente lo corrija. Trate a los demás como quisiera que lo trataran a usted. Al hacerlo así tal vez se gane una amistad duradera con el otro creyente.

Repase la lección de hoy. Pida a Dios en oración que le indique una o más enseñanzas o Escrituras que Él quiere que comprenda, aprenda y practique. Subráyela(s). Luego responda a lo siguiente:

¿Cuál fue la enseñanza o Escritura más significativa que leyó hoy?

_____

_____

Ahora escríbala en una frase que pueda usar como oración:

_____

_____

_____

_____

¿Qué quiere Dios que haga en respuesta al estudio de hoy?

_____

_____

_____

R E S U M E N

- Los creyentes se necesitan unos a otros.
- Debemos ayudarnos unos a otros a obedecer todas las cosas que Cristo nos ha mandado.
- La adoración a Dios debe consistir en encuentros reales y personales con Él.

SU INVENTARIO ESPIRITUAL

Hace algunos meses que empezamos juntos este viaje. Mi oración ha sido que usted llegue a conocer a Dios más íntimamente, por experiencia propia, al verlo obrando en su vida y por medio de usted. Hoy quiero que repase brevemente las 12 unidades que ha estudiado e identifique lo que Dios ha estado haciendo en su vida. Luego, quiero que pase un tiempo con el Señor haciendo un inventario espiritual de su presente caminar con Él. Si Dios ha estado obrando en su vida por medio de estos estudios, Él le ha estado preparando para una comunión más íntima con Él y para otras tareas en su reino. Espero que llegue a este momento con un profundo sentido de la presencia y actividad de Dios en su vida. Lo que Dios mismo ha empezado en su vida, Él lo perfeccionará y lo completará (Fil. 1.6).

 A. Usando las palabras indicadas, escriba en sus propias palabras las siete realidades de tener una experiencia con Dios.

1. Dios obra _____

2. Relación de amor _____

_____

3. Dios invita _____

_____

4. Dios habla _____

_____

5. Crisis de fe _____

_____

6. Grandes ajustes _____

_____

7. Obedecerlo _____

_____

_____

¡Lo que Dios ha empezado en su vida Él mismo lo perfeccionará!

Estando persuadido de esto, que el que comenzó en vosotros la buena obra, la perfeccionará hasta el día de Jesucristo.
—Filipenses 1.6

Repaso

B. ¿Cuál de estas realidades ha sido la más significativa para usted y por qué?

_____

_____

C. Repita en voz alta los 12 versículos que ha memorizado. ¿Cuál de ellos ha sido el más significativo para usted y por qué?

_____

_____

D. Repase brevemente las respuestas que escribió al final de cada día. ¿Qué enseñanza o pasaje bíblico ha usado Dios para tocar su vida más profundamente?

_____

_____

E. ¿Cómo usó Dios esa enseñanza o pasaje bíblico en su vida?

_____

_____

F. Describa la experiencia con Dios más significativa que ha tenido mientras estudiaba este curso

_____

_____

G. ¿Qué nombre de Dios ha sido el más significativo para usted y por qué?

_____

_____

Inventario espiritual

Por qué

Ore y pida al Espíritu Santo que guíe sus pensamientos al responder lo que sigue:

H. ¿Cuál es la mejor descripción de cómo percibe su relación de amor con Dios? Marque una o más.

❏ 1. Crece dulcemente cada día
❏ 2. Espeluznante, como una montaña rusa
❏ 3. Burbujeante de gozo
❏ 4. Tibia
❏ 5. Como un árbol plantado junto a aguas

❏ 6. Necesita afinamiento
❏ 7. Fría
❏ 8. Sólida como una roca
❏ 9. Profunda y amplia
❏ 10. Otra: _____

I. ¿Cuál es la mejor descripción de cómo percibe su relación con la iglesia, el cuerpo de Cristo? Marque una o más.

❏ 1. Listo para una maratón
❏ 2. En entrenamiento
❏ 3. Fuera de forma
❏ 4. Recuperándome en casa
❏ 5. A prueba

❏ 6. En la sala de cuidado regular
❏ 7. En condición satisfactoria
❏ 8. En condición crítica
❏ 9. Bajo cuidado intensivo
❏ 10. Otra: _____

Por qué mañana

y en el futuro

J. ¿Cuál es su meta espiritual más grande?

_____

_____

K. ¿Cuál sería la cosa más significativa por la cual su grupo podría orar para ayudarlo a crecer espiritualmente?

_____

L. ¿Cuál es el siguiente paso que usted percibe que Dios le pedirá para continuar su adiestramiento como un discípulo de Jesucristo?

_____

_____

M. ¿A qué tarea específica percibe que Dios lo ha llamado para que se le una?

_____

_____

N. ¿Cómo está orando por su iglesia y la relación de ella con Cristo?   Otros

_____

_____

O. ¿Qué quiere Dios que haga para ayudar a otros en su caminar con el Señor? Marque las cosas que percibe que Dios lo está guiando a hacer, o escriba la suya propia en la línea en blanco.

❑ 1. Testificar de lo que Dios ha hecho y está haciendo en mi vida.

❑ 2. Ayudar al grupo con el cual ya estoy trabajando para que conozca y tenga una experiencia con Dios en esta manera.

❑ 3. Ofrecerme para dirigir un grupo de estudio del curso Mi Experiencia con Dios: ¿Cómo saber y hacer la voluntad de Dios?

❑ 4. Animar a otros para que participen en el estudio de Mi experiencia con Dios.

❑ 5. Dirigir un grupo de estudio de cursos del discipulado.

❑ 6. Otra: _____

Dedique tiempo para orar. Agradézcale a Dios por lo que Él ha hecho y está haciendo en . . .

- su vida
- su familia
- su grupo de estudio
- su iglesia
- su denominación
- en el mundo

Dios ha mostrado su gracia al permitir que me una a Él en su obra. Agradezco y alabo a Dios por las muchas cosas maravillosas que Él ha hecho en nuestros días. Ahora oro al Padre . . .

> . . . para que os dé, conforme a las riquezas de su gloria, el ser fortalecidos con poder en el hombre interior por su Espíritu; para que habite Cristo por la fe en vuestros corazones, a fin de que, arraigados y cimentados en amor, seáis plenamente capaces de comprender con todos los santos cuál sea la anchura, la longitud, la profundidad y la altura, y de conocer el amor de Cristo, que excede a todo conocimiento, para que seáis llenos de toda la plenitud de Dios.
>
> Y a Aquel que es poderoso para hacer todas las cosas mucho más abundantemente de lo que pedimos o entendemos, según el poder que actúa en nosotros, a él sea gloria en la iglesia en Cristo Jesús por todas las edades, por los siglos de los siglos. Amén.
>
> —Efesios 3.16-21

PLAN DE ESTUDIO DE CRECIMIENTO CRISTIANO
LA PREPARACIÓN DE CRISTIANOS PARA CRECER

En el **Plan de Estudio de Crecimiento Cristiano**, *Mi experiencia con Dios: Cómo conocer y hacer la voluntad de Dios* es el libro de texto en el área de Liderazgo bíblico en el Diploma de Desarrollo de Líderes. Para recibir crédito, lea el libro, complete las actividades de aprendizaje, enseñe el trabajo realizado al pastor, o un miembro del personal o líder de la iglesia, y luego complete la información que se encuentra debajo. Puede reproducir la planilla. Después que la complete, envíela a:

Plan de Estudio de Crecimiento Cristiano
127 Ninth Avenue, North, MSN 117
Nashville, TN 37234-0117
FAX: (615) 251-5067

El catálogo anual del **Plan de Estudio de Crecimiento Cristiano** ofrece información acerca del plan de estudio. Quizás la oficina de la iglesia tenga uno. Si no lo tiene, pida un ejemplar gratis a la oficina del Plan de Estudio de Crecimiento Cristiano (615/251-2525).

INFORMACIÓN DEL SOLICITANTE

NO. DEL SEGURO SOCIAL   NO. PERSONAL DEL PECC*   FECHA DE NACIMIENTO

NOMBRE: PRIMERO, SEGUNDO Y APELLIDO   TELÉFONO
☐ SR.   ☐ SRTA.
☐ SRA. ☐

DIRECCIÓN (CALLE, RUTA O NO. DEL APARTADO POSTAL)   CIUDAD, ESTADO   CÓDIGO POSTAL

INFORMACIÓN DE LA IGLESIA

NOMBRE DE LA IGLESIA

DIRECCIÓN (CALLE, RUTA, O NO. DEL APARTADO POSTAL)   CIUDAD, ESTADO   CÓDIGO POSTAL

SÓLO PARA SOLICITAR CAMBIOS

ANTIGUO NOMBRE

DIRECCIÓN ANTERIOR (CALLE, RUTA O NO. DEL APARTADO POSTAL)   CIUDAD, ESTADO   CÓDIGO POSTAL

IGLESIA ANTERIOR   CÓDIGO POSTAL

NÚMERO DEL CURSO

| C | G | - | 0 | 2 | 2 | 8 |

| Envíe esta solicitud a: | PLAN DE ESTUDIO DE CRECIMIENTO CRISTIANO
JUNTA DE ESCUELAS DOMINICALES
127 NINTH AVENUE, NORTH, MSN 117
NASHVILLE, TN 37234-0117 | FIRMA DEL PASTOR, MAESTRO U OTRO LÍDER DE LA IGLESIA | FECHA |

*Se pide que los nuevos solicitantes den su número del SS, pero no se requiere. Los participantes que ya han hecho estudios anteriores, por favor den su número del Plan de estudio de crecimiento cristiano (PECC) cuando estén usando el número del SS por primera vez. Después sólo se requerirá un número de identificación (ID).

NOTAS

NOTAS

NOTAS

NOTAS